KB001336

진보 집권 경제학

진보 집권 경제학

초판 1쇄 인쇄 2020년 3월 10일
초판 1쇄 발행 2020년 3월 17일

지은이 한성안

펴낸이 이상순 **주간** 서인찬 **편집장** 박윤주 **제작이사** 이상광
기획편집 박월, 김한솔, 최은정, 이주미, 이세원 **디자인** 유영준, 이민정
마케팅홍보 이병구, 신희용, 김경민 **경영지원** 고은정

펴낸곳 (주)도서출판 아름다운사람들
주소 (10881) 경기도 파주시 회동길 103
대표전화 (031) 8074-0082 **팩스** (031) 955-1083
이메일 books777@naver.com
홈페이지 www.books114.net

생각의길은 (주)도서출판 아름다운사람들의 교양 브랜드입니다.

ISBN 978-89-6513-582-1 03320

─────────

이 도서의 국립중앙도서관 출판예정도서목록(CIP)은 서지정보유통지원시스템 홈페이지(http://seoji.nl.go.kr)와
국가자료종합목록구축시스템(http://kolis-net.nl.go.kr)에서 이용하실 수 있습니다. (CIP제어번호 : CIP2020006855)

Economics towards progressive society

진보 집권 경제학

한성안 지음

차 례

서 문

진보경제학은 현재 대학 강단에서 거의 사라지고 있다. 몇 안 되는 마르크스경제학 강의가 살아 있지만 나의 연구와 서구 사회의 경험에 비추어 볼 때 마르크스경제학은 혁명 말고는 어떤 실천적 정책을 내놓을 수 없는 비판경제학 그 이상도 이하도 아니다.

우리 사회에는 이제 '실행 가능한 경제정책을 제시할 진보적 경제학'이 필요하다. 그러나 이에 대한 연구자는 턱없이 부족하고 정리된 텍스트도 없다. 그러다 보니 이론적 토대 없이 팩트에 의존해 '현상분석'에만 머무르거나, '직관'에 의존해 정책을 수립할 뿐이다.

그런 방식은 보수경제학의 '지적 공격'에 금방 꼬리를 내리게 되어 있다. 이론적 뒷심이 없으면 속수무책 당하고 마는 것이다. 지난 노무현 정부 때 진보진영은 이런 지적 공황 상태를 이미 경험했다. 진보경제학도 이제 정리된 텍스트가 필요하다. 진보적 경제를 향한 지침서 말이다.

이 책은 대안적 정책을 마련하기 어려운 마르크스경제학과 관련 없다. 최근 100년간 서구 사회에서 깊게 연구되어 온 '제도경제학'과 '포스트케인지언 경제학'을 결합해 연구모델을 구축하였다.

좁은 의미의 제도경제학은 베블런*Thorstein B. Veblen*과 커먼스*John R. Commons*로부터 시작된다. 기술과 혁신을 강조하는 슘페터*Joseph A. Schumpeter*는 베블런과 만나 '신슘페터 경제학'의 옷을 입고 제도경제학과 합류한다. 형식적 제도를 중시하는 커먼스는 국가 개입을 전면에 내세우는 케인스*John Maynard Keynes*와 교류한다. 결국 제도경제학은 베블런과 커먼스는 물론 슘페터와 케인스도 그 우산 아래에 둔다.

그러나 베블런과 커먼스는 제도를 결정적 요인으로 중시하는 점에서는 같지만, 가치판단의 기준은 서로 다르다. 또한 기술과 지식을 변화 동인으로 보는 점에서 베블런과 슘페터는 서로 만나지만, 베블런은 기술의 공유를 주장하는 반면 슘페터는 혁신의 사유를 인정한다. 베블런은 과잉소비를 경계하지만, 케인스는 과소소비를 염려한다. 커먼스의 공정성장과 슘페터의 혁신성장도 갈등을 겪는다.

이처럼 모두가 각자의 개성을 드러내고 있지만, 분배를 통한 공존을 지향하는 공통점을 갖고 있다. 개성과 공통분모, 이 둘을 통합하는 방법은 없을까? 이 질문은 다음과 같이 정리할 수 있다. 곧 포스트케인지언 경제학의 '임금주도성장'과 제도경제학의 '혁신경제'와 '공정경제', 이 둘의 갈등과 조화를 어떻게 정리할 수 있을까? 이 책은 그것의 완벽한 조화를 시도하지 않는다. 그건 절대 가능하지 않다. 이 책은 먼저 각자의 공통점과 갈등 지점을 조명한다. 그런 뒤 공통점으로부터 결합의 가능성을 찾고, 확인되는 갈등 지점에서 화해를 이루어 낼 연결고리를 찾아본다. 이론적으로 확인된 가능성과 연결고리가 현실경제에서 긍정적으로 구현될지는 정치력과 시민들의 참여에 달려 있다.

이 책은 '일반인을 위한' 경제학 '교과서'다. 하지만 이 표현은 형용모순Oxymoron이다. '교과서'는 아주 건조하고 학술적인 형식을 지켜 서술되어야 한다. 그러나 이렇게 쓰면 '일반 시민'들은 읽고 이해하기가 어렵다. 그렇다고 학술적 형식을 포기하면 내용을 체계적으로 전달할 수 없다. 이것저것 다 다루는 박학다식, 사이다 발언으로 재미를 주는 쾌도난마 경제 서적은 시중에 많다. 내가 굳이 진출할 분야가 아니다. 나아가 그런 책은 아무리 많이 읽어도 한국경제를 체계적으로 이해하는 데 도움을 주지 않는다. 그냥 만물박사(!)로 머물 뿐이다. 체계화되지 않는 지식은 쓸모가 없다. 그러니 결국 학술적 체계를 포기할 수가 없다.

이 역시 베블런, 커먼스, 케인스, 슘페터의 개성과 공통점을 풀어내는 것만큼 어려운 과제다. 결국 학술적 형식의 내용을 일반 시민들이 쉽게 이해하도록 풀어 나가는 것밖에 다른 방법이 없다. 나는 진정한 지식인이란 '형용모순'을 풀어내고 '역설Paradox'들을 발견하는 사람, 그리고 그것을 설명할 수 있는 사람이라고 생각한다. 형용모순은 진정한 과학자에게 주어진 숙명적 과제다.

이 형용모순을 해결하기 위해 이 책은 '문답식'으로 서술하기, 시사 및 시국 현안과 관련시켜 설명하기, 약간의 비속어를 과감하게 활용하기, 그래프를 도입할 때 초등학교 기초수학 반입하기, 서술 내용을 표로 정리하기, 문단이 끝날 때마다 한 줄로 핵심내용 정리하기 등 다양한 방법을 동원했다. 원고를 마무리하고 보니 애초에 기획했던 양보다 많아졌다. '일반인'들을 위한 '교과서'를 쓰자니 쉽게 설명하느라 주저리주저리 말이 많아졌기 때문이다.

　이 책은 절대 교양서가 아니다. 자기경험을 바탕으로 쓴 수필식 경제산책도 아니다. 나아가 데이터에만 입각해 자기주장을 밀고 나가는 대중적 '경제평론가'의 글도 아니다. 철저하게 학술적이다. 나의 '개똥철학'이나 '경제산책' 그리고 시사경제와 경제평론이 아니라, 지난 100년간 서구의 진보경제학자들이 겪어 온 실천 과정의 이론적 결과물이다. 이 치열한 사유 결과를 한국의 한 진보경제학자가 주변부에서 겪어 온 삶을 바탕으로 그 결과를 재구성하였다. 글에 내 삶이 묻어날 수밖에 없다. 하지만 나의 이 구차한 삶은 이 책을 읽을 대다수 민중들의 삶이리라. 나아가 이 책은 어떤 대가도 주어지지 않지만 한국 사회의 진보를 위해 잠 못 이루는 깨어 있는 모든 시민들의 노래가 될 것이다.

　이 학술적 결과를 깨어 있는 시민들이 쉽게 알 수 있도록 내가 기울일 수 있는 만큼의 노력을 기울여 보았다. 특히 그래프와 약간의 수식이 등장할 때, 독자들이 두려워 접근하지 못하는 일이 생기지 않도록 설득하느라 엄청 신경을 썼다. 그럼에도 녹록하지 않을 것 같아 걱정이다. 이 책을 통해 깨어 있는 시민들이 지적인 자신감을 회복하여, 지극히 편향한 주류 경제학자들과 저 무식한 정치모리배들과 당당히 맞설 수 있기를 바란다. 만민이 함께 잘 사는 '좋은 경제'에 대한 발걸음을 우리는 멈출 수 없다.

총 16장에 이르는 서술 과정에서 내가 내린 결론은 '운동'이다. 보수 세력의 비난에도 불구하고 우리 모두는 다시 '운동권'이 되어야 한다! 이제는 제도경제학의 관점으로!

하정마을에서
한성안

1.

경제학을
공부하는 방법부터
공부합시다.

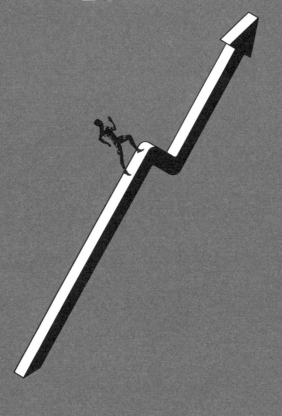

많은 독자들이 잘못 알고 있는 사실이 하나 있다. 우리를 주눅 들게 할 정도로 그래프와 수식으로 워낙 정교하게 다듬어져 있어 경제학은 그 자체로 완결되어 있다고 착각하는 것이다. 하지만 경제학은 경제학 자체로만 존재하지 않는다. 다른 학문과 관계없이 고립된 채로 독야청청 순수하게 존재하는 것이 아니라, 다른 학문들과 밀접한 관계를 맺는다. 심지어 다른 학문들을 딛고 나서야 비로소 존재할 수 있다.

경제학의 기반

어지럽게 널브러진 사물을 이해하기 위해 우리는 '분류Classification' 라는 방법을 사용하며, 그러려면 '기준Criteria'이 필요하다. 학문을 분류하는 기준은 연구대상Object이다. 학문은 연구대상에 따라 대략 세 가지로 분류된다. 먼저 '인문학'은 인간을, '자연과학'은 자연'을 연구대상으로 삼는다. 그리고 '사회과학'에서는 인간들의 모임인 사회가 연구대상이 된다.

〈표 1-1〉 학문의 분류

학문	연구대상	사례
인문학	인간	문학, 역사학, 철학 등
사회과학	사회	경제학, 정치학, 사회학 등
자연과학	자연	수학, 물리학, 생물학 등

사회과학으로서 경제학은 인문학인 철학과 자연과학인 물리학, 수학, 생물학 위에 서 있다. 따라서 경제학은 경제이론을 이용해 현실경제를 분석하고 정책을 제시하지만, 실제로 그것들은 인문학과 자연과학으로부터 시작되었다. 따라서 경제현실을 이해하고 올바른 정책을 제시하기 위해 우리는 인문학과 자연과학적 기반을 들여다볼 필요가 있다. 자본주의경제가 야기하는 경제적, 사회적 문제를 해결하기 위해 경제학과 더불어 인문학과 자연과학도 같이 공부하자! 인문학 중에서도 철학적 기반에 관한 인식은 특히 중요하다.

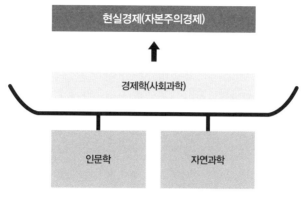

〈그림 1-1〉 경제학의 학문적 토대

　진보적 정책을 수립하는 사람들은 이 점에 특히 유념해야 한다. 그렇지 않을 경우 진보는 손쉽게 보수에 투항하거나 포섭되어 버린다. 요즘 들어 진보정당이 내놓는 경제정책이 보수정당의 경제정책과 겹쳐지는 이유는 진보정당이 인문학과 자연과학의 기반에 무지하거나 둔감하기 때문이다.

　진보진영은 경제학의 인문학적·자연과학적 기반에 유념해야 하며, 특히 철학에 관심을 기울여야 한다.

경제학과 철학

경제학은 인문학 위에 서 있다. 그중 철학은 경제학의 출발점이다. 경제학은 철학과 어느 정도의 연관성을 갖고 있는가? 곧 경제학을 이해하기 위해 철학을 얼마나 많이 알아야 하는가?

인간의 합리성은 완전하지 않다. 따라서 경제학을 이해하기 위해 아무리 인문학이 필요하더라도 경제학자가 모든 인문학을 섭렵할 수 없고, 철학적 주제를 통달할 수 없다. 여기서 우리는 인문학 중 철학으로 그 범위를 한정하며, 수많은 철학적 주제 가운데서 경제학과 직접적 관련성을 갖는 몇 가지 질문만을 선택해 다룰 것이다(〈표 1-2〉 참조).

첫 번째는 인간의 인지능력에 관한 질문으로, 이는 "인간은 얼마나 합리적인가?"로 요약된다. 두 번째는 인간의 본성에 관한 질문이다. "인간이란 무엇이며 도대체 나는 누구인가?" 세 번째는 존재양식에 관한 질문으로, "인간은 어떤 모습으로 살아가는가?" 네 번째는 인간의 보편성에 관한 질문으로, "인간은 시공간적으로 동일한가?" 다섯 번째는 지극히 철학적인 질문이다. "인간은 무엇으로 사는가?" 다시 말해 삶의 목적에 관한 질문이다.

〈표 1-2〉 경제학의 인문학적 질문

인지능력	인간은 얼마나 합리적인가?
본성	인간의 본성은 어떠한가?
존재양식	인간은 어떤 모습으로 존재하는가?
보편성	인간은 모두 같은가?
삶의 목적	인간은 무엇으로 사는가?

모든 질문이 인식론, 본질론, 존재론, 윤리학 등 철학의 핵심주제와 관련되어 있다. 독자들은 이런 심오한 철학적 질문에 직면하고, 이 책의 연구방법에 대해 적잖이 놀라거나 반신반의할 것이다. 하지만 저자의 의도를 굳게 믿고 끝까지 경주해 주기를 바란다. 경제학은 인문

학을 통해 비로소 쉽고 정확하게 이해할 수 있다!

경제학과 자연과학

적지 않은 경제학자들이 형이상학적 몽상가의 오명을 피하려 과학으로 질주한다. 경제학자들은 경제학을 과학으로 승격시키기 위해 자연과학적 기초 위에 서고자 한다. 자연과학에 대한 경제학자들의 욕망은 대단하다. 자연과학을 너무나 사랑한 나머지 적지 않은 경제학자들은 경제학의 과학화와 함께 우리가 앞에서 부각시킨 인문학을 경제학에서 추방하는 일에 전념한다. 그런 점에서 이 책은 이런 '과학주의운동'을 오히려 '비과학적 질풍노도'로 비판한다.

그럼에도 불구하고 자연과학의 성과는 두 가지로 요약할 수 있다. 첫째는 지식에 이르는 방법으로 사변적 담론보다 경험과 사실을 중시한 점이다. 논증은 실증에 의해 확인되어야 한다. 둘째는 '인과관계'를 사유의 방식으로 확립한 점이다. 자연과학자들은 경험으로부터 인과관계를 추론해 내고, 사실로부터 자연법칙을 발견했다. 경제학자들은 이런 자연법칙의 인과관계를 경제학에 도입함으로써 그 정당성을 확보하고자 했다.

아니 땐 굴뚝에 연기 나지 않듯이, 모든 결과에는 원인이 있기 마련이다. 인과관계는 다음의 질문들과 관련된다. 무엇이 원인인가? 그리고 원인의 수는 몇 가지인가? 원인들 스스로는 서로 어떤 관계를 가지는가? 원인들이 미친 결과는 어떠한가? 결과는 유일한가, 다양한가? 결과는 확실한가, 불확실한가?(〈표 1-3〉 참조)

원인	원인의 수는 몇 가지인가?
	원인들은 어떤 관계를 가지는가?
결과	결과는 유일한가?
	결과는 확실한가?
관계의 개방성	인과관계는 얼마나 개방적인가?

인과관계론과 밀접한 관계를 갖는 또 다른 자연과학적 질문이 제기된다. 원인과 결과는 관계를 맺으며 일종의 체제*System*를 형성하는데, 이런 인과관계가 외부환경이나 새로운 변화에 영향을 입는 정도에 관한 질문이다. 곧 인과관계는 외부환경에 대해 얼마나 개방적인가? 이런 인과관계와 체제에 관한 질문에 답하기 위해 경제학은 물리학, 수학, 생물학의 연구방법을 차용한다.

이 철학적이고 자연과학적인 질문들에 대해 경제학자들은 어떤 답을 내놓을까? 모든 경제학자들이 같은 답을 내놓지는 않는다. 이에 대해선 나중에 설명하겠지만, 지금은 경제학이 인문학과 자연과학을 딛고 있다는 사실과 더불어, 이 때문에 경제학은 이런 철학적 질문과 자연과학적 질문에 깊이 뿌리를 내리고 있다는 점을 인식하는 것이 중요하다. 경제학을 제대로, 그리고 쉽게 이해하려면 이 내용을 기억하면서 수시로 상기해 내야 한다.

앞으로 우리는 이 질문들을 중심으로 경제학을 이해하고, 경제정책을 이끌어 내는 동시에 그것들을 평가할 것이다. 그리고 〈표 1-2〉와 〈표 1-3〉의 질문들을 반드시 머리에 담아 두어야 한다. 이런 접근방식은 다른 경제학 서적과 구별되는 이 책만의 고유한 특징이자 경제학을 쉽게 이해시켜 주는 미덕이기도 하다.

경제학파

경제학자는 자신의 세계관으로 경제를 바라보며, 세계관은 다양한 모습으로 자신을 드러낸다. 경제에 관한 정의, 경제학의 연구방법, 더 구체적으로는 경제학모델의 여러 가지 전제와 가정들로 구체화된다. 경제학자들은 이 모든 항목들을 똑같은 방식으로 바라보지 않는다. 경제학자들은 이것들을 제각기 다른 방식으로 이해한다. 18세기 말, 경제학이 등장한 후 지금까지 수많은 경제학자들이 경제학을 연구해 오고 있다. 이들 모두의 생각이 모조리 다르지는 않다. 이들은 앞에서 제기한 항목들에 대한 특정한 시각을 중심으로 몇 개의 집단을 형성한다. 우리는 이런 경제학자들의 집단을 '경제학파*Economic School*'라고 부른다. 경제학에는 하나의 관점만 존재하지 않고, 서로 다른 관점을 가지는 경제학파가 존재한다는 사실에 유념할 필요가 있다.

그럼, 무엇을 다르게 본다는 말인가? 앞에서 언급한 내용과 관련시켜 이 질문을 이해해 보자. 경제학자들은 자신도 모르게 특정 인문학과 자연과학을 마음에 품고 있다. 예컨대, '인간의 본성은 무엇인가'라는 질문에 어떤 경제학자는 '이기적'이라고 답하는 반면, 다른 경제학자는 '이타적'이라고 생각한다. 또 방금 일어난 경제 현상에 대해 어떤 경제학자는 하나의 원인만을 고집하지만, 다른 경제학자는 여러 가지 원인을 고려한다. 본성에 관한 동일한 인문학적 질문과 인과관계에 관한 동일한 자연과학적 질문에 대해 서로 다른 답을 내고 있는 것이다.

이러한 차이는 연구모델을 다르게 만들며, 그 결과 경제정책의 방향을 갈리게 만든다. 동일한 질문에 대해 서로 다른 답을 지지하는 경제학자들은 함께 집단을 이루어 자신들의 연구 분야와 연구방법을 구축하기 위해 협력한다. 이들은 경제학파를 형성한다. 결국 경제학파란 '동일한' 사안에 대해 서로 '다른' 시각을 채택하는 학자들의 집단을 지칭한다. 앞에서 언급한 내용과 관련지으면 경제학파란 동일한 인문학적, 자연과학적 질문에 대해 서로 다른 인문학적, 자연과학적 답변을 공유하는 경제학자들의 집단으로 정의된다. 이는 같은 성경을 두고 다르게 해석하는 기독교 종파와 흡사하다. 기독교는 장로교, 성결교, 감리교, 침례교 등의 교파를 형성한다. 이는 불교에도 적용된다. 같은 불경을 조계종, 천태종, 화엄종은 서로 다르게 해석한다.

> 동일한 인문학적, 자연과학적 질문에 대해 서로 다른 답을 공유하는 경제학자들의 집단을 '경제학파'라고 부른다.

경제학파를 대략 주류 경제학*Mainstream Economics*과 비주류 경제학*Non-mainstream Economics*으로 구분하면서 논의를 시작하자. 주류 경제학과 비주류 경제학은 엄격하게 정의되는 학술적 용어라고 볼 수 없다. 하지만 널리 쓰이는 관용어인 동시에 학술논문에 자주 등장하는 학술적 용어에 준한다. 따라서 이 용어를 자유롭게 사용해도 무방하다. 주류와 비주류는 권력의 규모에 따라 결정된다. 한 시대와 사회를 지배하면 주류가 되는 것이고, 그렇지 못하면 비주류가 된다. 주류와 비주류는 과학성과 진리성의 정도와는 무관하다. 아무리 과학적이더라도 세력이 부족하면 비주류로 강등된다. 반면 미신적이고 불합리하더라도 힘이 강하면 주류로 올라선다.

경제학은 다양한 학파로 이루어져 있다. 그중 한 학파는 주류 경제학으로 공인되지만, 힘없는 다른 학파는 비주류 경제학으로 강등된다. 주류였던 경제학이 오랫동안 그 자리를 유지하는 경우도 있으나, 다른 경제학파에 의해 지위를 빼앗기는 경우도 있다. 주류 경제학과 비주류 경제학은 시대에 따라 변하고 공간에 따라 달라진다.

오늘날 주류 경제학은 '신고전주의경제학Neoclassical Economics'이며, '케인스경제학'과 '제도경제학'은 비주류 경제학으로 분류된다. 물론 지금의 비주류도 1930~1970년대 한때는 주류의 위치에 있었다. 게오르규 맨큐Gregory Mankiw의 『경제학원론』으로 신고전주의경제학은 오늘날 대한민국의 대학에서 가장 많이 강의되고 있다. 신고전주의경제학은 대략 『국부론』(1776)으로 유명한 애덤 스미스Adam Smith로부터 출발한다(〈표 1-3〉 참조).

〈표 1-4〉 경제학파 구분

주류 경제학	비주류 경제학	
신고전주의경제학	케인스경제학	제도경제학
『국부론』 (스미스, 1776)	『일반이론』 (케인스, 1936)	『유한계급론』(베블런, 1899) 『제도경제학』(커먼스, 1934)

반면 케인스경제학은 1930년대 세계대공황을 기점으로 존 케인스의 『고용과 이자 및 화폐의 일반이론』(1936)에서 시작되었고, 제도경제학은 『유한계급론』(1899)의 저자 소스타인 베블런과 『제도경제학』

(1934)의 저자 존 커먼스로부터 시작되었다. 두 경제학은 공히 '분배'와 '제도'의 역할을 중시한다. 나중에 추가되겠지만 조지프 슘페터로부터 시작된 '신슘페터경제학'도 제도경제학에 포함된다.

케인스 이후 케인스경제학은 많은 변화를 겪었다. 특히 폴 사무엘슨*Paul Samuelson*과 존 힉스*John R. Hicks*는 케인스경제학을 신고전주의경제학에 접목시켜 '신고전주의-케인지언 종합이론*Neoclassical-keynesian Synthesis*'을 제시했다. 이런 시도는 조안 로빈슨, 미하엘 칼레츠키, 니콜라스 칼도어로부터 시작된 '포스트케인지언 경제학*Post-keynesian Economics*과 크게 구분된다. 로빈슨은 신고전주의-케인지언 종합이론을 '속류 케인지언' 또는 '사생아 케인지언'이라며 비난했다. 이 책에 등장하는 케인스경제학은 이런 포스트케인지언 경제학을 의미한다. 이 책은 포스트케인지언 경제학과 제도경제학 등 비주류 경제학으로 경제현실을 설명하려고 한다.

> 이 책은 포스트케인지언 경제학과 제도경제학 등 비주류 경제학으로 경제현실을 조명한다.

경제학의 보수와 진보

포스트케인지언 경제학, 베블런경제학, 커먼스경제학 모두 제도의 역할을 중시하므로, 경우에 따라서는 이 셋을 다 '제도경제학'에 포함시키기도 한다. 이 경제학은 소득분배보다 성장에 방점을 찍으면서 정부의 개입, 노동조합, 문화적 요인 등 제도를 혐오하는 신고전주의경제학과 크게 대비된다. 따라서 각각의 경제학파는 정치적으로 보수와 진보로 나뉜다. 21세기 현재 주류 경제학은 보수적이며, 비주류 경제학은 진보적이다. 이 경제학파는 각각 보수정당과 진보정당에 경제정책을 공급한다.

간단하게 정리하면 2020년 현 시점에서 신고전주의경제학은 미래통합당(전 자유한국당 등)에, 비주류 경제학은 더불어민주당과 정의당에 독특한 경제정책을 공급할 것이다. 신고전주의경제학은 대한민국에서 주류적 문화로 정착되어 있으며, 일종의 '공공재'처럼 자유롭게 유통되고 있어 우리에게 익숙하다.

반면 케인스경제학과 제도경제학은 거의 소개되고 있지 않아 진보정당에게 제대로 된 경제정책을 공급하지 못하고 있는 실정이다. 어떻게 보면 한국의 진보정당은 자신의 경제학적 족보도 모르는 후레자식(!)이다. '진보의 지적 진공상태'가 지속되고 있는 현실을 타개하는 데 이 책이 기여하기를 바란다(〈표 1-5〉 참조).

〈표 1-5〉 경제학파, 정책목표, 정당

주류 경제학	비주류 경제학	
신고전주의경제학	케인스경제학	제도경제학
『국부론』	『일반이론』	『유한계급론』, 『제도경제학』
성장	분배	
보수	진보	
미래통합당(전 자유한국당 등)	더불어민주당, 정의당	

한국의 진보진영에서 마르크스경제학은 대단히 큰 흔적을 남기고

있지만, 경제학의 본산지인 서구 사회에서 마르크스경제학은 지극히 주변적일 뿐이다. 마르크스경제학은 혁명적 경제학으로, 현실 문제를 해결하는 데 무용지물이다. 나아가 마르크스의 이상은 실천적 경험과 현실적 장벽 앞에서 경제학자들의 수많은 고민과 토론을 통해 케인스경제학과 제도경제학에서 현실적 모습으로 용해되었다. 이러한 이유로, 그리고 논의를 단순화하기 위해 우리는 비주류 경제학을 다룰 때 마르크스경제학을 잠정적으로 제외하고자 한다. 하지만 필요에 따라 수시로 호명된다.

> 신고전주의경제학은 보수정당의 경제학인 반면, 케인스경제학과 제도경제학은 진보정당의 경제학이다.

경제학과 수학

'경제학' 하면 모두가 손사래를 친다. 우리를 괴롭히는 수학 때문이다. 그런 두려움은 편견에 기인하며, 편견은 과학으로 해결할 수 있다. 이참에 경제학에서 등장하는 수학을 이해하는 방법을 잠시 배워보자. 이 내용만 잘 이해하면 앞으로 계속 등장할 그래프는 완전히 정복된다! 이 말을 믿고 잠시만 인내하자.

경제학은 스스로 '과학'으로 승격되고자 무진 애를 써왔다는 점을 이미 지적했다. 과학이 되기 위해 경제학은 자연과학에 기대는데, 경제학자들은 그중 '수학적 테크닉'을 주요 수단으로 채택한다. 수학의 궁극적 모습은 형식화*Formalization*다. 형식은 '수식'과 '그래프'로 나뉜다. 그런데 형식화를 이루려면 일상적 진술이 '기호'로 바뀌어야 한다. 예를 들어 가격을 p, 임금을 w, 국민소득을 Y, 소비를 C로 부호화하는 것이다. 나아가 움직이는 방향마저 기호로 처리해야 한다. 예를 들어 증가하면 '↑'로, 감소하면 '↓'로 바꾸는 식이다.

말을 기호로 바꾸면 일상적 진술이 '수식'의 모습을 취할 수 있게 된다. 수식은 보통 '함수관계'로 형식화된다. 이 식은 앞에서 알게 된 경제학의 자연과학적 질문인 원인과 결과의 관계, 곧 '인과관계'를 반영한다. 경제학에서 쓰이는 함수는 대부분 초등학교에서 배운 '일차함수' 수준을 넘지 않는다. 일차함수란 어떤 경제적 결과에 대한 원인이 하나라고 생각하는 함수다.

> 경제학은 일반적 진술을 수식과 그래프로 형식화시켜 처리하는 방법을 선호한다.

일차함수는 $Y = aX + b$로 형식화되는데, 이 경우 X가 원인(독립변수)이고 Y가 결과(종속변수)다. 이 말은 X가 변하면 그에 따라 Y도 변한다는 의미다. X와 Y의 자리가 바뀌면 원인과 결과가 바뀌어 반대의 논리가 전개되니, 진술을 식으로 바꿀 때는 변수를 엉뚱한 자리에 넣지 않도록 주의해야 한다.

이제 a와 b의 의미를 알아보자. 기울기라고 익히 알고 있는 a는 원인이 작용할 때 결과가 어떤 '방향'과 어떤 '규모'로 변하는지 알려 준다. 한 예를 들어 보자. 누군가가 '일 많이 하면 돈 많이 번다'고 진술했다고 하자. 먼저 이 진술을 기호로 바꾸어야 한다. 노동시간과 소득을 X와 Y로 바꾼 뒤 전체 문장을 기호로 정리하면 다음과 같다. 위 진술은 '일 덜하면 돈 적게 번다'는 뜻도 함께 갖고 있다.

첫 번째 단계 : 부호화와 인과관계

$$X \uparrow \Rightarrow Y \uparrow$$

$$X \downarrow \Rightarrow Y \downarrow$$

이제 이 관계를 일차함수로 표시하자. 노동량(X)이 원인(독립변수)이고 소득(Y)은 결과(종속변수)다. X, Y는 서로 같은 방향으로 움직이므로 기울기는 $a > 0$이 된다. 경제학에서는 절편으로 불리는 b도 중요하다. 비주류 경제학에서는 특히 그렇다. b는 출발할 때의 값을 보여 준다. 예컨대, 일하기 전 소득이 0일 수도 있고 80일 수도 있다. 곧 $b = 0$일 수도 있고 $b = 80$일 수도 있다.

태안 화력발전소의 컨베이어벨트에 끼여 안타깝게 목숨을 잃은 청년 노동자 김용균의 절편은 $b = 0$이지만, 엄청난 유산을 상속받은 삼성그룹 부회장 이재용의 절편은 $b = 8,000,000,000,000$(8조)다. 기울기 a는 노동자의 개인적 능력을 보여 주지만 절편은 출발점, 곧 상속받은 재산의 차이를 보여 준다. 아무튼 일하기 전에 이미 재산을 보유하고 있었다면 $b > 0$으로 처리된다. 학자금 대출로 수백만 원의 빚을 지고 출발하는 학생들의 절편은 $b < 0$으로 표기된다. 만일 이 노동자의 절편이 $b > 0$이라면 '나는 적어도 김용균은 아니다!' 김용균이 아닌 이 노동자의 상황은 다음과 같이 수학식으로 처리된다. 이 식에서 우리는 "이 사람은 그나마 운 좋게 태어난 녀석이군!"이라는 말을 읽어 낼 수 있다.

두 번째 단계 : 수식화

$$Y = aX + b \quad (단, \; a > 0, \; b > 0)$$

이 단계를 거치면 앞의 진술을 그래프로 그릴 수 있다. 원인변수 X 와 결과변수 Y를 각각 가로축과 세로축에 두고 (+)의 기울기와 (+)의 절편을 감안하면 다음과 같은 그래프가 만들어진다. 위 수식과 아래 그래프는 '그나마 운이 좋은 노동자가 일을 열심히 할수록 소득이 늘어난다'는 일반적 진술을 부호로 바꾼 것과 별반 다르지 않다.

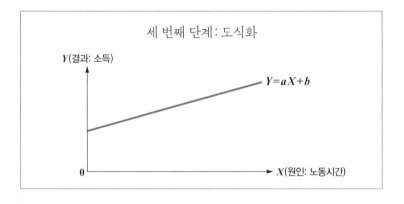

우리는 가족 및 친구와 대화 중 이와 같은 인과관계의 진술을 하루에도 수십 번씩 발설한다. 예컨대, '밥 많이 먹으면 살찐다', '운동 많이 하면 살 빠진다', '많으면 많을수록 좋다', '물질이 없어야 행복하다' 등 이 모든 진술은 위의 방식과 순서에 따라 수식과 그래프로 바꿀 수 있다. 어렵게만 느꼈던 경제학은 여기서 시작되고, 이것으로 끝난다. 경제학의 형식화 과정은 〈그림 1-2〉의 순서에 따른다. 경제학의 수식과 그래프를 두려워하지 말자!

〈그림 1-2〉 형식화 순서

경제학은 모든 진술을 형식화해야 과학이 되는가? 형식화는 복잡하게 얽힌 세파를 명확한 모습으로 보여 줌으로써 경제현실에 대한 우리의 이해를 돕는다. 형식적 모델로 인해 우리는 경제현실을 그 틀 안에서만 보게 되는 오류를 범할 수 있지만, 그마저 없으면 우리는 아무것도 볼 수 없게 된다. 따라서 모든 형식적 결과를 매도하는 것은 잘못이다. 이런 점에서 경제학은 학파에 관계없이 '수학'을 자연과학적 기반으로 삼는다.

일차함수란 결과에 대한 원인이 하나일 경우에만 적절한 수식이다. 앞으로 검토하겠지만 경제현실은 일차함수로 환원시켜도 될 정도로 단순하지 않다. 특정한 경제적 결과는 다양한 원인들이 복잡하게 상호작용함으로써 나타난다. 일차함수로 경제현실을 완전히 묘사할 수 있다는 주장은 터무니없는 만용에 가깝다.

나아가 수식은 '양Quantity'으로 측정할 수 있는 변수만 담아낼 수 있다. 경제현실은 사회, 문화, 정치 등 숫자로 표시할 수 없는 '질Quality'의 영향을 받는다. 아무리 많은 변수를 도입하더라도 형식화가 경제현실의 대부분을 포착할 수 없다는 말이다.

이런 이유 때문에 경제학을 모조리 일차함수, 나아가 수식과 그래프로 통일하려는 일부 경제학자의 시도는 바람직하지 않을뿐더러 '반과학적'이다. 경제현실의 대부분을 거세해 버리고 달성한 수식과 그래프를 과학이라고 부를 수는 없다. 따라서 꼭 필요한 경우를 제외하고 수식과 그래프는 최소한으로 제한되어야 한다.

> 수식과 그래프를 통해 경제를 형식화하는 방법은 필요하지만, 그 활용 정도는 최소화되어야 과학적이다.

또한 형식화의 방법을 수식과 그래프로 환원해 사고하는 방법은 대단히 편협하다. 형식화는 표와 그림으로도 이루어 낼 수 있다. 단순한 현실을 표현하기 위해 수식과 그래프를 사용할 수 있지만, 복잡한 현실을 표현하기 위해서는 표와 그림이 더 적절하다. 따라서 이 책은 경제현실을 수식과 그래프, 그림, 표 등 다양한 방식을 활용해 설명하는 방식을 취한다. 〈표 1-5〉에서 알게 된 '제도경제학'은 바로 이런 방법을 이용해 경제현실을 묘사한다.

독자 여러분은 이제 수식과 그래프를 두려워하지 않게 되었다. 그런데도 그것들이 여전히 우리를 불편하게 만드는 것이 사실이다. 나아가 이런 불편한 심기에 대해 자책하는 독자도 더러 있을 것이다. "나는 왜 이렇게 수학에 젬병일까?" 하지만 그렇게 자책할 필요가 없다. 수식과 그래프는 경제현실의 극히 일부분만 조명해 줄 뿐이다. 이게 더 불편한 현실이다! 수식과 그래프 대신 표와 그림을 선호하는 태도가 사실 더 과학적이다. 주눅 들 이유가 전혀 없다.

> 제도경제학은 수식과 그래프는 물론 표와 그림 등 다양한 형식화 수단을 활용해 경제현실을 설명한다.

2.

우리는
'경제'를 제대로
이해하고 있는가?

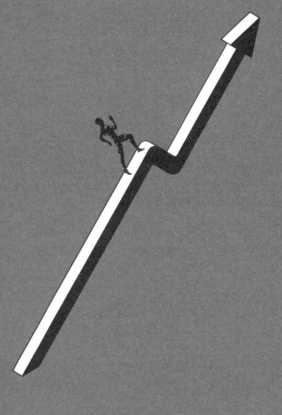

경제를 언급하는 순간 일반적으로 우리는 '먹고사는' 활동을 머리에 떠올리기 쉽다. 맞는 말이다. 하지만 호모사피엔스로서 인간은 생각하는 존재다. "생각한다. 고로 나는 존재한다"라는 데카르트의 언명은 인간의 한 모습을 적절하게 보여 준다. 따라서 먹고살긴 하되 인간은 생각하면서 먹고산다. 단순히 먹고살기만 하는 동물과 다른 점이다.

앞에서 우리는 경제학파를 동일한 인문학과 자연과학의 질문에 다른 답을 내놓는 학문집단으로 정의하였다. 이제 경제의 정의에 대한 주류 경제학과 비주류 경제학의 시각을 알아볼 차례다. 경제란 인간에게 필요한 재화와 서비스 생산, 분배, 소비하는 활동과 관련된다.

주류 경제학의 경제

주류 경제학자들은 효율성Efficiency을 경제활동의 제1 원칙으로 삼는다. 따라서 생산, 분배, 소비 이 모든 활동들은 효율적으로 이루어져야 한다. 효율성이란 편익Benefit과 비용Cost의 '비율'이다. 그러므로 효율성은 〈식 2-1〉의 $e = \dfrac{B}{C}$로 형식화된다.

$$e = \frac{B}{C} \qquad \text{〈식 2-1〉}$$

효율성을 높인다는 말은 e값을 크게 만든다는 것과 같다. e를 크게 만드는 방법은 세 가지다. 첫 번째는 B(편익)를 고정시킨 뒤 C(비용)를 줄이면 효율성이 높아진다. 두 번째는 반대의 경우다. 즉 C를 고정하고 B를 높여도 효율성은 커진다. 세 번째는 B, C를 동시에 변화시키는 경우다. 이때 B를 높이고 C를 줄이면 효율성(e)은 엄청 커질 것이다.

주류 경제학은 이 세 가지 중에서 첫 번째 방법을 가장 선호한다. 곧 편익을 그대로 두면서($\bar{B}$) 비용을 줄이는($C\downarrow$) 방법이다. 주류 경제학의 교과서는 비용을 줄이는 방법, 곧 '비용의 극소화'로 가득 채워져 있다. 이들에게 경제는 비용절감 활동, 곧 경제화Economizing를 의미한다. 주류 경제학의 효율성은 $e = \dfrac{\bar{B}}{C\downarrow}$로 표시된다. 이 값이 극대화Maximization되어야 한다.

이런 원칙을 가장 먼저 정식화시킨 사람은 19세기 미국의 철강왕 앤드류 카네기다. 경제사 학자 앨프리드 챈들러Alfred Chandler에 따르면, 비용에 대한 카네기의 강박관념은 '경계대상' 1호로 될 정도로 대단하였다. 비용을 엄격히 통제하는 '신경영기법'에 힘입어 그의 회사는 당시 석유왕 존 록펠러에 버금가는 성장을 구가하였다. 카네기 이후 비용은 이윤추구가 목적인 기업들에게 무찔러야 할 적이자 혐오의 대상이 되었다. 만약萬惡의 근원인 비용(C)이 0으로 수렴하면 효율성(e)은 무한대(∞)로 극대화될 것이다(〈식 2-2〉참조).

비용을 줄이는 목적은 '남기는 것'이다. '남아 떨어지는 것'을 이윤 *Profit*이라고 부른다. 비용의 극소화, 곧 효율성의 극대화는 '이윤의 극대화'를 다르게 표현한 말이다. 앞에서 배운 형식화에 관한 설명을 기억하면 이 수식이 어렵지 않을 것이다. 혹시 고등학교 수학시간에 많이 졸았던 사람들은 그냥 넘어가도 된다. 이 내용을 모른다고 해서 다음 내용까지 이해 못할 이유는 없기 때문이다.

$$\text{Lim}_{C \to 0}(e) = \text{Lim}_{C \to 0}(\frac{\overline{B}}{C}) = \infty \qquad \text{〈식 2-2〉}$$

그런 목표는 시장을 통해 가장 잘 달성된다. 시장은 완전한 기계체제, 곧 '메커니즘'이다. 이 자동기계가 잘 작동하기 위해서는 개인의 자유로운 결정이 필요하다. 이 원칙을 가장 잘 따르는 개인은 기업이다. 개별기업이 효율성을 극대화하면 사회 전체의 효율성도 극대화한다. 따라서 시장의 자동메커니즘과 개인의 의사결정에 맡겨 두면 비용은 극소화되어 사회 전체적으로 생산, 분배, 소비는 가장 효율적으로 이루어진다. 비용의 극소화를 통한 효율성의 극대화 원리는 경제의 모든 활동에 공통적으로 적용되어야 한다. 생산은 물론 분배와 소비에도 효율성이 극대화되어야 바람직하다는 말이다. 이 경우, 시장에 대한 인위적 개입은 불필요하다. 주류 경제학의 경제에서 효율성, 비용절감(경제화), 개인의 의사결정, 시장의 자동메커니즘은 절대적인 항목이다.

이 지점에서 진보진영은 스스로 성찰해 보아야 한다. 우리 스스로 이 관점의 포로가 되어 경제를 이해하지 않았던가? 그러고는 시장메커니즘과 비용극소화적 효율성이라는 보수경제학의 단어를 무분별하게 사용해 시장을 이해할 뿐 아니라 경제정책을 구상하지 않았는가 말이다!

> 진보진영은 보수경제학의 용어로 경제를 해석해 왔던 점을 돌이켜 보아야 한다.

비주류 경제학의 경제

경제활동은 자본주의경제, 더욱이 시장에서만 이루어지지 않았다. 그것은 인류가 지구상에 등장한 후 수만 년을 지속해 왔을 정도로 인간의 삶에 본질적이다. 따라서 경제의 의미를 250년 남짓한 자본주의 시장체제와 효율성, 그리고 비용극소화로 국한시키면 안 된다. 적어도 문명이 시작된 수천 년 전으로 거슬러 올라가 그 의미를 되새길 필요가 있다.

영어의 이코노미*Economy*는 그리스어로 '집'을 나타내는 오이코스*Oikos*와 '관리'를 뜻하는 노미아*Nomia*를 합친 '오이코노미아*Oikonomia*'에서 시작되었다. 고대 그리스에서 이코노미는 가정이라는 집단의 삶을 관리하는 행위, 곧 '살림살이'를 의미하였다. 가정은 개인이 아니라 집단이다. 살림살이는 방치되는 것이 아니라 관리를 필요로 한다.

살림을 효율적으로 관리해야겠지만, 가정에서 그것은 절대적인 덕목이 아니다. 건강하지 못한 식구를 위해 건강한 몸으로 일해야 할 가장의 몫을 비효율적으로 분배해야 할 경우도 많다. 대다수 인간가족은 비용이 많이 드는 약한 구성원을 내쫓거나 시장에 내다 팔지 않고 보듬어 살린다. 이 경제에서 남는 것은 없다. 이처럼 이코노미는 원래 시장의 영역이라기보다 비시장의 영역이었다. 아리스토텔레스는 실제로 이윤을 목적으로 삼는 '시장경제Market Economy'와 그렇지 않는 '비시장경제Non-market Economy'를 구분하였다.

고대 중국에서도 생산, 분배, 소비활동은 일어났다. 수나라시대에 그런 활동은 '경세제민經世濟民'으로 묘사되었다. 우리가 경제經濟라고 부르는 활동은 바로 이 경세제민의 약자다. 따라서 고대 중국에서 경제란 '나라를 다스려 백성을 구제하는 활동'이었다. 여기서도 경제는 집단(국가)의 삶을 관리하는 행위인 동시에 개인의 의사결정이나 시장의 자동메커니즘과 무관하다. 경제는 비용의 극소화와도 직접적인 관계가 없다. 백성을 구제하기 위해서는 오히려 비용이 극대화될 필요마저 있다. 이 경우 남기는커녕 모자랄 수도 있다. 나아가 경제활동의 최종 목적은 삶, 곧 인간을 살리는 것이다. '죽임'이 아니라는 말이다.

> 경제는 개인이 자원을 효율적으로 배분하는 활동이 아니라,
> '집단구성원'들의 '삶'을 '관리'하고 '구제'하는 활동이다.

존재하는 모든 것은 변화한다. 시간이 흐르면서 경제도 진화하였다. 비시장경제 중 일부가 시장경제로 진화한 것이다. 더욱이 현대 사회에 이르러 시장경제가 비시장경제의 영역으로 그 범위를 점점 확

장해 나가고 있는 중이다(〈표 2-1〉 참조). 그럼에도 불구하고 국가와 가정은 물론 종교단체, 노동조합, 정당, 협동조합, 각종 결사체 등 비시장경제가 현대 사회에서도 광범위하게 존재하고 있다. 현대 사회에서 비시장경제와 시장경제는 공존한다. 따라서 경제를 시장경제로 환원하면 안 된다. 비시장경제에서는 효율성, 비용, 이윤보다 사랑과 우정, 연대, 정의와 같은 '도덕적 가치'가 우선시된다. 이 모든 것은 이윤보다 인간의 삶을 지향하고 있다.

경제는 인간을 살리는 활동이다! 비주류 경제학은 시장경제는 물론 이런 비시장경제를 조명하고 있다. 비시장경제는 진보가 지켜 내야 할 영역이다. 시장과 근대화를 동일시함으로써 시장 확대를 진보적으로 오해하는 마르크스경제학은 이 사실에 주목해야 한다.

〈표 2-1〉 경제의 종류

시장경제	비시장경제
시장의 자동메커니즘	집단의 관리
비용극소화, 이윤극대화	도덕적 가치
기업	정부, 가족, 각종 비영리 결사체
이윤과 화폐	인간의 삶
$P>0$	$P=0$

우리는 비주류 경제학의 경제에서 집단, 관리, 도덕적 가치, 나아가 인간의 삶이 중요하다는 사실을 알아냈다. 이제 비주류 경제학의 관점에서 경제를 정의할 때다.

비주류 경제학자들 역시 경제가 인간에게 필요한 재화와 서비스를 생산, 분배, 소비하는 활동으로 이루어진다는 점에 동의한다. 하지만 이 세 가지 활동은 자연스럽게 연결되지 않는다. 생산이 효율적으로 이루어져야 하는 것은 맞다. 그러나 분배와 소비마저 효율성 원칙에 따를 필요는 없다. 효율성 원칙과 유사하게 분배가 가격지불능력에 따라 이루어질 수 있지만 평등*Equality*하게 이루어질 수 있다. 형평*Equity*의 원칙이나 필요*Need*의 원칙, 아니면 존 롤스가 주장한 것처럼 최소 수혜자를 악화시키는 분배는 정의롭지 못하다는 '차등의 원칙'을 따를 수도 있다(〈표 2-2〉 참조). 분배의 원리는 생산의 원리와 다를 뿐 아니라 다양한 분배 원리마저 서로 복잡하게 얽혀 있다는 것이다. 소비의 원칙도 마찬가지다. 소득수준에 따라 소비하는가? 경제적이고 실용적으로 소비하는가? 사회적이고 문화적으로 소비하는가? 이 기준들 역시 공존하면서 복잡하게 얽혀 있다. 그것들은 사회 전체의 삶에 피드백된다.

생산, 분배, 소비의 원칙이 일관된 원칙에 따라 움직이면 더 이상 바랄 것이 없겠지만 지금까지 검토한 것처럼 실상은 그렇지 않다. 각 활동 영역에서 서로 다른 원칙에 따라 행동하는 경제행위자들이 현실에서 만나게 되면 서로 간의 차이와 갈등이 유발된다. 이를 조정해 내기 위해 제도적 장치가 불가피하다. 제도적 장치에 따라 관리와 통제가 이루어지지 않으면 경제활동은 원활히 이루어질 수 없다!

〈표 2-2〉 상충하는 경제 원칙들

생산	분배	소비
효율성의 원칙	평등의 원칙, 형평의 원칙, 필요의 원칙, 가격의 원칙, 차등의 원칙	경제적 소비, 사회적 소비

따라서 우리는 경제를 신고전주의경제학자들과 다르게 정의해야 한다. 경제는 '인간의 삶의 질을 향상시키는 데 필요한 재화와 서비스를 생산, 분배, 소비하는 활동과 그것을 관리하는 활동'이다. 관리되지 않으면 인간집단의 경제생활은 불가능하다.

> 경제는 '인간의 삶의 질을 향상시키는 데 필요한 재화와 서비스를 생산, 분배, 소비하는 활동인 동시에 그것들을 제도적으로 관리하는 활동'이다.

경제는 개인의 활동이 아니라 '집단'의 활동이다. 또 그것은 이윤을 살리기 위해 인간을 죽이는 활동이 아니라 인간을 '살리는' 활동이며, 인간의 삶을 어렵게 하는 활동이 아니라 인간의 '좋은 삶'을 이루어 내는 활동이다. 진보는 이를 지향하는 경제의 이 영역을 지켜 내는 동시에 확장해 가면서 시장경제와 공존하는 방법을 모색해야 한다. 이때 제도가 중요해진다! 최근 진보진영 다수가 이런 핵심을 망각하고 시장주의적 접근방식으로 경도되어 있다.

> 진보는 비시장경제를 지켜 내야 하며, 그것과 시장경제가 공존할 제도를 모색해야 한다.

이참에 시장경제와 비시장경제를 체계적으로 구분해 보자. 앞에서 지적한 것처럼 경제학은 말을 '기호'와 '그래프'로 변환시켜 사물을 더쉽고 명료하게 보여 주는 사회과학에 속한다. 최근에는 복잡한 기호와 그림 때문에 오히려 경제학이 어렵고도 모호하게 진화해 버렸지만, 적절히 쓰이면 기호와 그림은 현실경제를 더 쉽게 이해시켜 준다.

인간은 경제생활을 영위하기 위해 물건을 제작하는데, 이를 제품 *Product*이라고 부른다. 제품은 자신은 물론 타인에 의해 소비되어야 한다. 이 과정에 분배활동이 들어간다. 제품이 분배될 때, 가격(P)이 매겨져 분배되는 경우를 생각해 보자. 곧 공짜로 주어지지 않고 반드시 대가를 보상받아야 제품을 건네주겠다는 것이다.

이 경우 제품은 상품*Commodity*으로 변신하는데, 상품은 $P > 0$으로 정의된다(〈표 2-1〉 참조). 제품은 가격이 붙어 상품으로 '교환'되어 소유주를 바꾼다. 시장이란 제품이 '상품'으로 진화되어 '교환'되는 경제나 장소를 의미한다. 교환*Exchange*은 '주면*Give*' 반드시 '받아야 *Take*' 하는 활동이다.

반면 제품이 교환되지 않는 경우도 있다. 주기만 할 뿐 그 대가로 아무것도 받지 않는 경우다. 이때 제품은 공짜로 주어지므로 제품의 가격은 제로가 될 것이다. 주기만 하고 그 대가로 아무것도 받지 않는 행위를 '선물*Present*'이라고 부른다. 선물은 $P = 0$으로 표현된다. 제품이 이처럼 선물로 분배되는 경제는 시장이 아니다. 가정에서 부모는 대가를 바라며 자식을 양육하지 않고, 정부 역시 저소득층에 복지혜택을 부여하면서 대가를 거두어들이지 않는다. 이 모든 것이 비시장 영역에서 이루어진다. 독일 철학자 위르겐 하버마스의 말을 빌려 표현하면, 시장 영역과 비시장 영역은 각각 '체제*System*'와 '생활공간 *Lebensraum*'으로 표현될 수 있다. 체제와 생활공간에서 각각의 원칙에 따라 일어나는 경제활동은 '제도'로 조정된다(〈그림 2-1〉 참조).

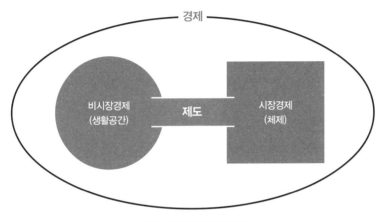

〈그림 2-1〉 제도와 경제의 관계

3.

경제활동은
계산에 따라서만
이루어지는가?

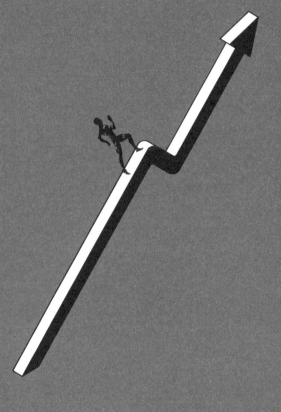

앞에서 우리는 제도가 경제에 필수불가결한 존재라는 점을 알게 되었다. 제도가 경제생활에만 꼭 필요한 것은 아니다. 사회적 존재로서 인간은 집단을 형성해 생활한다. 집단 안에서 인간들은 고립되지 않고 '관계'를 맺고 산다. 관계 속의 인간들이 모두 같은 생각과 물적 토대를 지니고 있다면 아무 문제될 게 없다. 하지만 인간들은 동질적이지 않고 이질적이다. 이 때문에 조화보다 '갈등'이 인간 사회의 특징이 된다. 제도를 통해 갈등이 관리되지 않으면 인간 사회는 존속할 수 없다. 제도는 인간과 분리될 수 없다. 그 때문에 경제학자 앨런 그루치 *Allen Gruchy*는 인간을 '제도적 존재*Homo Institutionalis*'라고 부른다.

제도와 경제

제도*Institution*란 '인간의 집단의지에 의해 의식적으로 설계되거나 무의식적으로 수용됨으로써 인간의 상호작용을 제약하거나 촉진하는 유·무형의 행동규범이나 장치'를 의미한다. 거기에는 복지제도, 금융제도, 교육제도, 노동제도 및 헌법과 법률 등 '형식적 제도'와 사유습관, 전통, 종교, 가치관 등 '비형식적 제도'가 있다.

제도는 합리적일 수 있지만 지극히 비합리적일 수도 있다. 모든 제도를 '일반의지'처럼 합리적이라고 생각하면 큰 오산이다. 나중에 보겠지만, 대다수 인간은 경제활동을 합리적으로 하기보다 '습관적'으로 한다. 게다가 얼마나 많은 꼰대(!)들이 경제생활은 물론 가정, 회사, 종교집회, 정당, 관공서에서 시대착오적인 판단을 내리며 대중에게 제멋대로 갑질(!)을 하고 있는가! 우리 사회를 지도하는 대다수 꼰대들은 합리적이지 않다. 그들은 한물간 제도에 따라 생각하고 행동하기 때문이다.

> 인간의 행동을 제약하며 촉진하는 제도는 형식제도와 비형식제도로 구성되는 동시에 합리적 제도와 비합리적 제도 모두를 포함한다.

그렇다면 제도는 어떻게 형성되는가? 이것은 제도를 낳은 원인, 그리고 원인의 수, 원인들의 관계, 그리고 제도적 결과에 관한 질문을 포함한다. 곧 제도의 인과관계에 관한 질문으로 경제학의 자연과학적 기반(〈표 1-3〉 참조)과 관련된다.

우리는 앞에서 동일한 사안에 대해 다른 시각을 가진 경제학자들의 집단을 경제학파로 정의한 바 있다. 그러므로 우리는 경제학자들이 자신이 속한 학파에 따라 서로 다른 답을 내놓을 것을 쉽게 상상할 수 있다. 신고전주의경제학은 경제학에서 제도를 추방하고자 진력한다. 그들은 시장에서 제도가 사라진 '제도적 진공상태'를 열망한다. 때문에 그들은 제도를 연구하지 않는다. 마르크스경제학도 제도에 대해 부정적인 태도를 견지한다. 예컨대, 자본주의의 복지제도는 노동운동을 '개량주의'로 변질시키기 때문이다.

반면 비주류 경제학은 앞에서 본 경제에 관한 그들의 관점 때문에 제도를 경제 분석의 전면에 내세운다. 자주 망각하고 있지만 인간의 '본성'과 '본능'만큼 제도에 본질적인 것은 없다. 인간은 사회적 존재로서 집단을 이루어 산다. 사회 속의 개인은 서로 다르기 때문에 지배와 갈등 등 수많은 문제를 야기한다. 이런 상황에서는 필연적으로 다양한 차원의 제도들이 요청된다. 제도 없이 인간은 집단생활을 영위할 수 없다. 이 때문에 앨런 그루치는 인간을 호모인스티투셔널리스 *Homo Institutionalis*, 곧 '제도적 존재'로 지칭한다.

사회구성원들이 관계를 맺어 집단생활을 하게 되면 각자 다른 견해로 얼굴을 붉히거나, 서로 다른 이해관계 때문에 싸운다. 이런 갈등관계는 정치관계로 조정되어야 한다. 그 결과 정치제도가 형성된다.

'기술적 요인'도 제도의 모습을 바꾼다. 기술력이 높은 나라와 그렇지 않은 나라에서 노사관계의 성격은 서로 다르다. 나아가 '문화'도 제도를 다르게 만드는 요인이다. 한 나라에 오랜 세월 뿌리내린 전통과 가치관 그리고 지배적인 경제학모델은 그 나라의 조세제도와 복지제도의 성격을 좌우한다. 예컨대, 개인주의 문화와 신고전주의경제학의 문화가 지배적인 곳에서는 누진세와 같은 증세제도보다 역진세와 비례세 같은 감세제도가 정착되어 있다.

이렇게 형성된 제도는 인간행위를 제약한다. 하지만 제도가 인간의 본능 및 인간의 정치와 기술에 의해 변하는 한, 그것은 인간에 의해 적극적으로 변혁 및 창조되기도 한다. 많은 경제학자들과 정치인들이 인간을 제도에 종속되는 존재로 오해하지만, 인간은 제도를 변혁하고 창조하기도 한다. 제도는 외부 주체에 의해 주어진 것이 아니라 인간의 산물이다! 인간은 제도의 꼭두각시인 동시에 제도의 주인이기도 하다. 제도경제학에서 사용되는 '제도적 존재'라는 말에는 오히려 후자의 의미가 더 강력하게 내포되어 있다.

> 제도는 인간의 행동을 제약하지만 인간에 의해 변혁되고 창조된다. 인간은 제도의 꼭두각시인 동시에 제도의 창조주다.

총체론적 제도형성과정

세 가지 비주류 경제학 중 포스트케인지언 경제학은 분배를 위한 정부의 경제정책 일반에 주목한다. 이들에겐 '형식제도'가 중요하다. 커먼스의 제도경제학은 분배와 함께 '정의(공정)'를 앞세우는데, 이 경우 형식적 제도 중 사법체제와 노동조합에 분석의 초점을 맞춘다. 커먼스의 제도경제학에서 제도를 변화시키는 요인은 '권력Power'이다. 한편, 베블런의 제도경제학은 사회진화의 동력으로 '본능'과 '기술'을 부각시킨다. 기술이 변하면 생산성만 변하지 않고 사회 전체의 모습이 바뀐다. 동시에 그는 사유습관, 전통, 가치관 등 비형식적 제도가 경제활동에 미치는 효과에 주목한다. 권력, 곧 정치적 요인을 중시하는 커먼스와 달리 베블런의 제도경제학에서는 제도변화의 동인으로 기술은 물론 '문화'와 '본능'이 중시되는 것이다(〈표 3-1〉 참조).

〈표 3-1〉 비주류 경제학의 제도

	포스트케인지언 경제학	커먼스 제도경제학	베블런 제도경제학
변화원인	정치권력	정치권력	본능, 기술, 문화
중시하는 제도	형식제도	형식제도	비형식제도
구체적 사례	정부의 공식제도 금융, 복지, 노동, 교육	사법제도, 노동조합	사유습관, 전통, 가치관 등 문화

제도경제학은 권력, 기술, 문화, 본능이 서로 영향을 미치면서 특정한 제도적 구조와 장치를 만들어 내고, 그것이 경제활동의 규모와 방향을 결정한다고 본다. 경제적 결과가 비경제적 요인들의 상호작용 방식에 따라 달라지는 것이다. 이처럼 '비경제적 요인Noneconomic Factor'들을 경제학모델에 포함시키는 방법은 경제적 요인만 주목하는 신고전주의경제학과 다른 점이다.

나아가 이렇게 형성된 경제적 결과는 다시 기술, 권력, 문화 곧 '원인'에 되먹임(피드백)함으로써 원인에 일정한 변화를 야기한다. 원인들 사이의 상호작용과 원인에 대한 결과의 되먹임은 최종 결과의 '다양성'과 '불확실성'을 낳을 것이다. 인과관계론에서는 이를 '총체론Holism'이라고 부른다. 총체론은 다원론Pluralism, 상호작용Interaction, 되먹임을 내포하는 제도경제학의 인과관계론이다(〈그림 3-1〉 참조).

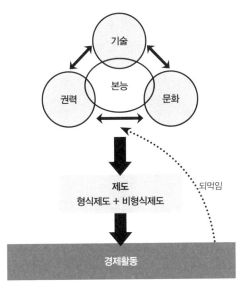

〈그림 3-1〉 비주류 경제학의 제도론

이와 달리 신고전주의경제학에서 경제적 결과는 경제적 원인(가격, 소득) 한 가지에 따라 결정될 뿐이며, 비경제적 요인들과 제도는 존재하지 않는 것으로 가정한다. 인과관계에 관한 한 신고전주의경제학은 경제적 '일원론Monism'을 채택하면서 경제나 시장을 '제도적 진공상태'로 가정한다. 일원론을 채택하면 결과는 명쾌해진다(〈표 3-2〉 참조). 곧 경제적 결과는 한 가지로 유일하며, 확실하다. 이런 답은 미학적으로 훌륭해 보인다. 하지만 가장 명쾌하고 아름다운 답이야말로 가장

〈표 3-2〉 경제학파별 인과관계론

	신고전주의경제학	포스트케인지언, 제도경제학
인과관계	일원론	총체론(다원론+상호작용+되먹임)
결과의 모습	유일성, 확실성	다양성, 불확실성

비현실적이고 비과학적이다. 그런 답은 '소설'과 '신학'일 뿐이다. 막장 드라마만큼 명쾌하고 아름다운 결론은 없으리라!

다원론, 상호작용, 되먹임(피드백)으로 구성되는 총체론은 제도경제학의 인과관계론이다.

제도와 관련된 연구 주제

제도경제학은 제도와 경제가 상호작용하는 과정과 그 결과에 주목한다. 우리는 제도와 경제가 상호작용하는 두 가지 방향을 상상할 수 있다. 첫 번째는 제도가 경제에 미치는 경로이며, 두 번째는 반대로 경제가 제도에 영향을 주는 경로다. 제도 → 경제로 나아가는 첫 번째 경로는 다시 세 가지 질문으로 분화된다. 첫째, 제도가 실제로 경제에 영향을 미치기는 하는가? 둘째, 특정 '정치체제*Political Regime*'가 경제성장에 기여하는가? 이 질문은 진보진영이 관심을 가져야 할 주제인데, '민주주의와 독재 중 어떤 것이 경제성장에 기여할까'의 주제로 변형할 수 있다. 셋째 질문은 둘째 질문에서 뻗어 나왔다. 곧 제도가 경제에 영향을 준다고 해서 정치체제의 차이마저 경제 성과의 차이를 유발하는가? 이 질문을 곧바로 이해하기가 쉽지 않을 것이다. 13장에서 자세히 다룰 텐데, 그때 정확히 이해해도 괜찮다.

　반대로 된 경제 → 제도의 인과관계를 갖는 마지막 질문은 다음과 같은 구체적인 질문으로 연결된다. '경제가 성장하면 민주주의는 저절로 도래하는가?' 이 질문은 우리에게 매우 익숙한 질문의 다른 버전이다. '파이가 커지면 분배는 저절로 개선되는가?' 보수경제학자들이 관심을 갖는 주제로, 그들의 답은 이미 정해져 있다. 파이가 커져야 분배도, 민주주의도 가능하다. 파이가 충분히 커질 때까지 분배와 민주주의를 연기해야 한다는 것이다.

이 질문들은 성장과 분배, 민주주의와 시장경제, 소득주도성장론, 박정희의 개발독재론, 뉴라이트의 식민지근대화론 등 진보진영이 관심을 가지는 주제와 깊이 관련되기 때문에 특별히 〈표 3-3〉으로 정리해 놓을 필요가 있다.

〈표 3-3〉 제도와 관련된 주요 질문들

인과관계 방향	주요 질문	
제도 → 경제	1. 제도는 경제에 영향을 미치는가?	
	2. 정치체제가 바뀌면 경제 성과도 바뀌는가?	2-1. 민주주의와 독재 중 어떤 정치체제가 경제성장에 기여하는가?
		2-2. 정치체제는 경제 성과를 다르게 만드는가?
경제 → 제도	3. 경제가 성장해야 제도가 바뀌는가?	
	4. 파이가 커져야 분배와 민주주의가 가능한가?	

총체론

경제학의 접근방법 중 인과관계는 대단히 중요하다. 그것은 경제모델을 다르게 만드는 결정적 요인이다. 따라서 이 접근방법에 대해 명확히 정리해 놓을 필요가 있다. 신고전주의경제학은 일관성과 미학을 위해 일원론의 인과관계를 채택하고 있다는 사실을 언급했다. 하지만 더 깊이 들여다보면 일원론은 경제학을 독립된 분과로 확립하고, 그 것을 '과학'의 모습을 띠게 할 목적으로도 선택된다. 일종의 노림수(!)라고 보아야 한다.

이 목적을 달성하기 위해 신고전주의경제학자들은 경제 영역과 본능·정치·문화 등 비경제 영역을 '분리'하는 전략을 구사한다. 〈그림 3-2〉에서 경제 영역, 정치 영역, 문화 영역, 본능 영역은 서로 독립되어 있을 뿐 아니라 고립되어 있다. 다시 말해 각 영역은 아무런 관계를 맺고 있지 않다. 그럼, 어떤 근거로 이런 기획을 시도하는가? 이 비밀을 캐기 위해 다시 인문학으로 들어갈 필요가 있다. 데카르트는 이분법*Dualism*에 따라 세상을 이해한다. 곧 정신과 육체는 서로 완전히 다르다. 사유는 경험으로부터 구분되어야 한다. 따라서 객체와 주체는 분리되어야 과학에 이를 수 있다. 물질과 관념, 자료와 이론, 사실과 가치도 동일한 관계에 선다.

이런 이분법에 따라 신고전주의경제학자들은 경제와 비경제를 엄격히 분리해 버린다. 그 결과 둘은 서로 영향을 미치지 않게 된다. 곧 비경제적 영역과의 관계에 '이분법'을 적용함으로써 경제학에서 '일원론'을 구축한 것이다. 이제 눈치 볼 필요 없이 각 영역은 서로 데면데면할 수 있다. 우리 경제학자들은 당신네들에 대해 상관하지 않겠으니 신경 끄고 각자의 길을 가자는 것이다. 이런 연구방법을 적용하면 '학제적 연구'는 물 건너갈 뿐 아니라 심지어 '반과학적' 태도로 보인다. 이들에게 〈그림 1-1〉은 생소할 뿐 아니라 분노를 불러일으킬 수 있다.

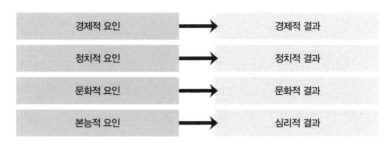

〈그림 3-2〉 신고전주의경제학의 일원론과 이분법

　제도경제학의 총체론이 다원론, 상호작용, 되먹임의 앙상블이라는 점을 우리는 잘 이해하고 있다. 〈그림 3-1〉은 이런 관계를 잘 보여 준다. 신고전주의경제학의 이분법을 살펴보았기 때문에 우리는 총체론을 좀 더 정확히 묘사할 필요를 느낀다.

　이분법에서는 경제와 비경제가 완전히 분리되어 서로에게 아무런 영향을 미치지 않는다. 그러나 총체론에서 둘은 서로 분리될 수 없다. 본성, 정치, 문화, 기술, 경제는 일정한 독립성을 갖추고 있지만 서로는 결코 분리될 수 없으며, 분리된 순간 아무런 역할을 할 수 없게 된다. 몸에서 심장을 떼어 낸 순간 그것이 작동하지 못하는 것과 같다. 모두는 '체제'로 존재할 수밖에 없다. 따라서 분리된 채로 '분석 *Analysis*'된 결과는 결코 과학적일 수 없다! 나아가 각자는 서로에게 영향을 미치면서 지속적으로 새로운 체제를 만들어 낸다. 그 결과 경제는 본래의 모습을 유지하지 않고 지속적으로 '진화'한다. 비경제적 영역도 그렇다. 〈그림 3-3〉은 나중에 이 책의 모든 장을 관통하는 핵심적 연구방법론이므로, 머릿속에 잘 담아 두기 바란다. 이 그림은 앞에서 본 〈그림 1-1〉의 모습과 일맥상통한다.

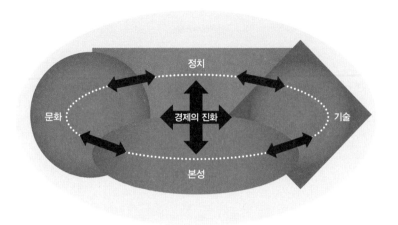

〈그림 3-3〉 총체론의 구조

경제학과 경제현실

이제 〈그림 1-1〉은 〈그림 3-4〉로 바뀐다. 우리는 동일한 경제현실을 다르게 보고 있다. 우리가 착용하고 있는 '문화적 안경', 곧 경제학파가 서로 다르기 때문이다. 우리의 안경은 왜 다른가? 동일한 인문학과 자연과학의 질문에 대해 서로 다른 답, 곧 다른 인문학과 자연과학을 믿고 있기 때문이다. 경제학의 과학성을 따지기 전에 우리가 믿는 인문학과 자연과학의 적절성을 검토해야 하는 이유다.

나아가 경제학은 경제정책으로 이어지며, 경제정책은 한국경제의 방향을 결정한다. 진보냐, 보수냐? 그 방향이 결정되면 정책의 수혜자가 달라진다. 이 속에서 누가 살고, 누가 죽을지도 결정된다. 결국 인문학과 자연과학이 사람을 죽이고 살리는 것이다!

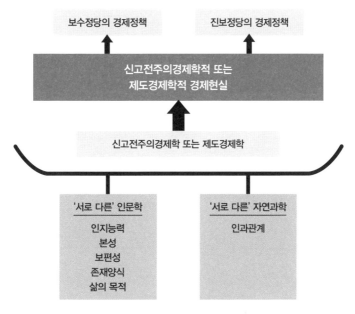

〈그림 3-4〉 경제학파와 경제현실

다음 장부터 경제학의 인문학적 질문을 차례로 검토하면서 경제학 모델과 경제정책을 공부해 보자. 인문학으로부터 출발해 경제학을 연구하는 방법은 이 책의 장점이자 고유성이다. 이렇게 공부하면 누구나 쉽게 경제학을 정복할 수 있다.

4.

인간은
얼마나
똑똑한가?

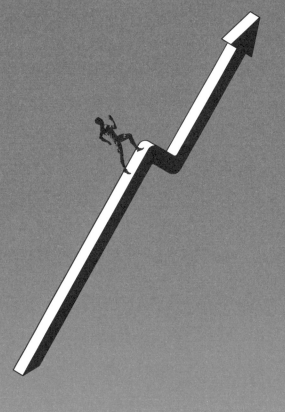

각각의 인문학적 질문에 대한 경제학파별 상이한 답을 검토한 뒤, 그러한 차이가 낳은 경제정책의 함의를 검토해 보자. 첫 번째 질문은 인간의 인지능력에 관한 것이다. '인간의 합리성은 완전한가?' 이 질문에 대한 답에 따라 경제학모델이 달라진다.

신고전주의경제학의 완전합리성

주류 경제학인 신고전주의경제학은 인간의 인지능력이 완전하다고 생각한다. 신고전주의경제학은 17세기부터 시작된 데카르트의 합리주의철학과 인간의 이성을 전적으로 신뢰하는 18세기 후반의 계몽주의철학에 그 기반을 두고 있다. 비주류 경제학 중 마르크스경제학도 인간의 완전한 합리성을 경제학의 가정으로 선택한다. 프롤레타리아트계급은 독재가 허용될 만큼 합리적이다. 두 경제학은 동일한 시대정신의 소산이다.

완전한 합리성은 경제학에서 손익에 대한 완전한 계산능력으로 구현된다. 그 결과 인간은 손실과 이익을 완벽하게 계산하며 이익을 위해 모든 것을 불사하는 '호모에코노미쿠스*Homo Economicus*', 즉 경제적 존재가 된다. 호모에코노미쿠스의 눈에는 경제적 목적 외에는 아무것도 보이지 않는다. 완전한 합리성을 가진 신고전주의경제학의 인간은 정치, 사회, 문화와 같은 비경제적 목적이나 도덕적 가치로부터 완전히 자유로운 경제적 존재다. 이런 냉철한 사유와 구속받지 않는 자유에 힘입어 그는 미래를 완전하게 예측할 수 있다.

진화적 존재의 제한적 합리성

제도경제학과 포스트케인지언 경제학은 이와 반대의 견해를 취한다. 허버트 사이먼*Herbert Simon*의 견해에 따라 인간의 합리성은 불완전하다고 본다. 이유는 두 가지다. 하나는 찰스 다윈*Charles Darwin*의 진화론에 입각해 인간을 진화된 존재로 보기 때문이다. 진화적 존재는 전지전능한 창조주의 지성적 피조물이라기보다 불완전하고 감성적인 동물에 더 가깝다. 그 때문에 인간은 계산상 오류를 빈번히 범할 뿐 아니라 판단을 그르치기도 하고, 빗나간 예측도 자주 한다. 우수한 두뇌와 최대의 정보량을 자랑하는 경제연구소와 정부당국의 경제전망치가 한 번도 맞아 본 적이 없는 일은 이런 사실을 적나라하게 입증해 준다.

인지능력의 한계는 인식에 대한 편향성, 곧 '가치편향성'에서도 발견된다. 신고전주의경제학은 경제적으로 사고하기만 하면, 그 합리성은 완전하다고 본다. 그런데 그의 경제적 합리성은 치명적 결과를 유발할 수 있다. 경제적 합리성에 따른 그의 행동은 비윤리적이거나 비도덕적인 결과를 초래하기 때문이다. 예컨대, 무기 등을 생산하는 방산업체와 그 종업원은 무기를 생산함으로써 이윤과 일자리를 얻겠지만 그 결과는 무고한 타인을 살상한다. 경제주의적으로 편향된 그의 합리성은 무슨 '짓'이든 행하게 함으로써 급기야는 타인의 신체나 생명을 해한다.

불확실성과 제한적 합리성

인간의 합리성이 제한적인 두 번째 이유는 세상이 변하기 때문이다. 변화된 오늘을 과거의 경험에 기초해 판단하기는 어렵다. 물론 '습관'이 역사를 지배한다면 과거로부터 미래를 예측할 수는 있다. 하지만 역사는 다양한 요인들이 복잡하게 상호작용하는 과정이며, 외부환경이 유발하는 우연적 사건에 영향을 받는다. 그 결과 극히 가까운 미래를 제외한 중·장기적 미래는 과거의 습관과 다른 모습을 띠게 된다. 변화될 미래, 그리하여 아직 존재하지 않는 미래를 알아내거나 예측하는 것은 불가능하다. 인간의 생물학적 한계뿐 아니라, 미래의 '불확실성' 때문에 인간의 합리성은 제한적이다.

인간은 미래에 관한 지식을 가지고 있지 않다. 또 현재 직면한 문제에 대해 판단을 내리고자 할 때는 많은 정보가 필요하다. 하지만 필요한 정보를 획득할 때 지출되는 지적, 재정적 비용 문제에 직면한다. 이 요인들은 행위자들이 완전한 합리성에 따라 의사결정을 내리는 데 있어 한계를 설정한다. 그러므로 행위자들은 '제한적 합리성*Bounded Rationality*'만 가질 수 있다. 그들은 기껏해야 '만족 원리*Satisficing Principle*'에 따라 결정하지 않으면 안 된다. 말하자면 행위자들은 최적 상태*Optimal State*는 아니지만 자신들에게 '대체로 만족스런 상태'를 선택한다.

> 진화된 존재인 동시에 그가 직면하는 미래의 불확실성 때문에 인간의 합리성은 완전하지 않고 제한적이다.

대니얼 카너먼*Daniel Kahneman*은 자신의 저서 『생각에 관한 생각』(2018)에서 상황에 따라 결정을 내리는 정신작업을 크게 두 가지로 나눠 설명한다. 그중 하나가 '직관'에 따르는 '빠른 사고'이고, 다른 하나는 '합리적 이성'에 따르는 '느린 사고'다. 그는 전자와 후자를 각각 '시스템 1'과 '시스템 2'라고 불렀다. 달려드는 자동차를 피하는 순발력과 직관 등 본능적이고 자동적인 정신활동은 시스템 1과 관련된 반면, 직업 선택이나 결혼 그리고 어려운 수학방정식 풀기처럼 심사숙고를 거치는 정신활동은 시스템 2와 관련된다. 카너먼에 따르면, 사람들은 수집한 모든 정보를 바탕으로 합리적인 결정을 내릴 것처럼 보이지만 실제로는 전혀 다른 선택을 한다. 합리적 이성과 관련된 시스템 2보다 직관적인 시스템 1이 커다란 영향력을 발휘하여 매 순간의 판단과 선택을 은밀하게 조종하기 때문이다.

예컨대, 많은 사람들은 자신의 능력을 합리적으로 평가하지 않고 편향되게 평가한다. 곧 낙관적으로 과대평가하는 것이다. 대부분의 사람들은 자신이 다른 사람보다 우위에 있다고 믿는다고 한다. '교만가설'로 불리는 이런 현상은 기업들에게서 자주 발견된다. 기업사냥꾼은 자신만만하게 인수·합병M&A을 추진한다. 하지만 그 기업의 주가가 약세를 보이는 경우가 많다. 교만에 찬 나머지 장세를 잘못 판단한 것이다.

교만가설은 각종 선거에서도 드러난다. 자신에 대한 낙관적 과대평가가 없었더라면 수많은 입후보자들이 출사표를 던지지 않았을 것이다. 여론조사를 통해 자신의 낮은 예상지지율을 수차례 확인하면서도 그들은 자신에 대한 과대망상으로부터 자유롭지 못하다. 더 나아가 많은 사람들이 불편한 진실보다 '편안한 거짓'을 선호한다. 역사는 수많은 왕들이 충신의 올바른 고언보다 간신의 달콤한 요설을 따랐던 사례들을 풍부하게 보여 주고 있다. '왕'들의 비합리적 통치는 현대 민주주의 사회에서도 예외가 아니다. 현대 한국 사회에서도 '실패한' 대통령이 더 많다.

비합리성을 선택하는 현상은 일반인들 사이에서도 낯설지 않다. 대부분의 시민들은 현실을 적나라하게 묘사하는 다큐멘터리와 불확실하고 암울한 현실을 보여 주는 예술영화보다 현실 세계를 탈피한 판타지나 확실한 해피엔딩으로 끝나는 드라마를 더 좋아한다. 합리적인 현실주의보다 근거 없는 낙관주의가 더 높은 평가를 받으며, 객관적인 불확실성보다 맹목적 희망이 더 인정받는다. 카너먼은 "객관적으로 불확실성을 인정하는 것은 합리성의 초석이지만 사람들은 그것을 원하지 않는다"라고 말한다. 과신, 거짓에 대한 선호, 근거 없는 낙관주의는 합리적 판단과 아무런 관계가 없다.

제도경제학과 케인스경제학은 이처럼 인간의 합리성이 한계를 드러내 보인다고 여긴다. 이들은 제한적 의미이긴 하지만 기본적으로 '불가지론자'에 속한다. 이 책은 인간의 합리성이 제한적이라는 관점을 택한다.

〈표 4-1〉 서로 다른 인지능력

신고전주의경제학	제도경제학
르네 데카르트	찰스 다윈, 허버트 사이먼
창조된 존재	진화된 존재
완전합리성	제한적 합리성

5.

사람은
이기적이기만
한가?

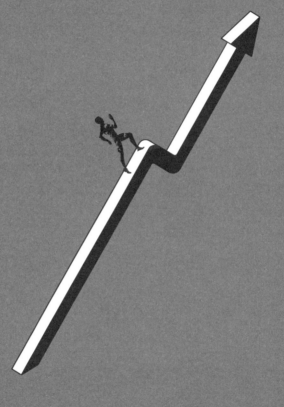

인간의 본성에 관한 두 번째 질문으로 넘어가자. 대다수 경제학파는 인간의 본성에 무관심하거나 간략하게 처리하면서 특정 본성으로 단정 지어 버린다. 하지만 본성의 주제만큼 경제학의 모델과 정책을 다르게 만드는 인문학도 없을 것이다. 따라서 제도경제학은 본성에 관한 질문을 아주 중시한다. 제도경제학은 베블런의 다중본능론에 따라 경제학을 연구한다. 그의 다중본능론이야말로 제도경제학의 진수라 할 수 있다.

'너 자신을 알라'고 소크라테스는 이미 일갈한 바 있다. 그러므로 '나는 누구인가?'의 질문으로 표현되는 이 질문의 역사는 오래되었다. 어떤 경제학자들은 본성이 있다고 주장하지만, 다른 경제학자들은 그것이 원래 없다고 주장한다. 본성이 있다고 주장하는 경제학자들 사이에서도 답이 갈린다. 그 인문학적 배경을 살펴보자.

경제학과 본성

본성에 관한 주제들 중에서 '도덕적 본성'에 관한 논쟁만큼 경제학자들을 심각한 분규에 몰아넣은 주제도 없을 것이다. 인간의 도덕적 본성에 관한 주장은 일반적으로 성악설, 성선설 그리고 성무선악설로 나뉜다. 먼저 고대 동양과 근대 서양에서 고자와 존 로크는 '인간의 본성에는 선도 악도 없다'는 성무선악설을 주장하였다. 이들에 따르면 인간 본성, 곧 본유적 성질은 존재하지 않는다. 그것은 환경과 문화에 따라 달라질 뿐이다. 여기서 본성은 환경에 의해 궁극적으로 한 가지로 환원된다.

이러한 본성론에 따라 마르크스경제학은 인간의 도덕적 본성이 객관적 조건에 의해 좌우된다고 이해한다. 더 나아가 본성은 물질로 환원될 뿐이다. 마르크스는 '존재가 의식을 규정한다'는 유명한 명제를 남겼다. 이 말은 물질적 조건이 인간의 성품과 이념을 결정한다는 것을 의미한다. 이런 유물론적 관점에 인간의 도덕적 의지가 끼어들 여지는 없다. 여기서 인간은 물질과 객관적 법칙에 따라 움직이는 자동인형에 불과하다. 이 인간은 도덕적 가치를 지향하지 않는다. 도덕적(!) 가치는 물질과 법칙에 따라 결정된다. 만일 도덕이 존재한다면 '노동'이 유일한 도덕이다! 마르크스는 노동의 본성을 제외한 그 어떤 본성에도 관심을 두지 않는다. 일을 많이 하고 잘하면 모든 게 용서된다. 마르크스의 영향을 받은, 적지 않은 한국의 진보주의자들이 도덕 앞에서 무관심을 넘어 불감증마저 보이는 이유다. 제도경제학의 인문학을 지지하는 이 책은 '백지설' 혹은 '빈 서판*Blank Slate*'설로 알려진 이런 성무선악설을 비과학적인 견해로 거부한다. 제도경제학은 본성에 관한 한 진화론과 진화심리학의 연구결과를 채택한다(버스, 2020). 본성은 존재한다! 그것들은 장구한 진화과정에서 선택되었다.

고대 중국에서는 순자와 맹자가 각각 성악설과 성선설을 주장하였으며, 근대 서양에서는 토마스 홉스와 장자크 루소가 각각 두 개의 입장을 대표하고 있다. 이런 입장들은 인간의 본성이 유일하다고 보는 특징을 보여 준다. 이를테면, 인간은 악하기만 하거나 선하기만 하다는 것이다. 이 책은 이런 입장을 '단일본성론'이라고 부른다.

성악설과 성선설은 경제학에서 각각 '이기심'과 '이타심'으로 연결된다. 근대 이후 본유적 이기심은 새로운 사조인 개인주의와 연결된 반면, 이타심은 집단주의와 결합하였다. 그리고 이것들은 다시 각각 악덕과 도덕으로 이어진다. 엄격하게 말해 선과 악, 집단주의와 개인주의, 이타심과 이기심, 도덕과 악덕, 이 모든 것들은 서로 다른 영역의 주제들이다. 이를테면 선하다고 해서 정의롭다고 말할 수 없고, 집단적이라고 해서 반드시 도덕적이지는 않을 것이다. 선, 정의, 이타심, 집단주의는 반드시 같지 않을 수도 있다는 말이다.

그럼에도 불구하고 경제학에서는 이런 용어들을 엄격히 구분하지 않고 유사한 의미로 간주하면서 논의해 오고 있다. 예컨대 '성선설-집단주의-이타심-도덕(정의)'과 '성악설-개인주의-이기심-악덕(불의)'을 두 축으로 삼고, 각 집단 안의 용어들이 상호관련성을 가지므로 맥락에 따라 적절히 혼용하는 방식을 따르는 것이다. 우리도 이런 전통적 방식을 따라가며 논의를 전개해 나갈 것이다. 따라서 본성의 문제를 다룰 때 우리는 선과 악, 이기심과 이타심, 도덕의 문제를 연결시켜 다루고자 한다. 이런 서술방식은 특히 베블런이 제시한 '다중본능론' 때문에도 피할 수 없다.

신고전주의경제학의 단일본성론

신고전주의경제학은 인간의 본성이 이기적이라고 본다. 이기심을 찬양하는 '꿀벌 우화'는 이에 대한 사례가 된다. 꿀벌은 벌꿀 채집이라는 자신의 이기적 욕망을 충족시키기 위해 꽃을 찾아간다. 그 과정에서 꽃가루는 꽃 사이를 이동하게 된다. 그 결과 나무는 열매를 맺어 자연은 풍요롭게 성장한다. 자연의 풍요는 꿀벌의 이타적 희생이 아니라 이기적 욕망 때문이다. 네덜란드 출신 철학자이자 의사인 버나드 맨더빌*Bernard de Mandeville*은 『꿀벌의 우화』(맨더빌, [1714], 2010)에서, 꿀벌은 자신의 생존을 위해 꿀을 채취하지만 그 결과 꽃이 피고 열매도 맺을 수 있다고 말한다. 따라서 맨더빌에겐 이기적 욕심이야말로 경제를 살리는 원동력이다. 애덤 스미스도 『국부론』(1776)에서 "우리가 매일 식단을 마련할 수 있는 것은 푸줏간, 양조장, 빵집 주인의 자비심 때문이 아니라 그들의 이기심 때문"이라고 기술하였다.

맨더빌은 이 과정을 "개인의 악덕은 사회의 이익을 가져온다"는 유명한 표현에 담았다. 그에게 이기주의는 악덕과 같다. 하지만 이 악덕이 사회를 발전시킨다. 그러므로 악함이 바람직하고 정의롭다! 반면 사회를 위한 이타적 헌신은 경제와 사회를 망치는 주범이다. 이 경우 이타심과 도덕은 '위선'인 반면, 이기심과 악덕은 인간의 '본성'이다. 이제 인간의 본성은 '이기적이고 악한 죄인'으로 정리된다. 신고전주의경제학의 단일본성론이 탄생하는 순간이다. 서양에서 성악설은 역사가 깊다. 그것은 기독교의 원죄설에 젖줄을 대고 있다. 곧 인간은 신의 명령을 거역함으로써 낙원에서 추방된 타락한 존재다.

이기적이고 악한 본성이 완전한 합리성과 결합되는 순간 이제 인간은 단순한 슈퍼컴퓨터가 아니라, 옆도 뒤도 돌아보지 않는 '이기적이고 악랄한 슈퍼컴퓨터'가 된다. 신고전주의경제학은 이런 단일본성론에 따라 경제학모델을 구축한다.

> 신고전주의경제학은 인간이 이기적 본성만을 가지고 있다는 '단일본성론'을 채택해 연구모델을 만들어 나간다.

제도경제학의 다중본능론

단일본성론이나 성무선악설과 달리 제도경제학은 베블런에 의거해 '다중본능론'을 지지한다. 인간은 진화된 존재다. 베블런에 따르면 복잡한 진화과정에서 다양하면서도 상반되는 본능들이 선택되었다. 그는 지금까지 논의된 (비)도덕적 본성뿐 아니라 본유적 능력, 곧 본능에도 주목한다. 이른바 '본성'과 '본능'은 서로에게 영향을 준다. 결국 인간의 본성은 한 가지로 환원되지 않고 여러 가지 본능들로 다원화되어 있다. 당대까지 발전된 인문학적 및 자연과학적 문헌들을 종합한 후 베블런은 자신의 생각을 〈표 5-1〉로 요약하였다.

〈표 5-1〉 베블런의 다중본능론

집단고려본능(이타심)	중간	자기고려본능(이기심)
어버이 성향	모방본능	자기보존본능
	한가한 호기심	자기확장본능
	제작본능	약탈본능

본능은 크게 집단고려본능과 자기고려본능으로 구성된다. 집단 고려본능에는 자식뿐 아니라 공동체 전체를 고려하는 '어버이 성향 *Parental Bent*'이 포함된다. 자기고려본능에는 우리가 신고전주의경제학을 통해 지속적으로 학습해 온 자기보존본능, 자기확장본능, 약탈본능을 품고 있다. 집단고려본능과 자기고려본능 사이의 회색지대(!)에 질투와 비교를 유발하는 모방본능*Instinct of Emulation*이 자리하고 있다.

이기심은 타인을 희생시킴으로써 자신의 생존을 취하는 마음*Take*이며, 호혜주의는 공존을 위해 상호부조하는 마음*Give and Take*, 이타심은 자신을 희생시킴으로써 타인을 구하는 마음*Give*이다. 베블런에게 어버이 성향은 타인을 배려하는 경향성이며, 공동체적 성향으로 이해된다. 많은 연구자들이 어버이 배려가 혈연관계를 초월하여 일반화된다고 생각한다. 곧 같은 형질이 자손은 물론 자신과 관계없는 타인을 돕게 한다는 것이다(엘리엇 소버·데이비스 슬로안 윌슨, 1998).

베블런은 인류 역사를 장구한 세월 동안 지속되었던 '평화로운 미개단계', '약탈적 야만단계', '수공업단계', '기계공업단계'로 구분한다. 어버이 성향은 인간의 생존이 위기에 처할 때 촉진된다고 여겨진다. "고대인은 필연적으로 집단의 구성원이었다. 그리고 산업효율성이 여전히 보잘것없던 이러한 초기단계에서 이기심을 뒤로 던져 버릴 정도로 강력한 연대의식에 기초하지 않을 경우 어떤 집단도 살아남을 수 없었을 것이다."(베블런, [1898], 1998, p. 87) 따라서 미개시대는 평화로운 소규모 공동체의 특징을 지니고 있었으며, 사적 소유가 존재하지 않는 동시에 '어버이 성향'이 지배적이었다.

이런 주장은 현대 인지과학자들에 의해서도 제기되고 있다. 이들에 따르면, 인간의 두뇌는 협력적 기능을 수행하기에 적합하게 진화되었다. 격렬하게 변하는 물질적 환경과 같이 특수한 환경요인은 집단수준의 압력을 높여줌으로써 이타주의와 같은 형질을 만들어 낸 것으로 생각된다(에어리히, 2000). 이와 유사하게 무임승차를 억제하는 형질은 집단의 협력적 구성원을 장려하고, 뻔뻔스런 이기심을 처벌한다(버스, 2020). 이처럼 인간은 몰가치적 공리주의적 본능뿐 아니라 '가치지향적' 본능을 소유하고 있다.

어버이 성향은 사회를 위해 자신을 희생하는 도덕적 본능의 기반이 되었다. 임마누엘 칸트*Immanuel Kant*는 인간을 정언명령*Categorical Imperative*에 따르는 '도덕적 존재'로 선언하였다. 그는 정의야말로 인간 사회의 필수불가결한 덕목이라고 설파하였다. "정의가 무너지면 인간은 이 땅에 더 살 가치가 없다." 칸트에 따르면 외부 자극에 따라 본능적으로 행동하는 동물과 달리, 인간은 스스로 정한 목적과 판단에 따라 주체적으로 행동하는 동시에 자신의 자유의지에 의해 스스로 옳다고 믿는 바를 행동으로 옮길 수 있는 도덕적 주체다. 이때 그는 조건적인 '가언명령*Hypothetical Imperative*'에 따르지 않고, 보편적이고 무조건적인 '정언명령'에 따라 도덕을 실행한다.•

인간이 이 정언적 명령에 귀 기울일 수 있게 되는 이유는 베블런의 어버이본능 때문이다. 도덕적 본성은 인간의 고유성이다. 베블런은

• "천국에 가기 원하면 착하게 살아라!", "복을 받으려면 업보를 쌓아라!"와 같은 명령은 조건문을 달고 있다. 이것을 가언명령(假言命令)이라고 한다. 반면 정언명령(定言命令)은 "살인하지 마라!", "모든 중생에게 자비를 베풀라!"와 같이 어떤 조건도 부가되지 않는 명령이다. 이것은 조건적인 가언명령과 반대로 절대적이고 무조건적인 명령이다. 칸트는 우리에게 주어지는 이런 도덕적 명령을 정언명령이라고 부른다.

예일대학교의 노어 포터*Noah Porter* 아래서 공부하면서 1884년 철학 박사 학위를 얻었다. 포터로부터 그는 칸트철학을 배웠다. 그가 어버이본능으로부터 인간의 도덕성을 읽어 내려 했다는 것은 바로 이런 지적 경험과 무관하지 않을 것으로 판단된다.

제프리 호지슨*Geoffrey Hodgson*(2012)에 따르면, 이런 생각은 다윈의 진화론으로부터 영향을 받은 것으로 추론된다. 다윈 역시 도덕을 인간의 본유적 특징으로 보았다. 그는 당시 보수경제학자였던 윌리엄 제본스와 카를 멩거의 이기적 본성론을 비판하면서, "비록 수백만 년 동안 인류 조상들 가운데 초보적인 도덕 감성이 진화해 왔지만 인간만이 도덕적 감성을 완전히 발전시켰다"라고 설파했다. 도덕성은 감성충동, 숙고*Deliberation*, 언어가 상호작용한 결과인데 인간을 제외한 그 어떤 종도 숙고와 언어를 발전시킬 수 없었기 때문이다. 언어가 진화한 결과 어버이 성향이 혈연관계를 초월해 보편적 가치를 추구하는 도덕성으로 진화한 것이다.

2008년, 스위스 취리히대학교 에른스트 페르*Ernst Fehr* 박사팀은 스위스에 살고 있는 3~8살 어린이 229명을 대상으로 사탕을 주고 어떻게 나눠 먹는지 관찰했다. 연구팀은 한 그룹의 어린이들에게만 사탕을 줬다. 사탕을 받은 아이는 두 가지 생각을 할 수 있다. 하나는 사탕을 다른 친구에게 나눠 주는 것이고, 또 다른 하나는 받은 사탕을 모두 자기가 가지는 것이다. 이 아이들은 과연 어떤 선택을 할까? 연구 결과 3, 4살 어린이 중 사탕을 나눠 먹은 비율은 8.8%인 반면 7, 8살 어린이 중 사탕을 나눠 먹은 비율은 45%인 것으로 나타났다. 유아기에 이타적 본성이 빈약하게 나타나지만, 인간이 완전히 이기적 본성으로 충만하다고 단정할 수 없다는 점도 분명하다. 더욱이 자기 것을 떼 내어 주는 이타적 행위도 이기적 행위만큼 자연스럽게 이루어진다. 나이 많은 어린이들 중 45%는 이타적으로 행동한다.

이번에는 두 어린이에게 사탕 3개를 먹으라고 주었다. 이 아이들은 하나씩 먹고 남은 사탕을 어떻게 처리할까? 나이가 많을수록 어느 한 명이 나머지를 가져가기보다 두 명 모두 한 개씩만 먹었다. 혼자 취하지 않고 남겨 두는 것이다. 나이가 많은 모든 어린이들은 이기적 욕망을 채우기보다 '중용의 미덕'을 취한다. 모든 인간이 극대화를 도모하는 이기적인 욕망의 전사라고 볼 수 없다.

자본주의문화의 융단폭격 앞에서 정의의 본능도 좌절하지 않는다. 앞의 어린이와 달리 자본주의문화로 충분히 사회화된 성인들의 정의감을 들여다보자. 정의는 다양한 의미로 해석되지만 공정성이나 공평성과 완전히 관련 없다고 말하기는 어렵다. 1982년, 독일 훔볼트대학교의 베르너 구스 연구팀이 발표한 연구결과는 인간이 이기심보다 공정성, 호혜주의 그리고 공존을 존중한다는 사실을 입증해 준다. 가령 A와 B라는 사람이 있다고 하자. 최후통첩게임에서 A는 100만 원에 대한 배분 비율을 먼저 결정할 수 있다. 반대로 B는 A가 제시한 돈을 그대로 받아들일 것인가의 여부를 결정할 수 있다. 만일 B가 A의 비율을 거절하면 두 사람 모두 아무것도 받지 못한다. 게임 자체가 시작되지 않는 것이다.

A가 신고전주의적 인간이라면 100만 원 중 극히 일부만 B에게 제안할 것이다. 실험결과 A는 배분 비율의 결정권을 독점하고 있음에도 불구하고 기금을 상당히 공평하게 나누는 경향을 보였다. 나아가 B는 A의 제안을 거절할 경우 아무것도 얻지 못함에도 불구하고 A가 평균 30% 이하를 제안하면 이를 단호히 거부했다. 불공정하면 게임이 파

투 나더라도 괜찮다! A는 평균 37%를 B에게 제안했으며, 절반을 제안한 사람이 가장 많았다. 힘 있다고 혼자 다 먹지 말고 서로를 위해 적당하게 먹는 게 좋다!

A와 B 사이에 '권력의 비대칭성(기업가와 종업원)'이 존재할 때를 가정하고도 실험해 보았다. 얼마든지 눌러 버릴 수 있는 상황이다. '갑질'이 횡행할 수 있는 한국적 분위기가 지배하고 있다. 이런 '독재자게임'에서 B는 A의 제안을 무조건 받아들여야 한다. 배분 비율은 10%와 50%의 두 가지로 한정했다. A의 성격을 좀 더 세밀하게 관찰하기 위한 것이었다. 여기서도 무려 76%의 A들이 50% 쪽을 선택하였다. 우월적 지위에서도 공정분배와 공존에 대한 의식은 변하지 않았다. 사회적 관계와 체면이 고려될 뿐 아니라 '양심良心'이 작동하기 때문이다. 비록 실험대상자의 성격과 상황이 매우 편향되어 있더라도 공정분배와 공존의 가능성은 미리 배제되지 않는다. 대다수의 '자본주의적' 인간들도 불공정한 분배와 독점보다 정의로운 분배와 중용의 미덕을 선호한다.

도덕적 이념은 동물세계에서도 적지 않게 발견된다. 2008년 미국 애틀랜타에 있는 에모리대학교 예커스 국립영장류연구센터의 프란스 드 왈이 주도한 연구팀은 꼬리말이원숭이들의 생활에서 비이기적 행동이 지배적임을 발견하였다. 실험연구에 따르면, 원숭이들은 단순히 혼자서 식량을 받는 것보다 친구나 가족 등 함께 있는 다른 원숭이들과 식량을 함께 나눠 받을 때 더 큰 만족을 느끼는 것으로 나타났다. 이 원숭이들은 혼자 받는 것보다는 함께 받는 것을 더 좋아한다는 것이다. 곧 유아독존보다 공존으로부터 행복감을 느낀다.

실증연구결과는 신고전주의경제학이 부정하는 이타적 본성
과 도덕적 성향이 인간에게 실재한다는 사실을 보여 준다.

독립투사의 초자연적 헌신은 말할 것도 없고, 주변에서 우리는 자
원봉사활동, 기부활동, '작지만 선한 사마리아인의 선행'을 자주 목격
한다. 평생 공부해 이 책을 집필하면서 내가 그 어떤 개인적 이익을
구하지 않고 오직 우리 사회의 좋은 삶만 열망하듯이, 개인의 영리영
달을 뒤로 한 채 민주화투쟁에 참여한 7, 80년대 운동권 학생들의 목
적도 오직 박해받고 눌린 자들의 삶을 위함이었다. 이 모든 것은 인간
의 본능, 곧 본유적 능력이다. 하지만 신고전주의경제학은 도덕적 본
성을 부정한다. 자신들이 그렇기 때문인지도 모른다.

따라서 진화로 인해 이기적 결과만 나타났다는 '이기적 유전자' 이
론(도킨스, [1976], 2002)은 지나친 주장이다. 신고전주의경제학은 인간
을 경제적 공리*Utility*, 곧 성공과 이익에 따라서만 움직이는 이기적 쾌
락주의자로 본다. 하지만 베블런에 따르면 인간은 단지 쾌락과 고통
의 수동적 수용자가 아니며(베블런, [1898], 2007, p. 73), 개인의 공리에
따라서만 행동하는 이기주의자도 아니다. 인간은 본능적으로 '진보
적' 가치를 지향하는 '가치편향적' 존재다.

어버이본능에 힘입어 이타심과 '도덕적 성향'은 인간에게 본
질적이다.

경제생활을 영위하는 과정에서 인간은 또 다른 본능을 획득하게

되었다. 과학적 창조를 가져오는 '한가한 호기심*Idle Curiosity*', 효율성과 유용성을 지향함으로써 도구를 만들어 내는 '제작본능*Instinct of Workmanship*'이 선택된 것이다.

한가한 호기심의 본능은 제작본능에 의해 이용될 세상 정보의 원천이며, "어떤 공리주의적 목적"을 내포하지 않는다(베블런, [1914], 1990, p. 88). 곧 성공이나 이익과 무관하게 발휘된다는 것이다. "한가한 호기심"은 "놀이성향과 밀접히 관련되어 있다."(베블런, [1919], 2007, p. 7) 그것은 또 "엉뚱한 주목"과도 관련된다(p. 6~7). 지식, 과학체제 혹은 기계과정은 "한가한 호기심의 지도 아래" 발전되었다(베블런, [1919], 2007, p. 9). 예컨대, 파브르의 『곤충기』나 시턴의 『동물기』, 정약전의 『자산어보』, 다윈의 『종의 기원』은 물론 풀턴의 증기기관, 뢴트겐의 X선 발견은 한가한 호기심에서 출발하였다. 모차르트의 '피가로의 결혼'과 베토벤의 '운명교향곡', 다빈치의 '모나리자', 톨스토이의 '부활'이 이윤과 성공을 위해 제작되었다고는 상상하기 어렵다.

양자전기역학의 재규격화이론을 완성한 연구 업적으로 1965년 노벨물리학상을 수상한 리처드 파인만*Richard P. Feynman*도 과학을 '무엇을 발견해 내는 특별한 방법'이자 '발견된 것들로 구성된 지식체계'로 정의하면서 과학자들을 그 길로 이끄는 것은 발견할 때의 즐거움, 재미 그 자체라고 단언한다. 수많은 혁신으로 애플사를 이끈 스티브 잡스의 생각도 이와 다르지 않다. "내가 이 일을 계속할 수 있었던 유일한 이유는 내가 하고 있는 일을 사랑했기 때문이라고 확신합니다. 여러분도 사랑하는 일을 찾으셔야 합니다. 당신이 사랑하는 사람을 찾아야 하듯 일 또한 마찬가지입니다."

한가하고도 엉뚱한 생각, 곧 공상을 지식이나 과학의 발전과 연관시키는 베블런의 생각은 몇몇 실험을 통해 입증되었다. 2009년 캐나다 브리티시컬럼비아대학교 연구진은 자기공명영상MRI 장치 속에 누워 있는 사람들에게 단추 누르기와 휴식하기를 번갈아 하도록 시킨 뒤 이들의 뇌를 관찰하였다. 그 결과, 공상하는 동안 뇌 안쪽에 깊숙이 자리한 '디폴트 네트워크(외부에 집중하지 않을 때 활동하는 뇌 영역)'가 더 활동적으로 된다는 사실을 발견했다. 더욱 놀라운 사실은 이때 복잡한 문제해결과 관련된 뇌 바깥쪽 영역인 '실행 네트워크' 역시 활발하게 활동하는 것으로 밝혀진 것이다. 연구진은 "사람들은 흔히 공상에 빠져 있을 때는 정신활동 자체가 중단된 것으로 생각하지만, 사실은 그와 반대"라고 지적했다. 한가하고도 엉뚱한 공상에 빠지는 행위는 흔히 알려진 것처럼 아무 일도 않고 빈둥대는 것이 아니라, 문제를 풀기 위해 뇌가 평소보다 더 열심히 일하는 것이다.

> 호기심과 재미, 그 자체만을 추구하는 한가한 호기심본능은
> 과학, 예술, 문학을 발전시켜 왔다.

'제작본능'은 "노력을 향하는 성향"이며 "추구하고자 하는 목적에 대한 방법과 수단을 고안하는 성향"(베블런, [1914], 1990, p. 32)이다. "제작본능은 실용적 방편, 방법과 수단, 효율적이고 경제적인 장치, 숙달, 창조적 노동, 사실에 대한 기술적 지배에 몰두하게 한다."(베블런, [1914], 1990, p. 33) "여타 환경이 허락한다면 이 본능은 인간으로 하여금 생산적 효율성은 물론 인간에게 유용한 모든 것에 호감을 가지고 바라보도록 한다. 제작본능은 또 이들로 하여금 물질이나 노력의 낭비를 혐오하는 마음을 갖게 한다. 이 본능은 모든 인간들 안에 존재하

며 심각한 역경 아래서도 발휘된다." 이 본능 때문에 대다수 인간들의 생활태도는 실용주의적으로 '편향'된다.

이러한 본능은 도구의 개선과 기술의 발전으로 이끈다. 실제로 우리는 위대한 과학적 업적을 이루지 않았지만 새로운 도구를 고안해 내는 장인들이나 '생활의 달인들'을 주위에서 자주 본다. 나아가 숙련된 장인은 아니더라도 작업 현장에서 작업방법을 개선하는 기능공들이 무수히 많다. 이런 활동은 인간에게 본유적인 제작본능이 있기 때문이다. 이런 제작본능은 직립보행이 이루어지면서 시작되었다고 한다. 서서 걷게 되면서 도구를 더 많이 사용하게 되었고, 도구를 많이 쓰자 두뇌 용량이 커지고 손재주가 좋아졌다. 그 덕분에 인간은 더 복잡한 도구를 쓸 수 있게 되었으며, 또 두뇌용량이 더 커지면서 언어능력이 향상되었다. 언어가 발달하자 동료들과 더 정교하게 의사소통을 할 수 있게 되었고, 그것은 다시 도구나 기술의 발달로 연결되었다. 프랑스의 생철학자 앙리 베르그송에게 베블런의 제작본능을 가진 인간은 '호모파베르*Homo Faber*'로 인식되었다.

다수의 연구자들이 기예*Virtuosity*를 인지하는 심리학적 메커니즘이 인간에 존재한다는 사실을 보여 주었다. 그 때문에 인간은 훌륭하게 처리된 것들을 관찰하거나 직접 경험할 때 즐거움을 느낀다. 더 나아가 이러한 기질 때문에 인간은 정교한 제품을 제작하고 창조함으로써 쾌감을 느낄 수 있는 것이다. 진화적 관점에서 보면 기예에 대한 쾌락은 인간으로 하여금 깔끔한 일처리를 원하게 만듦으로써 생계와 생존에 필요한 숙련을 학습할 동기를 부여하였다. 나아가 그것은 실용성을 높이는 활동을 높이 평가함으로써 그러한 활동을 촉진시켜 준다. 곧 기예는 생존 및 생계와 직결되기 때문에 인간은 기예를 아름다움으로 인식하기 시작하면서 즐기게 된 것이다. 기예를 즐기며 감상하는 심리적 메커니즘은 창조활동과 학습활동을 자극한다. 그것은 지식과 기술의 발전으로 이어진다(로페스, 2011).

제작본능은 기술의 발전에 기여하였다.

평화로운 공동체적 맥락은 특히 제작본능이 쉽게 표현될 수 있게 해 주었다. 그 결과 기술진보가 일어나 물질적 생활조건이 개선되었다. 그 시대를 지배하던 어버이본능이 기술을 촉진시킨 것이다. 그 뒤 부가 상당히 증가하자 사적 소유와 약탈본능이 함께 등장했다. "약탈적 생활단계가 도래하자 성공에 필요한 인간의 성격이 변한다. 이로써 만행, 이기심, 당파성, 불성실성이 형성된다. 곧 거리낌 없이 폭력과 사기에 호소한다."(베블런, [1899], 1975, p. 224~225) 베블런은 이 본능을 제작본능의 타락한 표현으로 기술했다(베블런, [1914], 1990, p. 160).

서로 다른 용어로 표현하고 있지만 리처드 세넷(2010)은 베블런의 제작본능으로 이해될 수 있는 '일 자체에 대한 욕구'를 '판도라의 상자'에 비유한다. 손이 만들어 내고 손과 머리가 합작으로 일궈 내는 것들은 자체로 만족감을 주지만 비수가 되어 돌아오기도 한다는 말이다. 기술의 발달과 문명은 바로 이런 판도라의 역설을 보여 준다. 이러한 다양한 본능들은 서로 독립적으로 존재하지 않고 상호영향을 주면서 발휘된다. 이러한 본능은 이타적 본능과 결합할 가능성이 크지만, 이기적 본능과 결합할 가능성도 없지 않다.

베블런은 '약탈적 본능'을 정의할 때, 엄격하게 말해 이것을 인류의 본래적 성분으로 고려하지 않는 것처럼 보인다. "약탈적 경쟁*Predatory*

*Emulation*의 성향은 …… 제작본능의 특수한 발전형태일 뿐이다. 그것은 매우 오래되었지만 비교적 늦게 나타나 단명한 변종이다. 경쟁적 약탈충동은 …… 원시적인 제작본능과 비교해 보면 본질적으로 불안정하다. 그것은 제작본능으로부터 발전된 후 분화되었다."(베블런, [1899], 1975, p. 270) 곧 약탈적 본능은 불안정한 본능으로 이해된다. 약탈본능은 야만시대가 시작될 때 비로소 독자적 범주로 등장한다. 그것의 역사는 앞에서 언급한 세 가지 본능에 비하면 터무니없이 짧다. 따라서 전승된 기간만 따질 경우에도 이기적 약탈본능의 유전 역사는 이타적 어버이본능에 비해 부차적이다. 오히려 후자가 전자에 대해 일차적인 것 같다.

> 이기적 본성 역시 인간의 고유성이지만, 이타적 본성에 비해 부차적이다.

인간은 집단생활을 통해 생존할 수 있다. 곧 사회적 동물인 것이다. 사회적 관계로부터 배제되는 순간 인간은 생존할 수 없게 된다. 생산성이 취약하고, 외부환경이 생존을 크게 위협하던 미개 사회에서 사회적 단절은 곧바로 죽음을 의미하였다. 배제의 공포로부터 벗어나기 위해 인간은 타인의 행동을 주목하는 동시에 사회의 규범을 따르고자 한다. 이 과정에서 '모방본능'이 형성되었다.

1990년대 초, 이탈리아의 갈레세*Vittorio Gallese* 박사는 원숭이의 행동을 연구하고 있었다. 그때 그가 별 생각 없이 물건을 집어 올리자 실험원숭이의 뇌에 삽입되어 있던 전극과 연결된 컴퓨터에서 이상한 신호가 울렸다. 원숭이는 아무 행동도 하지 않고 단지 박사의 행동만

응시하고 있었을 뿐이다. 이상하게 생각하여 신호음을 분석한 결과 갈레세 박사는 원숭이의 뇌에서 '실제로 물건을 집어 올릴 때만 반응해야 할 운동 영역'이 활성화되고 있음을 알게 되었다. 실행하지 않았지만 타인의 행동과 동일한 뇌신경 운동이 일어난 것이다. 이로써 관찰자와 피관찰자가 경험을 공유하는 현상, 감정이입과 공감을 가능케하는 신경체계가 존재한다는 사실이 확인되었다.

스웨덴 움살라대학교의 울프 딤베리*Ulf Dimberg*도 피실험자에게 다양한 표정이 담긴 화면을 0.5초 동안 보여 주고는 그의 반응을 살폈다. 미소 짓는 모습을 보여 주자 피실험자의 얼굴에서 웃음을 띠게 하는 근육이 움직이고 있었으며, 분노한 표정을 제시하자 화날 때 움직이는 근육이 움직이는 것을 발견했다. 이처럼 다른 사람의 경험이나 감정을 관찰자가 곧바로 자신의 것으로 공감하게 만드는 신경을 '거울뉴런*Mirror Neuron*'이라고 부른다.

거울뉴런은 뇌의 전운동피질과 하두정피질에 있는 작은 신경세포 회로로, 우리가 미소를 짓거나 직접 손으로 컵을 쥘 때 활성화될 뿐 아니라 다른 사람이 그렇게 하는 것을 볼 때도 자동적으로 활성화되는 세포들이다. 다시 말해 타인의 행동을 보는 것만으로도 자신이 그 행동을 할 때와 똑같이 느끼게 하는 '이심전심 뉴런' 또는 '공감의 뇌 세포'인 셈이다.

이것은 진화과정에서 형성된 인간의 본능이다. 인간은 거울뉴런을 이용하여 타인을 모방하도록 설계되어 있다. 나아가 인간이 교육이나 경험을 통해, 곧 후천적으로 사회화되지 않고 태어날 때부터 이미 '우리'라는 개념을 가지고 있다는 것이다. 이 경우 그는 경제적 인간이라기보다 오히려 '사회적' 존재에 더 가깝다. 이러한 과학적 발견은 모방본능에 관한 베블런의 주장을 확인시켜 준다.

인간은 모방본능을 통해 사회적 존재로 진화하였다.

장구한 세월 동안 진행된 인간의 진화과정에서 이기심은 물론 호혜주의와 이타심이 동시에 선택되었다. 나아가 집단생활의 필요성으로 인해 모방본능이 형성되었다. 결국 인간은 하나의 본능만을 가지고 있지 않고, 다양한 본능을 갖추고 있다. 이러한 본능은 서로 영향을 미치면서 행위자의 최종적 행동으로 표출된다.

다중본능론은 우리에게 본성론에 대한 자유를 부여한다. 이로써 우리 앞에 수많은 본성과 본능이 펼쳐지는 것이다. 먼저 앨런 그루치는 인간을 '문화적 존재'와 '제도적 존재'로, 한나 아렌트*Hannah Arendt*는 '정치적 존재'로 정의하였다. 또 인간의 본성은 호모사피엔스, 호모파베르, 한가한 호기심, 제작본능 등 '모더니즘' 본성으로 국한되지 않는다. 마르크스, 베르그송, 베블런과 마찬가지로 요한 하위징아 *Johan Huizinga*도 인간의 보편적 성질을 강조하였다. 하지만 그가 생각한 인간의 보편성은 이 셋과 사뭇 다르다. 하위징아는 인간을 노동하는 존재가 아니라 '유희하는 존재', 곧 호모루덴스*Homo Ludens*로 정의하였다(하위징아, 2018). 다시 말해 노동하는 것보다 노는 것이 인간의 본질적인 모습이라는 것이다. 인간은 노동과 제작에만 재미를 느껴 일중독에 빠지는 존재가 아니다. 유희는 다른 본성으로 환원되지 않는 자립적 범주로서 인간에게 또 다른 본질적 활동이다. 인간은 모던하지만은 않다. 인간은 본질적으로 '포스트모던' 하기도 한다. 포스트모던 본능은 유희를 죄악으로 여기지 않고 미덕으로 생각한다.

2016년 기준 OECD 주요 국가의 연간 근로시간을 살펴보면 독일은 1,298시간, 프랑스는 1,383시간, 영국은 1,694시간, 일본은 1,724시간, 미국은 1,789시간이다. 그런데 한국은 2,052시간으로 OECD 평균(1,707시간)을 크게 웃돌았다. 강요된 과로와 선택된 일중독으로 한국에서는 매년 2,400명이 산재로 죽고 좀비처럼 저녁이 없는 삶을 이어가고 있다. OECD 최장 수준인 주당 68시간에서 52시간으로나마 노동시간이 단축하지 않으면 우리의 호모루덴스는 불행으로부터 헤어날 수 없다.

인간은 호모파베르인 동시에 호모루덴스, 곧 놀이하는 존재다.

인지과학자들의 연구에 따르면, 인간의 두뇌는 하나의 범용컴퓨터라기보다 각각의 고유한 기능을 가지고 있는 다수의 전문 영역, 모듈*Module*로 구성되어 있다(레다 코즈미다스·존 투비, 1992; 버스, 2020). 모듈은 재발 상황에 대해 적응성을 증가시키는 반응이다. 동일한 상황이 반복될 때 모듈은 특별한 사고처리과정을 단축시켜 상황에 빨리 적응할 수 있게 해 준다. 인간의 두뇌에서 모듈의 수는 불확실하지만 100개를 넘지 않는 것으로 생각된다(필립스, 1997). 어떤 모듈은 포식자의 우회와 같은 물질적 환경과 관련되지만 다른 것들은 기만행위를 색출하는 것처럼 사회적 환경과 관련된다. 이 모듈들은 베블런이 본능이라고 부르고자 했던 것이다. 모듈양식과 베블런의 본능개념 사이의 양립 가능성은 제도주의 문헌에서 주목을 받았다(코르데스, 2005). 제도경제학은 이러한 베블런의 다중본능*Multiple Instincts*의 관점에 따라 인간의 행동을 이해한다.

베블런은 단일본성론을 거부하고 '다중본능론'을 제안하였다.

〈표 5-2〉는 제도경제학의 이런 본성을 잘 드러내 주고 있다. 성무성악설과 마르크스경제학이 주장하는 바와 달리 인간에게는 도덕적 본성이 존재한다. 그것은 물질로 환원되지 않는다. 신고전주의경제학이 쉽게 그리고 선험적으로 예단하듯 인간의 본성은 단순하지 않다. 그것은 다중적이어서 대단히 복잡하다. 인간의 본성은 노동이나 이기심이라는 하나의 본성으로 환원되지 않는다. 단일본성론은 과학적으로 입증되지 않는 미신일 뿐이다. 신고전주의경제학과 마르크스경제학은 이런 미신 덕분에 '우아하지만', '비현실적' 모형을 구축할 수 있다.

포스트케인지언 경제학의 본성론은 더 많은 설명을 필요로 하므로 일단 차후로 미루자(〈표 7-4〉 참조). 궁금해서 못 참겠다면 이 내용을 미리 알고 나서 이어지는 설명을 읽어 나가도 무방하며, 어쩌면 그게 더 나은 전략일 수도 있다. 단지, 논리적 전개방식에 따라 전략적으로 미루었을 뿐이다.

〈표 5-2〉 경제학파별 본성론

	신고전주의경제학	포스트케인지언	제도경제학
인지능력	완전합리성	제한적 합리성	제한적 합리성
본성	단일본성론	–	다중본성론
	이기적 호모에코노미쿠스	–	자기고려본능, 어버이본능, 모방본능, 제작본능, 한가한 호기심, 도덕적 존재, 유희하는 존재, 문화적 존재, 정치적 존재, 제도적 존재

행위자의 경제학

아무런 의식적 사고과정 없이 반사적 행동을 취하는 굴성Tropism과 달리 본능Instinct은 의도성을 갖추고 있다. 베블런에 따르면, 본능적 행위는 '목적론적'이며 의식적이다. 그것은 어느 정도 지적인 행위로 간주될 수 있다(베블런, [1914], 1990, p. 30). 그러므로 본능을 주어진 자극에 대한 기계적 충동에 불과한 것으로 설명하는 것은 잘못일 수 있다. 오히려 본능은 "설정된 목표에 대한 의식과 적응"(베블런, [1914], 1990, p. 2)을 포함한다. 본능은 "사건의 환경에 대해 행동이 적응해 나갈 때, 결정되지 않은 영역을 더 많이 남겨 놓는다."(베블런, [1914], 1990, p. 38)

미결정 영역의 내용은 지적 활동, 곧 인간의 '자유의지'에 의해 채워진다. 따라서 제도경제학의 행위자는 객관적 조건에 완전히 종속되는 '자연인'이나 '물질적' 존재가 아니라, 그것을 바꾸고 그것에 반역할 수 있는 '문화적이고 정신적인' 존재다. 인간의 경제활동은 바로 이러한 본능, 나아가 정신활동으로부터 출발한다. 따라서 그는 변화를 주도할 뿐 아니라 외생적 변화에 대해 '주체적'으로 대응할 수 있다. 변화의 압력은 본능적 행위자로부터 적응과 동시에 저항도 유발할 수 있다.

하지만 제도경제학적 행위자의 자유의지와 인지능력은 무한하지 않다. 그의 본능은 완전한 외부 주체에 의해 창조되지 않고 진화과정을 통해 우연적으로 선택되었기 때문이다. 그는 실로 천사와 동물의 중간적 존재에 지나지 않는다. 이러한 한계에도 불구하고 그가 살아 있는 생물일 뿐 아니라 '생각하는 소크라테스'임에는 틀림없다. 이처럼 다원적 진화론을 적용하면 인간의 정신을 이해할 때 '형이상학적' 설명이 더 이상 타당한 기초가 될 수 없게 된다. 두뇌는 진화된 유기체이며, 정신은 이 두뇌활동의 결과다. 따라서 정신은 진화적 산물이다. 정신에 주목하는 제도경제학을 '부르주아 관념론'으로 매도하는 19세기 마르크스적 유물론은 인간을 계산기나 동물 그 자체로 보는 신고전주의적 관념론만큼 유치하다.

> 인간은 수학적·물리학적 존재나 조건반사적 존재가 아니라, '본능'에 따라 '자유의지'를 갖는 존재다.

베블런이 경제학 연구에서 행위자의 역할을 일차적 연구과제로 설정했던 이유는 바로 이러한 정신적 성분, 곧 본능 때문이었다. "기계장비에서 일어나는 변화는 인간적 요인의 변화를 표현해 준다. 물질적 사실*Material Fact*은 인간적 요인을 통해서만 추가적으로 변화한다. 발전의 연속성이 발견되어야 할 곳은 '인간적 요소' 안이다. 그러므로 경제발전과정의 동력이 움직임 속에서 연구되어야 한다면 그것이 연구되어야 하는 곳은 바로 여기다."(베블런, [1898], 2007, p. 71~72) 경제학은 인문학에서 출발해야 한다. 이와 함께 베블런은 "학문이 진화적 학문에 속하고자 하면 경제행위가 학문의 주제"가 되어야 한다고 명확히 주장하였다(베블런, [1898], 2007, p. 72). 그는 인간을 물질과 계산기로 환원함으로써 경제학에서 인간적 요소를 배척하려는 모든 경제학파와 자신을 분명히 구분했다.

본능은 장구한 역사과정을 통해 진화되었다. 호모사피엔스의 진화경로는 우리에게 여타 종과 매우 다른 두뇌를 부여하였다. 그것이 발전하기 위해 수백만 년이 필요하였다. 따라서 본능은 본유적이며 영속성을 지니게 된다. 베블런은 그것을 "타고난, 영속적인 인간성"(베블런, [1914], 1990, p. 2)으로 정의하였다. "이러한 현재의 관점에 따르면 인간에게 부여된 전형적인 본능은 육체적 관점에서 종족의 전형적인 모습처럼 인류의 초기부터 변하지 않고 전달되어 왔다. …… 다른 한편 인간생활의 습관적 요인은 끊임없이 누적적으로 변한다. 그 결과 제도는 지속적으로 증폭 성장한다. 문화적 조건의 변화 아래서 생활의 원리가 변화함에 따라 제도적 구조는 지속적으로 변한다. 그러나 인간성은 본질적으로 동일하게 머무른다."(베블런, [1914], 1990, p. 18)

본능의 이러한 특성으로 인해 주어진 진화과정 기간에서 몇몇 본능이 '역선택'되었다고 해서 그것이 완전히 사라지는 것을 의미하지는 않는다. 그것은 인간집단의 '유전형질'에 여전히 잠복해 있다. 만일 제도적, 물질적 환경이 허락한다면 그것은 다시 자신을 드러낼 뿐 아니라 심지어 자신의 주도적 지위를 복원할 것이다. 달리 말하면 사용되지 않는다고 해서 본능이 사라지지는 않는다. 본능의 이러한 특징은 제작본능과 어버이 성향이 야만적 시대에도 살아남는다는 것을 이해할 수 있게 해 준다는 점에서 중요하다.

"그것들은 인간의 유전적 특성인 것 같다. 그리고 약탈과 그 후 화폐적 문화단계 아래 성공의 조건이 변하였음에도 불구하고 지속되어 오는 것 같다. …… 그러한 속성은 쉽게 제거되지 않는데 …… 심지어 대단히 심각하며 오래 지속되는 선택과정 아래서도 그러하다."(베블런, [1899], 1975, p. 222)*

인간본능이 짐승의 본능으로 축소되지 않고, 기계로 완전히 거세되지 않는 한 경제를 주도하는 것은 과거에도, 현재에도 그리고 미래에도 여전히 인간이다! 나아가 어떤 외부환경에 의해 어버이 성향과 도덕적 본성이 단기간에 완전히 거세되고, 이기주의적 성향만 인간의 본능으로 남으리라는 생각도 설득력이 그리 크지 않다. 그 때문에 우리는 진보적 사회에 대한 희망을 거둘 수 없다. 베블런의 다중본능론이야말로 제도경제학의 핵심적인 본질이다.

> 인간의 다양한 본능에 주목함으로써 제도경제학은 경제학 연구에서 행위자를 부각시킨다.

다른 인문학, 다른 경제정책

이제 두 가지 인문학적 질문에 대한 상이한 대답이 낳은 경제학적 의미와 경제정책의 차이를 알아보자(〈표 5-3〉 참조).

신고전주의경제학에서 개인의 완전한 합리성은 어떤 외부의 잡념에도 방해받지 않는 개인주의와 이기적 태도 그리고 완벽한 계산능력에 의해 보장된다. 이것은 완전한 시장을 형성한다. 나아가 이 완전한 경쟁시장에서 개인은 합리성을 완벽하게 발휘할 수 있다. 이제 인간이 무대에서 퇴장하는 대신 시장이 경제활동의 주역으로 등장하는

● 인간의 진화가 계속되고 있는지, 진화가 멈추었는지에 관해서는 여전히 논쟁 중이다. 인간이 제작한 문화에 의해 생물계는 물론 호모사피엔스도 진화하고 있다는 주장(윌스, [1998], 1999)을 감안하면 베블런의 '본능불변론'에는 이론의 여지가 없지 않다. 하지만 이 책은 진화심리학자들이 공유하고 있는 '모든 생물 개체가 불변설계의 구현체'라는 에드워드 헤이건의 견해를 지지한다(버스, 2020).

	신고전주의경제학	케인지언경제학	제도경제학
인문학의 결과	조화, 안정, 균형	갈등, 불안정, 불균형	갈등, 불안정, 불균형
시장	완전한 시장	시장의 실패	시장의 실패, 정부의 실패
규제	자유방임, 규제완화	개입주의, 규제강화	개입주의, 규제강화
개입 주체	-	정부	정부, 시민사회

반전이 일어난다. 따라서 인간은 물론 그 어떤 외부 주체도 이 과정에 개입하면 안 된다. 모든 규제는 철폐되어야 한다. 시장의 자연법칙에 모든 것을 맡기면 조화와 균형 그리고 안정이 달성된다. 자유방임사상과 규제완화*Deregulation*가 정책의 핵심사상과 용어로 등장하게 된다.

반면 케인스경제학과 제도경제학은 인간의 합리성을 불완전하다고 가정한다. 이 때문에 시장은 지속적으로 불안정과 불평등, 불의를 양산해 낸다. 자본주의시장은 불완전하고 맹목적이며 광포하다. 하인으로서 시장은 실로 유익하지만 주인으로서 시장은 위험하다! 따라서 시장에 대한 정부의 개입은 불가피하며 필수적이다. 정부개입을 찬성하는 공통점에도 불구하고 둘 사이에는 약간의 차이가 있다. 케인스경제학은 정부에 모든 권한을 위임한다. 하지만 그것은 국가주의의 위험과 정부의 실패를 낳을 수 있다. 정부의 인지능력 역시 완전하

인지능력과 본성에 관한 인문학의 차이는 시장규제에 관한 태도를 다르게 만든다.

지 않기 때문이다.

제도경제학자들은 이 위험 앞에서 규제완화로 귀환하지 않는다. 인간은 이기적이고 사악하지만, 이타적이고 도덕적이기도 하다. 제도경제학은 국가의 한계를 이런 시민들의 덕성과 정치적 참여로 보완하고자 한다. 인간에게 희망은 여전히 남아 있다. 국가의 권능과 함께 시민사회의 역량으로 시장을 관리할 수 있다. 행위자의 경제학! 여러분은 제도경제학이 발견한 이 중요한 특성을 결코 잊으면 안 된다!

> 시장과 정부에 모든 것을 위임하는 신고전주의경제학 및 케인스경제학과 달리 제도경제학은 시민들의 참여로 시장 실패와 정부 실패를 보완한다.

이 과정은 〈그림 5-1〉로 표현된다. 신고전주의경제학은 시장을 '바로 놓인 그릇'으로 생각한다. 이 그릇의 측면에서 공을 굴리면 궁극적으로 안정된 상태로 돌아온다. 처음의 교란상태가 중력에 의해 자동적으로 안정, 균형, 조화의 상태로 수렴하는 것이다. 따라서 자유방임과 규제완화가 필수적이다. 반면 케인스경제학과 제도경제학은 시장을 '뒤집힌 그릇'으로 이해한다. 그 결과 공은 항상 아래로 굴러 떨어져 불안정, 불균형, 부조화 상태로 되어 버린다. 시장에 대한 정부와 시민사회의 개입은 반드시 필요하다.

진보진영은 시장에 대한 외부 주체의 개입을 포기하면 안 된다. 그것은 불안정, 불평등, 불균형, 불의를 강화시키기 때문이다. 하지만 정부의 실패를 외면해서도 안 된다. 그렇다고 보수진영처럼 규제완화로 회귀해서도 안 된다. 정부의 실패는 깨어 있는 시민들의 시민운동으

| 신고전주의경제학의 시장 | 케인스경제학, 제도경제학의 시장 |

〈그림 5-1〉 경제학자들의 시장

로 보완될 수 있다. 최근 민주정부의 적지 않은 정책입안자들이 규제완화로 회귀하는 유감스런 현실은 인간 본성에 대한 인문학적 시각이 '단일본성론'으로 제한되어 있기 때문이다. 인간의 본성은 다중적이다. 그 때문에 제한적 합리성 속에서도 인간은 여전히 정의롭고 평등한 문명적 공동체를 꿈꾼다.

> 시장과 정부의 실패는 시민사회의 참여로 교정되며, 이것은 단일본성의 인문학을 다중본성의 인문학으로 대체함으로써 이해된다. 진보진영은 다중본성론의 인문학을 채택해야 보수진영의 공격에 맞설 수 있다.

경제학은 인문학으로부터 출발한다. '인간 본성'은 경제학파를 발생하게 만든 본질적 인문학이라고 불러도 지나치지 않을 것이다.

6.

어떻게 하면
사람은 함께 어울려
살 수 있을까?

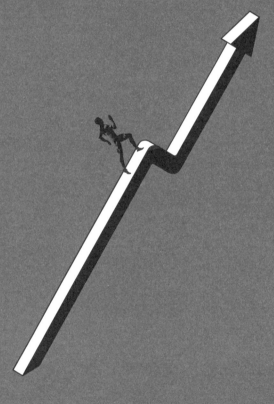

세 번째 인문학적 질문은 인간이 어떤 방식으로 존재하는지에 관심을 갖는다. 인간은 개인적 존재인가, 사회적 존재인가? 다시 말해 인간은 고립된 채로 사는가, 함께 모여 사는가? 어떻게 보면 너무나도 분명한 답이 있을 법한 이 질문에도 서로 다른 답이 나온다. 존재양식의 인문학을 통해 우리는 본질*Essence*과 실존*Existence*의 갈등관계와 그것이 야기하는 경제적 결과를 확인할 수 있다.

신고전주의경제학은 인간을 개인적 존재로 본다. 다니엘 디포가 지은 소설『로빈슨 크루소』(1719)를 떠올려 보자. 무인도에서 고립된 채로 사냥과 채취에 의존해 경제활동을 영위하는 로빈슨 크루소는 대표적인 신고전주의경제학의 인간이다. 실제로 이들의 문헌에서 그는 자주 호명된다. 이 개인은 고립되어 있기에 그의 행동과 판단은 타인의 영향을 받지 않는다. 또 그의 완전한 합리성 덕분에 타인에 의존할 필요도 없다. 뒤도, 옆도 돌아볼 필요 없이 앞으로 나아가기만 하면 된다. 신고전주의경제학의 인간은 개인으로만 존재한다. 그에게 사회는 존재하지 않고 불필요하다. 신고전주의경제학의 교과서에는 사회가 없다! '사회는 없다'는 마거릿 대처 영국수상의 선언은 영국의 공리주의 철학자 제레미 벤담에게서 빌린 것이다.

나아가 개인과 사회는 동일하기 때문에 개인의 행동방식을 이해하면 사회의 행동방식은 저절로 이해된다. 굳이 사회를 따로 연구할 필요가 없다. 개인에 대한 연구결과를 사회에 그대로 적용해도 아무런 문제가 없기 때문이다. 고립된 개인을 중심에 두고, 개인으로부터 사회를 분석하는 신고전주의경제학의 연구방법을 '방법론적 개인주의 *Methodological Individualism*'라고 부른다.

> 신고전주의경제학은 사회를 부정하고, 개인의 존재만 인정하는 방법론적 개인주의를 채택한다.

사회적 존재

비주류 경제학은 인간은 '사회적 동물'이라는 아리스토텔레스의 생각을 이어받는다. 케인스경제학에서 모든 인간은 개인의 합리성에 따라 이기적으로 행동한다. 하지만 그 결과는 그가 의도한 것과 다르게 나타난다. 왜 그럴까? 그의 합리성이 타인의 합리성과 마찰을 겪기 때문이다. 이것은 자신과 다른 존재, 곧 '사회가 존재한다'는 사실을 보여 준다. 개인에게 타당했던 원칙을 사회 전체에 적용할 때 다른 결과가 등장하게 되는 '구성의 오류 *Fallacy of Composition*'는 사회의 존재를 입증해 준다. 케인스경제학에서 인간은 사회적 존재다. 단지, 개인주의적으로 '행동'할 뿐이다! 나중에 보겠지만, 본질과 다른 실존은 많은 문제를 야기한다.

제도경제학 역시 인간이 사회적 존재라는 관점을 취한다. 인간은 외적과 싸워 자신을 보존하고, 거대한 자연재해에 맞서 살아남기 위해 집단을 형성하지 않으면 안 되었다. 집단을 벗어난 인간은 생존할 수 없었다. 그 과정에서 '모방본능'과 같은 사회적 본성이 선택되었다. 본능에 대해 설명한 앞 장에서 우리는 이 사실을 확인하였다.

모방본능과 함께 타인을 배려하는 어버이 성향도 사회적 본성에 속한다. 자손에 대한 어버이들의 헌신과 희생이 없었더라면 인간 사회는 한 세대로 끝나고 말았을 것이다. 타인을 배려하는 이런 사회적 본성 덕분에 호모사피엔스는 수십만 년을 생존할 수 있었다. 케인스경제학에서 인간은 논리적으로 사회적이지만, 제도경제학에서 인간은 '본질적으로' 사회적이다.

사회적 존재라는 의미는 인간이 끼리끼리 어울려 살아가는 존재라

> 케인스경제학과 제도경제학은 인간을 '사회적 존재'로 간주하
> 고 연구모델을 구축한다.

는 것이다. 우리는 자주 '한 다리만 걸치면 다 아는 사이'가 된다고 말
한다. 서양에는 '여섯 단계만 거치면 지구상의 모든 사람이 어느 누구
와도 안면을 틀 수 있다'는 속담이 있다. 이 속담은 간단한 계산법으
로 설명할 수 있다.

우리는 보통 수백 명의 사람과 알고 지낸다. 그중 비교적 긴밀하게
소식을 전하는 100명의 친구를 갖고 있다고 가정하자. 1단계에서는
자신의 친구 100명밖에 모르지만, 2단계에서는 친구 100명의 친구들
인 1만 명과 연결된다. 한 다리만 걸쳐도 이런 긴밀한 사회적 관계를
가지고 있는 것이다. 이제 3단계에 이르면 100만 명과 연결되고, 4단
계에서는 1억 명, 5단계에서는 100억 명이 된다. 따라서 한 개인은 원
자로 존재하지 않고 세계 인구 70억 명 가운데 어느 누구와도 사회적
관계를 지니고 있는 것이다. 결국 이런 말들은 인류 모두가 관계 속에
서 살고 있다는 사실을 암시해 준다. 그리고 이것은 긴밀하게 연결될
정도로 지구가 좁다는 의미에서 '작은 세계' 현상이라고 불린다.

1967년, 스탠리 밀그램Stanley Milgram은 실험을 통해 이러한 작은
세계 현상을 증명해 주었다. 그는 미국 중서부의 주민들에게 편지뭉
치를 보내고, 그들에게 이 편지가 보스턴에 사는 낯선 사람들에게 도
착할 수 있도록 협조해 달라고 요청했다. 실험에 참여한 사람들이 이
미지의 보스턴 시민을 알고 있을 법한 친지들에게 편지를 발송했음
은 물론이다. 밀그램은 편지의 절반가량이 다섯 명의 중간 사람, 곧

여섯 단계를 거쳐 미지의 보스턴 사람들에게 전달되었음을 확인했다. 아무리 모른다 하더라도 6단계만 거치면 서로 알 수 있을 정도로 모든 인간은 사회적 관계망 안에 편입되어 있다는 것이다. 그의 실험은 인간이 고립적 존재가 아니라 얼마나 사회적 존재인지를 실제로 보여 준다.

니컬러스 크리스태키스*Nicholas Christakis*와 제임스 파울러*James Fowler*는 『행복은 전염된다』(2010)라는 공동저술에서 사회적 네트워크의 중요성을 입증해 주었다. 그들의 실험에 따르면, 사회적 네트워크 안에서 영향력은 '3단계 영향 법칙'을 따라 전파된다. 어떤 행동이나 생각은 '친구로 구성되는 1단계', '친구의 친구로 구성되는 2단계', '친구의 친구의 친구로 이루어지는 3단계'까지 영향을 미친다는 것이다. 종합적으로 사회적 네트워크는 3단계까지 서로 영향을 미칠 수 있다는 것이다.

크리스태키스와 파울러는 1983년부터 2003년까지 20년간 '프레이밍엄 심장연구'에 참여한 4,700명의 반려자, 친척, 친구, 이웃, 직장동료 등이 형성한 5만 개의 사회적 연결망 안에서 행복이 퍼져 나가는 현상을 연구하였다. 연구결과에 따르면 내가 행복하면 친구는 25%, 친구의 친구는 10%, 친구의 친구의 친구는 5.6% 더 행복감을 느꼈다.

그들은 1983년부터 2001년까지 18년간 프레이밍엄 심장연구에 참여한 사람들의 사회적 네트워크 안에서 고독감이 확산되는 현상도 실험해 보았다. 그 결과 한 사람이 외로우면 친구는 50%, 친구의 친구는 25%, 친구의 친구의 친구는 10% 더 고독감을 느끼는 것으로 나타났다. 결국 모든 인간은 6단계를 통해 모든 사람과 연결되어 있고, 3단계까지 서로 영향을 주고받는다. 모든 사람은 사회관계망 속에서 함께 호흡하며 살아간다. 이러한 인간의 본질을 크리스태키스와 파울러는 '호모딕티우스*Homo Dictyous*', 곧 '네트워크적 존재'라고 표현하였다. 이러한 현실은 인간을 메마른 고립된 개인으로 보는 신고전주의경제학의 '원자론적 존재론'이 잘못된 가정임을 보여 준다.

사회적 존재가 낳은 구성의 오류

인간의 존재양식에 대한 서로 다른 관점은 연구모델과 경제정책의 차이로 이어진다. 신고전주의경제학에서 인간은 합리적인 호모에코노미쿠스인 동시에 고립된 개인이다. 서로 아무런 관계를 맺지 않고 자신만의 계산에 골몰하는 것이다. 시장에 나오는 개인들(i_1, i_2, i_3)은 이 점에서 모두 동일하다. 〈그림 6-1〉에서 i_1, i_2, i_3는 각각 5, 10, 20의 경제적 가치를 낳는다. 이 고립된 개인들의 합은 산술적 합($S = 35$)과 같다. 개인들이 집단을 형성해도 아무런 변화가 없다. '사회'라는 별도의 조직이 없어 '집단효과'가 발생하지 않기 때문이다. 집단으로부터 어떤 문제도 발생하지 않기에 외부 주체가 특별히 개입할 필요가 없다. 무대응이 유일한 대책이다. 고립된 개인들만 존재하는 이 상황에서는 규제완화를 넘어 규제의 완전한 철폐가 정책으로 제안된다. 규제는 '암덩어리'라는 박근혜 전 대통령은 인간 존재에 관한 개인주

$$ i_1 \ (5) \quad + \quad i_2 \ (10) \quad + \quad i_3 \ (20) \quad = \quad S \ (35) $$

〈그림 6-1〉 고립된 개인들의 경제적 결과

의적 인문학에 기반하고 있다.

비주류 경제학은 인간을 사회적 존재로 믿는다. 사회적 존재란 인간이 집단으로만 존재하는 동시에 그 집단 안에서 타인과 특정한 관계를 맺고 사는 존재임을 의미한다. 여기서 '관계'라는 말이 중요하다. 〈그림 6-2〉를 보면 i_2가 i_1, i_3와 관계를 맺는 것은 말할 것도 없고, i_1이 i_2는 물론 i_3와도 연결되어 있다. 이는 i_1, i_2, i_3 모두가 서로 아무런 관계를 맺지 않고 분리되어 있는 〈그림 6-1〉과 비교된다. 〈그림 6-1〉처럼 집단을 형성하되 서로 모른 채 데면데면하면 진정한 의미의 사회라고 볼 수 없다.

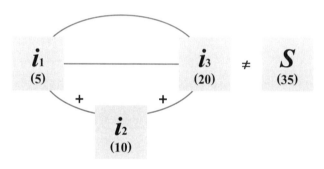

〈그림 6-2〉 사회적 존재의 경제적 결과

하지만 관계가 형성되면 구성원들은 상대방의 생각과 행동을 고려하게 되고, 그것은 자신의 생각과 행동에 영향을 미친다. 사회적 존재들은 '사회'를 만들 수밖에 없다. 사회가 존재하면 모든 경제행위자의 결정에 집단효과가 발생하게 된다. 관계를 통해 복잡하게 상호작용하게 되면 개인적 존재일 때와 달리 '사회적 존재'인 세 구성원들의 총합(S)은 35와 다르게 된다. 이를 '구성의 오류*Fallacy of Composition*'라고 부른다.

사회적 존재는 '구성의 오류'를 낳는다.

현실 사회에서는 $S \neq 35$가 일반적 현상이며, $S = 35$는 지극히 우연적이거나 예외적인 현상이다. 구성의 오류는 표준경제학의 구석진 곳에서 잠시 언급되는 것처럼 경제에서 예외가 아니라는 말이다. 그것은 경제현실에서 거의 법칙에 가깝다(〈표 6-1〉 참조). $S \neq 35$는 그 사회가 갖는 관계의 성격에 따라 $S > 35$, $S < 35$ 둘 중 하나가 된다. 사회적 본성과 사회가 부정적 영향을 미치면 전자의 결과로 나타나지만, 그것들이 오히려 긍정적 영향을 미치면 후자의 결과를 초래한다.

〈표 6-1〉 '사회'가 낳은 세 가지 가능한 결과

구성의 오류		신고전주의 세계
$S < 35$	$S > 35$	$S = 35$

구성의 오류가 발생하는 실제적 이유는 여러 가지다. 첫째, 본질적으로 사회적인 인간들이 사회에서 '개인주의적으로' 행동할 때 발생한다. 개인적 존재가 개인주의적으로 행동하면 이런 일이 일어나지 않을 것이다. 이것은 $S = 35$로 계산되는 신고전주의 세계에서 일어날 수 있다. 둘째, 사회적 인간들이 그 사회에서 자신의 본성에 따라 '사회적으로' 행동할 때도 발생한다. 진보진영은 대체로 사회적인 것을 선호하고 장려하면서 두 번째 태도에 기대를 건다.

하지만 사회적인 것이 반드시 바람직하지는 않다(〈표 6-2〉 참조). 사회적인 행동은 이른바 '좋은' 행동과 '나쁜' 행동 두 가지로 구분되는

데 그중 하나는 협력과 연대, 공감, 우애, 신뢰와 같이 우리가 익히 알고 있는 '좋은' 사회적 행동이다. 이것은 '어버이 성향'과 '제작본능'으로부터 표출된다.

사회적이면서 그와 반대되는 태도도 있다. 이를테면 과시함으로써 타인에게 증오와 질투를 유발하거나, 주체성을 잃고 타인의 눈치를 보면서 타인을 무조건 모방하는 것으로, 이것들은 '나쁜' 사회적 태도에 해당한다. 뿐만 아니라 함께 있으면 타인을 지배하거나 약탈할 수도 있다. 모방본능과 약탈본능이 그 생물학적 토대가 된다. 사회적 본성은 실로 양면적이다!

〈표 6-2〉 사회적인 것의 유형

모방본능, 약탈본능	어버이 성향, 제작본능
과시, 모방, 질투, 증오, 약탈, 지배	협력, 연대, 공감, 우애, 신뢰
'나쁜' 사회성	'좋은' 사회성

〈표 6-1〉에서 $S<35$의 결과는 지금 분류한 것들 중 두 가지 행동방식, 곧 사회적인 존재들이 사회 속에서 '개인적으로 행동'할 때와 사회적인 존재들이 '나쁜 본성'에 따라 '사회적으로' 행동할 때 발생한다(〈표 6-3〉 참조).

전자는 비용의 역설, 저축의 역설, 죄수들의 딜레마로 모습을 나타내며 후자는 과시적 소비, 불공정거래, 갑질(!)로 자신을 드러낸다. 반면 $S>35$의 결과는 사회적 존재가 사회 속에서 '좋은' 사회적 본성에 따라 행동할 때 발생한다. 이것들은 규모의 경제, 집중의 이익, 협업의 이익, 시너지효과, 사회적 자본 등으로 표현된다.

개인주의적 행동	사회적 행동	
	나쁜 사회성	좋은 사회성
비용의 역설, 저축의 역설, 죄수들의 딜레마	과시소비, 불공정거래, 갑질	규모의 경제, 협업의 이익, 집중의 이익, 시너지효과, 사회적 자본
$S<35$	$S>35$	

> 사회적 존재는 '나쁜' 구성의 오류를 낳지만, '좋은' 구성의 오류도 낳는다.

이 모든 유형의 '구성의 오류'는 경제현실을 지배하고 있다. 하지만 신고전주의경제학은 〈표 6-1〉에서 $S=35$를 일반적인 법칙으로 잘못 가르치고 있다. 그것은 지극히 우연적으로만 일어날 수 있는 예외 상황에 불과하다. 예외와 법칙을 전도된 방식으로 교육받은 경제학자들이 주류가 되어 우리 사회를 지배하며 경제정책을 추진하는 것은 비과학적일 뿐 아니라 대단히 위험하다. 진보진영은 사회적 관점을 견지해야 현실경제의 단점과 장점을 인식하고, 그 개선방안과 촉진방안을 수립할 수 있다.

> 존재양식에 관한 인문학은 서로 다른 경제적 결과를 낳는다. 진보진영은 '사회적 존재'의 인문학과 '사회가 존재한다'는 입장을 견지해야 한다.

무책임한 신고전주의경제학의 인문학

신고전주의경제학에서 기업은 사회적 존재가 아니라 개인적 존재일 뿐이다. 기업은 이윤을 극대화하기 위해 비용을 극소화한다. 이 경우 임금을 깎는다. 기업은 노동자가 천사가 되기를 원한다. 천사는 옷 한 벌로 평생을 견디며, 물 한 모금 마시지 않아도 되는 존재이기 때문이다. 천사의 재생산비용이 제로란 말이다. 따라서 임금이 제로일 경우 기업의 이윤은 최대치가 된다.

〈그림 6-3〉으로 하나씩 검토해 보자. 한 기업이 (t)년도에 자본금 (50)과 임금(20)으로 사업을 시작했다. 기업과 노동자 둘은 생산과정을 통해 긴밀한 관계를 맺고 있다. 이들은 본질적으로 사회적 존재다. 이 관계를 통해 노동자가 (t+1)기에 30의 가치를 새로 창조했다. 자신의 임금(20)에 10의 가치를 추가로 창조한 것이다.

그럼, 비용의 극소화를 추구하는 기업이 이 모든 가치를 독점하면 어떤 일이 일어날까? 사회적 관계가 단절되므로 둘은 개인적 존재로 전락한다. 빈털터리가 된 노동자는 '소비자'로 유통관계에 등장할 기회를 잃어버렸기 때문에 다음 시기(t+1)에 노동자 = 소비자는 더 이상 재생산될 수 없다. 유통 영역에서 사회적 관계가 단절되자 생산관계에서도 사회적 관계가 단절되고 만다. 그래도 '개인주의적' 기업에겐 상관없는 일이다. 앞 시기(t)의 자본금(50)에 절약된 임금(20)과 잉여가치(10)의 합, 곧 (t+1)기에 새롭게 생산된 가치(30)를 더한 80의 경제적 가치가 개인의 곳간에 쌓여 있기 때문이다.

기업이 '사회적으로' 행동하면 상황은 어떻게 될까? 기업은 노동자를 고용해 생산활동을 지시한 후 적절한 임금을 지급한다. 그 임금으

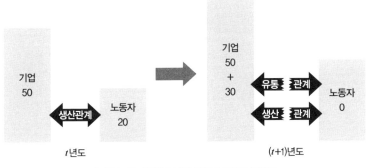

〈그림 6-3〉 개인적 존재의 탐욕과 경제적 무책임

로 노동자는 시장에서 자신이 제작한 제품을 구매하여 소비한다. 기업은 똑같은 타인에 대해서 한편으로는 노동자로, 다른 한편으로는 소비자로 관계를 맺는다. 노동자＝소비자는 기업의 가치창조자인 동시에 가치실현자다. 둘은 이처럼 생산관계와 유통관계에서 긴밀하게 통합되어 있다. 둘은 서로에게 영향을 주고받으면서 살아가는 존재로, 이 관계에서 벗어나는 순간 어떤 누구도 살아갈 수 없다. 실로 기업과 노동자＝소비자는 사회적 존재들이다. 이것이 기업이 직면하는 현실이다. 이런 기업은 임금을 극소화시킬 수 없다. 임금의 극소화는 이윤의 극소화로 부메랑이 되어 돌아올 뿐이다.

기업을 개인적 존재로 간주하는 신고전주의경제학의 인문학은 궁극적으로 노동자의 재생산은 물론 기업의 생존도 보장할 수 없다. 이들의 인문학에 의존하면 경제는 축소재생산의 악순환에 빠질 뿐이다. 사회적 존재가 개인적 존재로 행세하면 이처럼 어처구니없는 결과를 초래한다. 이러한 본질과 실존의 갈등으로부터 초래되는 경제적 결과를 지금부터 알아보자.

> 기업을 개인적 존재로 간주하는 신고전주의경제학은 임금의 극소화를 정당화시켜 노동자, 기업, 국민경제의 축소재생산으로 이끈다.

비용의 역설과 최저임금 인상정책

자본주의경제체제와 신고전주의적 문화 아래서 사회적 본성이 억압되는 대신 개인주의가 문화로 정착됨으로써 경제가 어려움을 겪는 현실을 최저임금정책의 사례로 살펴보자. 〈표 6-3〉에서 첫 번째 칸의 항목들을 다룬다고 생각하면 된다. '사회적 존재가 개인주의적으로 행동할 때 어떤 경제적 결과가 발생할까?' 이럴 경우 앞에서 언급한 '구성의 오류'가 발생한다. 구성의 오류는 경제현실에서 다양하게 표현된다.

'비용의 역설'이 그 대표적 사례다. 비용을 절감하는 것이 개별기업에게 합리적이다. 비용의 극소화를 달성하기 위해 기업은 임금을 낮춘다. 임금은 기업에게 비용이지만 노동자에게는 소득이다. 신고전주의경제학은 이런 '임금의 이중성'에 주목하지 않는다. 소득이 낮으면 노동자의 구매력은 하락한다. 감소된 소비는 기업의 판매고 하락으로 이어져 기업에게 부메랑으로 돌아온다. 저임금, 저소득, 저매출, 저생산의 결과 국민총소득이 감소하게 된다. 기업은 개인적 존재가 아니라 실제로는 사회 속에서 노동자=소비자와 경제적 관계를 맺고 있는 사회적 존재이기 때문이다.

이제 비용의 역설을 반대로 풀어 보자. 비용을 절약하지 않고 임금을 인상하는 경우다. 절약을 포기한 결과 노동자의 소득이 높아져 그 구매력이 증가하게 된다. 소비자들의 소비성향이 아주 높을 경우 소비수요의 증가폭은 커진다. 소비수요가 높아지면 기업은 설비가동률을 높인다. 놀고 있던 생산시설이 재가동되기 시작하는 것이다. 그 결과 국민소득은 증가한다. 몇 곱씩 늘어났다乘고 해서 이를 승수효과 *Multiplier Effect*라고 부른다. 승수효과는 기업과 노동자가 유통과정에서 사회적 관계를 유지하고 있었기 때문에 일어났다.

여기서 잠시 잊고 있었던 현실을 떠올려 보자. 현대 자본주의에서 기업의 설비가동률은 정상적인 경기상황에서도 평균 70%에 불과하다. 30%는 놀고 있다. 이 유휴설비가 가동되면 '규모의 경제'가 발생한다. 규모의 경제란 생산량을 늘릴수록 평균생산비, 곧 생산단가가 하락하는 현상을 말한다. 케인스경제학과 제도경제학은 신고전주의경제학과 달리 현대 자본주의 시장을 완전경쟁시장이 아니라 독점기업이 지배하는 '불완전경쟁시장'으로 이해한다. 이런 불완전경쟁시장에서 시장지배력이 높은 독점대기업은 생산단가가 하락하더라도 시장가격을 이전과 동일하게 유지하는 경향이 있다. 독과점가격이 변하지 않을 때 생산단가가 하락하면 기업의 이윤은 증가한다. 증가된 이윤은 '사내유보금'으로 쌓여 투자재원이 된다.

내 돈으로 사업하는 사람은 없다! 근검절약과 피땀 흘려 모은 종잣돈으로 사업을 시작한다는 신고전주의경제학의 주장은 거짓말이다. 기업의 투자는 사내유보금만으로 충당되지 않는다는 말이다. 대다수 사업은 내부금융보다 '외부금융', 곧 차입자금으로부터 시작된다. 승수효과로 기업의 성적이 좋아지면 신용도가 높아진다. 그 결과 은행

대출이 용이해져 기업의 투자자금은 추가로 늘어난다.

규모의 경제로 축적된 사내유보금과 높아진 신용도로 차입된 자금, 곧 내부금융과 외부금융으로 형성된 투자자금은 '자본재수요'를 증가시킨다. 소비수요의 증가가 투자수요의 증가를 유발한 것이다. 그 결과 경제는 가속도로 성장한다. 이를 '가속도 원리'라고 부른다. 승수효과, 규모의 경제와 가속도효과에 관한 형식화는 10장에서 구체적으로 다룰 예정이다.

사회적 관계

최저임금 인상 → 소비수요 증가(승수효과) → 생산 및 고용 증가 → 규모의 경제 → 이윤 증가 → 신용도 증가 → 투자수요 증가(가속도 원리) → 국민소득 증가

임금과 수요의 승수효과, 그리고 소비와 투자의 가속도 원리 모두는 사회적 존재인 기업과 노동자가 개인주의를 벗어나 사회적 본성에 입각해 사회적 관계를 유지하기 때문에 발생하였다. 신고전주의경제학에서처럼 기업과 노동자가 사회적 관계를 맺지 않는다면, 이런 효과는 만들어지지 않는다. 신고전주의경제학은 인간을 개인적 존재로 가정하기 때문에 승수효과와 가속도 원리를 이해하지 못한다.

따라서 그들은 임금 인상, 더 나아가 최저임금인상을 극구 반대한다. 하지만 노동자＝수요자와 고립되어 있다면 기업의 절약된 임금은 무용지물이 된다. 먹지 않고 무인도의 창고에 쌓아 둔 로빈슨 크루소

의 바나나와 물고기가 무의미한 것과 같다. 안 쓴다고 능사가 아니다. 비용을 지출하면 오히려 경제가 활성화된다. 이를 '비용의 역설'이라고 부른다. 이 역설이 일어나는 이유는 인간이 사회적으로 굳게 연결되어 있기 때문이다.

> 모든 경제행위자는 사회적 존재이기 때문에 '비용의 역설'이 발생한다.

경제학에 익숙하지 못한 독자들은 그래프만 봐도 도망치고 싶을 것이다. 하지만 우리는 1장에서 이미 수학적 그래프가 우리의 일상적 말을 기호와 그림으로 바꾼 것 말고 아무것도 아니라는 사실을 알았다. 〈그림 1-2〉의 형식화 순서를 기억하면서 두 학파의 진술을 그래프로 나타내 보자.

(−)의 기울기를 가진 그래프는 임금(w)과 국민소득(Y)에 관한 신고전주의경제학의 주장을 그림으로 바꾼 것이다(〈그림 6-4〉 참조). 이를테면 그들은 임금이 높아지면(w↑) 국민소득이 감소하고(Y↓), 반대로 임금이 낮아져야(w↓) 국민소득이 증가한다(Y↑)고 주장한다. 이 주장을 그림으로 표현하면 (−) 기울기의 그래프가 된다. 임금과 국민소득이 서로 반대 방향으로 움직이기 때문이다.

비주류 경제학은 다른 주장을 편다. 임금이 높아지면(w↑) 국민소득이 증가하는 반면(Y↑), 임금이 낮아지면(w↓) 국민소득이 감소한다(Y↓)는 것이다. 임금과 국민소득이 같은 방향으로 움직이니 기울기는 (+)가 된다. 이런 내용과 과정을 고스란히 그림으로 옮겨 놓은 것이 우리를 그토록 괴롭혀 왔던 경제학의 그래프다!

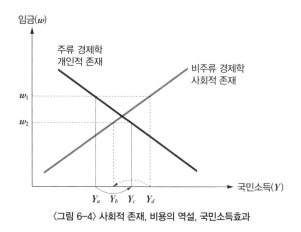

〈그림 6-4〉 사회적 존재, 비용의 역설, 국민소득효과

신고전주의경제학은 임금이 w_1에서 w_2로 하락하면 자신들이 믿는 검은색 그래프(-)를 따라 국민소득이 Y_a에서 Y_c로 증가할 것이라고 주장한다. 하지만 실제로는 비주류 경제학의 파란색 그래프(+)에 따라 소득은 오히려 Y_d에서 Y_b로 감소한다. 기업은 개인적 존재가 아니라 사회적 존재며, 그로 인해 비용의 역설이 발생하기 때문이다. 곧 임금이 하락하면 소비자의 구매력이 떨어져 상품이 팔리지 않고, 그로 인해 생산이 오히려 줄어들기 때문이다.

기업이 생산 영역은 물론 유통 영역에서도 노동자＝소비자와 밀접한 관계를 맺고 있는 사회적 존재라는 명확한 현실을 감안하면 최저임금이 인상되어야 한다. 임금이 국민소득의 우군이듯이 비용도 반드시 쳐부숴야 할 적이 아니다!

경제학자들은 독자들의 오해를 불러일으키는 그래프를 자주 그린다. 이를테면, 2차원 공간에서 그래프를 그릴 때 우리는 일반적으로 가로축에 원인변수를 넣고 세로축에 결과변수를 그려 넣는다. 그런데 〈그림 6-4〉는 '일반적인 방식을 따라 하지(!)' 않았다. 곧 원인변수인 기업은 사회적 존재이므로 비용의 역설이 발생하며, 그로 인해 최저임금이 하락하면 국민소득은 증가하지 않고 오히려 감소한다. 최저임금 인상정책을 추진하기 위해 진보진영은 유권자들에게 기업의 '사회성'과 '사회적 책임'을 호소해야 한다.

임금(w)이 세로축에 있고, 결과변수인 국민소득(Y)이 오히려 가로축에 놓여 있지 않는가?

경제학자들은 매우 불친절하다. 일반적 상식을 위반해 놓고도 아무 설명이 없기 때문이다. 하지만 경제학자들이 이런 몰상식(!)을 범한 이유가 없지는 않다. 국민소득은 '늘어나거나 줄어드는' 값이고, 임금은 '높아지거나 낮아지는' 값이다. 전자의 이동은 '수평적인' 반면, 후자의 이동은 '수직적'이다. 이런 이유 때문에 우리의 상식과 반대로 독립변수(원인)를 세로축에, 종속변수(결과)를 가로축에 둔 것이다. 앞으로 진행되는 설명과 그래프도 모두 이 몰상식한(!) 방식을 따를 것이니, 독자 여러분은 헷갈리지 말기를 부탁드린다.

사회적 존재, 저축의 역설, 소득분배정책

여기서도 우리는 〈표 6-3〉의 첫째 칸이 유발하는 결과를 검토한다. 곧 '사회적 존재가 개인주의적으로 행동할 때 어떤 경제적 결과가 발생하는가?'

신고전주의경제학은 저축을 미덕인 동시에 경제성장의 원천으로 찬양한다. 이들에 따르면 저축은 먼저 근면과 금욕의 결과며 투자의 원천이 되기 때문이다. 물론 근면과 절약을 통해 저축하는 사람도 없지 않다. 그 대가로 이들은 미래에 풍족한 삶을 누릴 수 있다. 나 역시 그런 과정을 통해 은행계좌에 얼마간의 여웃돈을 보유하고 안정된 미래를 꿈꾸고 있는 중이다. 하지만 경제학에서 관심을 두는 저축은 이런 '작은 부자'의 저축이 아니다. 사업에 직접 투자할 정도의 자본금을 보유하고 있는 '큰 부자'의 저축이 경제학이 주목하는 저축이다.

먼저 큰 부자의 저축이 경제성장에 기여하는지를 검토해 보자. 신고전주의경제학자들은 큰 부자(기업)의 저축이 생산적 투자로 이어져 경제성장에 기여한다고 주장한다. 하지만 이들의 저축이 '저절로' 투자로 이어진다는 보장은 없다. 곧 주머니에 모아 놓는 것과 쓰는 것은 다르다는 말이다.

기업은 저축을 언제 투자하는가? 기업은 예상수익률이 클 때 투자에 착수한다. 예상수익률은 임금비용 등 공급조건보다 수요자의 구매력과 같은 '수요조건'에 의해 결정된다. 상품이 안 팔릴 게 뻔한 데도 임금이 저렴하다고 투자를 감행하는 기업은 없다. 유효수요가 뒷받침되지 않은 상태에서 공급된 제품은 쓰레기로 남는다. 수요가 공급을 결정하듯 '소비수요'가 '투자수요'를 결정한다.

실업자와 비정규직이 흘러넘쳐 소비수요가 부족한 불황기를 생각해 보자. 큰 부자, 곧 기업은 투자하지 않는다. 만일 집권한 보수정당의 정책과 권력에 힘입어 임금을 더 낮추고 더 많은 몫을 저축하게 되면 기업은 더 부자가 된다. 저축은 사용되지 않고 노는 돈이다. 돈은 돌아야 경제의 활력이 유지된다. 노는 돈이 많을수록 경제는 침체하고 기업도 도산의 위험에 빠진다. 저축이 증가하면 경제가 성장하지 않고 오히려 침체하는 역설이 일어나는 것이다. 큰 부자, 곧 기업의 저축은 결코 '경제적'이지 않다! 이를 '저축의 역설'이라고 부른다.

> 저축이 투자로 연결되어 경제성장을 유발하지 않고, 저축으로 인해 수요가 줄어 오히려 경제가 침체하는 현상을 '저축의 역설'이라고 한다.

저축의 역설은 왜 일어나는가? 기업과 소비자가 사회적 관계로 엮여 있기 때문이다. 기업이 소비자와 독립되어 있는 개인적 존재라면 기업은 저축을 늘림으로써 이윤을 증가시키는 동시에 미래에 대한 불확실성을 줄일 수 있을지 모른다. 하지만 기업의 공급은 수요 없이 일어날 수 없고, 투자수요는 시장의 소비수요 없이 이루어질 수 없다. 지속적인 공급과 투자가 멈추어 버린 기업은 기업으로서 의미가 없고 생존할 수도 없다. 기업은 소비자와 긴밀한 관계로 엮인 사회적 존재다!

저축의 역설은 사회적 존재인 기업이 신고전주의경제학의 가르침을 받아 개인주의자로 행세하기 때문에 일어난다. 인간의 사회적 역량을 조롱하고 억압하는 신고전주의경제학은 사회발전의 문화적 장애물이다. 비용의 역설처럼 저축의 역설도 인간이 사회적 존재이기 때문에 일어난다.

> 기업의 저축은 '경제적'이지 않다. 큰 부자, 곧 기업은 사회적 존재이기 때문이다.

이제 저축의 기원을 검토할 차례다. 저축의 기원을 검토함으로써 우리는 그것의 도덕적 정당성을 판단할 수 있다. 이것은 앞서 검토한 저축의 실제적 효과, 곧 저축의 경제적 효과와 더불어 소득분배정책을 실시할 근거를 제공한다.

그럼, 기업은 어떻게 저축하는가? 혼자 힘으로는 큰 부자가 될 수 없다. 사회적 존재로서 기업은 타인과의 사회적 관계에 힘입어 비로소 큰 부를 축적할 수 있다. 첫 번째 관계는 타인을 고용하는 것이다. 마르크스가 잘 지적했듯이 고용된 노동자는 자신의 재생산비용(임금)을 넘어서는 '잉여가치'를 생산한다. 〈그림 6-3〉의 $(t+1)$년도에 새로 생산된 10이 잉여가치에 해당한다. 고용노동자의 수가 많을수록 잉여가치의 양은 증가한다. 기업가는 이것을 가져가 저축한다. 하지만 이 대규모의 잉여가치는 본래 기업가가 생산하지 않았다. 때문에 마르크스는 이 저축을 기업에 의한 '착취'라고 지칭했던 것이다.

기업은 이런 '근대적' 방식으로만 저축하지 않는다. 초과노동과 저임금은 물론 사회적 관계를 악용해 이루어지는 임금 떼먹기, 대기업의 불공정거래, 사기와 협잡도 한몫을 한다. 부동산투기와 금융거래 등 불로소득은 현대 대기업의 저축에서 큰 몫을 차지한다. 나아가 기업은 서울의 용산참사와 부산 해운대의 엘시티아파트건설 등 도시개발과정에서 정치권력, 용역깡패와 협력(!)해 타인과 공공재산의 경제적 몫을 탈취하기까지 한다.

베블런이 역설한 바와 같이 기업은 근대 사회에서도 이런 '전근대적 탈취방식'을 결코 포기하지 않는다. 이 모든 것은 기업의 저축에 기여한다. 그러므로 저축, 그중에서도 '큰 부자의 저축'은 근면과 금욕의 결과가 아니다. 그것은 대체로 착취와 탈취의 결과다. 나아가 그것은 개인의 근면과 금욕보다 '사회적 관계'로부터 동원되었다. 경제적이지 못하고 정의롭지 못한 큰 부자들의 저축은 공평하게 분배되어야 한다. 소득분배정책이 절실히 요구되는 이유다.

> 큰 부자의 저축은 저축의 역설 때문에 경제적이지 않고, 착취와 탈취의 결과이므로 도덕적으로 정의롭지 못하다. 따라서 정의로운 경제성장을 위해 소득이 공평하게 분배되어야 한다.

작은 부자와 큰 부자의 저축을 구분하지 않음으로써 '저축의 역설'로부터 많은 오해가 일어난다. 그중 하나가 신고전주의경제학의 문화를 가진 보수정치인들이 케인지언경제학을 차용할 때 발생한다. 그들은 저축의 역설을 외치면서 중산층과 서민들에게 소비를 권장한다. 하지만 중산층의 작은 부자와 서민이 소액의 저축을 다 써버리면 사회안전망이 전무한 대한민국 경제의 불확실성에 대처해 나갈 수 없다. 저축의 역설에서 비주류 경제학이 초점을 두는 저축은 기업의 저축이지, 소비자의 저축이 아니다! 소비자의 저축은 자본주의경제에서 의미 있는 역할을 하지 못한다. 카드빚으로 부동산 '소비'를 부추기는 신고전주의경제학의 '사이비 케인지언'들은 기본적으로 사기꾼이다!

한국의 가계부채는 심각한 수준이다. OECD에 따르면 2017년 기준 한국의 가처분소득 대비 가계부채 비율은 186%로, 미국(109%)과 일본(107%), 독일(95%) 등 주요 선진국보다 높다. 소득 대신 '빚'이 소비의 함수가 되는 경제를 우리는 '버블경제'라고 부른다. 2008년도 세계금융위기를 통해 확인된 것처럼 거품은 반드시 터지고 만다. 거품이 터지면 불평등이 심화되어 서민들의 복창(!)만 터질 뿐이다! 서민들은 절대 소비하지 마라. 사이비 케인지언 보수정치인들의 감언이설에 속아 넘어가면 안 된다. 소비해야 할 사람은 큰 부자들이다. 하지만 그들의 소비수요는 경제회복에 크게 도움이 되지 않는다. 한 인간이 자신의 욕구를 충족하기 위해 쓸 돈의 규모는 크지 않다. 그러므로 큰 부자들은 저축된 돈으로 소비하기보다 '투자'해야 한다!

> 진보진영은 '저축의 역설'에서 소비자의 저축이 아니라 '기업'의 저축에 주목해야 한다.

죄수들의 딜레마와 사회적 자본

사회적 본성을 지닌 인간이 그 사회성을 망각하거나 부정하고 개인주의적으로 행동할 때 일어나는 일은 다양한 역설로만 끝나지 않는다. 생계형 범죄를 저지른 자들이 많지만 극악무도한 범죄를 저지르고 수감된 죄수들도 없지 않다. 이들은 대체로 소시오패스거나 사이코패스들이다. 이런 죄수들은 타인의 감정에 무감각하다. 다시 말해 인간의 본성인 사회성이 결핍되거나 거세되어 버린 냉혈인간이다. 지극히 개인주의적일 뿐 아니라 이기적이어서 타인과의 협력은 물론 신뢰관계를 유지할 수 없다. 신고전주의경제학이 지향하는 인간은 실제로 이러한 인간이다. 신고전주의경제학자들은 개인주의와 이기주의는 물론 자신들의 '차가운 머리'를 과학적 태도로 가장 자랑스럽게 부각한다.

〈표 6-4〉는 유명한 '죄수들의 딜레마'라는 게임이다. 여기서 등장하는 죄수들은 철저히 신고전주의적 인간들이다. 신고전주의경제학이 대학의 '경제학과'를 통해 기획한 대로, 만일 이 세상의 모든 사람들이 이처럼 철저한 신고전주의적 인간들로 진화했다고 상상해 보자. 우리의 친절한 이웃이었던 박씨와 김씨는 경제학과에서 A$^+$ 학점을 받자마자 비록 죄 짓지 않았지만 '죄수'로 진화한다.

박씨와 김씨 앞에는 그들이 특정 행동을 취했을 때 얻어 갈 수 있는 보상들이 표로 정리되어 제시된다. 이를 보수행렬*Pay-off Matrix*이라고 부른다. 그들은 어떤 전략을 택했을 때 가장 유리할지, 불리할지를 이 표로부터 잘 알고 있다. 칸 안의 빗금 아래쪽 값은 김씨가 얻을 보상인 반면, 위쪽은 박씨가 얻을 몫이다. 예컨대, 둘이 *b*전략을 선택할 때 각자가 얻는 보상을 보자. 첫 번째 줄의 두 번째 칸은 박씨의 보수가 0년(즉시 석방)이고 김씨의 보수가 20년 수감임을 의미한다.

〈표 6-4〉 '죄수들의 딜레마'의 보수행렬

		박씨	
		침묵	자백
김씨	침묵	*a* 5일 / 5일	*b* 0 / 20년
	자백	*c* 20년 / 0	*d* 8년 / 8년

모두에게 가장 유리한 전략은 박씨와 김씨가 함께 침묵하는 *a*전략이다. 둘 다 5일간만 구류를 살고 출소할 수 있기 때문이다. 반면, 가

장 불리한 선택은 둘 다 죄를 발설(자백)해 버리는 d전략이다. 그 결과 둘 다 8년 동안 감방생활을 해야 하기 때문이다. 신고전주의를 혐오하는 우리의 '깨어 있는 시민들'은 당연히 5일만 구류를 사는 a전략을 택할 것이다.

하지만 이 신고전주의적 죄수들의 생각은 다르다. 개인주의자들의 특성을 감안해 박씨와 김씨를 철저히 분리된 방에 들어가게 한다. 각 방에 들어가기 전에 이 둘은 서로 믿고 의지하자고 굳게 맹세했으리라. 그러나 '개인'으로 분리되면 김씨와 박씨는 어떤 전략을 취할까? 이 순간 우리는 김씨와 박씨가 경제학과에서 전 과목 A$^+$를 받았을 정도로 철저히 신고전주의경제학을 신봉하는 죄수임을 기억해야 한다. 이기적인 동시에 철저히 타인을 못 믿는 소시오패스다. 이들에게 인간 사이의 '신뢰'와 '협력'은 우스꽝스런 우화일 뿐이다.

박씨는 자기 방에서 상념에 잠긴다. 철저한 신고전주의적 인간인 박씨는 자신의 이익을 극대화하는 전략에 골몰한다. "헤어질 때 굳게 약속한 대로 둘 다 침묵하면 5일만 구류 살고 나올 수 있지만(a), 자백하면 바로 방면된다(b). 칙칙한 곳에서 5일이나 머물기보다 바로 나가는 게 훨씬 이익이지 않나?" 5일 동안 갇히는 것을 (−)로 표시하면 −5 < 0! 그는 자백하기로 결정한다.

"아무리 생각해 봐도 내 결정은 그르지 않는 것 같다. 신고전주의 경제학과에서 소시오패스로 훈육된 김씨 그놈은 약속을 지키지 않고 자백하면서 자신만의 이익을 극대화(0년)하려 할 것이다(c). 그놈한테는 5일보다는 즉시 석방이 이익을 극대화시켜 주기 때문이다. 그는 분명히 자백하고 말 것이다. 그럴 때 그놈과의 약속을 믿고 침묵하면 나는 20년 동안 감방에서 썩어야 한다. 우리 같은 죄수에게 신뢰와 협력이란 말이 가당하기나 한가? 그놈한테 당하지 않으려면 먼저 자백하는 게 낫다." 극대화 원리에 따르나 신뢰관계로 보나, 신고전주의자 박씨에게는 자백하는 'b전략'이 최선의 전략이다. 그에게는 '관계'도 없고 '사회'도 없다. 따라서 신뢰도 없다!

김씨는 어떨까? 그도 신고전주의경제학과에서 전 과목 A+를 받은 수재다. 둘째가라면 서러워할 정도로 그 역시 박씨만큼 무자비하게 개인의 이익만을 극대화하는 소시오패스다. 김씨도 보수행렬표를 앞에 두고 골똘히 생각에 잠긴다. 서로 분리된 공간에 있을 뿐 생각하는 방식은 동일하다.

김씨도 자백의 보수와 침묵의 보수를 비교한다. 여기서도 보상관계는 분명하다. -5 < 0! 그는 자백하기로 결정한다. 그런데 함구하자고 굳게 맹세하지 않았던가?

"약속대로 내가 침묵할 때 박씨도 침묵해 주면 나는 5일의 구류만 산다(a). 그런데 내가 침묵해 줄 때 그가 자백해 버리면 어떻게 되지? 검사는 그 대가로 그를 석방하고(0년) 나한테 괘씸죄를 적용해 20년을 때려 버리겠지(b). 그렇다면 내가 먼저 자백하면 즉시 방면되지 않을까? c전략을 택하자! 그놈한텐 미안하지만, 모기한테 뜯기며 5일 동안 구류를 살기보다 바로 석방되는 게 더 유익하지 않은가? 즉시 석방, 가장 이익이 높은 결과다." 이윤의 극대화! 김씨 역시 즉시 석방을 기대하면서 침묵하기보다 '자백'을 택한다. 그러면서 생각한다. "신고전주의경제학으로 전 과목 A+를 받았으니 그놈도 나처럼 생각할 거야. 믿지 못할 놈이지!"

결국 둘 다 자백을 하고 만다. 이제 박씨는 b전략을 택하고 김씨는 c전략을 택했지만 결과적으로 d전략으로 수렴해 버린다. 그 결과 둘다 8년을 감방에서 썩게 되었다. 왜 그런가? 둘은 철저히 신고전주의 경제학으로 훈육된 개인주의자들이다. 하지만 이 경우에서처럼 개인주의자들이라도 서로 관계를 맺지 않으면 안 된다. 관계 속에 들어 있기 때문에 각자는 타인의 전략을 고려하면서 자신의 전략을 선택한다. 이처럼 사회가 엄연히 존재하는 데도 철저히 개인의 입장에서 손익계산에만 골몰하면 모두가 최악의 상태에 빠져들게 된다. 본성상 사회적 존재들이 사회에서 철저한 개인주의자로 만나면 최악의 딜레마에서 빠져 나올 수 없다.

> 신고전주의적 죄수들이 사회적 관계를 맺으면 최악의 딜레마에 빠진다.

이 딜레마에서 빠져 나오는 방법은 없는가? 신고전주의경제학으로 훈육된 소시오패스들은 결코 여기서 벗어날 수 없다. 하지만 이 학파에 오염되지 않고 사회적 존재의 본성을 유지하고 있는 '깨어 있는 시민'들이라면 사정은 달라진다. 이 사회적 존재들은 서로 협력하는 동시에 타인을 신뢰할 수 있다. 그들은 a전략을 선택한다. 한 사람만 즉시 방면되는 이기주의적 최선의 전략(b, c)을 기꺼이 포기하고, 5일간 구류를 사는 약간의 희생을 치르면서 최악의 딜레마에 빠지지 않을 뿐 아니라 공동의 선(a)을 이루어 낸 것이다. 신고전주의경제학의 죄수는 딜레마에 빠질 수밖에 없지만, 깨어 있는 시민은 거기로부터 벗어날 수 있다.

개인적 존재들 사이에는 '경제적 자본'만 축적되어 있지만, 사회적 존재들 사이에는 '사회적 자본'도 축적되어 있다. 경제성장을 위해 진

> 이기적 죄수들은 딜레마로부터 빠져 나올 수 없지만, 사회적 존재인 '깨어 있는 시민'들은 딜레마를 피할 수 있다.

보진영은 경제적 자본 못지않게 사회적 자본의 축적에 관심을 기울여야 한다. 곧 제도가 중요하다!

사회적 자본이 시장에서 자생적으로 형성될 수도 있다. 하지만 '시장기반적' 사회적 자본은 경제적 이익에만 종속되거나 배타성을 노정함으로써 오히려 성장을 방해하고, 불평등을 강화하며, 불의를 은폐하는 데 기여할 가능성이 크다. 이른바 '나쁜' 사회적 자본이다. 보편적 성장과 사회적 통합, 경제적 상생, 정의로운 사회를 위해 '좋은' 사회적 자본의 확충이 필요한데, 이것은 민주적 정부에 의해 가능하다. 진보진영은 좋은 사회적 자본의 확충에 주력할 필요가 있다.

> 죄수들의 딜레마에서 빠져 나오기 위해 진보진영은 '좋은' 제도, 곧 '좋은' 사회적 자본을 육성해야 한다.

지금까지 우리는 인간이 자신의 '사회적 본성'을 거역할 때 일어나는 경제적 결과를 검토하였다. 비용의 역설, 저축의 역설, 죄수들의 딜레마는 인간이 사회적 본성으로 회귀할 때 비로소 해결될 수 있을 것이다. 하지만 앞에서 검토한 바처럼 인간의 진화과정에서 다양한 본성들이 선택되었다. 인간의 본성은 실로 다중적이다. 따라서 사회적 본성은 물론 신고전주의경제학이 찬양하는 자기고려본능도 인간에게 내재되어 있다.

경제현실에서 수많은 역설과 딜레마를 낳은 이 본능은 자본주의경제체제를 통해 폭발되는 동시에 신고전주의경제학이 주류 경제학으로 자리 잡은 후 일종의 보편적 문화로 굳어 가고 있다. 이런 '신고전주의적 실존'에서 '사회적 본질'로의 회귀를 시장의 자생적 경로와 시민의 자발성에 맡기는 것은 경제의 정상적 발전을 위해 위험할 뿐 아니라 무책임하다. '민주정부'의 강력한 정책과 '깨어 있는 시민들'의 적극적인 문화운동이 필요한 이유다.

정부는 불신과 불의를 처벌하기 위해 사법체제를 정의롭게 개혁해야 하며, 시민들은 사회적 존재의 파편화와 공동체에 대한 '배신'을 정당화하는 신고전주의경제학에 맞서 비주류 경제학의 문화를 정착시키도록 노력해야 한다.

> 죄수들의 딜레마를 해결하기 위해 민주정부에 의한 사법체제의 개혁과 시민들의 비주류 경제학적 문화운동이 필요하다.

경제적 개인의 수요곡선

인간이 사회적 존재로서 살아갈 때 그의 사회성은 다양한 모습으로 발현된다. 앞에서 우리는 자본주의경제체제와 신고전주의적 문화 아래서 사회적 본성이 억압되는 대신 개인주의가 문화로 정착됨으로써 경제가 어려움을 겪는 현실을 살펴보았다. 이번에는 인간의 사회적 본성이 억제되지 않고, 반대로 적극적으로 발휘되는 경우를 들여다보자. 〈표 6-3〉의 두 번째와 세 번째 칸의 질문을 다룬다. '사회적 존재가 사회적으로 경제활동을 하면 어떤 결과가 나타나는가?' 경제활동 중 소비활동은 사회적 본성이 두드러지는 영역이다.

일반적으로 신고전주의경제학은 소비자들이 개인들의 효용을 극대화하기 위해 합리적으로 구매한다고 본다. 곧 소비자들은 경제적으로 계산하면서 실용적 목적에 따라 소비한다는 것이다. 이를테면, 가격(P)이 낮으면 상품(Q)을 많이 구매하고 가격이 높으면 구매를 줄인다. 이것은 '수요법칙'으로 알려져 있다. 그리고 이 법칙은 모든 수요자에게 적용되기 때문에 수요자는 동질적이다.

독자들은 그래프와 기호에 조금 익숙해졌을 것이다(〈그림 6-5〉 참조). 경제학은 말을 기호, 그림으로 바꿈으로써 주장을 간단하고 명확하게 표현하는 사회과학이라는 점을 기억하자. 나아가 앞에서 잠시 언급한 경제학자들의 몰상식한(!) 그래프 묘사방식도 떠올려 보자. 여기서도 가격은 세로축에, 수요량은 가로축에 적힌다.

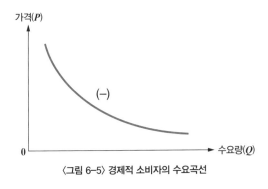

〈그림 6-5〉 경제적 소비자의 수요곡선

가격과 수요가 반대 방향으로 움직이니 수요법칙은 (−)의 기울기를 갖는 그래프로 그려진다. 이때 이 수요자는 어떤 타인으로부터도 영향을 받지 않는 개인적 존재다. 그는 자신만의 목적과 계산에만 골몰한다. 경제학원론을 배울 때마다 등장해 독자들에게 익숙한 이 수요곡선이 신고전주의경제학의 인문학으로부터 출발했다는 사실을 기억하자! 인간이 합리적인 경제적 존재이자 개인적 존재라는 그들의 인문학이 하나라도 부정되면 이런 우아한 수요곡선은 결코 그려지지 않는다.

> 개인주의, 경제주의, 합리주의라는 신고전주의경제학의 인문학을 준수할 때 (-)의 기울기를 갖는 수요곡선이 그려진다.

사회적 존재의 수요곡선

이제 비주류 경제학의 관점에 따라 소비자를 '사회적 존재'로 가정해보자. 진보진영은 전통적으로 '사회적인 것'을 선호하면서 그 본성에 기대를 건다. 앞에서 본 비용의 역설, 저축의 역설, 죄수들의 딜레마를 교정할 때, 그 정책의 초점은 사실 사회적 본성에 대한 염원과 사회적 관계의 복원에 맞춰져 있었다. 하지만 진보진영이 희망을 걸고 있는 만큼 사회성이 마냥 바람직한 것만은 아니다. 인간은 사회 속에서 과시로 타인을 멸시하는 것은 물론 자신감을 잃은 채 타인을 모방하기에 바쁘다(〈표 6-3〉 참조). 이런 바람직하지 않는 사회성은 소비활동을 통해 적나라하게 드러난다.

제도경제학의 효시인 베블런은 자본주의경제의 사회구성원을 '산업계급*Industrial Class*'과 '유한계급*Leisure Class*'으로 구분하였다. 유한계급은 흘러넘치는 화폐로 놀고먹는 부자계급이다. 유한계급의 부의 원천은 약탈에 기인한다. 땅부자 등 졸부, 세습경영인, 금리생활자, 주식투자자, 조직폭력배 등 불로소득을 갈취하는 부류가 이에 속하고, 혁신적 기업가와 과학기술자, 근면한 노동자, 사회봉사자 등이 그 반대에 속한다. 베블런은 후자를 산업계급으로 불렀다. 이 모든 사람들은 시장에 집결해 수요자의 역할을 한다.

이제 신고전주의경제학이 가정하는 것처럼 수요자는 동질적이지 않다. 먼저, 수요자는 소득의 규모 때문에 서로 다르다. 소득이 다르면 소비하는 행동과 태도도 다르다. 이중 유한계급은 실용적 목적을 달성하기 위해 소비하지 않고 타인에게 자신의 부와 권력을 과시하기 위해 소비한다. 이를 '과시적 소비Conspicuous Consumption'라고 부른다. 나아가 유한계급은 물질적 안락을 충족시키기 위해 소비하지 않는다. 그는 타인에 대한 차이를 두어 질투를 유발시키고자 소비한다. 물론 불로소득이 이런 소비를 가능하게 만든다.

베블런의 다음 설명들은 이들의 소비가 얼마나 터무니없는 '원칙'에 따라 이루어지고 있는지를 잘 보여 준다. 베블런은 수제 은수저와 기계로 만든 알루미늄 수저를 비교했다. 기능적 관점으로 보면 둘 다 같다. 그러나 보편적으로 선호되는 것은 은수저다. 왜 그럴까? 은수저는 더 비싸다는 장점을 가지고 있다. 그러므로 은수저를 소유한 사람의 재력, 곧 화폐보유량을 더 잘 보여 줄 수 있다. 어떤 사람은 은수저가 더 아름답기 때문에 비싸지 않겠느냐고 이의를 제기할 것이다. 이러한 주장에 대해 베블런은 반박했다. "비싸고 아름답게 생각되는 제품의 사용과 그에 대한 감상으로부터 나오는 더 나은 만족감은 일반적으로 볼 때 대부분 아름다움이라는 이름으로 위장되어 있는 고가격에 대한 우리의 만족감이다." 비싸기 때문에 아름답게 여기는 것이지, 아름답거나 실용적이기 때문에 비싼 것은 아니다. 비싸기 때문에 수요가 늘어난다. 돈의 액수로 모든 가치를 평가하고 그것을 선호하는 현상을 베블런은 '금전적 기호계율'이라고 불렀다.

또한 기계제품과 수제품을 비교해 보면 기계제품의 결함과 불규칙성은 수제품에 비해 더 적다. 기능적인 측면에서 볼 때도 기계제품은 더 우수한 경향이 있다. 그럼에도 불구하고 비난받아야 할 수제품의 결함과 비실용성은 유한계급의 눈물겨운 심미안적 '해석' 노력에 힘입어, 제품의 '고유한 특성'으로 승화되어 열광적인 소비의 대상으로 등극한다.

> **유한계급은 금전적 기호계율에 따라 사회의 소비 기준을 설정한다.**

과시적 목적이든, 낭비적 목적이든 유한계급이 소비 기준을 정하면, 중산층은 유한계급과 정체성Identity을 확인하기 위해 '모방소비'를 한다. 그 뒤 나머지 계층들도 사회적 관계로부터 배제되는 것이 두려워 그 기준을 따른다. '공포소비'가 시작되는 것이다.

모두가 타인을 쳐다보면서 구매해 소비한다. 필요하지 않아도, 가격이 높아도 과시와 모방, 눈치 때문에 소비하는 것이다. 사회적 존재들은 실용적으로 소비하지 않고 낭비적으로 소비하며, 경제적으로 소비하지 않고 사회적으로 소비한다. 경제적 요인보다 '비경제적' 요인이 경제적 결과를 결정한다! 그 결과 가격이 높아도, 그 때문에 수요가 늘어나는 '사회적' 소비는 '법칙'이 된다. 신고전주의경제학의 일원론은 이런 적나라한 현실을 외면하거나 은폐한다.

> 소비자들은 실용을 위해 경제적으로 소비하지 않고 과시, 모
> 방, 공포 등 사회적 목적을 달성하기 위해 소비한다.

이제 이런 사회적 수요곡선을 도식화해 보자. 이미 지적한 바와 같이 유한계급은 경제적 합리성이나 생활의 욕구 때문에 소비하지 않고 타인에게 자신의 재력과 지위를 과시하고 '시샘을 유발하는 차이 *Invidious Distinction*'를 두기 위해 소비한다. 따라서 그들이 소비하는 재화는 독특한 법칙에 따라 수요가 결정된다. 곧 가격이 높아야 수요가 증가하고, 가격이 낮으면 오히려 수요는 줄어든다. 가격에 반응하지 않는 것이 아니라 가격에 대해 '과시적' 방식으로 반응한다. 가격이 높아질수록 수요가 증가하는 재화를 '베블런 재화'라고 부른다. 그것은 그 재화가 과시를 목적으로 구매되기 때문이다.* 그것은 대체로 실용성과 무관하다.

'명품'과 같은 재화는 일정 수준(P_1)보다 낮은 가격에서는 팔리지 않는다(〈그림 6-6〉 참조). 곧 $P < P_1$일 경우 $Q = 0$이 된다. 이 구간은 점선의 그래프로 그려진다. 50만 원짜리 몽블랑 만년필은 수요의 대상이 되지만 5,000원짜리 짝퉁은 조롱의 대상이 된다. 그 때문에 공급자는 수요자의 과시적 욕구를 충족시키기 위해 높은 가격으로 제품을 공급한다. 이런 전술은 $P > P_1$으로 형식화된다. 이 기호는 점선을 제외한 실선의 수요곡선으로 그려지는데, 가격과 수요량이 같은 방향

---

* 반면 '소득'이 높아지면 수요가 증가하는 재화를 '사치재'라고 한다. 사치재가 주로 소득, 그리하여 수요의 소득탄력성과 연관되는 반면 베블런 재화는 가격, 그리하여 수요의 가격탄력성과 연관된다.

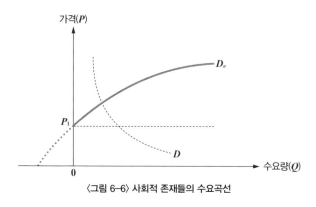

〈그림 6-6〉 사회적 존재들의 수요곡선

으로 움직이므로 둘은 (+)의 기울기를 갖는다. 따라서 베블런 재화의 수요곡선은 〈그림 6-6〉에서 D_v로 그려진다. 가격이 상승하면 수요도 증가하므로, 이 수요곡선은 〈그림 6-5〉에서 본 D의 익숙한 모양으로 표시되는 신고전주의경제학의 경제적 수요곡선과 상반된다.

유한계급을 따라잡고, 배제와 '원치 않는 주목'의 공포를 이겨 내기 위해 중산층과 저소득층은 과로를 불사하며 신용카드를 긁어대면서 빚을 진다. 베블런 재화가 일반화되어 '문화'로 정착하는 순간 유한계급은 자신의 지위를 과시하기 위해 다시 차별을 기획한다. 새로운 단계의 낭비가 시작되는 것이다. 사회적 존재들의 사회적 본성은 이처럼 낭비, 과로, 부채의 쳇바퀴를 벗어나지 못하게 만든다.

진보진영은 생산자(공급자)와 소비자(수요자) 가운데 후자의 처지에 더 관심을 가지는 경향이 있다. 앞에서 본 '비용의 역설'과 '저축의 역설'에 관한 논의는 진보진영의 이런 관심을 반영한다. 나중에 살펴보겠지만 케인스경제학은 수요사이드경제학*Demand-side Economics*이다. 이런 관심은 소비자와 수요자에 우호적인 정책으로 이어진다. 비용의 역설과 저축의 역설을 교정하기 위해 정부는 노동자의 임금을 인상하거나 사회복지지출을 늘리고자 한다. 이런 '소득분배정책'은 소비를 촉진한다. 비주류 경제학 중 케인스경제학은 이처럼 경제문제의 원인을 '과소소비'에 두고, 분배정책에 의해 소비수요를 촉진함으로써 경제불황과 불안정성의 문제를 해결하고자 한다.

하지만 지금 본 바와 같이 우리 경제가 안고 있는 문제는 과소소비가 아니라, 오히려 낭비와 끝없는 소비경쟁으로 촉발된 '과잉소비'다. 베블런의 관점에서 보면 공급자보다 소비자가 더 많은 책임을 져야 하는 처지가 된 것이다. 여기서 우리는 진보경제학자들끼리 같은 소비자를 두고 충돌하고 있는 광경을 엿보게 된다. 이처럼 세상은 복잡하다.

그럼에도 불구하고 베블런에게서 과잉소비는 유한계급의 과시소비에서 출발하였다. 따라서 이 문제는 불평등하게 과잉축적된 유한계급의 부, 곧 저축을 보다 평등하게 분배함으로써 해결된다. 케인스경제학과 베블런의 제도경제학은 공히 '더 많은 소득분배'를 정책 방향으로 제시한다. 갈등 속에서도 둘은 같은 목표를 가지고 있다. 정책실무자들의 창의적 조정역량이 요구되는 지점이다.

> 사회적 소비의 문제를 해결하기 위해서도 적극적인 소득분배 정책이 필요하다.

소득분배에 대한 요구는 케인스경제학보다 제도경제학에서 훨씬 강하다. 케인스경제학이 공급자(기업)의 이윤을 합리적(!) 시장법칙, 곧 근대적 원리의 결과로 본 반면 제도경제학은 기업의 이윤을 합리적 시장법칙은 물론 비합리적이고 반사회적인 사기와 협잡, 권력, 곧 전근대적인 관행의 산물로 보기 때문이다. 이 경우 이런 관행은 반경제적인 동시에 비도덕적인 수탈로 간주된다.

인간은 사회적 존재다. 하지만 사회적 존재가 개인주의적 행동을 보일 때 구성의 오류가 발생한다. 비용의 역설과 저축의 역설이 대표적인 사례다. 동시에 사회적 존재가 그 본성에 맞게 사회적으로 행동할 때도 문제가 발생한다. 대표적인 사례로 사회적 소비가 지적되었지만 갑질, 차별, 혐오 등 여기서 본격적으로 다루지 못한 문제도 수없이 많다. 경제학은 '존재양식의 인문학'에 주목함으로써 익숙해져 있는 것과 다른 차원에서 발생하는 다양한 문제점을 발견하고, 그것들을 해결할 수 있는 새로운 방식에 대해 고민해야 한다.

7.

경제학에 '깨어 있는 시민'이 살아 있다!

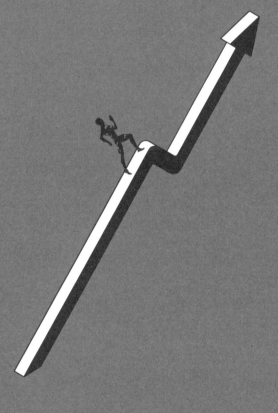

이제 네 번째 인문학적 질문으로 들어가자. 인간은 같은가, 다른가? 이제 독자들은 이 질문에 대해 경제학파에 따라 상이한 답변이 제시되리라는 것을 어렵지 않게 상상할 수 있다. 제도경제학은 비평과 관조의 경제학이라기보다 성찰과 실천의 경제학이다. 이 경우 경제학모델에 적극적인 행위자가 필요하다. 이 장에서 우리는 이런 제도경제학의 행위자를 발굴하고자 한다. 지금까지 다룬 본성, 인지능력, 존재에 관한 내용들이 종합적으로 활용되지만 그중에서도 5장에서 검토한 본성에 관한 내용이 중점적으로 활용된다.

신고전주의경제학의 동질적 존재

신고전주의경제학은 인간을 '동질적' 존재로 본다. 모든 경제행위자는 이기적이며, 개인적인 동시에 완전히 합리적이다. 이러한 단일본성은 시간과 공간을 초월해 발현된다. 모든 인간은 시간과 공간을 초월해 같다는 말이다.

신고전주의경제학에서는 대표적 기업*Representative Firm*을 상정해, 이 연구결과를 모든 기업에 적용한다. 모든 기업은 동질적이므로 그중 하나의 대표기업을 샘플로 연구해 도출된 결과를 다른 나머지 모든 기업에 적용해도 무방하다는 것이다. 신고전주의경제학은 행위자에 대한 이런 '동질성*Homogeneity*' 가정에 따라 연구모델을 구축한다. 이런 동질성 가정은 소비자에게도 그대로 적용된다.

그러나 비주류 경제학은 다르게 생각한다. 먼저 경제행위자는 '경제수준'에 따라 다르다. 자본과 종업원 규모에 따라 기업을 대기업과 중소기업으로 구분하듯이 소비자는 부유층, 중산층, 저소득층으로 구분된다. 경제행위자는 기술적, 문화적으로도 구분된다. 예컨대, 노동집약적 기업과 기술집약적 기업이 서로 다르다. 조직문화에서도 전통지향성과 혁신지향성이 있다. 또 삼성과 LG의 조직문화는 서로 다르다.

맥락종속적 존재

제도경제학은 제도적 맥락이 이질성에 가하는 효과에 특히 주목한다. 그 결과, 제도적 조건에 따라 사람들은 다르다. 제도경제학은 인간과 모든 대상에 대한 동질성 가정보다 '이질성*Heterogeneity*' 가정을 택한다. 제도는 형식제도와 비형식제도로 구분되는데, 베블런에게 비형식적 제도, 곧 '문화'가 행위자에게 미치는 영향력은 특히 중요하다 (〈표 3-1〉 참조).

인간은 문화적으로 행동한다. 인간은 내면화된 '사유습성*Habit of Thought*', 전통, 가치관에 따라 의식적 혹은 무의식적으로 경제활동을 수행한다. 예컨대, 같은 한민족이라도 조선시대의 문화와 현대 한국의 문화는 경제활동방식을 시대별로 다르게 만든다. 또한 미국의 자유주의문화와 북유럽의 사회민주적 문화는 생각과 행동의 차이를 적지 않게 낳는다.

모든 행위자는 동질적이지 않고 이질적이다. 이질적 행위자들의 경제활동방식은 서로 다르다. 경제행위자는 경제적, 기술적, 제도적 맥락*Context*, 곧 그가 처한 실존적 조건에 따라 달라진다(〈그림 7-1〉 참조). 인간은 맥락독립적인 존재가 아니라 '맥락종속적인 존재'다.

비록 본성과 맥락의 상호작용에 관한 관점을 견지하지만, 비주류

〈그림 7-1〉 맥락과 행위자의 상호작용

134

경제학의 관점은 '실존(맥락)은 본질(인간의 본성)에 앞선다'는 사르트르의 명제를 적극적으로 반박하지 않는다. 이 맥락 때문에 경제행위자는 동질적이지 않고 이질적이다(〈표 7-1〉 참조).

〈표 7-1〉 행위자의 보편성

신고전주의경제학	비주류 경제학
동질적 행위자	이질적 행위자
단일본성, 맥락독립성	다중본능, 맥락종속성

제도경제학의 '깨어 있는 시민'

비주류 경제학의 입장에서 볼 때 행위자는 기본적으로 맥락에 종속된다. 하지만 인간은 맥락의 꼭두각시로 전락하지 않았다. 왜 그런가? 앞에서 상세히 고찰한 바와 같이 제도경제학의 행위자는 상황에 적응하며, 그것을 유지하려는 모방적 본능을 넘어 현재를 부정하고 새로운 것을 지향하는 한가한 호기심, 상황을 개선하려는 제작본능, 사회정의를 향해 헌신하는 어버이본능 등 다양한 본능을 지니고 있기 때문이다. 후자의 본능들은 인간을 '맥락독립적 존재'로 만들어 주는 원동력이다.

맥락에 종속되는 인간들이 맥락으로부터 독립하려는 본능과 의지를 함께 보유하고 있다는 것이다. 이 두 가지 모순된 본능들의 갈등은 어떻게 해결될까? 둘 중 어떤 본능이 우세할지는 개인의 성찰능력과 더불어 문화적 맥락에 따라 결정된다. 특히 어떤 문화적 맥락에 서 있는지는 대단히 중요한 변수다. 예컨대, 권위적이고 복종적인 문화와 전통을 숭배하는 문화적 맥락에 젖어 있을 경우 지금까지의 경로를 답습하겠지만, 주체적인 문화와 실험을 장려하는 문화적 맥락에 처하면 걸어온 경로를 이탈하고자 할 것이다(〈그림 7-2〉 참조).

이제 인간은 '습관적 존재'와 '성찰적 존재'로 나뉜다. 전자는 경로의존적인*Path-dependent* 반면, 후자는 경로독립적*Path-independent*이다. 성찰을 통해 경로를 이탈하고자 하는 사람들은 변화를 추구한다. 일반적으로 변화의 성공 가능성은 낮다. 그 때문에 그 수는 많지 않다. 비록 성공의 전망이 불확실하고 어렵지만, 끝없이 아래로 굴러 내리

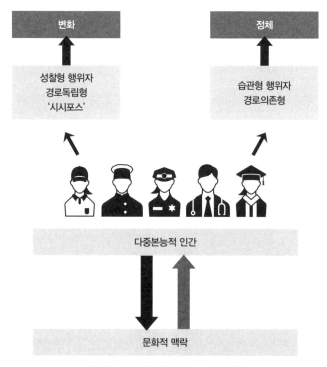

〈그림 7-2〉 사회 변화 동인으로서 '인간'

는 바위를 지치지 않고 다시 이고 오르는 시시포스처럼 적지 않은 수의 인간들은 자신의 맥락을 바꾸고자 최선을 다한다. 제도경제학자들에게는 이들이 역사를 바꾸는 참다운 동인이다.

제도경제학이 문화적 맥락과 다중본능론을 결합함으로써 행위자를 이질적으로 이해하는 순간 사회적 존재는 작지 않은 변화를 겪는다. 다시 말해 한 '사회' 안에 서로 다른 '개인'이 존재하는 복합적 현상이 일어난다. 이 경우 사회와 개인이 다시 마찰을 겪게 된다. 이를 피하기 위해 많은 경제학자들이 양극단을 선택했다. 신고전주의경제학은 방법론적 개인주의를 택하는 한편, 마르크스경제학 나아가 케인스경제학은 방법론적 구조주의의 성소에 자리를 잡은 것이다. 지금까지 우리의 경험으로 이런 환원주의적 방법론은 명쾌한 결론을 내놓지만, 복잡한 현실을 포착해 실행 가능한 정책대안을 제시하는 데 실패하고 만다.

이 극단주의의 딜레마로부터 탈출하는 방법은 '절충주의'를 도입하는 것이다. 이 경우 절충주의는 과학적 방법론에 기초할 필요가 있다. 제도경제학은 제도적 맥락, 그중에서도 문화적 맥락과 다중본능론을 결합함으로써 행위자를 단순한 사회적 존재와 개인적 존재 대신 '제도적 개인Institutional Individual'으로 이해한다.

인간은 제도로부터 아무런 영향을 받지 않는 보편적 존재도, 집단 속에서 아무런 개성 없이 사회에 함몰된 사회적 존재도 아니다. 제도 속에 존재하지만 자유를 갈망하는 '개인'인 것이다. 사회 안에서 이 개인은 어느 정도 자율성을 얻는다. 정규분포를 형성하는 모집단 안에서 각 개체의 값이 평균으로부터 '편차'를 가지듯이 같은 문화적 맥락 안에서도 개인들의 자유의지는 물론 다르다.

제도경제학은 맥락종속성, 다중본능론, 행위자의 이질성을 함께 고려함으로써 변화의 원동력을 '인간'에서 찾을 수 있게 된다. 이러한 방법은 인간을 물질적 조건에 종속시키며, 그 동기를 공리주의적 동기로 환원시킴으로써 경제학에서 인격적 요소를 완전히 추방해 버리는 여타 경제학파의 관점과 다르다.

> 제도경제학은 '제도적 개인'을 제시함으로써 방법론적 개인주의와 방법론적 구조주의의 극단을 극복한다.

나아가 인간에 실망한 나머지 인간의 운명을 신고전주의경제학처럼 시장의 자동메커니즘에 맡기거나 마르크스경제학처럼 역사법칙에 의존하지 않고, 제도경제학자들은 본유적 능력을 가진 행위자를 역사의 전면에 내세운다. 더욱이 이들은 케인지언 경제학자들처럼 정부에 전권을 맡기지 않고 성찰하며 참여하는 '깨어 있는 시민'을 변화의 주체로 등장시킨다. 제도경제학은 분석과 설명의 경제학에 머무르지 않고 '실천과 변화의 경제학'을 지향한다. 이 방법론은 바로 다음에 설명될 사회적 소비는 물론 마지막에 도입될 혁신체제의 연구에도 적용된다. 독자들은 제도경제학의 독특한 이 내용을 반드시 기억할 필요가 있다.

> 제도경제학은 '성찰적 인간'을 도입함으로써 경제 구조의 변화를 설명할 수 있다.

앞 장에서 우리는 많은 소비자들이 개인의 주체적 판단과 실용적이고 경제적인 기준에 따라 소비하지 않고, 타인의 이목을 고려하면서 낭비적인 소비를 한다는 사실을 밝혀냈다. 잠시 잊고 있었지만 우리가 알아낸 사실은 하나 더 있다. 이런 사회적 수요곡선과 개인적 수요곡선이 공존한다는 사실이다.

우리가 강조해 온 바처럼 유한계급은 신고전주의경제학의 수요법칙을 파괴하겠지만, 유한계급의 기준을 도저히 따라잡을 수 없는 저소득층은 그 법칙을 따른다. 곧 고소득층은 과시와 차별을 목적으로 소비하지만 빈곤층은 실용과 안락을 목적으로 소비한다. 앞에서 본 신고전주의경제학의 개인적, 경제적 수요곡선은 빈곤층의 수요곡선이다. 빈곤층은 낭비하거나 눈치 볼 경제적 여력이 없다. 그들은 유한계급과 달리 경제적이고 합리적이지 않으면 안 된다. 가난하면 가장 합리적이 되고, 그 결과 가장 보수적이다. 결국 소득수준에 따라 서로 다르게 소비한다는 말이다. 소비자는 동질적이지 않고 이질적이다!

시장에는 비합리적인 유한계급의 사회적 수요곡선과 '합리적인' 빈곤계급의 경제적 수요곡선이 공존한다.

소득규모별 소비행태의 차이는 중산층 사이에서도 발견된다. 2007년 삼성경제연구소는 전체 44%에 달하는 중산층을 소득에 따라 네 가지로 구분한 후 계층별 소비행태가 크게 다르다는 사실을 보여 주었다. 예컨대, 〈표 7-2〉에서 예비부유층은 고소득층의 소비스타일을 추구함으로써 모방소비에 주력하고 있는 반면, 생계형 중산층은 신고전주의경제학의 호모에코노미쿠스에 근접하고 있었다.

〈표 7-2〉 중산층의 소득규모별 소비행태

구분	소득	비중	소비특성
예비부유층	420~499만 원	9%	고소득층 소비스타일 추구
전형적 중산층	350~419만 원	24%	가족, 자녀 중심의 소비
무관심형 중산층	270~269만 원	29%	소비 관심 낮고 습관적 구매
생계형 중산층	200~269만 원	38%	가격 민감한 보수적 소비

소비자는 '문화적 차원'에서도 이질적이다. 총체론적 인과관계론에 따라 '문화적 자본Cultural Capital'을 추가함으로써 소비자의 이질성을 깊이 검토해 보자. 문화적 자본은 피에르 부르디외Pierre Bourdieu에 의해 창안된 개념이다. 문화적 자본은 물질적 활동의 영역으로부터 비교적 독립적인 문화적 활동의 영역에 존재한다. 그것은 돈, 상품 등 경제적 자본과 대조되는 개념으로 지배문화와 관련된 언어규칙, 지식이나 상징적 의미체제, 사고나 행동유형, 가치, 심미적 취향, 성향 등을 포함한다. 부르디외는 문화생활에 존재하는 계급적 불평등을 규명하기 위해 이 개념을 사용하였다.

부르디외의 문화적 자본에는 계급적 속성이 내재되어 있지만, '제도'로서의 문화는 다양한 기능을 수행한다. 제도는 좋은 삶을 훼손할 수도 있지만, 그것을 촉진시킬 수도 있다. 나아가 그것은 중립적으로 기능할 수 있다. 이 말은 모든 문화가 계급으로 환원될 수 없다는 뜻이다. 나쁜 문화가 존재하는 것 이상으로 인류가 발전시킨 문화 중에는 좋은 삶에 기여하는 문화, 곧 '좋은' 문화들도 많다. 이 책에서 사용되는 문화적 자본은 '좋은' 문화와 함께 최소한 '가치중립적' 문화에 기반을 둔 문화적 자본과 관련된다. 따라서 교육수준, 교양, 문화예술 감상능력이 커지면 문화적 자본의 규모도 커진다.

> 경제적 자본과 문화적 자본의 규모에 따라 소비자의 소비행태는 달라진다.

〈표 7-3〉에서 소비자집단은 경제적 자본과 문화적 자본의 규모에 따라 세 가지 계층으로 구분된다. 최종적으로 소비자는 9개의 집단으로 세분화된다. 경제적 자본과 문화적 자본의 차이는 소비행태의 차이로 이어진다. 예컨대, 최고의 경제적 자본과 문화적 자본을 보유하는 '현대적 유한계급'은 A형 생활양식에 속하는 반면, 그 대척점에 I형 생활양식을 가진 '합리적' 저소득층이 위치한다. 후자는 낮은 경제적 자본 때문에 합리적으로 소비해야 할 뿐 아니라 문화적 자본도 거의 보유하지 못해 새로운 기술과 지식에 쉽게 적응하지 못한다. 이 책을 읽는 몇몇 독자들이 끊임없이 의구심을 가지고 있었던 것처럼 사회적 소비는 이들에게 언감생심일 수 있다. 가난하면 경제적이다! 모든 소비자가 사회적 소비를 하지는 않는다.

하지만 I형을 벗어나면 사정이 달라진다. C형 생활양식에 속하는 '베블런형 유한계급'이 보유하고 있는 경제적 자본은 매우 크지만, 그의 문화적 자본의 규모는 극히 작다. 졸부들로 구성되는 이들의 소비양식은 속물적이며 게걸스럽기까지 할지도 모른다. E형 생활양식에 속하는 부류는 경제적 자본과 문화적 자본 모두를 평균적으로만 보유하고 있다. 이들은 유한계급의 표준을 적극적으로 추종하고자 진력하는 '모방형 중산층'이다.

〈표 7-3〉 소비자의 다양한 유형

		문화적 자본		
		상	중	하
경제적 자본	상	A형 생활양식 (현대적 유한계급)	B형 생활양식 (전통적 유한계급)	C형 생활양식 (베블런의 유한계급)
	중	D형 생활양식 (가치지향형 중산층)	E형 생활양식 (모방형 중산층)	F형 생활양식 (가족형 '소시민')
	하	G형 생활양식 (가치지향형 저소득층)	H형 생활양식 (습관형 저소득층)	I형 생활양식 ('합리적' 저소득층)

중산층이지만 문화적 자본이 결핍된 F형 소비자들은 '관리된 방식으로' 사회적 소비를 하면서 가족끼리 오순도순 살 것으로 기대된다. 원치 않는 주목이 두려운 소비자들이다. 저소득층이면서 문화적 자본을 중간 정도 보유하고 있는 H형 소비자들은 습관에 따라 소비한다. 유행을 따라잡을 경제적 능력이 결핍되어 있기 때문이다. 하지만 이미 확산된 문화에 별다른 저항 없이 적응한다. B, C, E, F, H 집단에 속하는 소비자들은 과시든, 모방이든, 공포든, 습관이든 대체로 사회적 목적을 가지고 소비한다.

우리의 목적을 고려할 때 D형 생활양식에 속하는 소비자의 행태는 매우 흥미롭다. 이들은 경제적 자본을 평균 정도 보유하고 있지만 문화적 자본의 보유규모는 매우 크다. 이들의 소비행태는 '가치지향적'

이다. 사회적이지 않다는 말이다! 일반적으로 '윤리적 소비자'로 불리는 이 부류는 한겨레경제연구소와 아이쿱협동조합연구소의 조사에 따르면, 소득으로는 중산층에 속하며 진보적 성향을 띤 고학력자인 것으로 나타났다. 또한 이들은 윤리적 소비가 '필요하고 가치 있으며 미래지향적'이라는 이미지를 갖고 있는 것으로 나타났다.

더 자세히 들여다보자. 조사 대상으로 수집된 윤리적 소비자의 2009년 월평균 소득 분포는 300만 원 미만 16.6%, 300만~400만 원 35.9%, 400만~600만 원 27.1%, 600만 원 이상 18.0%, 무응답 2.4%로 나타났다. 300만 원에서 400만 원 사이의 소득층에 윤리적 소비자가 가장 많이 분포한 점으로 미루어 볼 때, 2009년 현재 중산층 이상 소비자 비중이 높다는 사실을 알 수 있다.

학력 분포의 경우, 대학 재학 이상이 73.7%로 가장 많았고, 고졸 25.8%, 중졸 이하 0.5%였다. 상대적으로 문화적 자본이 풍부한 고학력층이 다수를 차지하고 있다. 정치성향을 묻는 질문에는 49.3%가 진보적이라 답해 가장 많은 비중을 차지했으며, 중립 39.6%, 보수 10.6%, 무응답 0.5%였다(한겨레신문, 2009년 2월 27일).

경제적으로 빈곤하지만 가치지향적 소비를 실천하는 지식인과 예술인들은 G형 소비자에 속할 것이다. 이처럼 '청렴강직한' 소비자들은 이 책의 독자들 중에서도 적지 않을 것이다. 진정으로 깨어 있는 시민들이다! 나아가, 이른바 '강남좌파'나 '브라만좌파'로 불리는 일부 A형 현대적 유한계급과 일부 전통적 유한계급도 가치지향적 소비에 관심을 갖는다. 이들 역시 경제학 교과서에서 망각되어 왔던 소비자들이다. 대학교수 중 아무리 최저임금을 받는다 하더라도 비교적 높은 소득을 누리고 있는 필자는 A형과 D형 사이 어느 언저리에 끼어 있을지 모르겠다.

사회적 소비에 몰두하는 몰가치적 소비자와 함께 윤리적 가치
를 지향하는 성찰형 소비자도 존재한다.

종합해 보면 수요와 소비를 결정하는 요인은 실로 다양하다. 경제
적 합리성은 여기서 큰 역할을 하지 않는다. 수요자는 이질적이다. 이
질적 행위자들 중 극히 일부(I형)만이 경제적 합리성에 따라 소비하며
가격의 변화에 민감하다. 대다수 소비자들은 가격보다 사회적 관계와
문화적 습성과 가치 등 '비경제적 요인'에 영향을 더 많이 받는다.

그 가운데서도 수많은 소비자들이 과시, 모방, 질투, 곧 '나쁜' 사회
적 목적을 위해 소비하면서 인류의 귀중한 자원을 낭비하며 스스로
를 과로와 고역으로 몰아넣고 있다. 사회적 소비는 구조적 문제와 경
제적 불평등으로 환원될 수 없는 문제다. 사회적 소비는 소비자 스스
로가 야기한 문제이기도 하다. 이 문제를 해결하기 위해 정부의 소득
분배정책에만 기대면 안 된다. 제도경제학이 사회적 소비의 해악을
해결하고자 할 때 소비자의 '문화적 성찰'을 요구하는 이유다.

진보진영은 대부분 문제의 원인을 구조, 나아가 공급자에게만 돌
리는 경향이 있다. 그러면서 문제의 해결사로 정부만 바라본다. 소비
자는 항상 왕이거나 정부의 뒤에 숨어 버린다. 하지만 아무리 소득분
배가 완전하더라도 소비자가 성찰하지 않는다면, 인류의 귀중한 자원
을 낭비하는 습관은 끝나지 않을지도 모른다.

하지만 사막에도 물이 흐르고, 소돔성에 의인이 살고 있듯이 과시
와 모방, 낭비를 일삼는 사회적 소비자들과 달리 실용과 도덕을 추구

하면서 공익*Public Interest*과 공동선*Common Good*으로 잠 못 이루는 소비자도 있다. 우리는 이런 가치지향적 소비자의 성찰과 지치지 않는 문화운동으로부터 지속가능성에 대한 희망을 볼 수 있다. 인간의 본성은 다중적이며, 그 안에는 실용성과 윤리성을 지향하는 제작본능과 어버이 성향이 포함되어 있기에 그 희망은 결코 근거 없지 않다.

신고전주의경제학의 동질성 가정과 케인지언경제학의 방법론적 구조주의에 붙잡히면 진보진영도 진보에 대한 희망을 잃게 된다. 제도경제학은 다중본성론과 문화적 맥락의 상호작용으로부터 출발한 후 '제도적 개인'을 내세운 결과, 사회적 소비자와 다른 성찰형 소비자를 발굴해 낼 수 있었기 때문이다(〈그림 7-2〉 참조). 이런 것들을 가능하게 만드는 방법론이 '총체론'이라는 사실도 망각하면 안 된다(〈그림 3-3〉 참조).

> 제도경제학은 경제현실을 다중본성론, 제도적 맥락 그리고 총체론에 의거해 '성찰형 소비자'를 발굴함으로써 진보에 대한 희망을 놓치지 않는다.

케인스경제학의 수요사이드경제학과 소비주의는 베블런 제도경제학의 사회적 소비론과 이질성 가정으로 수정 및 보완할 필요가 있다. 각기 과소소비와 과잉소비에 주목함으로써 서로 모순적일 수 있는 두 경제학파의 정책수단을 지혜롭게 조정해 한국 경제의 지속가능성 조건을 창조해 내는 것도 진보진영이 고민해야 할 과제다. 경제학자의 정책대안만큼 정치인의 '정치적 역량'이 요구되는 시점이다.

케인스경제학의 과소소비론과 베블런의 과잉소비론의 갈등을 해결해 한국 경제의 지속가능한 발전을 이루어 내자면 정부의 소득분배정책과 더불어 소비자의 가치지향적 소비가 필요하다.

포스트케인지언 경제학과 제도경제학의 인지능력, 본성론, 존재양식, 정부

앞에서 우리는 사회적 존재들이 개인주의적으로 행동함으로써 발생하는 몇몇 경제적 문제들을 고찰했다. 이 과정에서 우리는 포스트케인지언 경제학의 '비용의 역설'과 '저축의 역설'에 주목했다. 그러나 우리는 〈표 5-2〉에서 포스트케인지언 경제학의 인문학을 마무리하지 않은 채 이런 연구를 진행해 왔다. 이제 지금까지 다루어 온 '존재양식'에 관한 논의를 감안하면서 포스트케인지언 경제학의 인문학을 마무리할 필요가 있다. 〈표 7-4〉는 〈표 5-2〉를 확장해 새로운 논점을 추가한 표로 이해하면 된다.

포스트케인지언 경제학에서 개인은 본래 사회적 존재다. 하지만 개인이 갖는 제한적 합리성 때문에 사회적 존재들은 불가피하게 개인주의적으로 행동한다. 자본주의경제와 신고전주의경제학의 문화도 이를 강화한다. 그 결과 현실에서 사회적 존재들은 이기적 호모에코노미쿠스로 행동하게 된다.

〈표 7-4〉에서 우리는 진화된 '본성'과 표현되는 '행동'을 구분했다

	신고전주의경제학	포스트케인지언	제도경제학
인지능력	완전합리성	제한적 합리성	제한적 합리성
존재양식	개인적 존재	사회적 존재	제도적 개인(사회적 존재)
본성	이기적 호모에코노미쿠스 쾌락과 공리	–	어버이본능, 모방본능, 제작본능, 한가한 호기심, 유희하는 존재, 문화적 존재, 정치적 존재, 자기고려본능
표현되는 행동	개인주의적 행동 이기적 호모에코노미쿠스	개인주의적 행동 이기적 호모에코노미쿠스	깨어 있는 시민의 이타적 행동과 호모에코노미쿠스, 소시오패스, 호모사케르의 이기적 행동
경제적 결과	조화, 균형	비용의 역설, 저축의 역설, 죄수들의 딜레마	성찰적 소비와 정의 사회적 소비(낭비)와 불의
교정 주체	시장의 메커니즘	정부의 사회적 행동	정부와 깨어 있는 시민의 사회적 행동

는 점에 주목해야 한다. 그 경제적 결과가 역설과 딜레마로 표출된다는 사실을 우리는 이미 잘 알고 있다. '행동'에 주목함으로써 포스트케인지언 경제학은 본성에 대한 논의를 외면할 수 있었다. 우리가 〈표 5-2〉에서 해당 칸을 마무리하지 못한 이유다. '행동경제학'으로서 포스트케인지언 경제학이 '본능경제학'으로서 베블런 제도경제학과 다르다는 사실에도 주목하자.

구성의 오류로 명명된 이런 역설과 모순들은 정부에 의해 교정된다. 정부야말로 '사회적 존재'인 동시에 '사회적으로 행동'할 수 있는 완전한 사회적 주체로 간주되기 때문이다. 이 때문에도 개인의 본성에 관한 논의는 우회될 수 있었다. 그러나 이 때문에 발생하는 문제도 크다. 포스트케인지언 경제학에서 공익과 공동선을 추구하는 주체는 국가뿐이다! 포스트케인지언 경제학에는 깨어 있는 시민이 없다. 포스트케인지언 경제학이 바라보는 곳은 민주국가에 의해 통제되는 호모에코노미쿠스의 세계다. 진보를 지향할 때 행동경제학이 드러내 보이는 한계다.

> 포스트케인지언 경제학은 '행동'에 주목함으로써 '본성'의 문제를 피할 수 있었지만, 깨어 있는 시민들의 역할을 인식할 수 없게 되었다

제도경제학은 본성의 문제를 놓치지 않음으로써 경제학 연구에서 행위자를 복원시켰을 뿐 아니라, '제도적 개인'을 발견함으로써 '깨어 있는 시민'도 조명할 수 있다. 성찰하며 행동하는 제도적 개인들의 사회적 결집이 형성한 집단적 힘과 집단지성은 자본주의경제에서 빛과 소금이다. 이들은 사회적 존재로서의 케인지언 민주정부에게 강력한 동반자가 된다.

제도론과 국가론만큼 본성론도 중요하다. 제도가 제도경제학의 '실존'이라면, 본성은 제도경제학의 '본질'이다! 둘은 분리될 수 없음은 물론 둘 사이에 정해진 순서도 존재하지 않는다. 제도와 본성은 앞서거니 뒤서거니 하며 복잡한 방식으로 상호작용함으로써 제도적 개인을 만들고, 그 과정에서 깨어 있는 시민도 등장한다. 진화하던 자본주의경제는 이들의 성찰과 참여, 혁신을 통해 비로소 진보한다.

> 실존과 본질이 분리될 수 없듯이 제도와 본성도 분리될 수 없다. 둘은 복잡한 방식으로 상호작용한다.

우리는 경제학이 인문학에서 출발한다고 전제한 후 지금까지 인식론, 본질론, 존재론에 관한 철학적 질문과 관련된 경제학모델과 정책에 대해 검토해 왔다. 이런 논의들을 바탕으로 삼아 우리는 이 장에서 인간의 보편성에 관한 질문을 제기함으로써 이질적인 행위자를 구분할 수 있었다. 우리가 찾아낸 '성찰하고 실천하는 행위자'야말로 제도경제학의 고유성이리라.

행동하는 양심, 깨어 있는 시민!

8.

사람은
무엇으로
사는가?

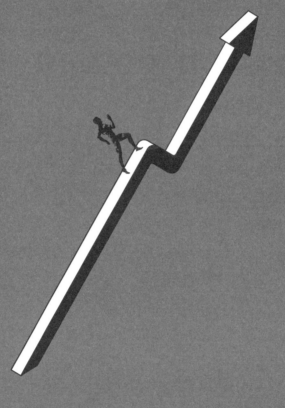

앞에서 우리는 경제학에서 행위자를 부각시켰다. 우리가 발견한 제도 경제학의 행위자는 성찰하고 실천하는 주체다. 이 행위자는 도대체 무엇을 성찰하고, 무엇을 행하는가? 제도경제학은 이 물음에 대해 어떤 답을 내리고 있는가? 이제 우리는 삶의 목적에 대한 질문과 대면할 시점에 이르렀다(<표 1-2> 참조). 인간은 무엇으로 사는가? 경제학의 인문학적 질문 중 이처럼 철학적이고도 추상적인 질문은 없을 것이다.

이 질문은 성경으로 거슬러 올라간다. 광야에서 40일간 금식기도하느라 배고픈 예수 앞에 사탄이 다가갔다. 그러고는 돈도 안 나오는 기도 따위 관두고 떡이나 잡수시라고 예수를 유혹했다. 예수께서 가라사대, "사람이 떡으로만 살 것이 아니라 하나님의 입에서 나오는 말씀으로 살 것이니라!" 이미 2,000년 전에 인간들은 떡과 말씀, 곧 물질적 삶과 '가치 있는 삶'의 관계에 대해 고민하였고, 기독교가 크게 전파된 것으로 미루어 볼 때 둘 중 후자의 삶에 많은 이들이 동의하고 있었다는 것을 알 수 있다. '말씀'은 공의, 곧 공정과 정의 그리고 이타적 사랑을 의미한다.

이 질문은 러시아의 대문호 레프 톨스토이로 이어졌다. 1885년 톨스토이는 이 질문을 주제로 삼아 단편소설 『사람은 무엇으로 사는가?』를 발표했다. 소설에서 천사 미하엘은 엄마를 잃은 아이들을 사랑으로 키우는 훌륭한 부인을 보고 '사람은 사랑으로 산다'는 사실에 눈을 떴다. 그의 삶은 한 치 앞도 내다보지 못하고 영구적인 구두를 주문하는 물질주의자 귀족신사와 대비된다. 이때 사랑은 사회적 약자에 대한 이타적 헌신이며, 사회에 대한 도덕적 삶이다.

쾌락주의 전통의 경제학

떡과 영구구두 대신 말씀과 사랑을 삶의 목적으로 삼았던 기독교문화는 18세기부터 근대문화의 강력한 공격에 직면하게 되었다. 가치는 물질에 굴복해야 했으며, 이타적 도덕은 위선이라는 이름 아래 조롱의 대상으로 전락했다.

『꿀벌의 우화』로 되돌아가 보자. 맨더빌은 거기서 타인과 사회를 위한 정직과 자선 대신 '개인을 향한 사치와 탐욕'을 사회발전의 원동력으로 격상시켰다. 맨더빌의 생각에 수많은 사상가들이 열광하였다. 애덤 스미스가 그의 논지를 이어받았다는 사실에 대해 우리는 잘 알고 있다. "인구는 기하급수적으로 증가하지만 식량은 산술급수적으로 증가한다." 이 간극을 해결하기 위해 전쟁이 필요하며, 빈곤층의 주거환경을 불결하게 조성해 인구 증가를 억제해야 한다. 바로『인구론』(1798)을 쓴 경제학자 맬서스의 주장이다. 전쟁과 불결함, 곧 악덕이 사회를 발전시킨다! '인간 악마*Man-Devil*'라고 불렸던 맨더빌의 제자답다.

스미스와 맬서스, 이 두 사람만 맨더빌에 열광한 것은 아니다. 프랜시스 허치슨, 데이비드 흄, 제레미 벤담은 물론 임마누엘 칸트, 나아가 마르크스마저도 맨더빌의 '솔직함'을 인정하였으니 악덕에 대한 찬미는 가히 근대 사회의 '시대정신*Zeitgeist*'이라 불러도 과언이 아니리라.

두 사람에 대해 다양한 해석이 내려질 수 있다. 예컨대, 애덤 스미스는『국부론』보다 17년 전에 쓴『도덕감정론』(1759)에서 '인간의 공감과 연민'을 다루고 있다. 하지만 맨더빌은 물론 그의 핵심주장에서 이타적 도덕 대신 이기적 악덕이 경제는 물론 사회발전을 촉진시킨다는 것임에는 이론의 여지가 없다. 그리고 스미스가 다룬 도덕은 근면과 절약 등 '수신'을 위한 개인적 도덕일 뿐 '이타적 희생'을 향한 '사회정의'와 무관하다.

동시에 정신에 대한 물질의 우선성도 역설되었다. 애덤 스미스의 『국부론』은 나라의 부, 곧 '물질'의 증가를 찬양하기 위해 쓴 책이다. 『국부론』에 대응하기 위해 마르크스가 저술한 『자본론』(1867) 역시 물질이 사회발전에서 본질적임을 강조하는 책이다. 그의 철학적 포지션은 유물론이다. 거기서 상부 구조로서 정신은 토대인 물질로 환원된다. 정신은 물질의 '반영'일 뿐이다. 이 때문에 말씀과 사랑, 곧 도덕과 헌신은 허상으로 폄하된다. 마르크스의 물질론*Materialism*이 '유물론', 곧 '오직 물질의 이론'으로 오역되었다고 반발할 필요는 없다.

제레미 벤담은 1789년 『도덕 및 입법 원리의 서론』을 공표하였다. 그는 이 저서에서 공리의 원리를 가지고 개인적, 일반적 행동과 도덕 행위를 규명하고 있다. 인간은 고통을 회피하고 쾌락을 추구하는 '쾌락주의적 존재'다. 쾌락은 공리功利, 곧 성공成功과 이익利益의 양으로 측정된다. 그리고 쾌락, 성공, 이익을 추구하는 공리주의적 행동이 바로 도덕적 행동인 반면 고통과 희생을 감수하는 기괴한(!) 행동은 비도덕적이다. 따라서 타인과 사회를 위한 정의는 개인의 고통과 희생을 수반하므로 오히려 정의롭지 못하다.

나아가 행복은 공리와 그 양에 따라 결정된다. 이 경우, '최대 다수의 최대 행복'을 위해 공리는 많을수록 좋다. 공리를 최대화하는 과정에서 선택되는 수단은 중요하지 않다. 말씀과 사랑은 걸림돌일 뿐이다. 도덕, 곧 정의, 헌신, 사랑은 단지 위선으로 조롱되는 데 그치지 않고 비난받는 행동이 된다. 이것으로 끝나지 않았다. 벤담은 도덕을 법으로 환원시킴으로써 사회규범의 영역에서 도덕을 영원히 지워 버렸다. 최근 많은 법조인과 법학자들이 '법적으로 문제없으면 모든 게 정당하다'는 생각을 가지는 것도 사실 그들이 벤담의 후예이기 때문이다.

그 결과로 개인, 물질, 공리(쾌락), 이 세 가지는 신고전주의경제학의 자유방임주의, 성장주의는 물론 최종적으로 '몰가치론'으로 귀착된다. 이 경제학파를 '쾌락주의*Hedonism*' 전통의 경제학이라고 부른다. 18세기는 실로 '도덕 죽이기'의 시대였다고 해도 과언이 아니다.

> 18세기 맨더빌, 스미스, 벤담의 도덕 죽이기 프로젝트로부터
> 쾌락주의 전통의 신고전주의경제학이 시작되었다.

사람은 무엇으로 사는가? 사람은 말씀, 사랑, 도덕으로 살지 않는다. 신고전주의경제학에 따르면 사람은 떡, 경쟁, 쾌락으로 산다.

에우다이모니아

말씀과 사랑의 전통은 예수가 태어나기 350여 년 전으로 거슬러 올라간다. 아리스토텔레스는 '사람은 무엇으로 사는가'에 대해 예수보다 앞서 질문을 던졌다. 그는 인간이 '에우다이모니아*Eudaimonia*', 곧 '좋은 삶'을 추구한다고 보았다. 그것은 '중용의 미덕'을 지키는 삶인 동시에 '평등'과 '정의'를 추구하는 삶이다. 에우다이모니아, 곧 좋은

삶은 이 책이 기반하고 있는 제도경제학의 핵심적인 경제학 규범이기 때문에 독자들은 이를 좀 더 깊이 들여다볼 필요가 있다.

『니코마코스 윤리학』을 중심으로 고찰해 보면 아리스토텔레스에게 좋은 삶은 '잘 산다'는 것을 의미한다. 그것은 어떤 정지된 상태가 아니라 행동하는 과정 자체다. 그러므로 잘 산다는 것은 '잘한다'는 뜻이다. 다시 말해 매순간 행동을 잘하면 그것이 모여 좋은 삶을 형성할 것이요, 유감없이 잘 살면 그것이 곧 행복이다. 그는 이러한 좋은 삶을 '에우다이모니아'라고 표현하였다.

아리스토텔레스가 좋은 삶을 인간의 삶의 목적으로 선언한 의미는 실로 크다. 그것은 삶의 목적을 '이데아'로 정한 자신의 스승 플라톤의 입장과 다를 뿐 아니라, 삶의 목적을 현실 세계의 저편에 두지 않고 인간이 살아가는 현실 속에서 찾아 나가는 것을 의미하기 때문이다. 그리고 아리스토텔레스가 말하는 좋은 삶은 사유나 관조를 통해 발견되는 것이 아니라 '실천' 속에서 '창조'된다. 따라서 앞으로 논의될 좋은 삶이 비록 관념적이고 추상적이며 절대적으로 보일지라도 이데아적 삶에 비해 그것은 훨씬 더 물질적이고 현실적이며 상대적이다.

그렇다면 어떤 행동이 잘하는 행동인가? 아리스토텔레스에 따르면, 그것은 행위자가 인간으로서 자기기능을 잘 발휘함을 의미한다. 따라서 그 인간으로서의 기능이 잘 발휘되는 곳에 인간으로서의 행복이 있다고 보아야 할 것이다. 그러면 인간으로서의 기능이란 어떤 것일까? 아리스토텔레스는 인간의 기능을 세 가지로 나눈다. 첫째가 영양과 생식의 기능이고, 둘째가 감각과 욕구의 기능이며, 셋째가 이성과 사유의 기능이다.

그러나 첫 번째와 두 번째 기능은 식물과 동물에게도 존재한다는 이유에서 아리스토텔레스는 오직 세 번째 기능만을 사람을 사람답게 만들어 주는 참된 기능으로 인정한다. 호모에코노미쿠스는 인간의 한 모습일지언정 그 '고유성'이 될 수는 없다. 그러므로 사유를 본질로 삼는 이성의 기능을 유감없이 발휘할 때 비로소 인간은 좋은 삶을 누리게 된다. 아리스토텔레스에게 그러한 삶은 쾌락*Hedon*을 따르는 삶보다 탁월성*Arte*, 곧 미덕을 따르는 삶이기도 하다.

"인간의 좋음은 탁월함(덕)을 따르는 영혼의 활동이라는 것이 밝혀진다. 그리고 만일 하나 이상의 여러 탁월함이 있다고 하면, 그 가운데 최상의 그리고 가장 완전한 탁월함을 따르는 영혼의 활동이 인간의 좋음이다." 좋은 삶을 구성하는 핵심인자는 탁월함이다. 이때 탁월함이란 풍부한 지식, 훌륭한 판단력, 실천적 지혜와 같은 정신적 능력과 관련된다. 그런 점에서 에우다이모니와 쾌락주의는 서로 대립된다.

인간은 쾌락에 안주하지 않고 에우다이모니아, 곧 '좋은 삶'을 추구하는 데 그 고유성이 존재한다.

그런데 탁월함은 '중용'을 통해 구현될 수 있다. 중용이란 일상생활에서 일어나는 충동, 정욕, 감정 등을 이성에 따라 억제함으로써 한쪽으로 치우치지 않으려는 덕을 의미한다. 극단주의는 중용이 가장 경계해야 할 태도다. 그렇다고 그것을 '중립'이나 '중도'로 오해하면 안 된다. 비굴과 만용의 극단주의를 극복한 중용의 덕이 용기이고, 어리석음과 약삭빠름의 중용이 지혜이며, 낭비와 인색함의 중용은 절제다. 진정한 사유와 성찰, 실천이 결여된 나태하고 기회주의적인 중도와는 차원이 다르다.

플라톤과 달리 아리스토텔레스는 최고선을 이데아계에 존재하지 않고 현실계에 존재한다고 본다. 그리고 그것은 사유를 통하기보다 경험과 학습을 통해 획득된다. 따라서 중용도 단순한 사유작용을 통해 발견되기보다 의지적 습관과 성찰을 통해 형성된다.

나아가 아리스토텔레스에게 행복은 '상태'가 아니라 '행동'이었다. 따라서 좋은 삶은 예정되어 존재하는 상태가 아니라, 현실 속에서 실천적 의지와 행동을 통해 '형성'되는 것이다. 따라서 아리스토텔레스에게 좋은 삶이란 중용의 덕을 좇아 활동할 때 다다르는 심적 상태, 곧 탁월성에 어울리는 정신적 삶과 같다. 그것은 인간만이 누릴 수 있는 삶이다. 경제학적 연구와 관련시켜 보면, 인간에게 좋은 삶은 생존이나 물질만으로 환원될 수 없다는 것을 의미한다. 물질적(경제적) 삶만큼 비물질적(비경제적) 삶이 중요하다! 그것은 또 이성 및 사유기능 등 인간적 기능은 물론 성찰과 실천적 의지를 따를 때 비로소 도달할 수 있다. 따라서 완전한 중용은 역설적으로 제한적인 동시에 미완성되어 있으며, 그 미래도 불확실하다! 여기까지만 살펴봐도 제도경제학의 방법론이 어디에 그 기원을 두고 있는지가 명확히 드러난다.

> 좋은 삶은 실천과 학습에 따라 얻어지는 중용의 덕을 추구함으로써 달성할 수 있다.

더 많은 논의가 필요하며 다양한 내용을 담겠지만, 가장 추상적으로 정의*Justice*란 '이성적 존재인 인간이 언제 어디서나 추구하고자 하는 바르고 곧은 것'이다. 하지만 아리스토텔레스에게 정의는 이처럼 추상적이지 않다. 그에게 정의는 현실적이며 구체적인 개념이다. 정의와 중용의 가치가 반드시 일치하지는 않지만, 아리스토텔레스에게 정의로운 삶은 우리가 앞에서 검토한 중용의 덕을 좇아 사는 삶이다. "정의는 중용이다. 정의는 중용을 목표로 삼고 부정의는 극단적인 것들을 목표로 취하기 때문이다." 중용을 벗어난 극대화, 다다익선多多益善, 독점은 정의롭지 못하다.

나아가 아리스토텔레스에게 정의란 '법을 지키며 이득과 손실에 있어서 마땅한 것 이상이나 이하를 가지지 않으려는 탁월한 품성상태'를 말한다. 올바름은 법을 지키는 것이고 또 공정한 것이며, 올바르지 않음은 법을 지키지 않는 것이고 또 공정하지 않은 것이다. 이러한 정의는 법적 정의, 평균적 정의, 배분적 정의 등 세 가지로 구분된다.

첫째, 법적 정의에 따르면 법을 준수하는 것이 정의로운 삶이다. 아리스토텔레스는 정의의 본질이 평등이라고 주장하면서, 정의를 다시 '평균적 정의'와 '배분적 정의'로 구분했다. 둘째, 평균적 정의는 모든 사람이 동등한 대우를 받아야 한다는 것을 말한다. 곧 평등해야 정의롭다. 또 이것은 부당한 대우를 받는 개인의 처지가 개선되어야 한다는 것을 의미한다는 점에서 '시정적 정의Rectificatory Justice'라고도 불린다. 따라서 평등한 동시에 공정해야 정의로운 것으로 판단될 수 있다. 셋째, 배분적 정의에 따르면 각자는 개인의 재능이나 사회에 기여한 정도에 따라 다르게 대우받아야 한다. 곧 능력에 따라 분배되어야 정의롭다는 것이다.

이 세 가지 정의는 때에 따라 조화를 이루기도 하지만 실로 상충될 수도 있다. 경우에 따라 그것은 중용의 삶과 모순되기도 한다. 예컨대, 명백한 불의에 대한 중용적 태도는 미덕보다 오히려 악덕으로 여겨질 수 있다. 뿐만 아니라 정의를 평등으로 환원시켜도 되는지에 관해서는 더 많은 논의가 필요할 것이다. 더욱이 아리스토텔레스의 정의론만으로 좋은 삶이 완성될지도 의문이다. 그의 정의론은 앞으로 더 논의되어야 할 정도로 일면적이거나 불완전하다.

그렇다고 해서 좋은 삶의 목록에 정의로운 삶을 추가한 아리스토텔레스의 의도가 부당하다고 생각할 필요는 없다. 좋은 삶은 정의로워야 한다. 그리고 평등이 보장되지 않으면 정의가 실현될 수 없다는 것도 사실이다. 뿐만 아니라 당시 귀족들은 전쟁과 정쟁을 제외하고 어떤 생산적 기여도 없이 노예노동의 결과를 사유화하였다. 이런 정의롭지 못한 상황에서 아리스토텔레스의 배분적 정의론과 시정적 정의론은 좋을 뿐 아니라 진보적인 것으로 평가될 수 있다.

지금까지 살펴본 아리스토텔레스의 중용, 평등, 정의는 때로 상충되는 면이 있더라도 공통분모가 더 많다. 이 모두는 타인과 사회를 향한 도덕, 곧 '사회정의'와 관련된다. 앞에서 본 예수와 톨스토이의 답은 사실 아리스토텔레스가 내린 답의 종교적, 문학적 버전일 뿐이다. 아리스토텔레스의 에우다이모니아는 이 두 가지 버전의 근원인 동시에 이들보다 더 튼튼하고 보편적인 내용을 담고 있다.

> 에우다이모니아, 곧 좋은 삶은 중용의 미덕, 평등, 정의로 구성된다.

사람은 무엇으로 사는가? 아리스토텔레스는 인간이 사는 목적을 중용, 평등, 정의의 내용을 갖는 에우다이모니아로 생각했으며, 그렇게 살아야 행복하다고 판단했다.

앞에서 우리는 경제학자들이 같은 인문학적 질문에 대해 다른 답을 내리고, 이로 인해 경제학파가 형성된다는 점을 지적한 바 있다. 사람은 무엇으로 사는가? 비주류 경제학자들은 신고전주의경제학자들과 다른 답을 내렸다.

먼저, 경제활동을 오로지 물질적 관점으로부터 보는 영국의 경제학에 대해 독일의 역사학파 경제학자들은 경제활동을 비물질적 현상, 곧 문화적이고 정치적인 현상으로 정의한다. 삶은 일면적이지 않고 총체적이다! 역사학파 창시자인 프리드리히 리스트*Georg Friedrich List*에 따르면 경제활동은 『정치경제의 국민적 체제*Das nationale System der politischen Ökonomie*』(1841)로 조직된다. 물질을 위한 경제활동*Economy*이 문화적 단위*Nation*를 중심으로 국가의 정치행위*Policy*에 의해 조직된다는 것이다.

그리고 그런 경제활동은 사회 전체의 발전이라는 도덕적 가치를 지향한다. "경제생활은 문화가치적 생활이며, 문화가치는 궁극적으로는 생활목적 전체의 조화를 지향하는 도덕적, 윤리적 가치를 내포한다." 역사학파 경제학자 구스타프 슈몰러*Gustav von Schmoller*의 말인데, 경제학이 도덕적 가치와 같은 인문학적 질문을 배제하지 않아야 한다는 주장이다.

이런 목적을 달성하기 위해 정부는 경제를 방임하지 말고 개입하여 경제를 '체제'로 만들 필요가 있다. 동시에 정부는 다양한 사회정책을 수립해 구성원들의 공존과 연대를 도모해야 한다. 정부의 목적은 공익과 공동선을 이루어 내는 것이며, 경제활동의 궁극적 목표는 여기에 맞춰져야 한다. 역사학파 경제학자들이 염두에 둔 경제는 '경세제민'과 '오이코노미아'에 더 가까우며(〈표 2-1〉참조), 단순한 쾌락주의보다 '에우다이모니아'를 경제와 삶의 목적으로 두고 있다는 것을 알 수 있다. 경제에서 도덕적 가치는 역사학파 경제학자들에게 정언적 명령일 뿐 아니라 서로 분리될 수도 없다.

경제학에 잠재되어 있던 삶의 목적에 대한 쾌락주의와 에우다이모니아 사이의 대립은 19세기 후반 독일에서 '가치판단논쟁Werturteilstreit'으로 폭발하였다. 여기서 가치란 도덕적 가치를 의미하는데, 논쟁의 과제는 '경제학이 과연 도덕적 가치판단을 내릴 수 있는가. 만일 그럴 경우 그것의 과학적 근거는 무엇인가'로 요약될 수 있다.

역사학파 경제학자 슈몰러는 가치판단으로부터 자유로울 수 있는 인간은 이 세상에 없으므로 사회과학으로서 경제학은 가치판단을 배제할 수 없다고 보았다. 이런 불가피성을 넘어 그는 경제학자들의 가치판단을 적극적으로 옹호하였다. 반면, 막스 베버Max Weber는 경제학이 '과학'으로 자리매김하기 위해서는 가치판단으로부터 중립적이어야 한다고 반박했다. 경제학은 인문학으로부터 벗어날 필요가 있으며, 그렇게 될 때 비로소 과학이 된다는 것이다. 역사학파 경제학의 관점은 이후 케인스경제학, 제도경제학 등 비주류 경제학에 접목됐다. 이들에 따르면 도덕적 판단에 따라 수립된 사회정책은 경제에 전혀 해롭지 않으며, 오히려 성장을 촉진할 수 있다.

한편, 경제학이 도덕적 가치를 배제해야 한다는 관점은 신고전주의경제학에 의해 적극적으로 수용되었다. 그들에 따르면 가치와 사실은 분리될 수 있다. 나아가 경제학의 연구범위는 '사실판단'으로 국한되어야 하며, '가치판단'은 철학자들에게 넘겨주어야 한다. 가치판단논쟁을 거친 후 그들은 경제학으로부터 연대, 사랑, 인권은 물론 공정과 정의와 같은 모든 사회적 도덕의 잔재를 일소해 버렸다. 이제 공리의 최대화를 달성하면, 과정의 정당성과 절차의 공정성도 따질 필요가 없게 되었다. 이익과 성공을 원하는가? 그렇다면 수단과 방법을 가리지 마라! 도덕적 가치는 '국부'의 증대를 방해한다.

에우다이모니아의 경제학

같은 시기에 구스타프 슈몰러와 오스트리아 경제학자 카를 멩거*Carl Menger* 간에 일어난 '방법논쟁*Methodenstreit*'은 신고전주의경제학으로부터 도덕을 말끔히 제거해 주었다. 슈몰러에 따르면, 경제가 직면하는 과제와 그 작동 원리는 시대와 공간에 따라 다르다. 예컨대, 고대 노예경제와 근대 자본주의경제, 더 나아가 영국과 독일은 시대와 공간별로 다른 과제에 직면하며 다른 원칙에 따라 움직인다. 이런 특수성은 '역사적 방법'을 통해 비로소 올바르게 연구될 수 있다.

하지만 멩거의 생각은 달랐다. 인간 사회의 보편적 현상으로서 경제는 시대와 공간을 초월하는 법칙에 따라 움직인다. 따라서 이런 보편타당한 경제법칙을 연구하기 위해 경제학은 '논리적 방법'을 취해야 한다. 구체적 역사보다 추상적 논리가 경제학에 더욱 적합하다는 것이다. 논리적 방법은 이후 수학적 모형을 통해 완성되었다. 멩거에게는 수학적인 것이 가장 합리적이다. '합리성'이 수학으로 환원되면서 신고전주의경제학은 도덕적 가치를 일소해 버릴 수 있었다. 수학을 자연과학적 기반으로 삼으면서 맨더빌, 스미스, 벤담, 베버의 '도덕 죽이기 프로젝트'가 신고전주의경제학에서 완성된 것이다.

> **'가치판단논쟁'과 '방법논쟁'을 통해 도덕적 가치에 대한 경제
> 학자들의 입장이 선명하게 갈렸다.**

　두 논쟁을 거친 후 경제학은 최종적으로 쾌락주의(헤도니즘) 전통의
경제학과 에우다이모니아(좋은 삶) 전통의 경제학으로 나뉘었다(〈표
8-1〉 참조). '인간은 무엇으로 사는가'에 대한 인문학적 질문에 '쾌락'
이라고 대답한 경제학자들은 성장주의의 보수적 입장을 취하고 있으
며, '좋은 삶'이라고 대답한 경제학자들은 분배와 정의를 중시하는 진
보적 입장을 취한다.

> **보수경제학은 쾌락주의의 전통을 따르고, 진보경제학은 '좋은
> 삶'의 전통을 따른다.**

　이 질문은 다른 인문학적 질문, 곧 이미 검토한 인간의 본성에 관한
질문과 직접적으로 연관되어 있다. 쾌락주의 전통의 경제학은 인간을
쾌락적 존재로 보았으나, 에우다이모니아 전통의 경제학은 지금까지
도덕적 가치판단에 대한 과학적 근거를 명확히 제시하지 못하고 있
었다. 하지만 제도경제학은 진화생물학과 진화심리학으로 그것의 자
연과학적 토대를 마련하였다. 5장에서 언급한 것처럼 인간의 본성은
다중적이며, 그 안에는 사회적 연대와 도덕적 판단을 할 수 있는 능력
이 포함되어 있다. 이런 사실은 앞에서 본 다양한 연구와 실험에 의해
입증되고 있다. 어버이 성향, 사회적 본능인 모방본능, 공동체의 삶에

기여하는 제작본능은 도덕적 판단에 대한 생물학적 토대다.

〈표 8-1〉 경제학과 삶의 목적

철학자	맨더빌, 벤담	아리스토텔레스, 칸트
삶의 목적	쾌락, 공리	좋은 삶(중용, 평등, 정의)
경제학파	신고전학파	역사학파, 제도주의, 케인지언
가치판단논쟁	가치중립성	가치편향성
방법논쟁	논리적 방법	역사적 방법
본성적 토대	자기고려본능	어버이 성향, 모방본능, 한가한 호기심, 제작본능, 자기고려본능
정책목표	성장	분배, 정의(공익, 공동선)
경제학 계보	쾌락주의 전통	에우다이모니아 전통

제도경제학의 도덕적 규범

방법논쟁과 가치판단논쟁으로 국한할 때 제도경제학은 역사학파 경제학의 전통을 따른다. 먼저, 제도경제학은 경제를 역사적 방법으로 연구한다. 역사는 인간이 걸어온 삶에 대한 기록이다. 인간의 삶은 먹고사는 경제적 삶, 다투고 협력하는 정치적 삶, 생각하고 묘사하는 문화적 삶의 앙상블이다. 이런 다양한 요인들이 복잡하게 상호작용하는 과정에서 수많은 문제가 발생한다. 이를 해결하기 위해 인간은 도덕적 규범을 마련한다. 도덕적 규범은 이처럼 총체적 삶, 더 구체적으로는 경제적 삶에 필요하기 때문에 등장한다. 도덕은 일종의 제도인 셈이다. 나아가 인간은 이 제도적 가이드라인에 따라 경제활동에 대해 가치판단을 내린다. 경제와 도덕은 이처럼 동전의 양면과 같이 복잡하게 얽혀 있어 결코 분리될 수 없다. 가치중립성은 어불성설일 뿐 아니라 불가능하다.

경제는 끝없이 변하고, 그에 따라 도덕도 변한다. 새로운 시대는 새로운 도덕을 필요로 한다. 이에 따라 '가치'는 보존과 관조의 대상이 아니라 '과학적 탐구의 대상'이 된다. 따라서 경제학은 가치판단에 대해 적극적일 필요가 있다. 제도경제학은 가치판단을 연구모델에 포함시켜 경제를 연구한다.

> 가치중립적인 신고전주의경제학과 달리 제도경제학은 도덕적 판단을 경제학의 연구모델에 포함시킨다.

제도경제학은 어떤 규범에 따라 가치판단을 내리는가? 경제학은 인문학, 그중에서도 특히 철학을 기반으로 삼고 있다. 우리는 앞에서 제도경제학이 에우다이모니아 전통의 계보에 속한다는 사실을 지적했다. 좁은 의미의 제도경제학은 베블런과 커먼스로부터 출발한다(《표 1-4》참조). 제도경제학 안에서 가장 가까운 관계를 맺고 있음에도 불구하고 둘은 서로 다른 규범을 가치판단의 기준으로 제시한다.

먼저, 제도경제학의 규범이 교육철학자 존 듀이*John Dewey*의 프래그머티즘*Pragmatism*에 그 철학적 기반을 두고 있다는 점을 지적하자. 여기서 베블런과 듀이의 관계를 잠시 들여다보자. 1891년 존 듀이는 코넬대학교에서 로플린 교수*James Laughlin*의 관심을 얻었다. 새로 설립된 시카고대학교로 옮겼을 때 그는 베블런을 동행시켰다. 거기서 베블런은 듀이와의 교류를 통해 그의 프래그머티즘을 접했다.

듀이는 관념과 물질, 정신과 육체, 객체와 주체, 목적과 수단, 이론과 자료, 연구와 실천, 사유와 경험, 나아가 규범과 실증을 엄격히 구분해 '넘을 수 없는 협곡*Gulf Fixed*'이 둘 사이에 가로놓여 있다는 데카르트적 이분법을 부정한다. 따라서 그는 사실판단과 가치판단을 분리시키지 않는다. 모든 요인들이 분리될 수 없듯이(〈그림 3-3〉 참조), 사실판단과 가치판단은 떼어 낼 수 없는 동전의 양면과 같다.

듀이의 프래그머티즘은 종종 '실용주의'로 속류화되어 있다. 물론 그것이 형이상학적 본질론과 토대주의*Foundationalism*를 거부하고 현장성과 실천성을 중시하는 점에서 실용주의의 의미를 포함하고 있는 것은 사실이다. 실제로 그의 프래그머티즘은 '도구주의*Instrumentalism*'를 지향한다. 도구주의는 경제활동이 인간의 삶의 질을 실질적으로 개선해야 한다고 본다.

하지만 듀이의 프래그머티즘은 민주성과 사회성을 더 중시하는 철학이라는 점에 그 고유성이 존재한다. 곧 듀이의 '실용주의(!)'는 민주적 절차를 거쳐 공동선과 사회정의를 구현하는 데 맞춰져 있다. 이 때문에 듀이의 프래그머티즘은 엄격히 말해 '프래그머티즘 도구주의*Pragmatic Instrumentalism*'로 지칭된다. 그의 프래그머티즘은 칼 포퍼*Karl Popper*가 '실용주의'와 '편의주의', '임시방편주의'로 속류화시킨 프래그머티즘과 구분된다. 포퍼의 실용주의에는 도덕적 가치가 거세되어 있다. 비도덕적이든, 비민주적이든, 시장주의적이든 성장하기만 하면 뭐든 상관없다! 포퍼의 '공리주의적' 실용주의와 듀이의 프래그머티즘 도구주의를 혼동하면 안 된다. 듀이의 프래그머티즘은 '흑묘백묘론'과 무관하다.

가치판단을 위해 제도경제학은 존 듀이의 프래그머티즘을 철학적 기반으로 삼는다.

베블런은 '도구적 가치*Instrumental Value*'를 가치판단의 기준으로 삼는다. 베블런에게 경제활동은 인간의 삶을 실질적으로 개선시켜 주어야 올바르고 바람직하다. 이 가치는 영리와 낭비를 지향하며 부당한 차별을 즐기는 의례적 가치*Ceremonial Value*와 대립된다. 마크 툴*Marc Tool*(1977)은 베블런 분석의 중요한 차별성을 보여 주기 위해 대조적인 단어를 〈표 8-2〉로 정리하였다.

〈표 8-2〉 베블런의 가치판단 기준

의례적 가치	도구적 가치
세일즈맨십	제작정신
영리	산업
소유	생산
불로소득	물질적 성과
기득권자(Vested Interests)	일반인(Common Men)
태업	공동체 봉사
금전적 직업	산업적 직업
불쾌한 모방	기술적 효율성
효율성의 의도적 철회	상상할 수 없도록 생산적인 기업
경쟁적 광고	가치 있는 정보와 전달
비즈니스 번영	산업효율성

표 오른쪽 칸에 있는 항목들은 공동체 전체의 복지를 증진시키는 것들을 보여 준다. 어떤 의미에서 볼 때 그들은 제작본능, 한가한 호기심과 함께 어버이본능의 표현이다. 왼쪽 칸의 항목들은 개인에게 유익하지만 흔히 공동체를 희생시키는 것들이다. 이것은 약탈을 지향하는 자기고려본능의 표현이다. 훌륭한 기술자는 제작정신, 산업적 직업, 공동체 봉사를 보여 준다. 반면 훌륭한 은행가는 세일즈맨십, 금전적 직업, 태업을 보여 준다.

의례적 가치는 '시장적' 효율성을 지향하지만 도구적 가치는 '기술적' 효율성을 지향한다. 영리계급과 유한계급은 시장적 효율성을 달성하기 위해 기술적 효율성을 희생시킨다. 현대 사회의 기술은 세계 만민을 풍족하게 먹여 살릴 수 있을 정도로 발전했다. 하지만 독점기업은 이윤을 극대화하기 위해 생산설비를 완전히 가동하지 않고 일부러 놀린다. 생산량을 제한하면 독점가격이 형성되어 이윤이 증가하기 때문이다. 의례적 가치가 지배하는 한 낭비, 실업, 불평등은 해결되지 않는다.

베블런의 도구적 가치는 마크 툴에 의해 "지식을 도구적으로 활용함으로써 인류의 삶을 지속시키는 동시에 불쾌한 차별을 유발하지 않고 공동체를 재창조"하는 가치로 새롭게 정의되었다. 지식의 활용, 부당한 차별의 부재, 공동체의 지속가능한 발전이 도구적 가치판단의 핵심적 항목으로 부각된다. 베블런의 도구주의는 듀이의 프래그머티즘에 그 철학적 기반을 두고 있다.

하지만 의례적 가치를 고수하는 영리계급과 유한계급의 저항은 거세다. 그들은 신고전주의경제학과 같은 의례적 제도를 통해 도구적 제도를 억압한다. 따라서 도구적 가치가 실현되도록 제도가 변화해

> 베블런의 도구적 가치는 '기술적 효율성', '차별의 부재', '공동
> 체의 지속가능한 발전'을 핵심내용으로 담고 있다.

야 한다. 이 경우, 제도주의경제학의 문화가 대안적 제도로 적합할 것
이다.

커먼스는 '이성적 가치*Reasonable Value*'를 사회정책과 경제정책의
판단기준으로 제시한다. 그에게 있어 사회와 경제를 가장 파괴하는
것은 불의*Injustice*였다. 커먼스에 따르면 노동시장은 대표적으로 정의
롭지 못한 영역이다.

첫째, 노동시장은 수요독점시장이다. 노동을 필요로 하는 기업의
수는 적어 단합된 반면, 그것을 공급하는 노동자의 수는 무한정으로
많아 오합지졸로 분산되어 있다. 이런 상황에서는 노동을 고용하는
수요자가 우월적 지위에 서기 때문에 임금은 항상 이성적 임금보다
낮게 책정된다.

둘째, 노동과 자본의 계약이 시작될 때 거대한 자산을 보유한 기업
과 몸뚱이 말고는 아무것도 소유하지 않은 노동자의 출발점이 다르
다. 부의 차이는 권력의 차이로 진화해 임금결정과정에 영향을 준다.
이 때문에도 노동시장의 임금은 정의롭지 못하다.

셋째, 신고전주의경제학과 마르크스경제학은 노동시장에서 '동질
적인' 노동이 공급된다고 가정한다. 하지만 노동시장은 숙련도가 높은
'지식노동시장'과 알바(!) 수준의 '저숙련노동시장' 그리고 평균숙련
도의 '정상노동시장'으로 분단되어 있다. 정상노동시장에서는 임금이
높아지면 노동공급이 증가하지만, 다른 두 시장에서는 그렇지 않다.

지식노동시장에서 임금이 높아지면 여가와 자기완성을 위해 오히려 노동을 줄인다. 노동현장을 관찰해 봐도 고임금직종 종사자들이 노동에 할애하는 시간은 많지 않다. 그들 대부분은 빈둥거리며 사무실에서 시간을 보내거나 식사와 골프를 하며 '사회적 관계'에 몰입한다.

정상노동시장에서는 임금이 낮아지면 노동공급이 줄어든다. 하지만 저숙련노동시장에서는 임금이 낮아질수록 노동공급이 줄어들지 않고 오히려 늘어난다. 가난한 알바들과 '산업예비군'으로 대기하고 있는 실업자들이 생존을 위해 출혈경쟁에 돌입하기 때문이다. 두 경우 모두 임금은 불공정하게 책정된다.

커먼스에 따르면 거래는 시장 안이 아니라 시장 '밖에서' 일어나며, 그 결과 시장가격은 이성적 가격과 항상 다르게 책정된다. 이 경우 '정치적 권력'이 결정적인 변수다. 따라서 경제는 이성적 가치의 원칙에 따라 관리되고 통제되어야 하는데, 이를 위해 노동운동이 보장되어야 하고 정부에 의한 민주적 개입이 이루어져야 한다.

이성적 가치는 사회정의, 인간의 자기발전과 자기실현을 뒷받침해야 하는 윤리적 가치다. 커먼스는 노동시장에서 이런 수준의 임금을 '사회적 임금Social Wage'이라고 불렀다. 이성적 가치는 시장에서 '공정가격Just Price'으로 구체화된다. 노동시장에서 그것은 단체협상과 노동보호법규(최저임금법)로 뒷받침되고 상품시장에서 그것은 반독점법으로 구현된다.

커먼스는 이성적 가치를 경제학에 적용될 가치판단의 기준으로 삼는다.

베블런의 도구적 가치와 커먼스의 이성적 가치는 각각 '기술적 효율성'과 '공정성'을 내포한 점에서 서로 다르다. 하지만 둘은 데카르트적 이분법을 부정하고 가치판단을 경제학의 연구대상에 포함시켰으며, 도덕적 규범에 따라 경제활동이 이루어져야 하며, 각자의 가치가 실현될지 여부는 제도에 의해 좌우된다고 주장한 점에서 공통점을 더 많이 갖고 있다. 나아가 그러한 차이는 듀이의 '프래그머티즘 도구주의' 안에서 일정 부분 화해를 이루어 낼 수도 있다. 그 결과는 에우다이모니아 전통으로부터 벗어나지 않을 뿐 아니라 오히려 그것을 새로운 방식으로 구체화시킨다.

> 제도경제학은 베블런의 '도구적 가치'와 커먼스의 '이성적 가치'를 가치판단의 기준으로 삼는다.

경제, 정치, 문화는 하나의 방식이 아니라 매우 복잡한 방식으로 상호작용한다. 또한 경제생활은 '요인'들의 수학적 관계로 환원될 수 없다. 그것은 현실 속에서 일어나는 인간들의 의사소통과정과 정치행위로 이루어진다. 비록 같은 목적을 지향하더라도 이 과정에서 도구적 가치와 이성적 가치는 갈등을 빚을 수 있다. 더욱이 도구적 가치와 이성적 가치가 변증법적 합에 이를 경우에도 강고한 의례적 가치와 비이성적 가치가 프래그머티즘 도구주의의 앞을 가로막는다. 따라서 프래그머티즘 도구주의의 미래는 다양할 뿐 아니라 불확실하다.

하지만 도구적 가치와 이성적 가치의 '진보적' 화해가 공간과 시대의 우연적 사건과 특수한 상호작용과정에 의해 예기치 않은 방식으로 등장할 가능성을 배제할 수는 없다. 우리가 이런 믿음을 저버릴 수 없는 이유는 인간이 과학과 기술의 발전을 가능하게 만드는 한가한 호기심본능, 제작본능과 더불어 공동체와 도덕에 관심을 갖게 하는 어버이본능을 지니고 있기 때문이다. 사회적 본능인 모방본능 역시 다양한 방식으로 이에 일조한다(〈그림 8-1〉 참조). 여기서 제도경제학이 도구적이고 이성적 문화를 촉진하는 '제도'의 역할을 수행한다면 두 가치의 진보적 화해에 대한 희망은 더 커진다.

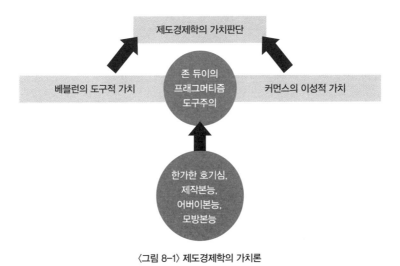

〈그림 8-1〉 제도경제학의 가치론

　주류 경제학의 도덕 죽이기 프로젝트에 대해 '도덕 지키기'와 '도덕 살리기'로 맞선 비주류 경제학, 특히 제도경제학의 역사를 잊지 말아야 한다. 제도경제학은 도덕적 상대주의에 빠진 가치중립적 경제학이 아니다. 한국의 진보진영은 마르크스경제학에 포박된 나머지 비주류 경제학의 이런 치열한 고뇌를 망각하거나 외면하고 있다. 마르크스경제학은 인간의 본성을 호모파베르로 단순화함으로써 도덕적 판단을 외면할 수 있다. 그 때문에 장자연 사건을 쉽게 잊고, 삼성의 불법승계를 용인하며, 박정희 전 대통령의 매국과 뉴라이트의 식민지근대화론을 효과적으로 비판하지 못하고 있다. 최근 한국의 진보진영에서 도덕, 나아가 '사회정의'마저 보수진영으로 넘겨 버리는 태도는 대단히 잘못된 것으로, '유물론적' 마르크스경제학이 우리에게 남긴 흔적이다.

제도경제학의 행위자, 신고전주의경제학의 행위자

앞에서 우리는 제도경제학이 행위자의 경제학임을 강조했다. 제도경제학은 실천과 변화의 경제학이다. 그것은 바로 제도경제학의 고유한 다중본능론 때문에 가능했다. 그런데 모든 행위자가 같지는 않다. 이미 확인한 바와 같이 제도경제학의 이질성 가정에 따라 행위자가 다양한 모습으로 나누어질 수 있다.

먼저, 어떤 행위자는 제도에 완전히 종속되지만 다른 행위자는 제도에 맞선다. 우리는 후자를 '깨어 있는 시민'이라고 부른다. 이런 사실은 소비자의 다양한 유형을 고찰하는 과정에서 더 확실해졌다. 과시에 탐닉하거나 모방에 몰두하는 소비자가 있는 반면, 공동체의 지속가능한 발전을 위해 번민하는 윤리적 소비자도 있었다. 깨어 있는 시민과 더불어 윤리적 소비자는 변화를 일으키는 주체다.

앨런 레슬리*Allen Leslie*(1994)는 아동들에게 전문화된 본유적 학습메커니즘이 존재한다는 사실을 보여 주었다. 그것은 인간이 물질세계에 적응하기 위해 사물과 기계에 관한 개념지식을 창조하는 과정에서 얻은 결과다. 이러한 전문화된 인지모듈들은 지식을 신속하고 통일적으로 획득하는 방법을 인간에게 제공함으로써 정보의 조기소통,

달리 말하면 지식의 문화적 전달을 가능하게 한다. 이처럼 추론과 학습에만 전념하는 모듈로 인해 인간은 찬란한 문화를 창조하는 동시에 다른 어떤 생물체보다 그것을 빠르게 습득할 수 있다. 이 때문에 인간은 기술, 과학, 예술, 문학은 물론 도덕적 가치를 창조하고 습득할 수 있다. 따라서 인간은 '호모쿨투랄리스*Homo Culturalis*', 곧 문화적 존재다. 물질과 노동으로 인간을 왜소화시키면서 이런 문화적 본성을 완고하게 부정하는 신고전주의경제학과 마르크스경제학과 달리 이 본능이야말로 동물과 다른 인간의 고유성이다.

문화적 존재로서 인간은 단지 '떡', 공리, 쾌락의 욕구에 따라서만 행동하지 않고 '말씀', 도덕, 에우다이모니아의 문화에 따라서도 행동한다. 윤리적 소비자와 깨어 있는 시민에 해당하는 후자의 행위자는 제도경제학의 프래그머티즘 도구주의를 구체적 가치기준으로 선택해 경제활동을 수행한다.

이제 처음에 제기한 윤리학적 질문에 대해 제도경제학이 답을 내놓을 시점이다. 사람은 무엇으로 사는가? 깨어 있는 시민, 행동하는 양심은 듀이의 프래그머티즘 철학에 기초하는 베블런의 도구적 가치와 커먼스의 이성적 가치를 도덕적 기준으로 삼아 산다. 또 그렇게 살아야 한다! 이것은 본성인 동시에 일종의 '정언명령'이기도 하다.

신고전주의경제학은 우리의 문화적 존재를 현재 학교라는 공식적 제도는 물론 대중매체와 가족관계 등 비형식적 제도를 통해 신고전주의형 인간으로 공격적으로 사육해 나가고 있다. 이 경제학파가 만들어 내는 행위자가 어떤 모습을 띨지는 어렵지 않게 상상할 수 있다. 개인주의, 이기주의, 공리주의, 쾌락주의로 사회화된 인간은 호모에코노미쿠스로 진화한다. 이런 인간은 인권과 사회정의 등 도덕적 가치를 조롱한다. 나아가 문화적 성찰과 사회적 연대에 무감각하다. 호모에코노미쿠스는 두 가지 유형으로 나뉜다. '소시오패스'가 첫 번째 유형이다. 소시오패스는 자신의 성공을 위해 타인을 이용하고 거짓말을 일삼지만, 양심의 가책을 느끼지 않는다. 자신을 잘 위장하며 감정 조절이 뛰어나다. 인생을 이겨야 하는 게임이나 도박으로 여기며, 다른 사람들을 이용할 '수단'으로 생각한다.

호모에코노미쿠스는 이처럼 무자비하고 냉혹한 이기주의자인 소시오패스로만 진화하지 않는다. 소시오패스로서 호모에코노미쿠스는 이용할 수단이 되는 또 다른 호모에코노미쿠스인 '호모사케르 *Homo Sacer*'를 양성한다. 이탈리아 철학자 조르조 아감벤*Giorgio Agamben*에 따르면 로마시대의 특이한 죄수였던 호모사케르는 사회적, 정치적 삶*Bios*을 박탈당하고 생물적 삶*Zoe*밖에 가지지 못한 존재였다. 아감벤은 그러한 호모사케르의 삶을 '박탈의 삶'이라 부르고 현대 국가는 시민의 삶을 이 박탈의 삶, 곧 호모사케르의 삶으로 가두어 두기를 기획하고 있다고 주장한다. 현대 자본주의에서 수많은 대중이 빈곤의 구렁텅이에 빠져 좋은 삶을 포기한 채 호모사케르의 삶을 이어 가고 있다. 그리고 사이비종교와 '좋은 말(!)'로 호모사케르의 삶은 위로받고 있다. 『유한계급론』에서 베블런은 빈곤층이 왜 보수주의자로 전락하는지를 잘 보여 준다.

현대 자본주의사회를 구성하는 행위자는 문화적으로 동질적이지 않다. 서로 다른 문화적 행위자들이 상이한 가치판단을 내리며 투쟁하거나 타협을 이루어 내고 있다. 역사는 이런 행위자들의 상호작용을 통해 변한다(〈그림 8-2〉 참조).

이 속에서 부자와 빈자는 경제적으로 다르지만, 문화적으로 같을

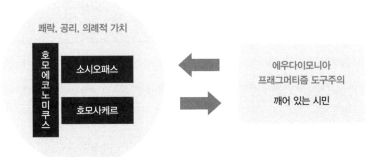

〈그림 8-2〉 자본주의 세계의 다양한 행위자

수 있다. 경제적 토대가 달라도 문화는 동질적일 수 있는 것이다. 인간은 문화적 존재이므로 '타 계급'의 문화도 쉽게 학습할 수 있기 때문이다. 신고전주의경제학은 바로 이 문화적 프로젝트를 기획하고 있다. 제도경제학의 문화운동이 얼마나 중요한지를 알 수 있다. 이 책은 바로 이런 신고전주의경제학의 문화적 기획에 대항하기 위해 기획된 제도경제학의 문화적 프로젝트다!

> 신고전주의경제학은 인간을 호모에코노미쿠스, 소시오패스, 그리고 호모사케르로 사육하고 있다.

진영논리는 나쁜가?

가치판단논쟁은 우리 삶의 곳곳에서 벌어지고 있는데, 이른바 '진영논리'가 그 대표적 사례다. 우리는 진영논리로부터 완전히 자유로울 수 있을까? 그리고 진영논리는 비과학적이어서 일소되어야 마땅할까?

177

이 질문에 답하기 위해 가치판단논쟁으로 되돌아가 보자. 누가 가치중립적일 수 있을까? 가치판단으로부터 자유로운 존재는 먹고 싸고 오입에 눈이 벌건 짐승이나, 죽어 있는 기계 말고는 이 세상에 없다. 사람은 어떤가? 사람이라면 아마 평생 잠자는 식물인간이거나 관속에 들어가 있어야만 완전히 가치중립적일 수 있으리라. 신고전주의 경제학의 '가치중립성'이 얼마나 비현실적이며, 비과학적인 언어인지 단번에 알 수 있다.

물론 가치판단으로부터 자유로울 수 없는, 이런 인간적 한계를 핑계 삼아 편향적 가치를 마냥 찬양할 순 없다. 성찰이 결여되면 가치편향도 우스꽝스럽다. 그리고 만용과 비겁, 탐욕과 인색과 같은 극단적 행동이 비난받듯이 그런 극단적 태도는 과학적이지 못해 설득력도 없다. 중립적 태도는 과학적 결과와 객관성을 얻기 위해 필요하다. 하지만 모든 가치판단을 '진영논리'로 폄하하는 '극단적' 중도주의는 그 자체로 객관적이지 못하고 중용의 미덕과 어긋난다.

인간은 진영논리로부터 완전히 자유로울 수 없다. 따라서 판단에 관한 모든 논의는 진영논리의 불가피성으로부터 시작될 필요가 있다. 만용과 비겁 대신 용기 있게 실천하고, 탐욕과 인색함 대신 절제 있는 삶을 산다면 진영논리는 그 자체로 죄가 될 수 없다!

> 중용의 태도와 실천을 지향할 경우 진영논리 그 자체는 죄가 되지 않는다.

이제 진영논리에 대한 도덕적 판단을 내릴 차례다. 예컨대, 2019년 10월 조국 전 법무부장관의 수사를 두고 광화문과 서초동 검찰청을 중심으로 태극기와 촛불 두 '진영'이 격돌했다. 두 진영 모두 '정의'를 내세웠다. 어느 진영의 정의가 더 바람직한가? 짐승, 기계, 식물인간, 시체가 아니라면 우리 모두는 도덕적 가치판단을 내려야 한다.

판단의 결과로 인해 비난을 받게 되더라도 나를 비롯한 우리 모두는 이 판단을 피할 길이 없다. 제도경제학은 실천의 경제학이다. 실천은 판단을 요구한다. 이를테면, 필자가 신고전주의경제학의 논지에 따라 가치중립성을 견지하기 위해 여기서 글을 끝낸다면 '과학자'로서 무능하며, '제도경제학자'로서 무책임하다는 비난을 면치 못할 것이다. 제기된 혐의가 나중에 나의 예상과 다르게 내려져 비난을 받는 한이 있더라도 나는 판단을 피할 수 없다.

조국 전 장관은 도덕을 법으로 환원시킨 점에서 벤담식 공리주의자다. 제도경제학은 법적 판단과 도덕적 판단을 구분한다. 그의 삶은 에우다이모니아와 거리가 있다. 나아가 그에게 제기된 각종 법적 혐의도 바람직하지 못하다. 따라서 만일 서초동의 검찰개혁 요구가 '내가 조국'이라는 현수막과 결부되어 있다면 그들의 정의는 완전하지 못하다고 판단한다.

하지만 나는 태극기부대의 정의를 훨씬 더 정의롭지 못하다고 판단한다. 왜 그런가? 태극기부대의 정의는 세월호를 조롱했던 정의요, 제주를 유린했던 서북청년단의 정의며, 노조를 혐오하고 탄압에 앞장섰던 정의요, 불평등을 강화하고 비정규직을 양산했던 정의며, 자신의 영리영달을 위해 일제에 나라를 팔아먹었던 정의요, 국정농단을 획책한 박근혜와 최순실, 양승태의 정의며, 떡찰, 견찰, 섹검(!)들의 정의다. 나아가 일제의 침략을 미화하는 식민지근대화론의 정의요, 위안부를 매춘부로 호도하는 류석춘의 정의다. 그리고 이들과 함

179

께하는 보수정당이 유사 이래 한 번이라도 정의로웠던 적이 있는가? 이처럼 도덕적으로 '더 나쁜' 진영논리도 존재한다. 진영논리로부터 자유롭고자 번민의 밤을 지새우기보다 에우다이모니아에 부합하는 '더 좋은' 진영논리를 탐구하고 발전시키려는 노력이 더 필요하다. 이 경우 크고 작음, 많고 적음, 길고 짧음, 그리고 무겁고 가벼움과 같은 '양적' 평가가 덤으로 요구된다.

> 그 누구도 진영논리를 피할 수 없기에 우리 모두는 에우다이모니아에 부합되는 '더 좋은' 진영논리를 발전시키는 노력을 경주하는 것이 바람직하다.

진화하는 좋은 삶

앞에서 본 역사학파 경제학의 생각은 비주류 경제학으로 계승되었다. 먼저, 케인스경제학은 개입주의와 사회정책을 계승하였다. 그리고 제도경제학은 이에 더해 역사학파의 총체론적 접근방법을 물려받았다(〈그림 3-1〉, 〈그림 3-3〉 참조). 경제는 경제적 원인 하나만으로 설명될 수 없는 복잡한 현상이다. 뿐만 아니라 경제는 정치, 문화, 사회 등 다양한 비경제적 요인과 외부환경에 대해 개방되어 있는 '열린계*Open System*'다. 이 체제는 한 가지 내생변수의 영향만 받을 정도로 외부환경과 단절되어 있는 신고전주의경제학의 '닫힌계*Closed System*'와 대비된다(〈그림 8-3〉 참조). 제도경제학의 열린계는 점선으로 그려지고, 신고전주의경제학의 닫힌계는 실선으로 그려져 있다.

그리고 제도경제학의 경제는 다양한 요인들의 상호작용을 거쳐 최종 결과가 형성되는 일종의 '체제적' 현상이다. 이 결과는 다시 다양한 원인들에 피드백된다. 따라서 국민경제는 유연한 '유기체*Organism*'와 같다. 반면 신고전주의경제학의 닫힌계는 경직된 '기계체제*Mechanism*'와 같다.

그림에서 점선으로 묘사된 것처럼 유기체는 외부환경에 대해 개방되어 있기 때문에 외부환경의 변화가 유기체의 내부 구조에 영향을 미친다. 따라서 이 유기체는 예상치 못한 방식으로 변화에 적응한다. 다시 말해 원인들에 대한 되먹임이 가해지는 한편, 외부환경의 변화가 유기적으로 전달되면 체제의 내부구성방식 자체가 변하는 것이다. 수학적으로 표현하면 절편은 물론 기울기, 그리고 함수관계가 모두 변하는 것이다.[•] 그 결과 다음 시기(t+1)에 새로운 국민적 체제가 등장할 수 있다. 경제는 시간에 따라 변화한다! 하지만 기계체제는 시간이 지나도 변하지 않는다.

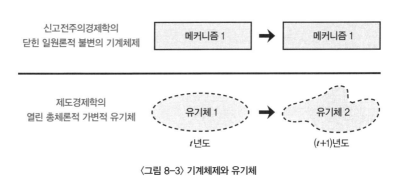

〈그림 8-3〉 기계체제와 유기체

[•] 예컨대, $Y = aX + b$로부터 $Y = 2aX^2 + bX + c$로 변한다.

국민적 체제는 죽어 있는 물질뿐 아니라 정치와 문화 등 인간들의 의식적 행위의 통제를 받는다. 통제 주체인 인간은 하나로 통일되는 보편적 존재가 아니라, 다양한 이해관계와 문화 그리고 권력을 비대칭적으로 소유하는 이질적 인간들이기 때문에 통제의 결과는 다양할뿐더러 불확실하다(〈그림 8-4〉 참조). 열린계로서의 유기체에게 닥칠 운명을 알 수 없을 뿐 아니라 결정되어 있지도 않다는 것이다. 신고전주의경제학자들과 마르크스주의자들이 믿고 있듯이 '일반균형'이나 '공산사회'로 수렴하는 역사법칙은 존재하지 않는다.

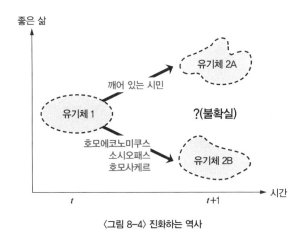

〈그림 8-4〉 진화하는 역사

이처럼 인간의 경제체제는 맹목적으로 진화*Evolution*할 뿐 법칙적으로 진보*Progress*하지는 않는다. 하지만 진보의 가능성이 완전히 닫혀 있지만은 않다. 만일 에우다이모니아를 추구하는 '깨어 있는 시민'들이 다수를 차지하면 역사가 진보하겠지만(2A), 쾌락을 추구하는 호모에코노미쿠스, 소시오패스, 습관적 호모사케르가 다수를 이루면 역사는 퇴보할(2B) 것이다. 리스트가 제시했던 '정치경제의 국민적 체제'도 이렇게 진화한다. 민주정부의 정책과 깨어 있는 시민들의 성찰과 참여가 다시금 강조될 필요가 있다.

> 역사는 다양한 '요인'들의 복잡한 상호작용과 되먹임으로 인해 '진화'하지만, 깨어 있는 시민들의 성찰과 참여를 통해 좋은 삶을 향해 '진보'한다.

경제학과 자연과학

맨 처음 우리는 경제학이 인문학과 자연과학을 기반으로 삼고 있다는 생각에서 출발했다(〈그림 1-1〉 참조). 그 과정에서 인과관계와 체제에 관한 질문을 다루는 중(〈표 1-3〉 참조) 자연과학적 기반보다 인문학적 기반에 상대적으로 더 많은 비중을 할애해 온 것이 사실이다. 여기서 우리는 자연과학적 기반을 보완할 것이다. 이를 빠뜨리지 않고 특별히 다루는 이유는 이 내용이 인과관계와 체제를 깊이 있게 이해시켜 주는 것은 물론, 정책의 방향을 설정하고 그것을 세밀하게 조정해 나갈 때 많은 아이디어와 영감을 제공해 주기 때문이다.

여기서 설명할 내용을 예상하기 위해 앞에서 다룬 몇 가지 내용을 기억해 낼 필요가 있다. 〈표 5-2〉는 경제학자들의 인성론을 정리해 주고, 〈그림 5-1〉은 시장에 관한 경제학파별 세계관을 보여 주었다. 인성론은 본래 철학적 질문이지만, 최근 들어 진화심리학자와 뇌과학자들이 실험과 첨단과학장비로 이 영역을 연구 중이다. 〈그림 8-3〉에서 우리는 경제체제를 신고전주의경제학이 닫힌 기계체제로, 비주류 경제학 그중에서도 특히 제도경제학이 열린 유기체로 해석한다는 사실을 알게 되었다. 기계체제는 공학과 물리학적 시각에 기인하는 반면, 유기체는 생물학적 관점으로 뒷받침된다.

〈그림 8-4〉에서 우리는 세상을 완벽한 메커니즘으로 이해하면 그것이 불변의 종착역을 향해 수렴Convergence하거나 진보하는 것으로 보이지만, 불완전한 유기체로 간주하면 세상이 생물계처럼 맹목적으로 발산Divergence하거나 진화하는 것으로 이해된다는 점을 알게 되었다. 신고전주의경제학과 제도경제학의 배후에 각각 18세기 아이작 뉴턴의 '기계적 우주론'과 19세기 찰스 다윈의 '진화생물학'이 버티고 있는 것이다.

이런 상이한 자연과학적 기반 때문에 각 학파는 자본주의경제를 서로 반대로 놓인 그릇으로 해석한 것이다. 〈그림 5-1〉에서 신고전주의경제학은 자본주의경제를 '바로 놓인 그릇'으로 간주했지만, 비주류 경제학은 '거꾸로 놓인 그릇'으로 이해했다. 각자의 그릇 때문에 전자는 자본주의경제가 조화, 안정, 균형에 자동적으로 도달한다고 생각하지만 후자는 갈등, 불안정, 불균형에 빠질 것이라고 보았다. 이제 우리는 신고전주의경제학이 자유방임과 규제완화를 주장하고, 비주류 경제학이 개입주의와 규제강화를 주장하는 이유를 알게 되었다. 자연과학적 기반이 다르기 때문인데 전자는 '뉴턴의 고전물리학'에, 후자는 '다윈의 진화생물학'에 그 기반을 두고 있다(〈표 8-3〉참조).

뉴턴은 '만유인력의 법칙'으로 우주를 설명했다. 세상에 존재하는 모든 물체는 서로 끌어당기는 힘을 발휘하고 있고, 이 힘들이 상호작용한 결과 해와 달, 별, 만물이 조화와 균형을 유지하면서 운행하고 있다. 우주는 변하지 않는다!

신고전주의경제학	제도경제학
수학(공통)	
뉴턴의 고전물리학	다윈의 진화생물학
만유인력법칙	진화론
기계체제	유기체
불변	변화
진보	진화
수렴	발산
일반균형	에브토피아(진화적 유토피아)

　　뉴턴의 우주론은 경제학의 아버지인 애덤 스미스에게 큰 감동을
안겨 주었다. 스미스는『천문학의 역사』(1795)에서 뉴턴의 물리학을
"일찍이 인간이 해 온 가장 위대한 발견"이라고 했다. 뉴턴의 우주론
은 그의 경제학에 그대로 투영되었다. 경제학은 물리학으로 환원될
수 있다! 일종의 '자연주의적' 경제학이다. 그러므로 자본주의경제는
만유인력법칙에 상응하는 수요와 공급의 법칙에 따라 조화와 균형을
이루며 기계처럼 작동한다. 시장은 완전하며 불변한다. 완전하고 안
정된 이 체제에 인위적 개입은 필요 없다! 불변사상은 이때까지 일종
의 신앙이었다!

　　신고전주의경제학은 뉴턴의 고전물리학, 그리고 만유인력법
칙을 자연과학적 기반으로 삼고 있다.

하지만 19세기에 이르자 불변신앙의 허상이 드러나기 시작했다. 그 허상을 깨뜨린 사람은 마르크스다. 『공산당 선언』(1848)에서 그는 변화의 추동력을 생산력과 생산관계의 변증법에서 찾는다. 프롤레타리아계급은 이런 역사의 법칙을 구현하는 사람들이다. "만국의 프롤레타리아여, 단결하라!" 나는 『공산당 선언』을 역사에서 '변화'를 부각시킨 책으로 평가한다.

불변신앙에 결정타를 날린 사건은 찰스 다윈으로부터 터졌다. 『공산당 선언』이 출간되고 10년이 흐른 뒤 다윈은 『종의 기원』(1859)을 출간하였다. 생물은 불변하지 않는다. 그것은 끝없이 '진화'한다!

"원래 극소수 또는 하나의 형상에 몇 가지 능력과 함께 숨결이 불어 넣어졌고, 그 뒤 이 행성이 정해진 중력법칙에 따라 계속 도는 동안, 처음에 그토록 단순했던 것에서 가장 아름답고 가장 경이로운 무수한 형상들이 진화해 왔고 지금도 진화하고 있다는 이런 생명관에는 장엄함이 있다."

생물의 진화는 변하는 환경에 생물이 적응하는 과정에서 일어난다. 생물은 물론 환경도 변하기 때문에 이 세상에서 변화하지 않는 것은 아무것도 없다. '변화'가 드디어 시대정신이 된 것이다. 제도경제학은 다윈을 기점으로 과학과 경제학을 평가한다. 다윈 이전*Pre-Darwinism*과 다윈 이후*Post-Darwinism*로 표기하면서 신고전주의경제학을 다윈 이전 경제학*Pre-Darwinism Economics*으로 명명한다. 이들은 스미

제도경제학은 다윈의 진화생물학을 자연과학적 기반으로 삼고 있다.

스를 따라 고대와 중세시대의 불변신앙에 사로잡혀 있다.

포스트다윈주의에 해당하는 '제도경제학'은 '변화'를 핵심단어로 채택한다. 자연이 진화하듯이 경제도 진화한다. 그렇다면 제도경제학은 변화의 동력을 어디서 발견하는가? 경제활동은 자연을 활용해 이루어진다. 자연자원과 자연과학법칙을 활용하거나 자연환경에 의존하지 않고 경제는 발전할 수 없다. 경제가 자연처럼 '진화'하는 이유다.

하지만 자연과 경제 사이에 다른 점도 있다. 자연과 달리 경제는 인간들의 활동이다. 다시 말해 경제는 인간이 자연에 순응하지 않고 자연을 변화시켜 나가는 과정이다. 이 과정에서 인간은 '기술'을 발전시키고 '제도'를 확립한다. 이 모든 것은 신의 창조물도, 자연의 선물도 아니다. 그것들은 인간의 산물이다. 인간은 자신이 창조한 것들을 딛고 역사를 변화시켜 나간다. 역사의 궁극적 변화 동인은 '인간'이라는 말이다! 이 때문에 인간의 역사는 자연사로 환원되지 않는다. 제도경제학을 사회다윈주의*Social Darwinism*로 오해하면 큰일 난다. 허버트 스펜서*Herbert Spencer*로부터 출발하는 사회다윈주의는 경제를 생물학으로 환원시켜 버린 또 하나의 '자연주의' 사회이론이다. 사회다윈주의에서 생물은 인간이 아니라 '짐승'일 뿐이다!

> 진화생물학을 도입하는 동시에 인간을 부각시키는 제도경제학을 인간과 동물을 동일시하는 스펜서의 사회다윈주의로 오해하면 안 된다.

진화생물학을 자연과학적 근거로 삼으면서 제도경제학은 경제학 모델에 인간을 복원시켰지, 짐승을 복원시키지 않았다. 인간은 변화를 추구한다. 그렇다면 모든 인간이 변화를 갈망하며, 그에 참여하는가? 결코 그렇지 않다. 앞에서 충분히 검토한 것처럼 인간은 서로 다르다. 특히 문화적으로 다르다. 보수적 문화에 젖은 보수주의자들은 변화를 두려워한다. 이미 차지한 권리, 곧 기득권을 확보한 사람들은 현 체제의 변화를 거부할 뿐 아니라 변화를 추구하는 진보주의자들의 견해를 음해하고 탄압한다.

베블런은 『유한계급론』에서 보수주의자들은 변화를 추구하는 사람들의 혁신적 활동이 "사회 구조를 근본적으로 뒤흔들 것"이며 "사회를 혼란에 빠뜨릴 것"이라고, 또한 "도덕의 근본을 뒤엎어 버린다"거나, "삶을 견딜 수 없게 만들 것"이거나, "자연의 질서를 능멸할 것"이라고 폄하한다고 서술하였다. 보수주의는 유한계급만의 문화가 아니다. 노동자를 비롯한 하층계급에서도 보수주의적 문화는 만연하다. 베블런의 분석을 다시 이어 보자.

"이런 명제로부터 다음과 같은 결론을 도출할 수 있다. 곧 유한계급제도는 생존수단에 해당하는 것 중 많은 부분을 하층계급으로부터 박탈함으로써 그들의 소비를 줄이며, 그 결과 이들의 가용 에너지를 소진시켜 학습은 물론 새로운 사유습성의 채택에 필요한 노력을 할 수 없는 그러한 지점으로 이들을 몰아감으로써 결국 보수적으로 만드는 데 기여한다. 금전적 최상부에 부가 축적된다는 것은 하층부의 궁핍을 의미한다. 그리고 그것이 어떤 곳에서 일어나든 인민들 가운데 무시하지 못할 정도의 궁핍이 모든 혁신을 가로막는 심각한 장애가 된다는 것은 상식에 속할 것이다."

그렇다면 누가, 곧 인간들 중 어떤 자들이 인류 역사를 변화시키는가? 나는 '고독한 지식인'들이 최초의 변화 동인이라고 본다. 이들의 통찰력과 연구, 고뇌가 없으면 인간 사회에서 변화는 결코 일어나지 않는다. 다시 말해 이들의 고뇌와 지치지 않는 실천이 없다면 변화는 자연발생적으로 일어나지 않는다! 이쯤하면 '민중주의자'들이 섭섭해 할 것 같다. 하지만 그렇게 섣부르게 생각하지 말자.

몇몇 지식인들이 아무리 발버둥 쳐도 변화는 불가능하다. 이들로부터 학습한 깨어 있는 다수의 시민들의 참여와 땀, 눈물이 없으면 그 어떤 변화도 완성될 수 없다. 이제 프롤레타리아트가 움직일 차례다. 하지만 대다수 노동운동은 경제적 자기이익의 범위 안에 머무르며, 대다수 노동자들은 보수주의자들이기 때문에 여기서 많은 것을 기대할 수 없다. 노동자주의자들이 매우 거부하고 싶겠지만, 이게 엄연한 현실이다. 대다수 노동자들은 호모사케르와 호모에코노미쿠스에 머무르고 있다. 그래도 변화를 이끌어 내자면 이들의 참여가 크게 요청된다는 것도 부인할 수 없는 사실이다.

지식인들의 땀과 고독, 그리고 적지 않은 수의 깨어 있는 시민들이 역사를 변화시켜 왔다! 변화의 과제를 스스로 짊어지기로 결단한 사람들이다. 그리고 그 결단이 야기할 (자기파멸적) 결과에 대해 스스로 책임지고 있다. 이들은 이기적이고 음습한 자들이 감히 입에 올려서는 안 될 존경할 만한 이름 없는 작은 영웅들이다. 보수주의자들과 투쟁하면서 지식인과 깨어 있는 시민들은 새로운 것들을 깨닫게 된다. 나아가 새로운 환경에 직면해 그들은 자신들의 유토피아를 끝없이 수정해 나간다. 이들의 유토피아는 신고전주의경제학의 '일반균형'과 마르크스경제학이 염두에 두고 있는 공산주의와 같은 불변의 유토피아가 아니라, 변화에 직면해 성찰을 통해 지속적으로 수정해 나가는 '진화적 유토피아'다. 제도경제학자 제프리 호지슨은 이를 '에브토피아*Evtopia*'라고 불렀다.

> 새로운 진보진영은 불변의 유토피아를 버리고, 환경의 변화와
> 성찰을 통해 진화하는 '에브토피아'를 가져야 한다.

  자연과학적 기반에 대한 검토과정은 우리에게 새로운 비전을 제시
한다. 자본주의경제는 물리학적으로 진보하지 않고 생물학적으로 진
화한다. 이 때문에 진보진영은 이미 정해진 유토피아를 향해 나아가
지 않고, 새로운 환경 앞에서 성찰하면서 유토피아를 끝없이 개선해
야 함은 물론 당면한 과제 해결에 필요한 정책을 새롭게 설계해야 하
는 부담을 지게 되었다. '좋은 삶'에 대한 희망을 놓지 않는 동시에 유
연한 태도로 실천적인 정책대안을 고민해야 한다는 것이다.

  유토피아는 예정되어 있지 않다. 그것은 성찰과 투쟁, 곧 문화적·
정치적 실천을 통해 설계되고 만들어질 뿐이다. 제도경제학은 이런
문화운동의 중요한 가이드라인이 될 수 있다.

진화생물학과 제도경제학의 관계

앞에서 우리는 제도경제학이 진화생물학을 자연과학적 기반으로 취
하고 있음을 알아보았다. 하지만 현명한 우리의 독자들은 이 둘의 관
계가 여전히 애매하게 설정되어 있다는 사실을 알고, 심적 고통을 느
낄 것이다.

  제도경제학과 진화생물학의 관계는 〈그림 8-5〉로 정리된다. 정확

하게 이해하기 위해 메타이론*Metatheory*과 대상이론*Object Theory*을 학습해 보자. 두 개의 이론 A와 B가 있다고 가정하자. 만일 이론 A가 이론 B를 대상으로 삼아 연구하고 있으면 주체가 되는 A 이론이 '메타이론'이고, 반대로 연구대상이 된 B 이론은 '대상이론'이 된다. 이 책에서 우리는 인문학으로 경제를 이해하는 방법을 취하고 있는데, 이때 인문학은 메타이론이고 경제학은 대상이론이 된다.

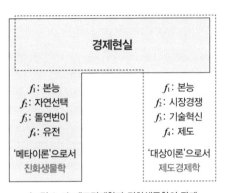

〈그림 8-5〉 제도경제학과 진화생물학의 관계

이런 관계를 진화생물학과 제도경제학에 적용하면 진화생물학이 메타이론이고, 제도경제학은 대상이론이다. 메타이론은 대상이론을 연구하기 때문에 둘의 주제와 영역은 아주 많이 겹치지만, 둘은 하나로 환원될 수 없다. 이를테면, 본능을 중시하는 점에서 둘은 겹친다. 자연선택과 시장경쟁, 그리고 돌연변이와 기술혁신은 각각 같은 결과를 낳는다. 또한 변하지 않고 오랜 기간 지속되는 점에서 제도와 유전인자는 유사하다.

하지만 생물현상인 유전과 사회현상인 제도는 분명히 다르다. 나아가 생물세계의 주체는 동물과 식물인 반면, 경제세계의 주체는 호모사피엔스다. 따라서 경제학을 살아 있는 존재를 다루는 생물학으로 부터 이해하는 방식은 죽어 있는 물질을 다루는 물리학으로부터 이해하는 방식보다 훨씬 합리적이지만, 그것을 오로지 생물학으로 환원시키는 것은 과학적이지 못하다. 인문학으로 경제학을 이해할 때 우리가 봐 왔듯이 둘이 겹치는 부분이 많지만, 둘은 하나로 환원될 수 없는 독립적 연구분과라는 사실은 부정되지 않는다. '인간'이 존재하는 이상 제도경제학은 진화생물학으로 환원되지 않는다. 경제학이 진화생물학으로 환원되는 순간, 그것은 인류를 파멸로 이끌었던 사회다원주의*Social Darwinism*와 스펜스주의*Spencerism*의 함정에 빠지고 만다.

> 제도경제학은 진화생물학으로 자본주의경제를 이해하지만,
> 경제를 생물학적 진화과정으로 환원시키지는 않는다.

사람은 무엇으로 사는가? 인간을 동물과 동일하게 취급하는 사회다원주의는 인간이 쾌락을 위해 산다고 답한다. 하지만 진화한 존재이기 때문에 비록 동물과 유사한 점이 많더라도, 인간은 동물과 다른 고유성을 지닌 존재라고 생각하는 제도경제학자는 인간이 '좋은 삶(에우다이모니아)'을 위해 살고, 도구적 가치와 이성적 가치에 따라 경제활동을 수행한다고 답할 것이다. 서로 다른 목적을 추구하는 사회다원주의와 제도경제학의 경제정책이 크게 달라지리라는 것을 충분히 예상할 수 있다.

9.

경제학적 전제와 에우다이모니아, 지속가능한 발전

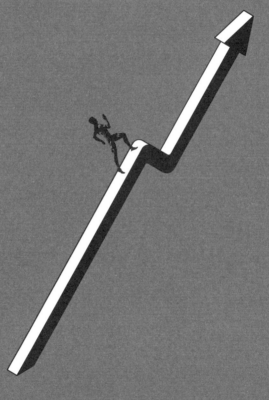

앞에서 본 것처럼 경제학은 각종 인문학적 질문에 대한 다양한 답 위에 서 있으며, 이러한 답들이 얽혀 경제학이론, 곧 연구모델을 만들고 있다. 모든 질문들에 대해 경제학파가 제각기 내린 답을 우리는 '가정 *Assumption*'이라고 부른다. 예컨대, 신고전주의경제학은 인간의 본성에 대해 쾌락적, 이기적, 개인적 존재로 '가정'한 후 경제학모델을 구축해 나간다. 그리고 제도경제학은 다중본성과 사회적 존재를 가정하면서 자신의 모델을 만든다. 가정이 다르면 모델이 달라지고, 모델이 달라지면 결론도 달라진다. 따라서 경제학은 가정의 학문이지, 결코 결론의 학문이 아니다. 경제학모델에 들어가기에 앞서 '가정'을 검토하자! 가정과 유사한 것으로 '전제*Premise*'가 있다. 가정은 나름대로 설득력을 갖춰야 하지만 전제에 대해서는 그 조건이 상당히 완화된다. 이를테면, 인간의 본성에 관한 논의는 오랜 역사를 가지고 있으며, 수많은 경험과 과학적 연구가 뒷받침되어야 한다. 각자는 나름의 지식에 따라 특정 모습을 '가정'한다.

전제는 그렇지 않다. 전제는 '믿음'의 대상이다. 기독교의 출발점은 신의 존재다. '신은 존재한다!' 이것은 증명될 수도, 기각될 수도 없는 명제다. 따라서 그것은 믿음의 대상이다. 종교란 신이 존재한다는 전제를 받아들이고 믿는 행위다. 경제학에도 이런 전제들이 있고, 이 전제들로부터 경제학 연구가 시작된다.

> 경제학은 가정과 전제의 학문이지, 결론의 학문이 아니다.

우리에게 익숙한 경제학적 전제를 상기해 보자. 가장 빨리 떠오르는 것은 '희소한 자원'과 '무한한 욕망'에 관한 전제다. 우리는 이 전제를 무의식적으로 수용한 후 믿고 있다. 하지만 이 전제는 어느 정도 타당한가?

희소한 자원과 무한한 욕망! 우리가 무의식적으로 수용하고 믿는 이 두 명제는 사실 모든 경제학에 공통적인 전제라기보다 특정 경제학파, 곧 신고전주의경제학이 믿고 있는 전제일 뿐이다. '희소한 자원'은 흔히 '희소성의 원칙'이라고도 불린다. 이는 인간, 특히 시장행위자가 사용할 자원이 항상 부족하다는 말이다. 이들에게 결핍Scarcity은 법칙이다. 희소성의 원칙은 신고전주의경제학이 전제하고 있는 경제활동에 대한 '환경적' 조건이다.

경제활동은 환경적 조건에 인간의 노동이 가해지는 행위다. 따라서 경제학은 이 인간적 조건에 대한 전제도 제시해야 한다. '무한한 욕망'은 신고전주의경제학이 제시하는 '인간적' 조건에 관한 전제다. 끝이 없는 인간의 욕망도 희소한 자원처럼 법칙적이다. 둘은 신고전주의경제학의 '자연적' 전제에 해당한다. 물론 이 전제는 신고전주의경제학의 쾌락주의적이고 공리주의적 본성론과 같은 계보를 형성한다.

자원은 부족한데 인간의 욕망은 끝이 없는 현실! 이것이 바로 신고전주의경제학자들이 직면한 자연적 현실이다. '부족한' 자원과 '끝없는' 욕망, 이 간격은 실로 크다. 이 심연을 메울 방법은 없는가? 제어할 수 없는 법칙적 욕망을 충족시키는 방법은 희소한 자원을 활용해 재화의 규모를 늘리는 수밖에 없다. 신고전주의경제학은 '성장'을 대안으로 찾았다. 하지만 자원이 부족하기 때문에 성장은 효율적으로 이루어져야 한다. 이 경우 비용을 줄이는 것이 가장 효과적이다.

성장과 효율성! 신고전주의경제학의 핵심용어는 이 두 가지 전제로부터 도출된 것이다. 효율적 성장을 통해 도달하고자 하는 최종 목적은 쾌락이다(〈그림 9-1〉 참조). 이참에 2장에서 학습한 효율성을 수식화하는 방법을 기억해 연결시켜 보자(〈식 2-1〉 참조).

〈그림 9-1〉 신고전주의경제학의 전제와 정책목표

풍요의 시대

그렇다면 자원은 실제로 희소한가? 슘페터는 『자본주의, 사회주의, 민주주의』(1942)에서 "만일 자본주의가 1928년부터 반세기를 지나면서 과거의 성과를 반복할 수 있다면, 현재 기준에 따라 빈곤이라고 불리는 그 모든 것을 제거할 수 있을 것"이라고 전망하면서 그런 발전이 10%의 실업자들에게 충분한 생활기반을 제공할 수 있을 것으로 확신했다.

슘페터가 생각한 50년은 1928~1978년이다. 그사이 미국의 실질 GDP는 슘페터가 예상한 2%보다 훨씬 높은 3.7%의 연평균성장률을 기록하였으니, 풍요의 경제는 초과달성한 셈이다. 그럼에도 2014년 현재 미국 국민의 17.5%가 빈곤(중위소득의 50% 이하)에 허덕인다.

케인스는 20세기의 가장 저명한 경제학자였다. 그는 풍요의 시대를 확인한 또 한 명의 경제학자다. 그는 「우리 자손의 경제적 가능성」

이라는 소논문에서 풍요에 관한 그의 관점을 시작하였다. 케인스에 따르면 실질적인 경제성장은 16세기나 17세기에 비로소 시작되었다. 20세기 초에 이르자 기술은 크게 진보하였고, 자본은 엄청나게 축적되었다. 그 결과 지난 100년 동안(1830~1930) 일인당 생활수준은 약 8배 향상되었다. 그리고 이러한 추세는 계속될 것이며, 다음 100년이 지나면 "경제적 풍요의 궤도"에 오를 것이라고 굳게 믿었다.

"중대한 전쟁과 급격한 인구 증가가 일어나지 않는다고 가정하면 100년 안에 경제문제는 해결되거나, 적어도 해결 범위 안에 놓일 것이다. 이는 미래를 들여다볼 때 경제문제는 더 이상 인류의 항구적 문제가 되지 않으리라는 것을 의미한다." 케인스가 내린 결론이다. 머지 않아 2030년인데, 주류 경제학자와 보수정치인들은 여전히 자원은 희소하다고 엄살이다.

노벨경제학상 수상자인 존 케네스 갤브레이스*John Kenneth Galbraith* 와 아마르티아 센*Amartya Sen*은 20세기 후반에 풍요의 경제를 직접 눈으로 확인한 경제학자들이다. 갤브레이스는 베블런과 케인스를 따라 『풍요한 사회』(1958)를 저술하였다. 그에게 풍요는 미래에 달성될 뭔가가 아니었다. 풍요는 이미 달성되었다! 기업들이 치열하게 벌이는 마케팅경쟁은 생산된 재화가 얼마나 풍요로운지를 적나라하게 보여준다. 다 팔지 못할 정도로 재화가 너무 많다!

1998년 노벨경제학상 수장자인 센에게도 풍요의 경제는 확실하다. 『자유로서의 발전』(1999)에서 센은 "우리는 사상 유래가 없는 풍요의 세계에 살고 있다. 그런 풍요는 1, 2세기 전에는 거의 상상하기조차 어려웠다"라고 결론 내린다. 센에게 생산능력의 확장, 곧 '성장'은 더 이상 중심 문제가 될 수 없다. 이제 발전*Development*이 핵심의제가 되어야 한다. 건강한 삶, 차별의 폐지, 건강한 환경, 정치적 자유가 센이 말한 '발전'의 내용이다.

2018년, 우리나라는 일인당 국민총소득GNI 3만 달러를 돌파했다. 3만 134달러는 약 3,560만 원이다. 4인 가족이라면 가구당 연봉이 1억 4,600만 원 정도가 되어야 한다는 말이다. 하지만 1,800만 근로자의 절반이 연봉 2,400만 원 미만을 받고 있다. 4인 가족 근로자의 평균 연봉은 7,000만 원에 불과하다. 연봉 7,000만 원을 받는 사람도 많지 않다. 교수인 필자도 그만큼 못 받는다.

대한민국은 이미 풍요의 사회다. 3만 달러 이전에 이미 풍요의 시대에 도달했었다는 말이다. 이제 성장이 화두가 될 시기가 아니다. 독점되어 쓰이지 않고 놀고 있는 성장의 결과에 대해 '분배'를 고민해야 할 시기다. 슘페터, 케인스 그리고 모든 위대한 경제학자들이 100년 전에 이미 예상하고 목도했던 사실이며, 갤브레이스와 센이 실제로 확인한 사실이다. 두 사람은 그러한 공로를 인정받아 노벨경제학상까지 받았다.

희소성은 더 이상 법칙이 아니며, 현대 경제학의 전제로 부적합하다. 따라서 성장이 경제정책의 절대적 목표가 될 필요가 없다. 하지만 유감스럽게도 보수진영과 마찬가지로 진보진영 역시 여전히 성장을 절대적 목표로 설정하고 있다.

> 현대 사회는 희소성을 마감하고 풍요의 시대에 진입하였다. 따라서 경제성장이 경제정책의 절대적 목표로 설정될 필요가 없다.

그럼에도 불구하고 많은 사람들이 왜 여전히 자원을 희소하다고 생각하는가? 베블런은 현대 경제의 두 가지 측면을 강조하였다. '기계적 공정'과 '영리기업*Business Enterprise*'이 그것이다. 기술이 고도로 발전된 현대 사회에서 생산성은 크게 향상되었다. 기계적 공정이 생산을 효율적이면서 원활하게 이루어지게 만들기 때문이다. 하지만 영리기업의 동기는 화폐적 이익이다.

　화폐적 이익을 드높이기 위해 그들은 기계공정을 의도적으로 중단시킨다. 공급이 제한되면 가격을 올려 받아 '잉여'를 추가로 얻을 수 있기 때문이다. 베블런은 이를 영리계급에 의한 '효율성의 의도적 철회' 혹은 생산활동에 대한 '태업'이라고 불렀다(〈표 8-2〉 참조).

　기술이 고도로 발전한 현대 사회에서 자원은 희소하지 않고 실로 풍부하다. '풍요*Affluence*의 경제'는 영리계급의 욕심에 의해 '희소성의 경제'로 전락한 것이다!『유한계급론』에서 베블런은 이러한 풍요가 유한계급들의 '질펀한 파티'와 '불쾌한 과시소비'로 낭비되고 있음을 신랄한 문체로 고발하며 조롱한다.

　본래의 질문으로 되돌아가자. 우리는 왜 여전히 자원이 희소하다고 생각하는가? 베블런의 생각을 현대적 용어로 설명하면, 독과점기업들이 독점가격을 유지하기 위해 생산량을 의도적으로 줄였기 때문이다. 그 결과 우리는 풍요한 자원 속에서 역설적으로 희소성에 시달리는 것이다. 경제학자들의 이런 혜안을 1963년, 케네디 대통령은 '풍요 속의 빈곤'으로 표현했다. 자원은 더 이상 희소하지 않다. 단지 소수에게 독점돼 있을 뿐이다. 신고전주의경제학자들은 학생들과 대중을 '희소성의 원칙'으로 세뇌함으로써 이런 현실을 호도하며, 과로와 과잉성장 그리고 낭비의 쳇바퀴로 내몰고 있다.

> 희소성의 원칙이 우리 주위를 여전히 배회하는 이유는 풍요한 자원을 소수가 독점하고 있기 때문이다.

이스털린의 역설과 과유불급

우리는 현대 자본주의의 물질적 조건을 검토한 후 희소성의 원칙이 터무니없는 전제라는 사실을 확인하였다. 이제 신고전주의경제학의 두 번째 전제인 '욕망의 무한성'을 실증적으로 검토해 보자.

물질과 에우다이모니아, 곧 좋은 삶은 어떤 관계를 갖는가? 신고전주의경제학에 따르면, 물질에 대한 인간의 욕망은 무한하다. 그리고 무한한 욕망을 추구하는 행위는 자연스러울 뿐 아니라 바람직하다. 그러한 욕망을 달성함으로써 인간은 행복을 느낀다. 따라서 물질이 많을수록 인간의 행복은 증가할 것이다. '유물론적 행복론'으로 표현될 수 있는 그들의 생각은 '다다익선'으로 요약된다. 많을수록 좋다!

앞에서 요약한 것처럼 아리스토텔레스에 따르면 좋은 삶은 중용의 미덕, 정의, 평등으로 이루어진 삶이다. 하지만 그것은 물질에 대한 기본적인 규모가 확보될 경우에 비로소 가능하다. 인간은 동물의 일종이다. 그는 진화의 산물이다. 따라서 비록 정신적 존재이지만, 인간은 천사와 같이 완전한 정신적 존재는 아니다. 인간은 동물과 천사의 중간적 존재일 뿐이다. 따라서 영양과 생식의 기능과, 감각과 욕구의 기능이 충족되지 않고서는 인간은 좋은 삶에 이를 수 없다. 아리스토텔레스 역시 다른 것들을 다 배제한 채 탁월함 한 가지만으로 행복에 이를 수 있다고 생각하지 않았다. 행복을 얻기 위해서 그는 적절한 규모의 물질적 조건들이 충족되어야 한다고 믿는다. 예컨대, 행복을 위해 그는 일정 정도의 부는 물론 좋은 출신성분과 공적활동의 참여 권리 등의 조건이 필요하다고 믿었다.

특히 물질적 기반은 앞에서 제시한 첫 번째 두 가지 기능, 곧 영양의 기능과 생식의 기능을 직접적으로 충족하기 위해서도 절대적으로 필요할 뿐 아니라 이성과 사유의 기능에 대한 기본적 조건이 된다. 따라서 아리스토텔레스의 좋은 삶은 물질에서 시작되며, 아리스토텔레스도 그것을 굳게 믿고 있었다. 돈 없으면 사랑도 문을 열고 도망간다! 그의 에우다이모니아는 '무소유의 행복'을 설교하는 '관념적 행복론'과 크게 다르다.

하지만 '중용의 미덕'을 통해 유추할 수 있듯이 물질에서도 아리스토텔레스는 양극단을 지양한다. 또한 정의로움은 무자비한 소유방식에 대한 방파제 역할을 한다. 뿐만 아니라 평등의 이념은 독점을 혐오한다. 따라서 물질에 관한 그의 입장은 무소유도, 다다익선도 아니다. 그것은 '과유불급'으로 적절히 표현될 수 있다. 뭐든 적절해야 좋다!

물질만으로 좋은 삶이 완성되지는 않는다. 더 나아가 그것이 많을수록 행복해지는 것도 아니다. 유럽신경제재단*NEF*이 2010년 나라별 행복지수를 조사한 결과, 부탄은 세계 1위를 차지했다. 국민 100명 중 97명이 "나는 지금 행복하다"라고 대답했다. 그런데 부탄의 일인당 소득은 2,000달러 안팎에 머무른다. '떡', 곧 물질이 좋은 삶의 절대적 조건이 아니라는 말이다.

1974년 리처드 이스털린*Richard Easterlin*은 1946년부터 빈곤 국가와 부유한 국가 등 30개 국가의 행복규모를 연구했다. 그 결과 이스털린은 흥미로운 사실을 알아냈다. 모든 나라에서 경제적 소득, 곧 물질이 증가하면 사람들은 행복감을 느낀다는 사실이었다. 물질이 뒷받침되어야 인간은 행복해질 수 있다. 거기까지는 사탄의 말이 맞다. 하지만 이스털린의 발견은 여기서 끝나지 않았다. 소득이 높아지면 행복감은 증가하지만, 일정 수준을 넘는 순간 소득이 더 증가하더라도 대다수 사람들은 더 큰 행복을 느끼지 않더라는 사실이다. 이것을 '이스털린의 역설*Esterlin's Paradox*'이라고 부른다. 물질에 대한 인간의 욕망은 무한하지 않다.

대니얼 카너먼*Daniel Kahneman*과 앵거스 디턴*Angus Deaton*은 2008~2009년 갤럽이 실시한 미국인 45만 명에 대한 설문조사결과를 분석했다(카너먼과 디턴, 2010). 이에 따르면 소득이 높을수록 미국인들의 행복감은 커졌다. 하지만 그러한 (+)의 관계는 연간 소득 7만 5,000달러, 곧 우리 돈으로 약 8,700만 원까지 유지되었다. 그 뒤로는 늘어난 소득이 행복을 키우는 효과가 거의 사라져, 그 이상은 돈을 더 벌어도 일상적인 행복감에는 큰 차이가 없는 것으로 밝혀졌다. 소득이 일정 수준에 이르고 기본적인 욕구가 충족되면 소득의 증가가 행복에 영향을 미치지 않는다는 이스털린의 역설이 입증된 것이다.

> 소득이 증가할수록 행복은 증가한다. 그러나 소득이 일정 수준에 이르면 소득이 증가해도 행복은 더 이상 증가하지 않는다. 따라서 인간의 욕망은 무한하지 않다.

행복을 얻기 위해 물질은 실로 필요하다. 하지만 에우다이모니아의 실현은 다다익선과 거리가 멀다. 과유불급으로 요약되는 '에우다이모니아'는 이스털린의 역설로 입증된다. 지금까지의 실증적 연구결과들을 그래프로 그려 보자. 독자들은 그래프가 '문학적 스토리'를 기호와 그림으로 전환한 것에 불과하다는 우리의 생각을 다시 상기하면서 그래프에 대한 두려움을 떨쳐 버릴 필요가 있다.

〈그림 9-2〉는 먼저 세 가지 행복론을 도식적으로 보여 준다. 신고전주의경제학의 유물론적 행복론은 '다다익선'의 사자성어로 요약되었다. 물질이 많을수록 행복하다는 스토리는 둘 사이에 (+)의 기울기로 그려질 것이다. 그 대척점에 서는 법정스님의 '무욕론', 곧 관념론적 행복론은 소득과 행복 사이에 (−)의 기울기로 묘사된다. 비울수록 행복하고, 많을수록 불행하다!

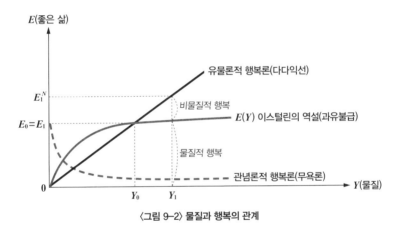

〈그림 9-2〉 물질과 행복의 관계

마지막으로 이스털린의 역설을 그려 보자. 그 전에 수식화하는 방법을 한 가지 더 공부해 보자. 이스털린의 역설은 $E = a + bX$처럼 구체적으로 표시하기 어렵다. 좀 더 복잡한 수식으로 표현되어야 하나, 그것은 대다수 독자들의 경제학 수준을 넘어서기 때문에 생략한다. 이런 난점을 우회하기 위해 경제학자들은 소득(원인: Y)과 좋은 삶(결과: E)의 함수관계를 $E = E(Y)$의 '일반적' 형태로 대충 수식화한다. Y(소득)는 원인이고 E(좋은 삶)가 결과라는 우리의 구어체는 이런 방식으로 처리된다. 이에 따라 우리는 〈그림 9-2〉의 이스털린 역설 그래프에 $E = E(Y)$라는 내용을 추가했다. 위치가 바뀌면 '말도 안 되는 소리'가 되니 주의해야 한다!

과유불급! 첫째, 목구멍이 포도청이니 인간은 물질 없이 살 수 없다. 이 경우 물질과 행복은 (+)의 관계를 갖는다. 하지만 물질의 효과는 특정 소득수준(Y_0)까지만 유효하다. 행복에 대한 '물질적 기준'으로 볼 수 있는 이 소득수준을 앵거스 디턴은 "그 정도 돈이면 친구들과 놀러 나가는 등, 무언가 기분 좋은 것을 할 때 돈이 큰 문제가 안 되는 수준"이라고 정의한다. 소득이 이 수준보다 많아지면($Y > Y_0$), 소득이 증가하더라도 행복은 더 이상 증가하지 않는다. 곧 Y_0일 때의 행복(E_0)과 Y_1일 때의 행복(E_1)이 같다. 그 때문에 그래프는 수평이다.[•] 이처럼 다다익선처럼 '과유불급'도 경제학 그래프로 그려 낼 수 있다. 과유불급도 다다익선 못지않게 과학적이다!

물론 이스털린의 역설로부터 모든 사람들이 과유불급의 태도를 가진다는 결론을 내리면 안 된다. 그 결과는 '평균적인' 모습을 보여 줄 뿐이다. 이 말은 대다수가 그런 태도를 가질 뿐 다다익선과 무욕의 행복론을 주장하는 사람들이 전혀 없다는 것이 아니다. 그런 사람들이 존재하긴 하나 대다수는 과유불급의 삶을 살고 싶어 하며, 다다익선

[•] 수평 부분으로 그려지는 다다익선을 어떻게 수식화할까? 이에 대한 '한가한 호기심'을 억제하지 못하는 몇몇 독자들이 계시리라. 그것은 $Y > Y_0$일 때 $E_0 = E_1$으로 수식화된다.

을 추구하는 사람은 소수에 불과하다는 말이다.

이제 이스털린의 역설이 우리에게 주는 의미를 새겨본 후 그로부터 새로운 경제정책을 마련해 볼 차례다. 일정 소득수준을 넘어서면 대다수 사람들은 돈이 많아도 더 행복하다고 생각하지 않는다. 왜 그럴까? 사람이 떡으로만 살지 않기 때문이다. 소수 욕망의 전사를 제외한 대다수는 어느 정도 돈을 벌면 일중독에 빠진 나머지 가족과 친구를 잃어가면서 돈의 노예로 전락하지 않으려 한다는 것이다. 그들은 문화적 삶과 사회적 관계를 행복의 주요인으로 여기는 동시에 사회정의와 봉사 등 정치적이고 이타적인 삶, 곧 비물질적 삶에서 행복을 느낀다는 것이다. 인간은 '호모에코노미쿠스'인 동시에 '호모딕티우스'와 '호모쿨투랄리스'이며, '호모파베르'인 동시에 '호모루덴스'이기도 하다(〈표 5-2〉 참조).

> 이스털린의 역설은 인간이 '경제적 존재'인 동시에 '관계적 존재'와 '문화적 존재'이며, '제작하는 존재'인 동시에 '유희하는 존재'이기 때문에 발생한다.

이로부터 우리는 다음과 같은 정책을 이끌어 낼 수 있다. 첫째, Y_0보다 낮은 소득으로 살아가는 빈곤층의 행복이 증가하려면 더 많은 소득이 필요하다. 목구멍이 포도청이다! 반면 고소득층의 금고에 쌓여 있는 과잉소득은 행복을 더 이상 증가시키지 못한다. 헛되고, 헛되고 모든 것이 헛되도다! 따라서 행복을 증가시키지 못하는 고소득층의 과잉소득을 저소득층에게 분배할 필요가 있다. 그렇게 하면 모두가 행복해진다. 나만 잘살면 뭐하나?

둘째, 일정 수준(Y_0) 이상의 소득을 벌어들이는 사람들의 행복을 증가시키기 위해서는 더 많은 소득보다 더 많은 '비물질적 삶'의 기회를 제공해야 한다. 그럴 경우 이들(Y_1)의 행복은 E_1^N 수준으로 높아져 '좋은 삶'을 누리게 된다. 그들의 좋은 삶(E_1^N)은 $0E_0$(물질적 행복) + $E_0E_1^N$(비물질적 행복)의 합이다. 인생은 아름다워!

이스털린의 역설은 진보진영의 경제정책에 대해 일정한 수정을 지시한다. 첫째, 다다익선은 대다수 인간들의 태도와 거리가 멀다. 따라서 성장지상주의는 인간 본성에 적절하지 않는 경제정책이다.

둘째, 중·저소득층의 행복을 증가시키기 위해 소득분배정책은 여전히 필요하다. 자신의 행복은 물론 사회 전체의 행복증진에 기여하지 않는 무익하고 해로운 고소득층의 과잉저축은 중·저소득층에게 분배되어야 한다.

셋째, '소득분배 지상주의적' 경제정책은 행복증진에 기여하지 않는다. 문화, 사회, 정치는 물론 교육정책과 건강정책 등 비물질적 삶을 개선할 수 있는 정책을 개발해야 한다.

넷째, 성장지상주의의 근저에 깔려 있는 '노동지상주의'와 '고용지상주의'도 인간의 행복을 해친다. 개인의 노동시간을 줄여 타인에게 분배해야 모두가 행복하다. 특히 돈독이 오른 고소득 전문직, 일중독에 빠진 고숙련 기술자, 잔소리와 통제로 고액연봉을 챙기는 '고위직', 이 모든 꼰대들이 청년세대에게 노동의 기회를 분배할 수 있도록 노동시간과 정년을 제한해야 한다. 노인들에게는 호모파베르보다 '호모루덴스'의 본성을 즐길 물질적 조건과 문화적 프로그램을 마련해야 한다. 노년층에게는 고용보다 복지와 문화가 제공될 필요가 있다. 휴식과 놀이는 죄악이 아니다. 평생 동안 일한 자에게 휴식과 놀이는 벌이 아니라 상이다.

마지막으로, 이 모든 것을 포괄해 내기 위해 진보의 경제정책은 쾌락 대신 '좋은 삶(에우다이모니아)'을 목표로 설정해야 한다.

> 소득분배정책과 함께 '비물질적 삶'을 고양시킬 정책이 필요하다.

이스털린의 역설과 불평등

좋은 삶을 영위하기 위한 물질적 규모는 나라마다 다르다. 소비자 심리조사기관인 스칸디아 인터내셔널 소속 부자심리모니터의 2012년 조사에 따르면, 13개 조사대상국 중 두바이 사람들은 좋은 삶을 위해 27만 6,150달러의 돈을 필요로 하였다. 1위 두바이에 이어 싱가포르와 홍콩이 각각 22만 7,553달러와 19만 7,702달러로 2위와 3위를 차지하였다. 반면 유럽국가는 행복에 필요한 연소득이 낮은 편에 속했다. 13개 국가 중 행복에 필요한 돈이 가장 적은 나라는 독일로, 평균 연소득이 8만 5,781달러였다. 다음은 오스트리아로 10만 4,477달러로 조사되었다. 이어서 프랑스가 11만 4,344달러, 영국이 13만 3,010달러였다.

이 연구조사는 행복을 느끼게 되는 물질적 기준점(Y_0)이 나라마다 다르다는 사실을 보여 준다. 여기서 우리가 특별히 주목해야 할 내용이다. 이러한 차이는 지역, 동료 등 환경의 영향을 받아 발생한다. 극히 예외적인 부를 누리는 석유 갑부나 지배계층이 있는 두바이에서는 행복감을 느끼기 위해 더 많은 돈을 필요로 했고, 부가 상대적으로 고르게 분배되어 있는 독일은 그다지 많은 액수를 요구하지 않았기 때문이다. 실로 행복은 한 국가의 '소득분배상태'의 함수다. 다시 말해 에우다이모니아는 물질의 절대적 수준(Y)뿐 아니라 '상대적 소득수준', 곧 불평등(U)에 의해서도 결정된다는 것이다. 베블런이 『유한계급론』에서 지적한 것처럼, 유한계급의 과시적 낭비는 산업계급에게 불쾌한 차별감과 모멸감을 주었기 때문이다. 사촌이 땅을 사면 배가 아프다!

이 관계를 〈그림 9-3〉에 묘사해 보자. 좋은 삶의 그래프(E)를 독일(E^G)과 두바이(E^D)로 구분해 그렸다. 불평등(U)을 좋은 삶에 대한 새로운 변수로 추가한 것이 〈그림 9-2〉와 다른 점이다. 예컨대, 독일 사람의 좋은 삶(E^G)은 Y(절대소득)와 U(상대소득, 곧 불평등)에 좌우된다. 따라서 $E^G = E^G(Y, U)$!

실증결과, 독일에서 행복의 물질적 기준(Y_0^G)은 두바이(Y_0^D)보다 낮다. 이 말은 독일 사람들은 두바이보다 낮은 소득수준($Y_0^G < Y_0^D$)에서 이미 물질적으로 만족하기 시작했다는 의미다. 반대로 두바이 사람들은 소득이 더 많아진 다음에야 비로소 물질에 만족할 수 있었다. 그 결과 같은 소득수준(Y_2)에서 독일(E_2^G)의 행복수준은 두바이(E_2^D)보다 높다.

왜 이런 일이 일어날까? 독일의 '불평등도'가 두바이에 비해 낮기 때문이다. 다시 말해, 독일에서는 임금격차가 적을 뿐 아니라 사회보장제도가 확충되어 있어 삶이 비교적 평등하다. 따라서 생활이 덜 불안하고 질투심과 시기심도 약하다. 그리고 '비교'당하지 않아 모멸감도 덜 느낀다. 사촌이 땅을 사면 배가 아픈 법인데, 사촌이 나와 별반

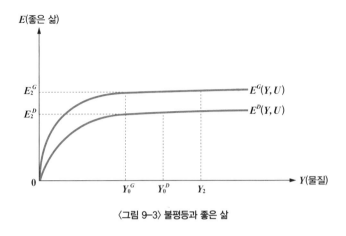

〈그림 9-3〉 불평등과 좋은 삶

차이 없으니 마음이 편한 것이다. 평등해야 행복하다!

> 절대소득뿐 아니라 상대소득, 곧 소득불평등이 행복에 영향을 미친다.

인간은 무엇으로 사는가? 떡은 기본이다. 여기까지는 사탄과 신고전주의경제학자들이 다르지 않았다. 하지만 인간은 떡으로만 살지 않는다. 궁극적으로 '말씀'으로 산다. 곧 문화적 즐거움, 사회적 관계, 정치적 참여, 이타적 봉사 등 비물질적 요인이 좋은 삶의 구성요소라는 것이다. 그런데 아무리 떡과 말씀이 충족되더라도 대다수 인간은 그것만으로 모든 번민을 물리칠 수 없다. 떡의 상대적 규모, 곧 소득의 불평등이 행복을 결정하기 때문이다. 남의 떡이 커 보이고, 사촌이 땅을 사면 배 아픈 것은 '사회적 존재'로서의 인간이 갖는 숙명일지도 모른다. 정부가 소득분배정책을 영원히 포기하면 안 되는 이유다. 인간은 간단하지 않다!

서로 다른 목적함수

타인이 정해 주었든, 내가 스스로 정하든 인간은 어떤 목적을 가지고 살아간다. 이를 우리는 '삶의 목적'이라고 부른다. 경제학 역시 다르지 않다. 지금까지 우리에게 익숙했던 신고전주의경제학은 쾌락(H)을 목적으로 삼는다. 그 구체적인 모습은 일반적으로 성공과 이익, 곧 공리로 드러나지만, 자본주의경제에서 이윤과 효용의 모습을 띤다. 이 모든 것은 물질, 곧 경제적 소득(Y)으로 측정된다. 그러므로 신고전주의경제학의 연구모델은 이 목적을 중심에 맞춰 함수로 형식화된다. 물질(Y)이 많을수록 쾌락(H)이 증대한다는 신고전주의경제학의 '목적함수'는 〈식 9-1〉과 같다.

$$H = H(Y)$$

〈식 9-1〉

Y: 경제적 소득, H: 쾌락

엄격하게 말하면, 비주류 경제학은 케인스경제학과 제도경제학으로 구분되지만 제도를 중시한다는 점에서 둘은 공통점을 갖는다(〈표 3-1〉 참조). 이런 공통점은 나중에 〈표 11-2〉에서도 개선된 내용에 따라 새롭게 정리된다. 따라서 이 책은 적지 않은 차이에도 불구하고 두 학파를 제도경제학의 계보에 포함시킨다. 둘은 좋은 삶(E)을 경제활동의 목적으로 삼는다. 그것은 중용의 미덕, 정의, 평등을 포함한다. 이런 좋은 삶은 절대적 소득(Y), 비경제적 요인(N), 상대소득, 곧 불평등도(U)의 함수다. 제도경제학의 목적함수는 〈식 9-2〉로 정리된다. 민주정부는 이 세 가지 변수를 조정함으로써 국민들의 좋은 삶에 기

여할 수 있을 것이다.

$$E = E(Y, N, U)$$ 〈식 9-2〉

E: 좋은 삶, Y: 절대소득,

N: 비경제적 요인(도덕, 문화, 사회, 정치),

U: 상대소득(불평등도)

신고전주의경제학의 목적함수는 제도경제학의 목적함수와 다르다. 전자는 쾌락을 추구하지만, 후자는 좋은 삶을 목적으로 삼는다. 목적이 다르면 수단도 달라져야 한다. 진보정부와 민주정부는 목적과 수단의 이러한 차이를 명확히 인식하면서 경제정책을 수립해야 한다.

지속가능한 발전

희소한 자원과 무한한 욕망은 이처럼 시대착오적인 전제일 뿐 아니라 실증되지 않는 선험적 전제에 불과하다. 자원이 희소하지 않고 대다수 인간의 욕망이 무한하지 않다면, 경제문제를 오로지 성장지상주의와 고용지상주의로 해결할 필요가 없다. 대신 물질의 분배와 더불어 비물질적 수단을 마련하고 제공함으로써 더 나은 삶을 향유할 수 있다. 우리는 이제 성장지상주의와 고용지상주의에 대한 여러 가지 대안들을 구상해야 할 시점에 이르렀다.

성장지상주의에 대한 반성은 다른 측면에서도 필요하다. 우리는 앞에서 경제를 '인간의 삶의 질을 개선하는 데 필요한 재화를 생산,

분배, 소비하는 활동과 그것을 관리하는 활동'으로 정의한 적이 있다. 전통적으로 우리는 경제를 생산활동, 분배활동, 소비활동이라는 세 가지 영역으로 국한시키고 이런 활동을 연구해 왔다. 나아가 신고전주의경제학은 이 모든 활동을 '성장'의 과제에 복속시켰다. 생산, 분배, 소비를 연구하되 이 모든 것은 성장을 위해 존재해야 한다는 것이다. 그리고 성장을 주도하는 것은 셋 중에서 생산활동이다.

신고전주의경제학이 주류 경제학으로 자리매김하자 성장지상주의는 현대 사회의 문화로 정착해 버렸다. 베블런의 용어를 빌리면, 성장은 현대인의 '사유습성'으로 진화한 것이다. 비주류 경제학도 성장지상주의의 문화를 피할 수 없었다. 케인스경제학은 성장지상주의의 소나기를 피하지 못한 사례에 속한다. 한국에서 '소득주도성장론'으로 불리는 포스트케인지언 경제학의 '임금주도성장론'은 성장론의 한 유형이다. 여기서는 고임금이 성장을 주도한다. 고임금이 성장을 주도하는 이유는 고임금으로 소비수요와 투자수요가 증가되기 때문이다. 신고전주의경제학과 다른 점은 생산 대신 '소비'가 성장을 주도하는 것이다.

성장주의경제학은 경제를 닫힌계로 이해한다(〈그림 8-3〉 참조). 다시 말해, 인간의 경제활동이 외부환경과 아무 관계도 갖지 않는다는 생각이다. 하지만 신고전주의경제학이 경제로 가정하는 '시장메커니즘'도, 케인스경제학이 가정하는 '국민적 체제 *National System*'도 자연환경으로부터 독립될 수 없다. 그것은 물리계는 물론 생태계 *Ecosystem* 안에 위치하고 있다. 국민적 체제는 물리계로부터 천연광물과 화석연료를 공급받는 한편, 생태계로부터 식량과 공기, 쾌적한 삶을 공급받는다.

더욱이 경제활동은 사용하는 자원만큼의 폐기물을 불가피하게 발생시킨다. 이 폐기물들은 지구의 환경시스템으로 들어가며, 환경시스템은 할 수 있는 한 그 폐기물을 다 처리해 내야 한다. 처리가 실패할 경우 자연환경에 돌이킬 수 없는 변화가 일어나, 생태계의 기능적 역량이 저하된다. 이것은 경제활동으로 되먹임된다. 경제는 닫힌계가 아니라 열린계라는 말이다. 경제는 사실 생산, 분배, 소비로 닫혀 있지 않고 '폐기'를 포함하고 있다.

> 열린계로서 경제는 생산, 분배, 소비와 더불어 폐기를 포함한다.

닫힌계에서 폐기물은 공짜로 처리된다고 가정한다. 다시 말해, 갖다 버리면 그만이기 때문에 처리비용(C)은 0이다. 앞에서 학습한 제품가격의 수식표기방식에 따르면(〈표 2-1〉 참조), $C=0$인 셈이다. 하지만 현실경제는 생태계에 열려 있다. 생태계는 인간이 버린 폐기물을 처리해야 하며, 이 경우 비용이 들어간다. 곧 제품을 주되 돈을 받으면서 양도하지 않고, 돈을 얹어 주면서 양도하는 것이다. 폐기물의 비용은 $C<0$이다(〈표 9-1〉 참조). 생태계가 폐기물을 이 가격으로 처리함으로써 열린 경제체제가 지속될 수 있으면 다행일 것이다. 하지만 오늘날의 생태계는 이런 시장의 가격체제로 폐기물을 더 이상 처리할

〈표 9-1〉 열린계로서 경제

계	닫힌계			생태계, 물리계
경제활동	생산	분배	소비	폐기물
처리비용(C)	$C=0$			$-\infty < C < 0$

수 없게 되었다. 치러야 할 비용이 무한대(-∞)가 되고 있다. 생산은 물론 소비마저 과잉상태로 빠져 들었기 때문이다.

경북 의성은 17만 톤에 이르는 '쓰레기산'으로 유명하다. 그런 산이 2019년 현재 대한민국에 235개가 분산되어 있다. 생태계는 물론 경제시스템의 처리용량을 넘어섰기 때문이다. 이 '산'에 버려진 쓰레기는 총 120만 톤에 이른다. 약 3,600억 원의 처리비용이 든다.

슈테판 크로이츠베르거*Stefan Kreutzberger*와 발렌틴 투른*Valentin Thurn*은 『왜 음식물의 절반이 버려지는데 누군가는 굶어 죽는가』 (2012)라는 저서에서 "전 세계에서 …… 수확하고 생산하는 식량의 3분의 1은 쓰레기통으로 들어가며, 선진국의 경우에는 절반이 버려진다. …… 1970년대 이래 (음식물) 쓰레기는 거의 50%나 증가했다"라고 서술하였다. 나아가 과도한 포장, 짧은 유행 때문에 가차 없이 쓰레기로 버려지는 '쓸 만한' 옷, 냉장고, 컴퓨터, 휴대폰 등을 기억해 볼 때 듀이의 프래그머티즘철학과 베블런의 도구적 가치론이 새로운 경제학 패러다임의 구축과정에서 고려되어야 할 이유는 충분하다.

과잉소비는 베블런이 지적한 사회적 소비의 결과다. 유한계급의 과시소비, 중산층의 모방소비, 저소득층의 공포소비는 총체적으로 과잉소비를 낳고 있다. 연속적으로 진행되는 이런 사회적 소비의 시작은 유한계급의 과시소비다. 과시소비는 잉여소득과 경제적 불평등에서 시작된다. 경제는 사회경제적이고 정치경제적인 구조를 지니고 있기 때문이다. 따라서 열린계로서 경제가 지속가능하기 위해 불평등이 해소될 필요도 있다. 이를 위해 불평등 해소를 위한 정치적 참여가 필요하다. 하지만 이것만으로 이 같은 지속가능성의 위기를 극복하기는 어렵다. 모든 소비자가 성찰적, 윤리적인 소비를 실천해야 한다.

진보진영은 이제 케인지언 소비촉진경제정책과 임금주도성장정책을 새롭게 조명할 필요가 있다. 과시소비와 낭비의 원천이 되고 있는 고소득층의 소득을 재분배하는 정책은 계속되어야 하지만, 그것이 중·저소득층의 낭비적 소비로 진화하지 않을 '문화적' 방안들을 함께 모색해야 한다. 그에 앞서 소비자들은 자발적으로 윤리적 소비에 동참할 수 있어야 한다. 풍요의 시대는 경제학이 '도덕경제학'으로 진보하기를 촉구한다.

> 케인지언 소득분배정책과 소비지향정책은 생태지향적으로 개선될 필요가 있고, 케인지언 소비자들도 윤리적 소비에 동참해야 한다.

경제가 사회경제 및 정치경제 구조인 동시에 물리계와 생태계에 대해 열린계라는 사실을 인식하지 못하는 한, 열린 '사회물리적 생태계'로서 우리의 경제는 더 이상 지속할 수 없을 것이다. 자본주의적 시장경제가 지속가능한 경제로 가는 확실하고 유일한 길이 될 수 없다는 점은 분명하다. 경제가 생태계에 열려 있는 체계라는 사실은 보수정당이 기획하고 있는 '비시장경제의 축소', 나아가 '규제완화'가 지속가능한 발전에 대해 얼마나 큰 장애물인지를 알게 해 준다.

가정이 연구모델과 정책 방향을 결정하듯이 전제도 그런 역할을 한다. 〈그림 9-1〉에 정리된 것처럼 희소성의 원칙과 무한한 욕망이라는 신고전주의경제학의 두 전제는 효율성을 정책 수단으로 선택한 후 성장을 정책목표로 정하게 만들었다. 지금까지 검토한 비주류 경제학의 전제를 활용해 비주류 경제학의 정책 수단과 정책 방향은 〈그림 9-4)로 정리된다. 희소성의 원칙과 무한한 욕망이라는 검증되지 않은 선험적 전제 대신 '풍요의 시대'와 '이스털린의 역설'이라는 실증된 전제를 대입하면 정책 수단은 정부의 분배와 소비자의 윤리적 소비로 바뀌고, 정책 방향은 성장 대신 '지속가능한 발전'으로 대체된다. 물론 여기에는 경제를 닫힌계 대신 열린계로 바라보는 새로운 인식이 고려되었다. 이때 성장Growth 대신 '발전Development'이 선택되었다는 사실에도 유념할 필요가 있다. 앞에서 언급한 것처럼 성장은 생산능력의 확장만을 의미하지만 발전은 건강한 삶, 건강한 환경, 차별의 폐지, 불평등의 해소, 정치적 자유와 정의를 포함한다. 성장이 발전의 기초가 되겠지만, 호모에코노미쿠스와 달리 비물질적 삶을 희구하고 불쾌한 비교를 혐오하는 다중본능적 성찰적 인간은 '발전 없는 성장'을 결코 용인하지 않을 것이다. 경제학의 새로운 전제로부터 도출된 정책목표는 〈표 8-2〉와 〈그림 8-1〉에서 정리된 제도경제학적 가치판단기준의 목록에 이미 들어 있다. 〈그림 9-4〉는 앞에서 정리한 제도경제학적 목적함수(〈식 9-2〉 참조)의 구체적 버전으로 볼 수 있다.

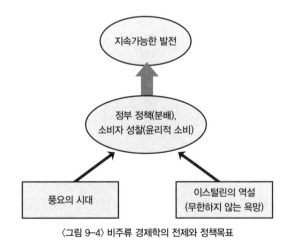

〈그림 9-4〉 비주류 경제학의 전제와 정책목표

경제학 연구방법과 정책 방향

지금까지 우리는 경제학의 인문학적 질문과 자연과학적 질문으로부터 출발해 경제학모델과 경제정책을 살펴보았다. 이 과정에서 우리는 동일한 인문학적, 자연과학적 질문에 대해 경제학자들이 다른 답을 제시하고 있으며, 이 때문에 경제학파가 형성된다는 사실을 알았다. 더 나아가 경제학이 설정하는 전제에 대해서도 검토해 보았다. 자원과 욕망에 대한 경제학파의 전제는 서로 달랐으며, 그로 인해 제안되는 정책도 달라졌다.

이 내용을 간단하게 정리한 후 다음 내용으로 넘어가는 것이 효과적일 듯하다. 〈표 9-2〉는 경제정책을 수립할 경우 진보정당의 학술적 '족보'는 물론 취해야 할 정책의 일관성을 제시해 준다. 나는 독자들이 인문학적 질문 중 존재양식에 관한 항목에 잠시 눈길을 줄 것을 부탁드린다. 실천을 기획하고 변화를 설명하기 위해 제도경제학은 연구모델 안에 사회적 존재를 넘어 '제도적 개인'을 도입했다는 점이다. 복잡성을 피하기 위해 구분하지 않았지만 독자들은 본성, 시장행위자, 경제동력 등 몇몇 항목에서 비주류 경제학 사이에 약간의 차이가 존재한다는 사실도 이미 알고 있다.

경제학자들은 생산, 분배, 소비를 포함하는 경제의 각 영역에서 서로 다르거나, 심지어 대립되는 정책대안을 제시한다. 이런 차이는 알고 보면 경제학자들에 의해 선택된 인문학적, 자연과학적 대답과 설정된 경제학적 전제의 차이에 기인한다. 경제학을 공부하려는 독자, 그리고 경제정책을 수립하려는 정치인들은 인문학과 자연과학에 관심을 기울일 필요가 있다.

정당 구분		보수정당	진보정당
경제학적 기반	경제학파	주류 경제학 (신고전주의경제학)	비주류 경제학 (제도경제학, 케인스경제학)
	경제학자	스미스	베블런, 커먼스, 케인스
인문학적 질문	인지능력	완전 합리성	제한적 합리성
	본성	단일본성	다중본능
	존재양식	개인적 존재	'제도적 개인' / 사회적 존재
	보편성	동질성	이질성
자연과학적 질문	인과관계	일원론	총체론(다원론+상호작용+피드백)
	결과	확실성, 유일성	불확실성, 다양성
	체제의 개방성	닫힌계, 불변의 메커니즘	열린계, 변화하는 유기체
	자연과학	고전물리학, 수학	진화생물학, 수학
경제학적 전제	자원	희소한 자원	풍요의 시대
	욕망	무한한 욕망	이스털린의 역설
정책 방향	시장정책	자유방임, 규제완화	개입주의, 규제강화
	주체	시장행위자	깨어 있는 시민, 민주정부
	정책목표	쾌락과 공리의 최대화	좋은 삶(중용, 정의, 평등)
		성장	분배, 정의
	경제동력	이윤	본능, 기술, 권력, 문화
	유토피아	불변의 일반균형으로 수렴	진화하는 에브토피아로 발산

인문학과 자연과학의 기반을 들여다봄으로써 보수정당과 진보정당의 경제정책을 진단할 수 있다.

임금이 높으면
경제는 성장할까?

—

포스트케인지언
제도경제학의
임금주도성장

이 책은 근저에 깔려 있는 접근방법론과 가정, 전제, 연구모형에 의지함으로써 대단히 학술적인 형식을 취하고 있다. 따라서 강의시간에 교과서로 활용할 수 있을 것이다. 하지만 현실적으로 적용될 정책대안과 가이드라인을 제시하는 것이 이 책의 더 큰 목적이다.

앞에서 우리는 인간의 욕망이 무한하지 않고, 현대 자본주의경제가 풍요의 시대에 접어들었기 때문에 성장이 경제정책의 일차적인 목표가 될 필요가 없다는 사실을 지적하였다. 우리에게 필요한 정책은 소득과 부를 재분배하며 비물질적 행복을 증진시켜 모두가 좋은 삶에 이르도록 해 주는 정책이다.

하지만 자본주의경제의 행위자는 이질적이다 못해 대립적이다. 특정 유토피아를 지향하는 경제정책은 다른 유토피아를 지향하는 세력의 반대에 부딪힌다. 특정 정책의 구현가능성은 이론모형의 과학성이 아니라 그 지지자의 세력에 의해 결정된다. 지지세력의 정치적 역량이

신고전주의경제학의 성장론

이미 우리는 성장이 신고전주의경제학의 양보할 수 없는 목적이 된다는 사실을 알고 있다(〈그림 10-1〉 참조). 그렇다면 이들에게 성장의 원동력은 무엇인가? 신고전주의경제학은 일원론의 인과관계론을 따르므로 성장의 동인은 유일하며, 그것은 자본의 규모다. 다시 말해 자본축적량(K)이 많아질수록 경제는 성장(Y)한다. 그리고 자본축적의 원천은 저임금이다.

성장은 '국부'가 늘어나는 현상이며, 국부는 공급되는 재화의 양으로 측정된다. 자본 증가 → 투자 증가 → 고용 증가 → 공급 증가 → 경제성장으로 이어지는 과정을 신고전주의경제학자 로버트 솔로 *Robert Solow*는 〈그림 9-2〉로 묘사했다. 곧 자본축적량이 증가하면(↑) 경제도 성장한다(↑). 그러므로 자본(K)과 국부(Y) 사이에 (+)의 기울기가 형성된다.

이제 솔로가 경제성장의 원동력으로 간주한 자본이 축적되는 내막을 들여다보자. 축적된 자본이란 자본가가 사업활동으로 모아 놓은 돈, 곧 '저축'이다. 자본가의 저축은 어떻게 커질 수 있는가? 판매액에서 임금을 줄이면 된다. 이때 임금비용을 최소화할수록 자본량은 극대화된다. 이렇게 저축된 자본을 현대적 언어로 표현하면 '사내유보금'이 되는데, 이것이 커질수록 경제는 더 성장하는 것이다.

그런데 여기에는 중요한 사실이 숨어 있다. 자본의 몫(K)이 커져 국부(Y)가 성장하기 위해서는 그 전에 노동의 몫(W)이 작아져야 한다. 다시 말해 임금이 증가하면(↑) 국부는 감소하고(↓), 반대로 임금이 감소하면(↓) 국부가 증가한다(↑). 임금(W)과 국부(Y) 사이의 그래프는 (-)의 기울기로 묘사된다. 따라서 솔로 성장론의 본래 모습인 '저임금성장론'은 〈그림 10-1〉로 표현된다. 〈그림 10-1〉이 솔로 성장론의 숨겨진 진면목이다. 〈그림 10-1〉과 〈그림 10-2〉의 내용은 같으며 동전의 양면이다! 솔로의 자본축적성장론은 저임금성장론의 변형된 모습이며, 임금(W)의 자리에 자본(K)을 앉힘으로써 저임금성장론의 실제 내용을 은폐하고 있다. 신고전주의경제학에서 솔로의 자본축적성장론은 사실 '저임금성장론'과 '불평등성장론'인 셈이다.

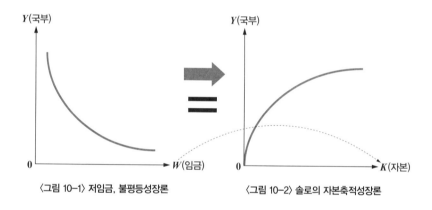

〈그림 10-1〉 저임금, 불평등성장론   〈그림 10-2〉 솔로의 자본축적성장론

보수정당들은 최근 소득주도성장론(임금주도성장론)을 비판하고 있지만, 그들은 비판만 할 뿐 대안적 성장론을 제시하지 않고 있다. 왜 그럴까? 그들이 마음속에 품고 있는 성장론은 〈그림 10-1〉로 묘사되는 저임금, 불평등성장론이기 때문이다. 그러나 2019년 현재 대한민국은 일인당 국민소득이 3만 2,000달러로 세계순위 26위에 이른다. 이런 풍요로운 조건에서 저임금성장론은 사실 설득력이 없을뿐더러 수치스럽다. 보수정당이 이런 시대착오적인 '나쁜' 성장론을 공개적으로 피력하지 못하는 것은 당연하다. 정권을 잡으면 과연 이들은 어

떤 성장론을 제시할까? 궁금하지 않는가!

> 신고전주의경제학은 저임금과 불평등을 악용해 성장하고자
> 한다.

솔로 성장론의 진면목은 이렇게 정리된다. 먼저 솔로가 자랑한 메커니즘, 곧 [자본 증가 → 투자 증가 → 고용 증가 → 공급 증가 → 경제성장]에 대해 우리는 잘 알고 있다. 우리는 솔로가 외면한 [저임금, 불평등 → 이윤 증가 → 자본(사내유보금) 증가]의 과정을 찾아냈다. 이두 과정을 합치면 결국 저임금, 불평등 → 경제성장으로 요약된다.

저임금, 불평등 ⋯ 이윤 증가	자본 증가 ⋯ 투자 증가 ⋯ 고용 증가 ⋯ 경제성장
	(사내보유금) (공급 증가)

이렇게 요약함으로써 우리는 첫째, 신고전주의경제학의 성장론이 '저임금'과 '불평등', 나아가 '축적된 사내유보금'에 기초한다는 사실을 간파할 수 있다.

둘째, 경제성장이 공급량 증가와 동일하게 인식되고 있다는 사실도 확인된다. 곧 공급량만 늘어나면 경제가 성장한다는 것이다. 이 때문에 신고전주의경제학을 공급사이드경제학*Supply-side Economics*이라고 부른다. 그러나 팔리지 않고 축적되어 있기만 한 제품이 무슨 의미를 지닐지 의문이다.

셋째, 자본(사내유보금)이 축적되면 자동적으로 투자로 이어진다는 생각이다. 그러나 축적된 사내유보금이 항상 투자된다는 보장은 없

다. 투자되지 않고 쌓여만 있는 자본의 규모는 거대하다.

넷째, 여기서 국부는 생산재와 소비재로 측정된다. 그리고 축적된 자본은 항상 이런 '실물투자'로 이어진다고 보는 것이다. 그러나 사내유보금 모두가 생산적 투자로 이어지지 않을 가능성을 배제할 수 없다. 어쩌면 국부의 증가에 전혀 도움이 되지 않는 곳에 '투기'될 수도 있다. 결국 수요가 부족하고 투자가 이루어지지 않으며, 투기만 판치는 세상이라면 솔로의 성장곡선은 존재하기 어렵다. 이것이 한국경제의 현실이다!

> 공급량이 증가하면 무조건 성장하고, 사내유보금은 자동적으로 생산적 투자로 이어진다는 신고전주의경제학의 가정은 의문의 여지가 많다.

세계대공황과 저임금, 불평등성장론

1930년대 세계대공황*Great Crisis*에 대해 들어 보았을 것이다. 그 역풍이 얼마나 대단했던지, '대문자'로 표기한다. 미국에서 시작되었지만 미국 안에서 유야무야 해결되지 않고 전 세계경제를 강타했기 때문에 보통 '세계'대공황이라고 부른다.

다들 잊고 있거나 떠올리고 싶지 않을지 모르나, 불황 앞엔 항상 호황이 있기 마련이다. 세계대공황 때도 그랬다. 1930년대 대공황 이전에 세계경제는 '호황'을 누렸다. 1920년대는 실제로 호황기였다. 지금은 우리에게 공기처럼 익숙한 재화에 불과하지만 당시 자동차, 라디

오, 냉장고는 실로 혁신적인 소비재였다. 새로운 재화에 대한 수요는 폭발적이었다. 그것은 1920년대 경제를 추동하는 강력한 원동력이었다. '수요'가 경제성장의 원동력이었다는 말이다!

이 수요를 뒷받침하기 위해 혁신적 생산방식과 경영체제가 적용되었다. 대량생산기술(포드주의 생산체제)과 과학적 관리방식(테일러 경영체제)이 적용되자 생산성은 급증하였다. 덕분에 비농업 부문의 노동생산성과 산출량은 10년 사이에 대략 60% 증가하였다. 소비수요, 규모의 경제, 투자수요가 크게 일어나 호황이 지속된 것이다.

하지만 혁신적 재화, 혁신적 생산방식, 혁신적 경영체제, 그와 더불어 노동생산성과 산출량과 같은 밝은 면은 어두운 면을 숨기고 있다. 노동조합의 쇠퇴가 그것이다. 노동조합이 힘을 잃자 기업은 기술혁신, 경영혁신, 노동생산성 증가의 결과를 독점하기 시작했다. 엄청난 호황에도 불구하고 노동자들의 임금인상률은 겨우 10%밖에 되지 않았다. 60% 증가된 노동생산성과 10%의 임금상승률, 어떻게 이런 불균형이 일어났을까? 성장이익의 분배를 결정하는 것은 경제적 수요공급법칙이 아니라 '힘'이라는 정치적 요인이기 때문이다. 일원론적 인과관계를 벗어나야 경제 현상에 대한 이런 정치적 요인을 볼 수 있다.

그 결과 소득은 불평등하게 분배되었다. 예컨대, 1929년 납세자 90%의 가처분 소득은 1922년의 그것보다 크게 작아졌다. 그 기간에 기업의 이윤은 62% 증가했고, 주주배당금은 두 배로 뛰었다. 그리고 납세자 중 상위 1%의 가처분소득은 63% 증가했다.

90%를 차지하는 대다수 국민이 더 가난해진 반면, 기업과 소수 부자들은 이전보다 훨씬 부자가 되었다는 말이다. 이 과정에서 자본축적량은 급증했다. 기업의 금고에는 사내유보금이 흘러넘쳤다. 솔로가

그토록 염원했던 자본이 태산처럼 축적되었던 것이다.

부자들은 갈 곳 없는 '부동자금'으로 골머리를 앓았다. 없는 자들은 이 별천지를 이해하지 못하겠지만, 돈이 많으면 근심도 많다! 왜 그럴까? 이때는 생산성과 산출량이 너무 높아 기업 입장에서 새로운 '투자'가 불필요해지는 때였던 것이다. 예컨대, 철강과 자동차 등 당시 첨단제조업의 고정자본가액은 감소하고 있었다. 왜 그럴까? 기업에 돈이 없어 투자를 줄였기 때문이 아니라, 대량생산방식과 테일러 관리방식으로 인해 자본재가 절약될 수 있었기 때문이다. 물론 노동력도 절약되었다.

이제 문제가 분명해졌다. 실물재화를 생산하는 제조업엔 투자할 곳이 없다. 90%가 가난해졌으니 만들어 놓아도 사줄 소비자가 없다. 그런데 기업의 금고에 노는 돈이 너무 많다. 돈은 돌면서 더 많은 돈을 낳는데, 돌지 않으니 미칠 지경이다. 풍요 속의 빈곤! 그러나 그건 개인주의자인 기업이 알 바 아니다. 오히려 빈곤 속의 풍부한 '사내유보금'과 '부동자금', 더 나아가 '풍요 속의 근심'이 더 문제다! 주여, 이 돈을 다 어찌하오리까? 부처님, 이 불자를 무욕의 세계에서 니르바나 열반에 이르게 하소서!

기업이 니르바나에 이르는 방법은 딱 하나다. 제조업에 '투자'하지 않고, 금융업과 부동산에 '투기'하는 것이다! 혁신과 성장의 이익이 임금에서 이윤으로 이동하자, 적체된 사내유보금이 '투기'로 변신한 것이다. 축적된 자본이 투자될 것이라는 솔로의 예상은 보기 좋게 빗나갔다.

증권시장에서 신주발행에 대한 요구는 거셌다. 1926년과 1929년 사이 '금융업에 종사하지 않는' 기업 CEO들이 무려 66억 달러를 증권거래에 쏟아 부었다. 주식시장은 활황세에 들어갔고, 급기야 투기적 버블이 커지기 시작했다. 무디스에 따르면, 1929년 기업공개수익의 약 70%가 비생산적으로 지출되었다. 설비투자와 인력고용에 '투자'되지 않고 돈놀이에 '투기'되었다는 말이다. 이 투기적 버블이 붕괴해 급기야 세계대공황으로 번졌다!

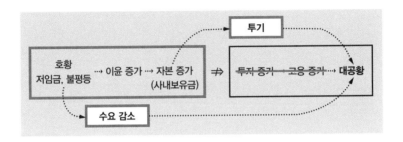

저임금, 불평등, 쌓여 가는 사내유보금, 이 모든 것은 신고전주의경제학에서 솔로의 성장모델을 입증해 줄 호재들이다. 하지만 그것은 생산적 설비에 '투자'되지 않고 합법적 노름판인 금융에 '투기'되었다. 나아가 생산성이 증가한 덕분에 공급량이 폭증했지만 수요가 없어 모두 창고에서 녹슨 채로 버려졌다. 자본이 증가했지만 성장은커녕 세계대공황으로 소멸해 버린 것이다. 저임금과 불평등은 성장요인이 될 수 없다.

> 저임금, 불평등, 자본축적이 경제를 성장시킨다는 신고전주의
> 경제학의 성장론은 세계대공황과 더불어 붕괴하였다.

흥미롭게도 솔로의 성장론은 세계대공황을 겪고 난 1950년대와 1960년대에 등장해 성가를 누렸다. 그리고 21세기에도 여전히 주류

경제학의 텍스트를 장식하고 있다. 신고전주의경제학은 소를 잃고 나서도 외양간을 고치지 않는다!

케인지언 임금주도성장론

세계대공황의 경험은 케인스경제학을 탄생시켰다. 새로운 경제학은 오래된 경제학이 노정한 문제점을 해결하기 위해 등장한다. 신고전주의경제학의 오류는 저임금과 불평등이 성장을 유발하며, 공급량이 증가하면 경제가 성장한다는 주장이었다. 케인스경제학은 정반대의 주장을 제시하면서 불황의 문제를 해결하고자 하였다. 임금이 인상되면 기업과 노동자 사이의 불평등이 해소되고, 수요도 증가해 경제는 성장한다! 우리는 이 관계를 〈그림 6-4〉로 이미 정리한 적이 있다.

케인스경제학에서 경제성장 동인은 고임금과 수요다. 신고전주의경제학을 공급사이드경제학으로 지칭한 것처럼 케인스경제학은 '수요사이드경제학'으로 불린다. 수요라면 보통 소비수요만 생각하는데, 수요의 종류는 여러 가지다. 간단한 내용이지만 수요에 관해 정확히 알지 못함으로써 케인스경제학의 정책효과를 오해하는 수가 많기에 여기서 간단히 수요가 무엇인지 정리해 본다.

수요에는 먼저 소비자의 '소비수요', 기업의 '투자수요', 정부의 '지출수요'가 있다. 하지만 이 수요는 닫힌계, 곧 국민국가 내부에서만 형성되는 수요다. 현대 경제는 열린계이므로 해외수요를 고려하지 않으면 안 된다. 외국인들이 우리 상품을 구매하는 '수출수요'가 있고, 우리가 외국상품을 구매하는 '수입수요'가 있다. 수출수요에서 수입

수요를 뺀 차액이 '국민'소득에 영향을 미친다. 총수요의 규모는 이처럼 크다. 수요가 경제성장을 이끈다는 주장이 이제 이해될는지도 모르겠다. 총수요가 증가하면 경제도 성장한다!

> 총수요 =
> 소비수요 + 투자수요 + 정부지출수요 + (수출수요 - 수입수요)

경제학은 말을 기호와 그래프로 형식화하는 학문이라는 점을 다시 기억하자. 6장에서 다룬 내용, 곧 '비용의 역설'과 '저축의 역설'에 관한 내용을 참조하면 형식화가 훨씬 쉬워진다. 모든 국민들이 이번 달에 벌어들인 국민소득(Y)은 어떻게 구성될까? 소득으로 먼저 소비(C)해야 버틸 수 있다. 모조리 써 버릴 수도 있지만, 소득 중 쓰고 남은 돈을 저축(S)한다. 따라서 국민소득(Y)은 소비(C)와 저축(S)으로 구성된다.

$$Y = C + S \qquad \text{〈식 10-1〉}$$

소비수요는 어떻게 형식화될 수 있을까? 소비함으로써 인간은 비로소 생존하고 생활할 수 있다. 자본주의경제에서 소비하려면 돈이 내 주머니에 들어와야 한다. 들어오는 것*Come in*을 소득*Income*이라고 부른다. 소득(Y)이 많을수록 소비(C)도 늘어난다. 둘 사이에는 (+) 관계가 성립되므로 그래프를 그리면 (+)의 기울기($a > 0$)를 가지게 된다.

이제 동질성 가정을 포기하고 이질성 가정을 도입하자. 소득수준에 따라 소비하는 양은 계층마다 달라질 것이다. 100만 원밖에 못 버는 노동자는 소득의 대부분(90만 원)을 소비할 수밖에 없다. 반면 월 소득이 1,000만 원인 자본가는 아무리 많이 쓰더라도 500만 원 이상을 쓸 수 없다. 이런 성향을 '소비성향'이라고 부른다. 경제학에서는 평균소비성향과 한계소비성향이 다르지만 너무 깊이 들어가면 독자들이 포기하기 쉬우므로 여기서는 둘이 같다고 가정하고, 둘을 소비성향으로 통쳤다. 앞의 사례에서 노동자의 소비성향은 $a = \dfrac{90}{100} = 0.9$ 이고, 자본가의 소비성향은 $a = \dfrac{500}{1,000} = 0.5$가 된다. 이 소비성향이 소득과 소비 사이의 기울기(a)가 된다. 이제 이 관계를 식으로 표시해 보자. 소득(Y)이 증가하면 소비(C)가 증가하므로 기울기는 양수($a > 0$)이고, 소비가 증가하는 정도는 소비성향(a)에 따라 달라진다. 이를 소비함수라고 부른다.

〈식 10-2〉

$$C = aY \quad (a > 0)$$

이제 〈식 10-1〉에 포함되어 있는 저축(S)을 알아볼 차례다. 저축은 소득(Y)에서 소비(C)하고 남은 금액이니, 〈식 10-1〉은 $S = Y - C$로 바뀐다. 이때 $C = aY$이므로, 이것을 $S = Y - C$에 대입하면 결국 $S = (1-a)Y$로 요약된다. 우리가 최종적으로 이용할 식은 바로 〈식 10-3〉의 저축함수다.

〈식 10-3〉

$$S = Y - C = Y - aY \text{이므로}$$
$$S = (1-a)Y$$

경제행위자는 이질적이다. 자본가와 노동자로 구분될 경우, 노동자

230

의 소득은 워낙 작기 때문에 소비성향(a)이 거의 1에 가까워 저축은 제로가 된다. 반대로 자본가의 소비성향은 매우 낮아 많은 양을 저축할 것이다. 따라서 우리는 저축이 자본가의 전유물이라고 가정할 수 있다. 앞에서 필자는 사이비 케인지언 보수정치인들의 감언이설에 속아, 빚내서 소비하지 않도록 주의하라고 당부한 적이 있다.

소득(Y)과 (자본가의) 저축(S)이 (+)의 관계를 갖는 〈식 10-3〉은 S_A의 그래프로 그려질 수 있다(〈그림 10-3〉 참조). 이 스토리에는 수직으로 오르내리는 가격변수가 더 이상 존재하지 않는다. 따라서 이제 원인변수를 세로축에 놓고 결과변수를 가로축에 두는 '몰상식'한 방식으로 그래프를 그릴 필요가 없어졌다. 이제부터 상식적인 방식에 따라 그래프를 그리자. 다시 말해 원인변수인 소득(Y)을 가로축에 두고, 결과변수인 소비(C)와 저축(S)을 세로축에 복귀시킨다.

이제 임금이 인상되면 저축곡선은 어떻게 변할까? 노동자들의 임금이 올라가면, 당연히 기업의 이윤이 감소한다. 이윤이 감소하면 기업의 사내유보금, 곧 저축은 줄어든다. 이 때문에 보수정당이 임금 인상은 물론 최저임금 인상마저 손사래를 치는 것이다. 하지만 최종 결

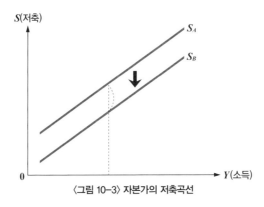

〈그림 10-3〉 자본가의 저축곡선

231

과는 두고 볼 일이다. 아무튼 그 결과 저축이 감소한 만큼 저축곡선이 아래로(S_B) 이동한다.

그래프로 그리는 것도 모자라 그래프를 이동하기까지 하니 독자 여러분이 단체로 멘붕상태에 빠졌을지도 모르겠다. 하지만 이 그래프 역시 우리의 수다(!)를 그림으로 바꾼 것밖에 없다. 그러니 조금만 더 정신을 차리자! 그래야 보수의 견고한 지적 성채를 깰 수 있다.

자본축적, 곧 자본가의 저축함수를 형식화했으니 투자를 알아볼 차례다. 독자들은 앞에서 신고전주의경제학자들이 예상한 유토피아처럼 축적된 자본(K)이 자동적으로 투자(I)되지 않고, 사내유보금으로 잠자거나 투기와 같이 엉뚱한 곳으로 흘러가는 '케인지언 현실'을 목격한 바 있다. 축적된 자본, 곧 사내유보금은 자동적으로 그리고 필연적으로 투자되지는 않는다! 따라서 우리는 저축함수와 독립되어 존재하는 투자함수를 '따로' 고려하지 않으면 안 된다.

투자는 어떻게 일어나는가? 케인스는 야성적 충동*Animal Spirit*을 투자의 동기로 봤다. 대다수 기업들은 합리적 계산보다 직관에 따르거나 '감' 잡아 투자한다는 것이다. 그것도 맞다. 그러나 자본가는 경제상황을 바라보면서도 투자를 계획한다. 이때 자본가는 장사가 잘될 것 같은 예감이 들면 투자한다. 뭘 가지고 그렇게 예상할까? 장사가 잘된다는 것은 생산한 제품이 잘 팔린다는 것을 의미하는데, 잘 팔리려면 소비자들의 '소득'이 높아야 한다. 호주머니가 비어 있다고 판단되면 기업가는 결코 투자하지 않을 것이다.

이건 참으로 역설적이다. 장사가 잘되기 위해 노동자의 호주머니가 두둑하기를 바라면서 임금을 깎아 호주머니를 비게 만든다? 말도 안 되는 얘기지만, 이게 바로 자본가들의 과욕이 낳은 모순이다. "욕

심이 잉태한즉 죄를 낳고 죄가 장성한즉 사망을 낳느니라!"(야고보서 1
장 15절) 자본가는 이 사실을 알면서도 실행에 옮기지 못한다! 모든 동
료가 그렇게 해 주면 임금 인상이 자신들에게 도움이 되지만, 동료들
은 하나같이 호모에코노마쿠스와 소시오패스 그리고 죄수들이다. 그
러니 아무도 믿을 수가 없다. 그러니 제 살기 바빠 임금을 깎는다. 결
과적으로 딜레마에 빠지고 마는 것이다! 자본가들은 모두 '죽음에 이
르는 병'을 앓고 있다.

아무튼 자본가는 노동자들을 포함한 모든 국민들의 소득, 곧 국민
소득(Y)을 보고 투자를 결정한다. 국민소득(Y)이 높으면 투자(I)를 늘
린다. 둘의 관계는 (+)의 기울기를 갖는다. 저축함수의 논의에 따라
'투자성향'을 b라고 하면 기울기는 $b > 0$가 된다. 그리고 앞에서 우리
는 경제상황에 대한 판단과 관계없이 야성적 충동에 따라서도 투자
가 이루어진다는 사실을 알았다. 그만큼의 투자를 c(독립투자)라고 하
면 투자함수는 〈식 10-4〉가 된다.

$$I = c + bY \quad (b > 0, c > 0)$$

〈식 10-4〉

국민소득은 왜 증가했을까? 노동조합운동이나 최저임금 인상, 정부
의 사회보장지출 때문에 임금이 인상되었기 때문이다. 이기적이고 개
인주의적인 기업이 자발적으로 임금을 인상하지 않았다는 점을 기억
하자. 아무튼 임금이 인상되면 소비수요가 늘어 국민소득이 증가하는
데, 6장에서 이것을 '승수효과'라고 불렀다. 승수효과가 일어나는 과
정에서 규모의 경제가 발생한다는 사실도 알고 있다. 소비수요가 증
가해 생산량이 늘어났기 때문이다. 그 결과 기업의 이윤이 증가한다.

기업의 이윤이 증가하면 기업은 투자를 감행한다. 이때 투자수요가 형성된다. 투자재수요가 증가하면 국민소득이 다시 증가할 것이다. 소비수요가 투자수요를 불러일으켜 국민소득을 추가로 증가시키는 이 현상을 '가속도효과'라고 했다. 〈식 10-4〉는 이런 가속도효과를 보여 준다. 독자들이 주목해야 할 내용은 투자(I)가 신고전주의경제학에서처럼 저축(S)이 아니라 증가된 '소득(Y)'에 의해 유발되었다는 사실이다. 그리고 소득이 증가한 이유는 이윤이 감소하는 대신 임금이 인상되었기 때문이다!

> 임금 인상으로 소비수요가 증가하는 효과를 '승수효과'라 하고, 소비자의 소비수요가 기업의 투자수요를 불러일으켜 국민소득이 추가로 증가하는 효과를 '가속도효과'라고 한다.

이제 〈식 10-4〉의 투자함수를 〈그림 10-3〉에 추가하면 〈그림 10-4〉가 된다. 이번에는 저축은 물론 투자의 효과도 고려되기에 세로축에 투자(I)가 동시에 기입된다. 독자들은 이처럼 독립변수(원인변수)가 같을 때 하나의 세로축에 두 가지 결과를 동시에 표시하는 방법을 알아 두면 경제학을 더 쉽게 이해할 수 있다. 투자(I)도, 저축(S)도 소득(Y)에 따라 달라진다. 〈식 10-3〉과 〈식 10-4〉를 다시 보고 확인하자!

하나씩 검토해 보자. 어떤 정책도 실행되지 않은 초기상황은 $A(Y_0, S_0)$이다. 자본가의 초기저축곡선(S_A)과 투자곡선(I)이 만나는 점에서 저축과 소득이 각각 S_0와 Y_0라는 말이다. 임금이 인상되면 어떤 상황이 벌어질까? 임금이 인상되면 이윤이 낮아져 자본가의 저축이 감소하므로 저축곡선은 S_A에서 S_B로 이동한다.

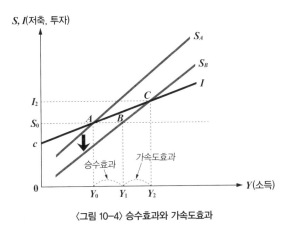

<그림 10-4> 승수효과와 가속도효과

임금 인상으로 수요가 증가하더라도 자본가는 곧바로 투자하지 않는다. 이에 대응하기 위해 자본가는 일단 투자를 증가시키지 않고 기존의 '유휴설비'를 활용한다. 이 과정에서 규모의 경제가 발생하여 이윤이 증가한다. 투자가 고정되어 있으므로 〈식 10-4〉는 아직 적용되지 않는다. 굳이 투자함수를 고려해야 한다면, 유발투자가 없는 상태인 S_0의 수평점선을 투자함수식으로 선택하면 된다. 유발투자 없는 투자함수 S_0와 임금 인상 결과 새롭게 생성된 저축함수 S_B가 만나는 이 상황은 $B(Y_1, S_0)$가 된다. 그 결과 국민소득은 Y_1으로 증가한다. Y_0Y_1만큼 늘어난 국민소득은 소비수요 증가에 따른 '승수효과' 때문이다. 다시 말해 투자가 추가로 이루어지지 않고 소비수요만으로 국민소득이 증가한 경우다.

임금 인상의 결과, 아직 투자가 일어나지 않고 소비수요만으로 국민소득이 증가하는 승수효과는 Y_0Y_1으로 표시된다.

이제 다음 단계로 넘어가자. 수요 증가로 장사가 잘되면 기존의 설비를 완전 가동하더라도 증가된 소비수요를 감당하지 못하게 된다. 이 단계에 이르면 기업은 비로소 투자를 증가시킨다. 이런 투자를 '유발투자*Induced Investment*'라고 부른다. 이때부터 〈식 10-4〉가 효과를 발휘하기 시작한다. 소비수요가 투자수요(S_0I_2)를 유발하면, 투자재 부분의 고용이 늘어 국민소득이 가속적으로 증가한다. 투자곡선(I)과 새로운 저축곡선(S_B)이 만나는 점(C)에서 국민소득(Y_2)이 결정된다. 추가로 증가된 Y_1Y_2는 '가속도효과' 때문이다.

> 소비수요가 투자수요를 유발해 국민소득이 증가하게 되는 가속도효과는 Y_1Y_2로 표시된다.

임금 인상의 효과는 소비수요를 증가시키는 승수효과로 끝나지 않는다. 증가된 소비수요는 투자수요를 유발해 가속도효과를 낳는다. 한국의 진보는 수요를 세분화시키지 않음으로써 투자수요가 낳을 국민소득 증가를 예상하지 못하고 있어 보수진영의 반격에 효과적으로 대응하지 못하고 있다. 나아가 임금 인상의 최종 효과는 적어도 두 단계를 거쳐야 나타난다. 가속도효과를 기다리지 않고 속단하면 안 된다는 것이다. 보수주의자들이여, 깝죽거리지 말고 좀 기다려 보자. 저임금성장론도 성공(?)하기 위해 수십 년을 기다렸으며, 엄혹한 독재와 잔인한 무력 덕분에 그마저 가능하지 않았나? 포스트케인지언 소득주도성장론(임금주도성장론)의 전 과정은 〈그림 10-5〉로 체계화된다.

승수효과

제도적 임금 인상 ···> 불평등 감소 ···> 저축 감소 ···> 소비 증가
[비용의 역설]   [저축의 역설]

가속도효과

규모의 경제 ···> 이윤 증가 ···> 투자 증가 ···> 고용 증가 ···> 소득 증가

총체적 경제성장

〈그림 10-5〉 포스트케인지언 임금주도성장론의 체계

분배와 성장은 양립할 수 있다! 이런 성장은 '정의로운 성장'인 동
시에 모든 경제 주체들이 상생할 수 있는 '포용적 성장'이며, '지속가
능한 발전'의 한 방법이기도 하다. 이런 성장을 통해 우리는 사회적
존재로서의 본성에 가까워질 수 있다. 그 결과, 우리는 에우다이모니
아에 한층 더 가까이 갈 수 있다. 개인주의를 벗어나 사회적 차원에서
생각해 보면 경제적 동기만으로도 좋은 삶에 다가갈 가능성은 존재
하는 것이다.

임금주도성장방식을 통해 우리는 사회적 본성을 되찾고, 에우
다이모니아에 한층 가까이 다가갈 수 있게 된다.

승수효과, 규모의 경제, 가속도효과 정리

독자들은 포스트케인지언 임금주도성장모델을 겪는 도중 몇 가지 생소한 경제학 용어를 접하고서 여전히 혼란에 빠져 있을지도 모르겠다. 낯선 경제학 용어들과 마주하면 아무리 깨어 있는 시민이라 하더라도 명쾌하게 이해하기가 쉽지 않다. 그건 아주 자연스런 현상이기 때문에 너무 실망할 필요는 없다. 다음과 같이 정리하면 의외로 쉽게 혼란에서 벗어날 수 있다.

중요한 설명고리가 누락될 경우 이해하기 어려울 수 있는데, '규모의 경제'가 이 경우에 해당된다. 규모의 경제는 여러 번 등장했지만, 항상 간략하게 처리되어 버렸다. 이제 이것을 승수효과와 가속도효과와 함께 〈그림 10-5〉로 정리하면서 이해해 보자.

〈그림 10-5〉는 〈그림 10-4〉에 규모의 경제와 관련된 그래프를 삽입한 것이다. 앞에서 우리는 생산규모가 증가하면 평균비용(AC), 곧 생산단가가 하락해 얻게 되는 이익을 규모의 경제라고 불렀다. 사실 기업이 얻는 이윤(π)은 판매가격(p)에서 생산단가(AC)를 빼고 남은 화폐금액이다. 이 스토리는 $\pi = p - AC$로 형식화된다. 예컨대, 독점기업이 가격을 p로 설정한 후 Q_0만큼 생산하면 생산단가는 AC_0가 되므로 상품 한 개당 이윤은 π_0가 된다.

임금 인상으로 노동자의 구매력이 증가하면 소비수요가 증가한다. 이 수요에 응하기 위해 기업은 유휴설비를 가동해 공급을 늘린다. 이 기업은 이미 구비하고 있던 설비를 놀리지 않고 완전히 가동(Q_{full})할 때까지 생산량을 늘릴 것이다. 이 과정에서 생산단가가 추가로 하락(AC_{full})하기 때문에 이윤이 π_{full}로 증가한다. 곧 규모의 경제가 발생한 것이다. 임금 인상, 소비수요 증대, 규모의 경제를 지나는 일련의 과정에서 승수효과가 발생한다.

소비재 분야에서 고용이 늘어나 소비수요가 추가되면 기업은 이 과정을 통해 축적된 이윤을 투자한다. 기존의 완전가동설비를 넘어서는 '유발투자'의 결과, 파란색의 평균비용곡선이 등장한다. 소비수요가 투자수요를 발생시키자 투자재 부문의 고용이 증가해 생산량이 Q_2로 다시 증가한다. 규모의 경제가 추가되면서 이윤은 π_2로 커진다. 이 과정에서 국민소득(Y_2)이 추가되는 가속도효과가 발생한다.

복잡하게 보이는 그래프도 알고 보면 역시 우리끼리 나눈 일련의

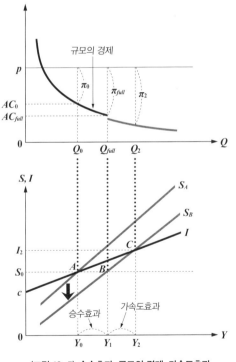

〈그림 10-5〉 승수효과, 규모의 경제, 가속도효과

대화, 곧 [제도적 임금 인상 → 구매력 증대 → 소비수요 증가 → 소비재생산 증가 → 규모의 경제 → 국민소득 증가 → 이윤 증가 → 유발투자 증대 → 투자재수요 증대 → 투자재고용 증가 → 추가적 국민소득 증가]의 과정을 그림으로 바꾼 것 말고 아무것도 아니다. 깨어 있는 시민들은 부디 어렵게 생각지 말고 이 그래프를 숙지한 후 보수 논객들에게 효과적으로 대응하는 한편, 주위 유권자들을 '계몽'할 수 있기를 바란다.

포스트케인지언 임금주도성장론은 '듣보잡' 경제학이 아니다. 사람들 눈에는 대체로 배운 만큼만 보인다. 기역자를 배우지 못한 머슴의 눈엔 낫이 기역자처럼 보이지 않는다. 우리나라 신고전주의경제학자들은 자신이 얼마나 무식한지 모른다. 포스트케인지언 경제학을 배워본 적이 없기 때문이다. 유럽의 복지국가와 '수정자본주의'는 제도경제학과 더불어 포스트케인지언 경제학의 모델이 구현된 '현실'이다!

> 임금주도성장론(소득주도성장론)은 무지한 신고전주의경제학자들이 오해하고 있듯이 '듣보잡' 경제학이 아니라, 세련된 연구모델을 갖춘 '과학적'이고 '현실적' 성장론이다.

자원은 희소하지 않다. 자원은 부자의 은행통장과 기업의 유휴설비로 이미 놀고 있을 정도로 풍부하다. 놀고 자빠진 채 효율적으로 활용되지 못하고 있는 자원을 분배하고 활용하면 경제가 성장한다. 고임금, 평등은 성장의 원동력이지만 저임금, 불평등은 결국 저성장으로 이끌 뿐이다. 풍요의 시대를 맞아 우리는 스미스와 솔로를 잊고 케인스, 베블런, 슘페터를 보아야 한다.

11.

우리는 지식기반경제에서 '지식'을 도대체 얼마나 잘 알고 있는가?

앞에서 우리는 비주류 경제학이 경제를 일원론이 아니라 다원론으로 바라보며 닫힌계가 아니라 열린계로 이해한다는 점을 알게 되었다. 일원론과 닫힌계는 변화를 허용하지 않지만, 다원론과 열린계는 변화의 창을 열어 준다. 나아가 다원론에 상호작용과 피드백이 고려되는 총체론을 적용해 보면 그 변화가 얼마나 다양하면서도 불확정적인지도 알아낼 수 있다.

자본주의경제는 열린계다. 그것은 경제는 물론 정치, 사회, 문화의 영향을 받는다. '제도'의 영향 아래 자본주의경제가 진화한다는 말이다. 대부분의 인류 역사는 경제와 제도요인들의 상호작용 아래 진화해 왔지만, 우리가 살고 있는 자본주의경제의 변화는 그것만으로 설명하기 어렵다. '기술'의 변화를 빠뜨리면서 자본주의경제의 변화를 이해할 수 없다. 기술은 제도경제학이 주목한 경제 변화의 원동력이다.

최근 혁신성장이 화두가 되고 있다. 노무현 정부 때도 혁신이 수면에 떠오른 적이 있다. 왜 그럴까? 성장에 대한 수요를 혁신이 충족시켜 주리라는 희망 때문이다. 앞에서 본 포스트케인지언 임금주도성장론이 기대한 성적을 보여 주지 못한 것도 다른 이유가 된다.

이런저런 이유로 혁신성장에 대한 정책적 수요가 크지만 이에 관한 연구는 취약해 정책 수요를 감당해 내지 못하고 있는 실정이다. 왜 그럴까? 신고전주의경제학은 물론이고 케인스경제학도 혁신문제를 소홀히 취급하고 있기 때문이다. 반면 제도경제학은 혁신을 자본주의경제를 설명할 때 중요한 변수로 취급하고 있다. 이런 제도경제학의 논의가 취약하기 때문에 정책적 수요를 감당해 내지 못하는 것이다.

'변화'에 주목한다는 것은 경제현실에 '시간'을 도입하는 것이며 그것을 '역사적 방법'으로 이해한다는 말과 같다. 경험적 자료를 기반으로 구체적 현실을 들여다보는 역사적 방법은 양적 변화를 넘어 오히려 질적 변화에 더 주목한다. 질적인 변화를 겪으면 과거와 현재가 완전히 다르기 때문에 되돌아갈 수 없다. 역사는 '비가역적*Irreversible*'이며 이때의 시간은 '역사적 시간'이다. 시인 로버트 프로스트가 노래한 것처럼 '가지 않은 길'을 후회한들 돌이킬 수도 없다!

이 내용을 좀 더 정확히 이해하기 위해 신고전주의경제학의 방법과 비교해 보자. 앞에서 '방법논쟁'을 통해 확인한 것처럼 이들은 역사적 방법을 거부한다. 시공간을 초월해 적용되는 '보편적 경제학'을 구축하기 위해 이들은 잡스러운 것들(!)이 복합적으로 뒤섞여 있어 누추하게 보이는 일체의 구체적 현실을 추방해야 한다. 그 결과, 변화를 고려할 때에도 질적인 변화는 사라지고 기껏해야 양적인 변화만 남는다. 시간은 이제 역사적 시간이 아니라 '논리적 시간'일 뿐이므로 과거로 쉽게 되돌아갈 수 있다. 이들에게 2000년도의 인간은 5만 년 전의 인간과 다르지 않으며, 2020년 현재를 사는 필자는 1960년대 초등학교 시절의 나와 다르지 않다. 모든 것은 가역적이다! 지방의 이름 없는 대학의 교수직이 내 마음에 안 든다고 1960년대부터 새로 시작할 수 있다는 것이다. 그게 가능할까? 논리적 시간과 가역성이 얼마나 비현실적인지를 알 수 있다. 그런데도 이들은 논리적으로 경제를 해석하고, 그에 따라 경제정책을 제안해 실행한다. 이제 그들의 경제정책이 구현되기 위해 문화적 세뇌와 정치적 폭력이 수반되지 않으면 안 되는 이유를 알 수 있다.

베블런은 인류 역사를 '평화적 미개시대', '약탈적 야만시대', '준평화적 수공업시대', '기계적 산업시대'로 나누었다. 일원론적 관점을 취하는 마르크스의 역사 구분방식과 달리 그는 총체론적 접근방식을 취한다. 예컨대, 그는 다양한 본능, 형식제도와 비형식제도, 기술이 상호작용함으로써 시대마다 질적인 변화가 일어나는 과정에 주목한다. 주도하는 본능의 종류, 형식 및 비형식제도의 성격, 기술적 특성은 시대마다 다르다. 이를테면 야만시대에 약탈적 문화와 약탈적 형식제도가 일반화된 반면, 자본주의에 해당하는 산업기계시대에 이르면 기술의 영향력이 매우 커진다. 기계기술은 인간의 문화와 형식제도를 질적으로 변화시켰다.

역사적 접근방법은 독일 역사학파로 이어져 신고전주의경제학과 가치판단논쟁, 방법논쟁을 벌였으며, 경제학에서 사회정책을 발전시켰다. 1952년 러시아경제학자 콘드라티예프*Nikolai Dmitrievich Kondratiev*가 역사적 방법을 도입했다. 그는 자본주의경제의 역사적 변화과정을 '장기파동*Long Wave*'으로 해석하였다(〈그림 11-1〉 참조). 그의 실증연구에 따르면 1800년부터 1940년대까지 자본주의경제는 50년을 주기로 세 번의 큰 파동을 겪었다.

이런 주기적 변화가 왜 일어났는가? 조셉 슘페터는 『경제발전론』(1912)에서 이 원인을 기업가의 혁신*Innovation*에서 찾았다. 혁신은 '창조적 파괴'와 같은데, 여기에는 새로움을 위해 과거를 파괴한다는 의미가 담겨 있다. 혁신이 불황에 빠진 경제를 호황으로 밀어 올리며, 그 효과가 소멸하면 경제는 다시 불황의 늪으로 빠져든다. 그리고 다

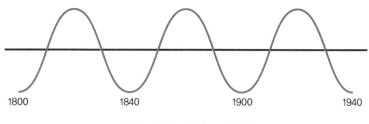

〈그림 11-1〉 콘드라티예프 장기파동

시 새로운 혁신이 일어나 이 과정이 반복되었다는 것이다. 장기파동
의 원인은 혁신이다! 그러므로 자본주의는 바로 이 혁신을 통해 진화
한다.

〈표 11-1〉 슘페터의 혁신유형

기술혁신			비기술혁신	
새로운 제품	새로운 생산방식	새로운 원료	새로운 시장	새로운 조직
제품혁신	공정혁신	소재혁신	마케팅혁신	조직혁신

그는 혁신 중 '기술혁신'을 가장 중시했지만, 그 외 '비기술혁신'도
중시했다(〈표 11-1〉 참조). 기술혁신은 새로운 제품을 개발하는 '제품
혁신Product Innovation'과 새로운 생산방법을 고안해 내는 '공정혁신
Process Innovation', 그리고 새로운 원료를 발굴하는 '소재혁신'으로 구
분되고 비기술혁신은 새로운 시장을 개척하는 '마케팅혁신'과 새로운
조직을 만들어 내는 '조직혁신'을 포함한다. 이러한 다양한 혁신들이

자본주의경제를 변화시킨 동력은 혁신이다.

상호작용함으로써 장기파동이 일어났다는 것이다. 혁신에서 총체론을 적용하는 슘페터는 비주류 경제학자에 속한다.

기술경제패러다임의 변화

그럴듯한 주장을 하면 추종자들이 생기는 법이다. 혁신을 자본주의의 변화 동인으로 강조한 슘페터를 추종하는 경제학자들이 생겨났다. 그들은 슘페터의 혁신론을 콘드라티예프의 장기파동설에 적용하였다. 더 나아가 그들은 콘드라티예프가 연구하지 못한 1950년대부터 현대 자본주의까지 그 방법을 확장했다. 그런 점에서 이들은 '슘페터주의자'로 지칭되어야 할 것이다.

하지만 그들은 여기서 멈추지 않았다. 그들은 슘페터의 '비기술혁신'에 특히 관심을 보였다. 기술이 아닌 것들이 자본주의를 변화시킨다? 대단히 궁금할 것이다. 하지만 이런 비기술혁신으로부터 이들은 '제도혁신'을 이끌어 냈다. 이들은 또 기업이라는 미시적 차원과 함께 거대 조직과 정부 등 '거시적 차원'의 연구에도 관심을 가졌다. 사회를 개인으로 환원시킬 수 없듯이 거시경제의 변화는 미시적 변화로 환원될 수 없다. 이를 설명하기 위해서도 제도혁신이 필요했던 것이다. 이제 슘페터경제학은 제도경제학과 결합하게 되었다. 이를 '신슘페터리언 경제학Neo-schumpeterian Economics'이라고 부른다. 우리는 지금부터 신슘페터리언 경제학을 제도경제학의 일원으로 간주한다. 나아가 다수의 경제학자는 포스트케인지언 경제학마저도 제도경제학에 포함시킨다. 이런 판단은 근거가 결코 없지 않다. 케인스경제학의 가정과 전제, 그리고 접근방법은 몇몇을 제외하고 대체로 제도경제학의 그것과 어긋나지 않으며, 케인스는 당시 제도경제학과 두루 지적 교류 관계를 맺었다. 예컨대, 케인스는 1927년 커먼스에게 보낸 편지에서 커먼스만큼 "자신의 일반적 생각이 진정한 조화를 이룬다고 느낄 만한 경제학자는 없다"고 썼다. 따라서 광의의 제도경제학은 〈표 11-2〉로 정리된다.

〈표 11-2〉 광의의 제도경제학

주요 학자	베블런	커먼스	신슘페터	포스트케인지언
강조 항목	본능, 기술, 비형식제도, 문화	형식제도, 권력	혁신, 제도, 정부	형식제도, 정부
제도경제학의 공통요인	기술혁신, 비형식제도(문화), 형식제도(권력), 정부			

이들이 주목한 혁신은 〈표 11-3〉으로 정리되는데, 이는 〈표 11-1〉이 '제도적으로' 확장된 버전이다. 형식제도를 중시한 커먼스로부터 정부혁신이, 비형식제도를 중시한 베블런으로부터 문화혁신이 추가되었다.

〈표 11-3〉 신슘페터리언의 혁신유형

기술혁신			비기술혁신			
미시적 혁신					거시적 혁신	
새로운 제품	새로운 생산방식	새로운 원료	새로운 시장	새로운 조직	새로운 제도	
제품혁신	공정혁신	소재혁신	마케팅혁신	조직혁신	정부혁신	문화혁신

혁신의 종류와 영역은 이처럼 다양하다. 혁신해야 할 곳은 많고 혁신정책을 수립해야 할 영역도 한두 곳이 아니다. 이런 내용을 모르면 기술혁신에만 집중한 나머지 수많은 종류의 비기술혁신이 상호작용한 결과로 경제가 발전할 수 있다는 제도경제학의 관점을 놓치게 된다. 그 결과 정책의 효과가 떨어지며, 심지어 역효과를 낳기도 한다. 국가균형발전을 달성하기 위해 수립된 과거 노무현 정부의 '지역혁신정책'이 용두사미로 끝나고, 현재 문제인 정부의 '혁신성장정책'이 우왕좌왕하는 이유다.

신슘페터리언 경제학은 자본주의를 역사적으로 바라보면서 그 변화의 동인을 기술혁신, 조직혁신, 제도혁신의 결과라고 이해한다. 그리고 2백 년간 자본주의경제는 대략 다섯 번의 장기파동을 거쳤는데, 이때마다 양적인 변화는 물론 기술, 조직, 제도, 나아가 사고방식 등 모든 측면에서 거대한 변화가 일어났고, 이 모든 변화는 '질적'이고 '불연속적'이라고 주장한다. 신슘페터리언 경제학은 『과학혁명의 구조』의 저자인 토머스 쿤*Thomas Kuhn*의 용어를 빌어 이런 질적이고 불연속적인 변화를 '기술경제패러다임*Techno-economic Paradigm*'의 변화라고 부른다.

> 기술혁신과 제도혁신이 상호작용한 결과 산업혁명 이후 기술경제패러다임이 대략 다섯 번 변화하였다.

패러다임 변화를 일으킨 주요인은 기술혁신인데, 이것은 '새로운 산업'과 '새로운 동력기술'의 등장으로 구체화된다(〈표 11-4〉 참조). 이를테면, 2차 기술경제패러다임에 철도산업과 증기력이, 4차에는 자동차산업/합성소재산업과 석유가 새로운 주도산업과 동력으로 활약했다. 또, 3차 패러다임에서 철강산업과 전기에 대응해 제국주의문화, 보편적 중등교육이 주도적 문화와 정부제도의 역할을 수행했고, 대기업의 결합과 테일러 생산방식으로 조직혁신이 이루어졌다.

우리가 살고 있는 제5차 기술경제패러다임에서는 정보통신산업과

〈표 11-4〉 기술경제패러다임과 혁신

기술경제패러다임의 동력기술과 주도산업	문화와 정부제도	기업조직의 변화
1차 (1780년대~1840년대) 수력 섬유산업	계몽사상 인본주의 중세독점붕괴	개인기업과 소기업(객주제도) 매뉴팩처조직(공장제수공업)
2차 (1840년대~1890년대) 증기력 철도산업	자연과학의 시대 자유방임주의 야경국가 보편적 초등교육	대기업출현 공장제기계공업 소유와 경영의 분리
3차 (1890년대~1940년대) 전기 철강산업	제국주의 국가주의(폭력) 보편적 중등교육	테일러체제(과학적 관리방식) 대기업결합 독과점기업 카르텔(수평적 통합)
4차 (1940년대~1990년대) 석유 자동차/합성소재산업	국가개입주의(복지) 복지국가 보편적 고등교육 글로벌리제이션	콘쩨른(수직적 통합) 불공정 하도급관계 공기업 다국적기업
5차 (1990년대~?) '칩', 원자력 정보통신, 빅데이터	신자유주의 규제완화 지식재산권 지식기반경제	네트워크 연결기업(느슨한 협력) 사회적 기업(영리와 사회적 가치)

'칩', 원자력이 새로운 산업과 동력기술이 되어 경제를 주도하고 있다. 또, 신자유주의와 규제완화가 새로운 문화를 형성하고 있고 지식재산권제도가 강력한 형식제도를 구성한다. 나아가 지금까지 수직적으로 강력하게 통합되었던 기업조직을 대신해 '네트워크형 연결기업'과 '사회적 기업'이 새로운 기업조직으로 등장하고 있다.

네트워크 기업은 '유연한 통합조직'으로 이해하면 된다. 그것은 기술개발을 위해 다양한 지식과 대규모 자원이 필요하지만, 그 수명이 단축되고 있는 현실에 대응하기 위해 등장한 새로운 기업조직 유형이다. 물론 그 윤곽은 여전히 뚜렷하지 않으며, 결과 역시 불확실하다.

제5차 기술경제패러다임 시기는 최근 거론되고 있는 '4차 산업혁명'과 유사하다고 보면 된다. 인구에 회자되고 있는 4차 산업혁명은 산업구조와 기술속성에만 초점을 맞출 뿐 다양한 제도변화를 누락하고 있어 총체적 혁신정책을 설계하는 데 한계를 드러낸다. 신슘페터리언 경제학의 이런 장점에도 불구하고 '제5차 기술경제패러다임'보다 '4차 산업혁명'이 널리 사용되고 있는 이유는 전자의 용어가 풍기는 지나친 아카데미즘 때문이기도 하지만 비주류 경제학의 용어이기 때문이다. 힘없으면 이처럼 과학도 수모를 겪는다.

모든 기술경제패러다임에서 기술혁신은 결정적이다. 하지만 비형식적 제도(문화)와 형식제도(정부조직)의 혁신, 더 나아가 조직혁신에 의해 지도되거나 그것으로 뒷받침되지 않으면 기술혁신 그 자체로는

'제5차 기술경제패러다임'은 '4차 산업혁명'이 누락하고 있는 '제도변화'의 의미를 내포하고 있다.

패러다임적 변화를 일으킬 수 없다.

베블런, 콘드라티예프, 신슘페터리언으로 이어지는 제도경제학의 역사연구는 대략 〈그림 11-2〉로 정리될 수 있겠다. 콘드라티예프의 1, 2차 파동은 베블런의 기계산업시대를 양적으로 분석하였고, 신슘페터리언 경제학자들은 콘드라티예프의 장기파동에 4, 5차 패러다임을 추가하였지만 1, 2, 3차에 해당하는 콘드라티예프 연구영역을 혁신에 따라 새롭게 해석하였다. 각자는 다음 주자에게 바통을 넘겨주면서 제도경제학의 역사분석을 풍부하게 만들어 주고 있다.

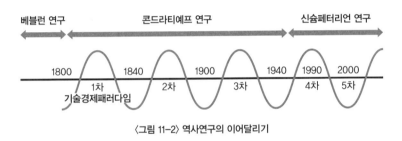

〈그림 11-2〉 역사연구의 이어달리기

기술경제패러다임이 우리 같이 평범한 이들에게 주는 교훈은 꼰대 짓 하지 말라는 것이다. 정치인들에게 그것은 과거 패러다임의 철 지난 정책을 새로운 패러다임의 세계에 가지고 오지 말 것을 경고한다. 예컨대, 정보통신기술과 빅데이터가 난무하는 5차 기술경제패러다임에 섬유산업과 자동차산업에 적합한 경제정책과 노동정책을 반복하면 안 된다. 현재 패러다임에 맞는 정책을 고안하는 동시에 에우다이모니아를 구현해야 하는데, 이는 실로 창의적인 사고를 요구한다. 유토피아는 진화한다!

이는 정치인들뿐 아니라 진보를 지향하는 깨어 있는 시민들에게도 해당하는 말이다. 진보진영이 문화적으로 깨어 있어야 대중을 설득해 세력을 확보할 수 있다. 지지 세력, 곧 정치력이 약하면 좋은 삶을 위한 제도개선도 불가능하다. 형용모순이지만 우리 주위에 '시대착오적인' '진보'들이 많다. 전통에 포박된 꼰대 진보들의 언행은 조롱거리로 전락해 대중으로부터 호감을 얻을 수 없다.

> 신슘페터리언 경제학을 기반으로 혁신정책을 이해해야 하며, 지금은 5차 기술경제패러다임에 적합한 경제정책과 혁신정책을 수립해야 한다.

지식의 속성

제5차 기술경제패러다임은 '지식기반경제'로도 불린다. 지식기반경제는 지식의 창출에 바탕을 둔 경제 또는 경제구조를 말한다. OECD경제협력개발기구는 지식기반경제를 '직접적으로 지식과 정보를 생산·배포하는 산업에 기반을 둔 경제'로, APEC아시아태평양경제협력체에서는 '산업 전반에 걸쳐 지식을 생산·분배·이용함으로써 경제를 발전시키고, 부를 창출하며, 고용을 확대하는 원동력이 되는 경제'로 각각 정의하고 있다. 지식기반경제에 관한 다양한 논의들을 종합해 보면 〈표 11-5〉로 정리될 수 있다. 이것은 〈표 11-4〉의 다른 버전이라고 생각하면 된다. 종합해 볼 때, 지식기반경제의 모습은 이전과 분명히 다르다. 다른 점을 잘 인식해야 변화된 패러다임에 맞는 정책대안을 설계할 수 있다.

항목＼시기	18세기～19세기 초	19세기 중반～20세기 후반	21세기～지식기반경제
핵심생산요소	토지, 근력중심노동	산업자본, 저숙련노동	지식, 혁신인력
지식변화의 양과 속도	소량 매우 완만	대량 중장기 (최소 1년 이상)	증폭 단기 (수시로 변화)
주요 기술기반	농업기술	공업기술	정보통신기술
성장전략과 원리	한계성장	자원의 배분, 규모의 경제	혁신과 학습
주도산업	경공업	중후장대형 제조업	지식기반 제조업 지식기반 서비스업
기업관계	고립적 관계	수직적(수탈적) 하도급관계	네트워크조직
노사관계	착취관계	대립관계	?(불확실)

　지식과 혁신이 경제를 주도하지 않는 시대가 없었지만 최근 들어 과학지식이 생산, 유통, 심지어 소비영역까지도 광범위하게 적용되는 점은 분명 특이한 현상이다. 이는 자본과 노동이 생산요소의 핵심을 이룬 20세기 산업사회와 다른 점이다. 지식이 이처럼 중요한 항목으로 주목받고 있음에도 불구하고 경제학에서 '지식'에 관한 연구는 취약하다. 지식이나 기술이 도입되면 신고전주의경제학의 연구모형은 크게 훼손된다. 그러므로 이들은 지식을 거의 연구하지 않거나, 연구하더라도 자본과 노동처럼 또 다른 '생산요소' 중 하나로 취급해 생산함수에 간단히 추가해 버린다. 하지만 제도경제학은 그렇지 않다.

　앞으로 이 책에서 지식과 기술이란 용어가 자주 등장할 것이다. 지식과 기술을 각각 '사유와 경험을 통해 얻는 인식체계'와 '지식이 실용적 목적으로 현실적 삶에 적용된 이론과 도구' 정도로 정의하면, 두 용어는 명백히 다르다. 이런 차이에도 불구하고 이 책에서는 양자를 거의 동일하게 취급하며, 맥락에 따라 둘 중 하나를 편의적으로 선택할 것이다.

우리는 종종 지식*Knowledge*과 정보*Information*를 혼동한다(〈표 11-6〉 참조). '양준혁이 홈런을 한 방 날렸다'는 정보를 이해하기는 식은 죽 먹기이지만 이 책의 내용을 이해하려면 시간과 노력을 어느 정도 쏟아부어야 한다. 이처럼 지식의 '학습비용'은 매우 높다. 또, 홈런 소식이야 TV만으로 알 수 있지만, 이 책 내용을 완벽하게 이해하려면 필자를 직접 찾아오거나 강의를 들어야 하는데 그게 그리 쉽지 않다. 정보에 비해 지식의 '이동가능성'이 낮다는 것이다. 특히, 대규모 실험 장비와 다수의 연구인력을 필요로 하는 과학지식은 그 실험실에 깊숙이 뿌리박고 있다. 이런 지식을 '착근지식*Embedded Knowledge*'이라고 부른다. 유동성이 강한 정보에 비해 지식의 착근성은 매우 크다.

우리는 지식을 학자들의 전유물로 한정하는 사유습성에 젖어 있다. 첨단기술은 수많은 현장노동자의 경험들이 과학지식과 상호작용한 결과다. 사유로부터 얻은 '과학지식' 못지않게 실행을 통해 얻은 '경험지식'이 중요하다. 우리는 현장노동자와 기술자들의 경험지식을 지식의 범주에서 추방해 버리는 못된 습관을 지니고 있다. 경험지식은 '노하우'나 '숙련'의 이름으로 현장노동자의 손과 발에 체화되어 있다. 이런 '체화지식*Embodied Knowledge*'은 교과서처럼 형식을 갖춰 정리되어 있지 않고 암묵성을 띤다. 체화지식은 '암묵지식*Tacit Knowledge*'이다. 자전거 타는 방법과 피아노 연주 방법을 교과서로 정리하기는 어렵다. 이런 것들은 암묵지식의 형태로 남을 수밖에 없고, 그 상태로 두는 게 더 효과적이다. 이에 비해 과학지식은 부호*Code*에 의지해 논문이나 책으로 정리되어 있기 때문에 '형식지식'이라고 부른다.

현장 실무자를 직접 방문해 시범이나 교습을 통하지 않고 암묵지식을 습득하기는 어렵다. 암묵지식의 학습비용과 '전달비용'이 대단히 크다는 말이다. 최근 인터넷 등 정보기술이 발전한 결과 과학지식의 착근성은 점차 약화하고 있다. 그 결과 단순 정보에 비해 착근성이 여전히 높지만 현장노동자의 경험지식만큼 과학지식의 착근성은 크지 않게 되었다. 하지만 과학지식 역시 거대한 규모의 암묵성을 품고 있다. 형식화된 논문과 저서 하나로 과학자의 지식을 모두 이해하기 어렵다. 과학지식의 고유한 암묵성은 학습과 이동의 가능성을 여전히 제한한다.

〈표 11-6〉 정보와 지식의 차이

정보	지식
학습비용 = 0	학습비용 > 0
생산비용 = 0	생산비용 > 0
형식성	암묵성
유동성	착근성
단편성	체계성
공유성	전유성

이미 밝혀진 것처럼 경제학 지식은 인문학 및 자연과학과 결합되어 있다. 경제 현상을 제대로 알려 주기 위해 자료를 정리하고 처리해야 하는데, 이때 통계학이 필요하다. 경제학은 다른 학문과 결합해야

온전한 과학으로 시민권을 얻을 수 있다. 지식은 단편적이지 않고 '체제System'를 형성한다는 말이다. 단편적인 정보와 완전히 다른 점이다. 체제성 역시 방대한 학습비용을 유발하고, 이동가능성을 크게 줄인다.

마지막으로 정보의 학습비용과 전달비용만큼 '생산비용'도 거의 제로에 가깝다. 하지만 지식의 생산비용은 적지 않다. 이 책을 쓰기 위해 필자는 30년 인생을 바쳤다. 대학 강의실뿐 아니라 대중을 상대로 쓰는 글이라 노력은 더 많이 든다. 경제학은 본래 쉽지 않은 지식이다. 이 어려운 지식을 쉽게 이해시키자면 연구를 더 해야 하지 않겠는가! 지식의 생산비용은 막대하다. 독자들은 지식을 쉽게 얻어 갈 수 있는 정보로 오해하거나 별다른 노력 없이도 재주만 좋고 입담만 좋으면 쉽게 생산할 수 있는 '글재주' 정도로 가볍게 생각하면 안 된다. 단지 정보를 얻기 위해 대학을 간다거나, 정보 나부랭이를 얻기 위해 이 책을 읽으면 안 된다는 말이다.

> 학습비용, 전달비용, 생산비용, 이동가능성, 부호처리가능성, 체제성의 정도에 따라 정보와 지식은 다르다.

지금까지 우리는 정보와 지식을 구분하면서 지식에만 고유한 그 '속성'을 관찰하였다. 이런 속성들로부터 또 다른 속성을 도출해 낼 수 있다. 바로 '전유성專有性, Appropriability'인데, 이는 말 그대로 혼자만 사용할 수 있는 성질, 곧 독점 가능성을 의미한다. 지식의 경우, 학습비용이 높고 체제성이 강하니 타인이 쉽게 소유하기 힘들고, 암묵성이 커 남이 알아보기도 어렵다. 정보처럼 공유하기 어렵다는 말이다. 이 속성은 지식기반경제를 맞이해 이 책이 특별히 관심을 가지는 지식재산권을 다룰 때 활용될 것이니 독자들은 머리에 잘 담아 두시길 부탁드린다.

> 지식은 전유성이 커 정보처럼 공유되기 어렵다.

다양한 지식과 제도경제학적 지식정책

지식과 정보의 차이를 규명하는 과정에서 우리는 지식이 우리가 알고 있는 과학지식처럼 하나의 유형으로 국한되지 않고 다양한 모습을 띤다는 사실을 알게 되었다. '다양한 유형의 지식이 존재한다'라는 우리의 결론을 활용하면 우리 주위에 더 많은 지식이 존재함을 알아낼 수 있다(〈표 11-7〉 참조).

〈표 11-7〉 지식의 유형

체제성	부분지식		복합지식
적용범위	특수지식		보편지식
인식방법	암묵지식		형식지식
	체화지식	착근지식	
창조경로	경험지식		과학지식
맥락	착근지식		유동지식
경계	내부지식		외부지식
시간	전통지식		신지식
용도	성찰지식, 기초과학지식		실용지식

지식의 체제성 정도에 따라 단편적인 '부분지식'과 체제성이 큰 '복합지식'으로 구분되는데, 전자는 정보에 더 가까울 것이다. 적용범위가 제한되는 '특수지식'과 함께 적용범위가 매우 넓은 '보편지식'이 있는데, 대학은 주로 후자를 배우기 위해 존재한다. 경계를 기준으로 삼으면 우리나라나 지역, 기업 안에 존재하는 '내부지식'과 그 경계 밖에 존재하는 '외부지식'도 눈에 들어온다. 또, 시간을 기준으로 삼으면 '전통지식'과 '신지식'을 구분할 수 있다. 우리는 지금까지 경제적 가치를 낳는 지식에만 집중했지만, '공리'나 '실용'과 무관하거나 간접적으로만 영향을 주는 거대한 규모의 '성찰지식'과 '기초과학지식'이 우리 삶을 지도하는 현실에도 눈을 뜰 수 있다. 이런 지식이야말로 다른 모든 지식을 발전시킨 토대지식이다. 한가한 호기심이 성찰지식과 기초과학지식의 원동력이 된다는 점은 두말할 나위가 없다.

> 지식은 정보가 아니기도 하거니와 다양한 모습을 지니고 있기 때문에 한 가지로 환원될 수 없다.

지식을 왜 이처럼 세세히 구분하는가? 지금까지 우리는 대학교수나 박사들의 인식체계만 지식으로 간주하는 경향이 있었다. 하지만 이런 과학지식은 '생활의 달인'들이 수많은 시행착오를 겪어 쌓아 온 경험과 노하우 위에 서 있으며, 이들과의 상호작용을 거쳐 비로소 탄생하였다. 경험지식과 암묵지식의 존재를 알게 되면 지식기반 시대라고 과학자와 교수만 우대하는 나머지 현장의 기술자와 기능공을 '공돌이'로 함부로 취급하는 것이 얼마나 '반경제적'임을 알게 된다.

제5차 기술경제패러다임 시기에는 기술의 변화 속도가 대단히 빠르며 막대한 규모의 기술개발비용이 들어간다. 이런 조건 아래서 국가나 기업은 외부지식의 도움을 받지 않고 내부지식만으로 혁신을 이루어 내기 어렵다. 내부지식에 외부지식이 지속해서 수혈되어야 유기체로서의 경제는 생존하고 진화할 수 있다. 외부지식과 내부지식의 상호작용이 혁신의 원천이다.

한국의 교육은 정보에 불과한 단편 지식을 암기하기에 바쁘다. 정보와 지식을 구분하지 못하고 있기 때문이다. 나아가 교육과정이 빠르게 파편화 및 전문화되어 가고 있다. 이런 현상은 중등교육에서 더 심하다. 5차 기술경제패러다임은 더 많은 혁신과 창의성을 요구하며, 창조는 서로 다른 지식이 만나 상호작용함으로써 일어난다. 인문학과 자연과학적 기초가 결핍된 경제학과 학생에게서 다양한 학설의 이해와 창의적 사고를 기대할 수 없다. 3차 기술경제패러다임에나 적용될 전문화, 파편화 교육정책이 새로운 패러다임에서 되살아나는 것은 시대착오적이다. 학생들의 학습 부담을 줄이려는 의도라고 하지만, 학습 부담은 과목을 줄이기보다 수능 문제의 난이도를 조절하는 방식으로 줄여야 한다. 이른바 '물수능'을 채택함으로써 학생들이 다양한 과목을 접해 '복합지식'과 '보편지식'을 학습해야 '한가한 호기심'의 본능을 발휘할 수 있다. 무엇보다 대학이 평준화되어야 창의성을 질식시키는 이 무익한 '부분지식'의 문제풀이 교육방식이 사라질 것이다.

19세기에 등장한 신고전주의경제학은 뉴턴의 고전물리학, 라이프니츠의 미적분수학, 벤담의 공리주의철학이 만나 이루어진 '혁신'이다. 마르크스경제학은 헤겔의 변증법철학, 포이에르바흐의 자연유물론, 독일 역사학파경제학이 상호작용함으로써 등장한 혁신이다. 제도경제학은 다윈의 진화생물학과 듀이의 프래그머티즘철학, 인지심리학이 만난 결과다. 케인스경제학도 불가지론철학, 홉스적 국가론, 무어의 구성의 오류가 이루어 낸 혁신이다. 다름이 만나야 창조와 혁신이 일어난다. 전문화는 필요하다. 하지만 지나친 전문화는 기존 체제의 생산성에 기여함으로써 과거를 강화할 뿐이다.

> 다름이 만나야 창조와 혁신이 일어날 수 있다.

신고전주의경제학은 모든 연구의 초점을 경제성장에 맞춘다. '신성장론자'로 불리는 일부 신슘페터리언 경제학자들도 그 영향으로부터 미처 벗어나지 못하고 있다. 하지만 제도경제학은 성장 그 자체보다 '발전'에 더 많은 관심을 둔다. 인간사회는 실용지식만으로 발전하지 않는다. 인문학을 비롯한 '성찰지식'이 유통되고 창조될 때 인간사회는 비로소 중용, 평등, 정의의 에우다이모니아를 누릴 수 있다. 그리고 성찰지식이 결여된 사회가 과연 지속가능한 발전을 상상하고 구현해 낼 수 있을까? 인문학 교육이 강화되어야 한다!

지식의 유형이 다양하다는 사실을 알게 되면 이처럼 지식 및 혁신정책을 더 풍부하게 수립해 낼 수 있다. 지식을 증가시키는 것만으로 지식정책과 혁신정책이 완성되지 않는다. 지식의 확대보다 오히려 다양한 지식의 '활용'과 '관리'가 정책의 키워드로 될 필요가 있다.

> 지식유형의 다양성을 인식함으로써 우리는 지식의 생산보다 그것의 활용과 관리를 새로운 정책목표로 삼을 수 있다.

제도경제학적 지식재산권

최근 들어 지식재산권*Intellectual Property Right*이 강화되고 있다. 진보 진영이 취해야 할 스탠스는 어떨까? 앞에서 학습한 지식과 정보에 관한 내용을 기초로 삼고 질문에 답해 보자.

신고전주의경제학은 지식을 정보와 동일하게 본다. 곧 학습비용과 생산비용이 전혀 없을 정도로 쉽게 이동하고 모두가 쉽게 소유할 수 있는 재화, 즉 '공유 가능한 재화'라고 본다. 그 결과 이들에게 지식은 공공재*Public Good*와 같다. 그렇다면 공공재란 무엇인가? 이에 대한 개념은 여기서 주제가 되는 지식재산권 문제를 정확히 규명하기 위해서 바로 이해해야 하지만, 나중에 '국가'를 비주류 경제학의 관점에서 이해하기 위해서도 필요하다. 이모저모 활용될 것이기 때문에 눈을 부릅뜨고 주목해 주시기 바란다.

공기를 예로 들자. 깨끗한 공기를 나 혼자서 마시고 싶으면 어떻게 할까? 진열대에 놓인 구두를 홀로 신고 싶으면 가격을 치르고 타인의 사용을 배제할 수 있지만, 공기는 그런 게 불가능하다. 이를 '비배제성*Non-excludability*'이라고 부른다. 그리고 내가 구두를 신으면 다른 사람은 신을 수 없기 때문에 구두를 두고 서로 경쟁하게 된다. 구두가 한 켤레밖에 없기 때문이다. 하지만 공기는 충분해 그럴 필요가 없다. 이를 '비경합성*Non-rivalry*'이라고 부른다.

공기처럼 비배제성과 비경합성을 지니기 때문에 모두가 공짜로 사용하려는 재화를 '공공재'라고 부른다. 따라서 공공재는 돈을 지불해야 하는 '경제재'가 아니라 공짜로 사용하는 '자유재'다. 또, 사적으로 소유할 수 없다. 그 때문에 '사유재'가 아니라 '공유재'다. 나아가 아무도 가격을 지불하려 하지 않기 때문에 깨끗한 공기는 시장에서 과소공급된다. 이때 정부가 나서서 공급하지 않으면 안 된다. 이처럼 가격이 매겨질 수 없어 이윤이 남지 않아 시장이 상황을 효율적으로 조정하지 못하게 되는 현상을 '시장실패'라고 부르고, 이 때문에 정부가 나서서 공급해야 하는 재화를 '공공재'라고 부른다. 신고전주의경제학은 이처럼 지식을 공공재라고 이해한다. 왜 그럴까? 신고전주의경제학은 지식을 정보로 오해하고 있기 때문이다. 곧, 지식은 '아무나' '공짜로' '함께' 사용할 수 있어 시장이 공급하지 못하는 재화다.

신고전주의경제학은 지식을 정보로 오해한 나머지 아무나 공짜로 가져다 쓸 수 있는 공공재로 잘못 취급한다.

신고전주의경제학자 케네스 애로Kenneth Arrow에 따르면 시장은 혁신에 실패하는 시스템이다. 곧, 지식은 정보와 같은 공공재이기 때문에 아무도 가격을 지불하지 않고 공짜로 사용하려고 한다. 발명이 이처럼 보호받지 못하기 때문에 시장에서는 혁신이 과소공급된다. 그 결과 경제성장은 일어날 수 없다. 따라서 경제성장을 촉진하기 위해 지식재산권이라는 별도의 제도를 만들어 혁신을 보호해야 한다. 이것을 '애로의 문제Arrow's Problem'라고 부른다.

애로는 지식을 공공재로 오해함으로써 지식재산권의 강화를 주장한다.

과연 그럴까? 우리는 앞에서 정보와 달리 지식의 전유성이 매우 높다는 사실에 주목했다(〈표 11-8〉 참조). 곧, 지식은 착근성과 암묵성이 크고 체제를 갖추고 있어 이동하기 어려울 뿐 아니라 타인의 접근성도 제약돼 있어 속성상 혼자서 소유할 수 있는 대상이라는 말이다. 타인에게 주려고 하지 않을지 모르나, 거저 준다 하더라도 타인은 그것을 완전히 소유할 수 없다는 뜻이다. 다시 말해 배제하거나 경합하지 않은 채로 두고, 공짜로 사용하라고 허락하더라도 타인은 그것을 사용할 수 없다. 그것은 누군가가 인위적 장벽을 세웠기 때문도 아니고 가격이 매겨졌기 때문도 아니다. 지식이 지닌 바로 그 고유한 속성 때문이다. 나아가 지식 소유자는 전유성을 무기로 지식에 대해 높은 가격을 매겨 독점이익을 취한다. 지식은 자유재가 아니라 '사유재'이자 '경제재'다. 그리고 공공재가 아니라 시장이 충분히 공급하고 있는 '시장재'다. 따라서 지식재산권이라는 별도의 제도를 만들어 혁신을 보호할 필요가 없다.

〈표 11-8〉 지식재산권과 학파별 지식개념

학파	신고전주의경제학	신슘페터리언 경제학
지식의 속성	공공재	시장재
	자유재	경제재
	공유재	사유재
결과	시장실패	시스템실패
처방	지식재산권	조정과 확산

이처럼 독점이윤을 수취할 가능성 때문에 시장에서 혁신은 과소공

급되지 않고 오히려 '과잉공급'된다. 불필요하게 많이 공급되는 혁신 노력은 중복투자문제를 초래해 자원을 낭비한다. 그리고 지식과 혁신이 갖는 암묵성, 체제성과 착근성 때문에 활용되지 않고 폐기되는 수가 대부분이다. 시장에서 '애로의 문제'는 없다!

그렇다고 과소공급되는 영역이 없지는 않다. 독점이윤을 수취하기 힘든 기초과학과 인문학, 예술과 체육 분야에는 지식이 현저히 과소공급된다. 한쪽에서는 과잉공급과 과소공급이 공존하는 것은 물론 과잉공급된 혁신들이 적절하게 조정 및 관리되지 못하고 있다. 시스템이 잘 작동하지 못하고 있는 것이다. 이 때문에 지식과 혁신에 관한 한 시장실패가 아니라 '시스템실패'가 해결되어야 할 시급한 문제다. 시스템실패는 가격과 이윤으로 해결되지 않는다!

> 지식과 혁신에 관한 한, 시장실패보다 시스템실패가 해결되어야 할 선결과제다.

나아가 지식과 혁신은 그 속성상 확산하여 공유되기 어렵다. 이런데도 정부가 지식재산권을 부여하면 그 확산은 더 어렵게 될 것이다. 그 결과 경제성장은 지체된다. 따라서 정부는 지식재산권으로 독점적 소유를 강화하기보다 고립되어 협력의 이익을 얻지 못하거나 활용되지 못한 채 잠자고 있는 지식과 혁신들의 '조정'과 '확산'을 도모해야 한다.

> 지식재산권이라는 형식제도를 별도로 마련해 독점이윤을 보장하기보다 지식과 혁신의 조정과 확산을 도모해야 한다.

에우다이모니아를 향한 지식재산권 범위

앞에서 우리는 다양한 유형의 지식을 구분하는 과정에서 정보와 달리 지식이 갖는 고유한 속성을 관찰했다. 이런 속성에 따르면 지식과 혁신은 쉽게 확산되지 않는다. 이 경우 지식재산권은 확산을 더 어렵게 만들어 성장을 지체시킬 뿐이다. 경제성장에 역기능적인 역할을 하는 지식재산권은 철회되어야 한다.

베블런은 지식재산권의 역기능성을 강조하는 신슘페터리언 경제학자들과 다른 측면에서 지식재산권의 문제점을 지적했다. 곧, 지식재산권은 '경제정의'에 부합하지 않는다는 것이다. 그의 논지를 이해하기 위해 개인지식과 사회지식을 구분할 필요가 있다(〈그림 11-9〉 참조). 개인지식*Individual Knowledge*은 개인의 뇌와 몸에 체화된 지식이다. 이것은 타고난 재능이나 개인적 노력의 산물이다. 앞에서 검토한 경험지식이 대표적인 사례에 속하지만, 과학지식도 크게 다르지 않다.

사회지식*Social Knowledge*은 사회기반시설과 사회관계망 안에 뿌리를 내리고 있는 지식인데, 앞에서 본 착근지식이 이에 해당한다. 사회지식은 선조들에 의해 역사적으로 누적되어 '사회관계' 안에 뿌리를 내리고 있는 지식이다. 이렇게 누적된 규모가 개인이 도저히 소유할 수 없을 정도로 방대하다는 사실을 아무도 부인하지 못할 것이다. 나아가 개인은 부분지식이나 특수지식을 지닐 뿐이지만 사회는 다양한 하위지식들로 구성된다. 이러한 방대하고 다양한 하위지식들은 제도적 장치의 도움을 받아 효과적으로 조직될 때 비로소 그 효력을 발휘한다. 우리가 학교와 같은 공식적 교육기관에서 교육을 받는 이유다.

개인지식	사회지식
개인의 뇌와 몸	사회관계와 기반시설
단편성	복합성
–	누적성
체화성	착근성

베블런에 따르면 이런 사회적 지식에 '접속*Plug-in*'되지 않는 한, 그리고 사회의 제도적 지원을 얻지 못하는 한, 개인의 지식은 무용지물이 된다. 방글라데시 기술자의 역량이 아무리 탁월하더라도 그는 그곳에서 자신의 능력과 노력에 합당한 경제적 가치를 생산할 수 없다. 개인의 역량에 상응하는 사회적 지식이 그곳에 턱없이 부족하기 때문이다. 사회적 지식과 제도가 확충된 미국이나 독일 등 선진국에서 비로소 그는 자신의 능력을 발휘할 수 있다.

반대의 경우도 그렇다. 개인의 지식은 본래 제로에서 출발한다. 사회적 지식을 학습함으로써 개인도 지식을 축적할 수 있다. 주변에 사회적 지식의 양과 종류가 풍부하면 개인의 지식도 커지고 다양해질 것이다. 특별한 경우를 제외하면 대체로 개인적 지식은 사회적 지식에 비례한다. 스티브 잡스는 미국이 보유한 사회지식의 산물이다. 그가 만약 에티오피아에서 태어나 미국의 사회지식에 접속할 기회를 얻지 못했더라면 그는 카라반의 일원으로 뙤약볕 아래서 사막을 왕복하며 살았을지도 모른다.

베블런은 『제작본능』(1914)에서 "각각의 이어지는 진보, 모든 새로운 묘안, 개량, 발명, 적용, 솜씨 있는 혁신은 물론 개인에 의해 실행되며 개인의 경험과 독창력으로부터 나온다. 왜냐하면 인류 세대는 개인 안에서만 살고 있기 때문이다. 그러나 그렇게 만들어진 모든 운동은 반드시 공동체 안에 깊숙이 담긴 개인들에 의해 이루어지며 집단 생활의 원리에 노출되어 있다. 왜냐하면 모든 삶은 필연적으로 집단적 삶이기 때문"이라고 단언한다. 개인지식은 사회지식의 함수다!

이처럼 개인이 이룬 혁신은 누적된 사회지식과 제도적 후원의 산물이다! 따라서 그 결과를 사적으로 독점하거나 그것으로 지나친 보상을 요구하는 것은 경제학적으로 허용되지 않는다. 베블런의 사회지식에 따르면 지식재산권은 경제학적으로 정의롭지 못하다.

> 베블런의 논지에 따르면 사회지식의 도움 없이 개인의 혁신은
> 불가능하므로 지식재산권은 경제학적으로 정의롭지 못하다.

경제성장을 위해 신슘페터리언 경제학자들이 지식재산권으로 독점이익을 보장하는 대신 지식과 혁신의 '확산'을 처방으로 내세운 반면, 베블런은 사회구성원들에게 사회적 지식에 대한 '접속 기회'를 넓히는 방안을 제안한다. 베블런이 지식재산권을 반대했을 것임은 말할 필요도 없다. 실제로 그는 자신의 저술 곳곳에서 "저열한" 사적 소유 제도를 악용해 공동체의 지식과 산업설비를 독점한 후 폭리를 취하는 "영리계급들"을 신랄하게 비난한다.

신슘페터리언 경제학자들이 '지식과 혁신의 속성'으로부터 결론을 끌어내고 베블런이 '사회지식'으로부터 출발했지만, 양자는 지식재산권의 보호에 반대한다는 점에서 다르지 않다(〈그림 11-3〉 참조).

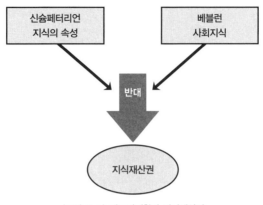

〈그림 11-3〉 제도경제학과 지식재산권

나아가, 제도경제학자들은 이런 이론적 근거는 물론 현실적 이유 때문에도 지식재산권을 반대한다. 대다수 기업은 특허권보다 영업비밀*Secrecy*을 유지하고 리드 타임(설계에서 생산까지 걸리는 시간)을 단축하거나 마케팅 전략을 개선하는 방식으로 혁신이익을 수취한다. 제5차 기술경제패러다임의 선도산업인 정보통신산업이 강력한 지식재산권제도에 힘입어 등장했다는 증거는 어디에도 없다. 미국에서 통신산업과 인터넷은 각각 정부독점과 '국방 선진화 연구계획' 아래 발전하였으며, 소프트웨어산업, 모바일전화 그리고 반도체산업은 모두 느슨한 지식재산권 아래서 발전했다.

그뿐만 아니라 지식재산권제도는 수많은 갈등적 주장과 소송비용을 증가시켜 오히려 혁신의 사회적 이익을 훼손하고 있는 지경이다. 저비용의 '대충대충 발명'과 아이디어에 특허가 부여됨으로 인해 진정한 혁신의 기회가 가로막히는 경우가 허다하다. 지식재산권의 분배적, 사회적 결과도 그 부정적 목록에 추가되어야 한다. 제약 분야의 지식재산권제도는 의료 서비스에 대한 빈곤층의 접근을 가로막는다.

총체적으로 우리는 모두 기술혁신이 경제성장에서 결정적으로 중요하다는 사실에 동의하고 있다. 하지만 산업화와 경제성장을 위해 강력한 지식재산권제도가 필요하지는 않았다. 일본처럼 특허체제를 갖추면서 산업화에 성공한 나라들이 있지만, 독일, 네덜란드, 스위스처럼 그렇지 않은 나라도 많다. 네덜란드와 스위스에 강력한 특허제도가 없어 산업화가 방해받았다는 증거는 발견하지 못했다.

> 지식재산권이 구비되지 않아 혁신이 과소공급되고 경제성장도 지체되었다는 증거는 어디에도 없다.

신고전주의경제학은 '애로의 문제'로 인해 시장에서 혁신이 과소공급되므로 지식재산권을 별도로 제정해 혁신을 보호하고 보상해야 한다고 주장한다. 반면, 제도경제학 가운데 신슘페터리언 경제학은 지식과 혁신의 속성 그 자체로 인해 이익이 충분히 보상될 뿐 아니라 확산이 어려워 사회 전체의 이익이 감소하므로 지식재산권을 보호하면 안 된다고 주장한다. 이 주장에 더해 베블런 제도경제학은 개별 행위자의 혁신이 공동체의 사회지식 덕분이기 때문에 지식재산권은 정의롭지 않다고 주장한다.

우리는 여러 가지 실증자료를 통해 제도경제학의 입장에 동의한다. 곧, 원칙적으로 지식재산권은 설정될 필요가 없다. 지식재산권은 사회 전체의 발전을 방해한다. 하지만 시장이 지식공급에 실패하는 영역도 분명히 존재한다. 자연의 원리를 이해하는 기초과학, 성찰지식을 제공하는 인문학, 인간의 비경제적 삶을 풍요롭게 만드는 예술을 시장은 충분히 공급하지 못한다. 낮은 경제적 보상은 물론 한가한 호기심을 억압하고 조롱하는 교육제도와 반지성주의적 문화 때문이다. 이 분야에 대해서는 정부 지원의 형태로 최소한의 지식재산권이 보호되어야 할 뿐 아니라 교육제도와 문화가 개선되어야 한다. 그래야 인간은 과학과 예술을 향한 꿈을 꿀 수 있다. 시간강사로 전전하던 과학도와 최고은 작가 같은 문화예술인들이 빈곤으로 생을 마감하는 일이 두 번 다시 있어서는 안 된다. 소비자들 역시 지식과 예술에 무임승차하려는 태도를 버려야 한다. 요즘 필자에게 책을 공짜로 받아가려는 일반인과 지식인(!)들이 너무 많다. 그렇게 하면 지식기반 사회에서 '지식기반'은 무너지고 만다.

그뿐만 아니라 준비된 자에게만 기회가 주어지듯이 개인지식을 준비해야만 사회지식에 접속할 수 있다. 개인의 혁신 노력에 대해 사회는 '공정한 가격'으로 경제적 보상을 할 필요가 있다. 앞의 인용문에서 언급된 것처럼 베블런 역시 이 점을 염두에 둔 듯하다. "각각의 이어지는 진보, 모든 새로운 묘안, 개량, 발명, 적용, 솜씨 있는 혁신은 물론 개인에 의해 실행되며 개인의 경험과 독창력으로부터 나온다."

공정가격은 제도경제학자 커먼스에 의해 주창된 개념인데, 그 규모는 한 사회의 도덕적 가치와 정치적 권력관계에 따라 결정된다. 여기에 우리가 추구하고 있는 에우다이모니아, 곧 '좋은 삶'에 대한 유토피아가 적용될 필요가 있다. 아리스토텔레스에 따르면 좋은 삶은 중용의 미덕, 평등, 정의로 구성된다. 공정가격의 규모를 구체적으로 산출할 때 앞에서 정리한 〈표 2-2〉의 분배에 관한 원칙들이 참고될 만하다. 진화하는 유토피아! 제5차 기술경제패러다임 시기에 에우다이모니아가 고려되는 지식재산권은 어떻게 진화하는가?

우리는 제도경제학적 지식재산권의 범위(R_I)를 다음과 같이 제시할 수 있다. 곧, 베블런에 따르면 보상(R_V)은 제로에 가깝다. 하지만 보상 규모는 적어도 이보다 커야 한다. 그렇다고 무한히 크면 안 된다. 모든 개인지식의 노력은 거대한 사회지식의 힘을 입고 있기 때문이다. 따라서 신고전주의적 지식재산권(R_N)보다 훨씬 작아야 한다. 신슘페터리언 경제학은 지식과 혁신의 전유성에 기인하는 독점지대를 염려한다. 이 역시 사회지식에 힘입은 바 크기 때문에 혁신의 결과는 '제도적으로' 분배되어야 한다. 따라서 우리가 염두에 두는 제도경제학적 보상 규모(R_I)는 신슘페터리언 경제학이 우려하는 독점지대(R_S)보다도 작아야 한다.

제도경제학적 지식재산권(R_I)의 범위

$$R_V \ < \ R_I \ < \ R_S \ < \ R_N$$

이것은 제5차 기술경제패러다임과 지식기반경제라는 새로운 조건 아래서 지속가능한 발전과 에우다이모니아를 이루어 낼 새로운 지식재산권의 가이드라인으로 이용될 수 있다. 양극단은 현실에 존재하지 않을 뿐 아니라 바람직하지도 않다. 이때 중용의 태도가 요구된다.

> 지식재산권은 커먼스의 '공정가격'을 따를 때 지속가능한 발전과 에우다이모니아를 지향할 수 있다.

불확실성을 고려하는 제도경제학의 혁신정책

앞에서 우리는 경제체제의 미래가 총체론적 인과관계로 설명되는 경제현실(〈표 3-2〉, 〈그림 3-3〉 참조)과 이질적인 행위자들의 상호작용, 열린 유기체로서의 경제체제(〈그림 8-3〉 참조) 때문에 다양할 뿐 아니라 불확실하다는 사실을 알게 되었다.

사실 이는 인간의 합리성이 제한되어 있기 때문이라기보다 오히려 미래 자체가 아직 존재하거나 결정되어 있지 않기 때문이다. 제도경제학에서는 이를 '근본적 불확실성Fundamental Uncertainty'이라고 부른다. 우리에게 익숙한 '제한적 합리성'이라는 용어는 미래가 이미 존재하는데도 인간의 예측 능력이 모자라 그것을 알 수 없다는 의미를 담고 있지만, 근본적 불확실성이란 지적 능력이 아무리 뛰어나더라도 미래를 결코 예측해 낼 수 없다는 뜻이다. 미래는 존재하지 않기 때문이다.

혁신은 과거를 파괴하고 새로움을 창조하는 활동이다. 그것은 본질적으로 미래를 지향한다. 하지만 미래는 아직 존재하지도 않고 결정되어 있지 않다. 그러므로 혁신의 미래는 불확실하다. 그렇다면 미래가 불확실하니 손 놓고 지내도 되는가? '케세라세라'를 부르며 그렇게 사는 사람은 많다. 전망이 어두운 저소득층이나 습관적 소시민 그리고 전통적 기업인들이 이에 속한다. 하지만 행위자는 이질적이다. 때문에 그렇지 않은 사람도 적지 않다. 문화적으로 깨어 있는 시민들과 혁신적 기업들이다. 이들은 불확실한 미래에 굴하지 않고 시시포스와 같이 바위를 밀며 지치지 않고 언덕을 오르는 사람들이다.

이들은 다양한 제도를 마련함으로써 불확실성에 도전한다. 이들

중 일부는 과거의 행동을 표본으로 삼아 불확실성을 극복하고자 한다. '지금까지 그랬으니 앞으로도 그럴 것이다.' 곧, 관성의 법칙을 활용한다. 이런 방식이 '탐색비용'을 줄여 주어 혁신의 개척과정에 도움을 줄 수 있다. 하지만 그런 방식은 시간이 동질적이거나 대칭적일 경우에만 효과를 발휘할 수 있다. 시간은 과거, 현재, 미래로 구분된다. 이때 과거와 미래의 시간이 동질적일 경우에만 과거의 경험을 미래에 적용할 수 있는데, 실제로 과거와 미래가 동질적이라는 보장은 그 어디에도 없다. 앞에서 우리는 시간은 논리적 시간이 아니라 역사적 시간이며, 역사적 시간은 되돌릴 수 없을 정도로 질적으로 서로 다르며 불연속적이라는 사실을 알았다.

이런 근본적 불확실성은 근본적으로 해결될 수 없다. 하지만 이 근본적 불확실성에 도전하는 사람들이 적지 않고, 현재보다 더 '좋은 삶'을 이루고 싶은 욕구를 어떤 경우에도 꺾을 수 없으므로 이에 대한 해법을 마련하지 않으면 안 된다. 이 지점에서 '집단적' 지성이 발휘되어야 하는데, 깨어 있는 시민과 혁신기업가의 의지로 뒷받침되는 '민주적 정부'가 이 역할을 맡아야 할 것이다.

이 문제를 해결하기 전 문제해결에 필요한 개념과 수단을 몇 가지 정리해 보자. 앞에서 우리는 혁신의 유형을 다양하게 정리한 바 있지만, 혁신의 '강도*Intensity*'에 따라서도 구분할 수 있다. 변화의 정도가 큰 급진적 혁신*Radical Innovation*과 소규모 변화만 초래하는 점진적 혁신*Incremental Innovation*이 그것이다. 이 간단한 구분방식은 현실경제에서 다양한 혁신전략을 내포하고 있다. 〈표 11-10〉의 두 번째 칸을 참고하기 바란다. 기초연구와 기초발명은 기업가의 역할인 혁신과 달리 과학자의 지식창조 결과로 분류된다. 지식재산권은 그 혁신성에 따라 특허, 실용신안, 디자인, 상표의 순서로 나뉜다. 특허는 급진적 혁신에 가깝고 상표는 점진적 혁신에 가깝다. 급진적 혁신의 불확실성은 큰 반면 점진적 혁신의 불확실성은 낮다.

〈표 11-10〉 불확실성과 혁신의 강도

근본적 불확실성	기초연구, 기초발명	−	지식창조
초고도 불확실성	급진적 제품혁신, 외부경쟁자지향 급진적 공정혁신	특허	급진적 혁신
고도 불확실성	주요 제품혁신, 사내용 공정혁신		
평균 불확실성	기존제품의 세대교체		
낮은 불확실성	라이센스계약, 제품모방, 제품과 공정의 수정	실용신안	점진적 혁신
매우 낮은 불확실성	신모델, 제품차별화, 프랜차이즈경영	디자인, 상표	

혁신의 강도, 성공이익, 불확실성의 관계를 도식화해 보자. 〈그림 11-4〉는 혁신정책을 수립할 때 활용될 수 있다. 이 관계로부터 도출되는 '제도경제학적 혁신정책'은 지식을 정보로 단순화하며, 지식의 다양성에 무지함으로써 혁신의 상이한 강도를 이해하지 못하고, 불확실성에 관한 인식이 결여된 채 수립되는 '연구개발투자 위주의' 신고전주의 혁신정책과 완전히 다르다.

혁신의 강도(I)와 성공이익(S)은 서로 비례관계(+)를 이룬다. 곧, 혁신이 급진적일수록 그 수익은 높아질 것이다. 반면 혁신의 강도와 성공확률(확실성)(C)은 반비례(-)한다. 곧, 급진적일수록 확실성은 낮아진다(불확실성은 커진다). 앞에서 배운 것처럼 서로 다른 종속변수(C, S)를 가지면서 공통된 독립변수(I)를 가지는 두 함수를 같은 평면에 표시해 보면 〈그림 11-4〉의 그래프가 그려진다.

국민경제 전체의 이익과 좋은 삶을 지향하는 우리의 경제정책 목표를 고려해 성공이익을 개별기업 차원으로 국한하지 않고 공익과 공동선, 사회정의와 평등으로 간주하자. 이 경우 정책수혜 대상은 빵빵한 대기업이나 재벌기업이 아니라 기술집약적 중소기업 혹은 자금력이 뒷받침되지 않는 소기업 그리고 연구에 열중하는 과학자나 예술가가 된다. 민주정부의 혁신정책은 이들의 활동을 향해야 정상이다. 이 영역에서는 독점이윤이 보장되지 않기 때문에 혁신과 지식이 과잉공급되지 않고 오히려 '불확실성' 때문에 과소공급된다.

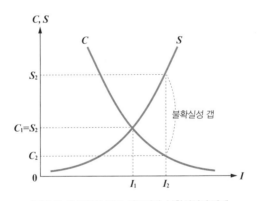

〈그림 11-4〉 혁신의 강도, 성공이익, 불확실성의 관계

불확실성이 높은 상황에서 사람들은 공익과 공동선에 대한 기여가 부족하지만 좀 더 확실한 혁신만을 시도한다. 실제 추구되는 혁신의 강도는 I_1보다 작다($I < I_1$). 이렇게 되면 경제의 활력은 떨어질 뿐 아니

라 공익과 공동선(S)도 낮아진다.

이런 사회적 손실을 줄이자면 혁신은 더 급진적일 필요가 있다. I_1 보다 강도가 더 높아야($I > I_1$) 사회 전체의 삶을 향상시킨다. 하지만 I_2 정도의 급진적 혁신을 시도하면 공익과 공동선은 S_2로 높아지지만, 확실성은 C_2로 매우 낮아진다. '불확실성 갭'이 너무 커 이런 유형의 정책수혜 대상자들은 혁신을 시도할 엄두조차 내지 못한다.

이 경우 사회 전체의 좋은 삶을 위해 정부가 혁신에 개입해 불확실성을 줄여야 한다. 앞에서 연구한 내용을 활용해 몇 가지 구체적 방안을 제시할 수 있다. 첫째, 대학 및 공공연구소와 산학협력체제를 구축해 이 기관들의 '외부지식'을 활용할 수 있게 만들어야 한다. 둘째, 개발된 기술이 시장에 확산하도록 '기술이전제도'를 구축할 필요도 있다. 이는 신고전주의적 지식재산권제도와 정면으로 대립한다. 셋째, 실패를 두려워하지 않을 제도를 마련해야 한다. 이를 위해서는 앞에서 검토한 '제도경제학적' 지식재산권이 보호되어야 하는데, 국가의 기술보증기금은 물론 사회복지체제를 통해 안전망을 구축하고 재기할 기회를 제공해야 한다. 실패와 그 경험은 제거하고 단죄되어야 할 악이 아니라, 축적되어 앞으로 활용될 사회지식의 일부이며 성공을 위한 자산이기도 하다. 실패는 '최선을 다했지만 이르지 못한 결과'일 뿐 태만과 무능의 산물이 아니다. 실패는 장려되어야 할 공동선이다!

민주정부는 다양한 제도적 장치를 마련함으로써 혁신의 불확실성을 낮추어야 한다.

혁신경제학에 대한 수요는 크다. 포스트케인지언 임금주도성장론의 공간을 채워 주기 위해서라도 이에 관한 연구는 필요하다. 하지만 신고전주의경제학을 고집하는 보수진영만큼 한국의 진보진영에도 혁신은 여전히 블랙박스일 뿐이다. 한국경제의 진보적 성장을 위해 어떤 혁신정책이 필요할까? 이에 답하기 위해 우리는 지식의 속성과 다양성을 면밀히 검토하였다. 그로부터 우리는 '제도경제학적' 지식재산권과 불확실성의 대비책을 민주정부가 고려할 혁신정책 수단으로 제안했다. 이 두 가지 정책은 모두 지식의 공유와 확산을 일차적 목표로 삼으면서도 창조자와 혁신가에 대한 정의로운 보상을 권고한다. 이럴 때 혁신과 분배가 갈등을 덜 겪을 수 있다. 이런 정책수단을 동원함으로써 우리는 〈식 9-2〉로 정리된 제도경제학의 목적함수를 지식기반경제에 맞게 조정해 낼 수 있다.

12.

국가란
무엇인가?

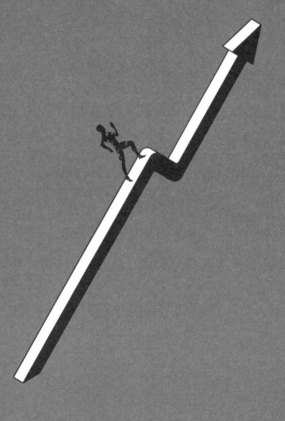

앞 장에서 우리는 사실 '혁신경제학'을 공부한 셈이다. 요즘 혁신만큼 사람들의 입에 자주 오르내리는 단어도 없지만, 그만큼 깊이 있게 다뤄지지 않는 단어도 없다. 변화와 혁명에 반감을 갖는 보수주의자들의 문화적 태도가 반영된 탓도 있지만, 혁신이 주류 경제학의 연구모델에 적합하지 않기 때문이기도 하다. 또, 수요관리에 올인하는 케인스경제학이 혁신에 노력을 기울일 여력이 부족하거니와 혁신을 일자리 파괴와 관련시키는 노동자의 정서 때문에 케인스경제학 역시 혁신연구에 관심을 기울일 수 없었다.

하지만 자본주의경제의 변화가 혁신을 통해 일어난 점은 부인할 수 없는 사실이며, 혁신 덕분에 인간의 물질적 삶은 한층 개선되었다는 사실에 동의하지 않을 사람도 없다. 따라서 경제학이 혁신을 연구하지 않았던 것은 경제학이 가장 중요한 학술적, 실천적 책임을 방기한 것이라고 보아야 한다.

이런 사실에 비추어 볼 때, 신슘페터리언과 베블런 제도경제학자들이 혁신연구에 기울인 노력은 학술적으로 의미가 클 뿐 아니라, '혁신성장'을 추진하고 있지만 마땅한 '진보적' 방향과 수단을 마련하지 못해 우왕좌왕하는 민주정부 관계자들을 위해 정책적으로도 유용하다.

그런데 혁신경제를 연구해 오는 과정에서 우리는 지식과 혁신의 속성과 그 다양성으로부터 출발하면서 이들이 지식 및 혁신과 관련해 적지 않게 정부의 개입을 요청하고 있다는 사실을 알게 되었다. 더욱이 우리는 비용의 역설, 저축의 역설, 사회적 자본, 이스털린의 역설, 임금주도성장에 관한 논의과정에서도 정부의 역할이 중요함을 계속 지적해 왔다. 제도경제학에서 국가는 결정적으로 중요하다!

하지만 우리는 지금까지 국가를 '전제'하고 정책을 끌어내었을 뿐 국가 자체에 대해 논의한 적은 없다. 따라서 우리는 이 장에서 국가에 관한 제도경제학의 입장을 정리할 필요가 있다. 이 입장은 신고전주의경제학이나 마르크스경제학의 입장과 매우 다르며, 심지어 케인지언경제학의 그것과도 약간의 차이를 보여 주고 있다. 제도경제학의 국가론은 국가혁신체제를 공부할 때 도움이 된다.

시장주의 국가

국가란 무엇인가? 신고전주의경제학은 방법론적 개인주의에 입각하기 때문에 사회의 존재를 부정한다. 모든 개인은 완전한 합리성으로 무장되어 있고, 이 모두는 양과 질의 측면에서 동질적이니 오류는 물론 갈등도 없다. 따라서 이런 개인들의 집단은 국가라는 별도의 제도를 필요로 하지 않는다. 이런 상황은 경제적 합리성이 관철되는 시장에서 가장 적절히 재현된다. 경제적 합리성이 구현되는 시장사회(!)는 '제도적 진공상태'로 남아 있어야 한다. 경제주의, 자유방임주의와 무정부주의는 신고전주의경제학의 기본적인 입장이다.

이런 근본적 입장에도 불구하고 신고전주의경제학은 '경제적' 이유로 국가의 존재를 승인한다. 경제적 논리로 국가를 부정하는 이들이 같은 논리로 국가를 요구한다는 것은 자가당착인 것처럼 보인다. 하지만 우리는 일단 이들의 경제주의적 논리에 주목할 필요가 있다. 앞에서 우리는 신고전주의경제학이 직면하는 두 가지 문제를 논의한 바 있다. 공공재와 혁신의 과소공급이 그것이다.

국가의 존재를 올바로 이해하기 위해 공공재에 관한 앞선 설명을 더 구체적으로 하고자 한다. 앞에서 공기의 사례를 들었지만, 좀 더 실제적인 예를 들어 보자. 매일 밤 우리가 소비하고 있는 가로등의 불빛이다. 사람들은 본능적으로 어둠을 두려워한다. 심리학자 칼 융에 따르면 어둠에 대한 인간의 공포는 '집단 무의식'을 형성한다. 그리고 도시의 밤길은 위험하다. 도시의 강력범죄는 주로 암흑 속에서 발생한다. 어둡고 위험한 도시의 밤은 불빛을 필요로 한다. 일부 '어둠의 자식'을 제외하면 가로등 불빛을 반기지 않는 사람은 없다. 인간의 삶에 필수불가결한 재화로 '사회적 수요'가 매우 크다는 말이다.

　수요가 이렇게 크니 민간기업의 관심은 매우 크다. 수요가 크면 가격도 높아져 이윤이 증가할 것으로 기대되기 때문이다. 하지만 이윤을 획득하자면 먼저 제품에 가격을 매길 수 있어야 한다. 가격은 구매능력을 갖춘 수요자에게 제품의 배타적 사용을 허락하는 대신 그 능력을 갖추지 못한 잠재 수요자의 이용을 배제할 수 있는 수단이다. 그런데 가로등 불빛을 사용하는 수많은 행인에게 가격을 매겨 사용을 배제할 방법이 없다. 수많은 골목길마다 요금징수원을 배치하자니 비용도 많이 들고 가능하지도 않다. 또, 주민들의 저항이 매우 거세다. 그러니 가로등 사용을 가격으로 배제할 수 없게 된다. 앞에서 본 것처럼 가로등은 '비배제성'을 갖는다.

　또 가로등 불빛은 온 누리를 밝힌다. 쏟아지는 이 불빛을 두고 사용자들이 서로 다툴 필요가 없다. 내가 이 불빛을 즐긴다고 해서 옆에 있는 다른 이의 소비가 방해받지 않기 때문이다. 불빛 하나를 두고 서로 경합을 벌이지 않고 여러 사람이 사용할 수 있다는 것이다. 가로등은 '비경합성'을 갖는다. 민간기업이 이런 재화를 공급할 리 없다. 시장에 내놔 봤자 이윤은커녕 본전도 못 건질 게 뻔하기 때문이다. 모든 기업이 거부하니 정부가 공급해야 한다. 이게 신고전주의경제학의 공공재 이론이다! 결국 신고전주의경제학자들에게 가로등은 비배제성, 비경합성 등 그 재화의 '물리적 속성', 그리고 무엇보다 그 속성이 초래한 '마이너스 이윤' 때문에 공공재가 된다.

　만일 거대한 투자비용이 지출되어야 한다면 문제는 더 심각해진다. 전기, 수도, 철도, 항만을 사례로 들어 보자. 이런 재화들에 대한 사회적 수요는 가로등보다 더 크다. 민간기업이 눈독을 들일 만하지만 너무 큰 자본이 요구된다. 경제학에선 이를 '최소효율규모'라고 부른다. 일이 효율적으로 진행되려면 최소 이 정도 규모의 자본은 마련되어야 한다는 것이다. 민간기업은 이런 거대한 규모의 자본을 마련하기 어려우며, 마련하더라도 높은 조달비용과 리스크를 감당할 수 없어 투자를 꺼린다. 이 경우에도 큰 자본을 조달할 수 있는 정부가 공급해야 한다. 비배제성이나 비경합성과 달리 최소효율규모가 공공재의 속성이 된다.

치안, 국방, 소방과 위생은 비배제성, 비경합성, 그리고 최소효율규모의 속성을 모두 갖춘 경우다. 예컨대, 엄청난 자본을 들여 약 12만 명의 경찰인력을 채용해 전국에 280개에 달하는 경찰서를 지었지만, 치안 서비스에 가격을 매겨 소비를 배제하기 어렵다. 가로등의 경우와 같은 이유로 여기서도 정부의 등장이 요청된다. 따지고 보면 혁신의 시장실패와 관련되는 '애로의 문제'도 혁신과 지식을 이처럼 공공재로 보았기 때문이다. 신고전주의경제학은 바로 이런 공공재이론에 입각해 국가의 존재를 도출해 낸다. 국가는 공공재를 공급하기 위해 존재한다!

이제 이 공공재이론의 뒷면을 들여다보자. 재화가 지니는 속성 때문에 이윤이 남지 않아 시장이 그 공급을 떠안아야 한다면, 이와 반대로 이윤이 남으면 정부 대신 민간기업이 공급할 수 있다는 말이 된다. 이윤의 존재 여부가 공공재 여부를 결정하는 것이다. 어떤 속성을 지닌 재화라도 이윤의 계율을 위반할 수 없다. 이윤은 속성을 지배한다! 이것이야말로 신고전주의경제학의 공공재이론이 갖는 진면목인데, 나는 이를 '시장주의' 공공재론이라고 부른다. 이 공공재이론에 따르면 이윤의 존재 여부가 국가의 존재를 결정한다. 이윤이 없으면 국가가 필요하지만, 이윤이 남으면 국가도 불필요하다! 국가는 이윤의 함수다. 시장주의 공공재론은 시장주의 국가론을 낳는다.

> 우리에게 익숙한 신고전주의경제학의 시장주의 공공재론에 따르면 국가의 존재여부는 이윤의 존재여부에 따라 결정된다.

신고전주의경제학에서 국가는 필연적이지 않다. 그것은 '조건적으로' 요청될 뿐이다. 시장주의적 공공재론은 신고전주의경제학의 제도적 진공상태 및 규제완화론과 갈등을 겪지 않는다.

비시장적 국가

많은 사람들, 곧 진보든 보수든 가리지 않고 시장주의적 공공재론을 절대적 진리로 받아들이고 있지만, 국가의 존재를 설명할 때 그건 절반의 진실만 말해 줄 뿐이다. 왜 그런가? 가로등이 없는 밤길은 불편하며 매우 위험하다. 그것은 사회 전체의 안전을 위협한다. 반면, 불빛 차로와 환한 골목길은 모든 사람에게 이롭다. 밝고 안전한 밤은 '공공의 이익'에 봉사한다. 이런 공익을 사익 집단에 부탁할 수 없다는 건 명약관화하다. 이윤이 발생하든, 손실을 보든 가로등 불빛은 항상 공급되어야 한다. 공공의 이익은 거래의 대상이 아니며 이윤추구의 대상도 아니다.

치안과 국방도 그렇다. 치안을 예로 들어 보자. 강도가 들이닥쳐 경찰서에 신고할 경우, 그 경찰서가 삼성그룹에 의해 경영되고 있으면 어떻게 될까? 삼성경찰서는 출동가격을 흥정할 것이다. 높은 가격을 지불할 능력이 없는 서민들은 강도 앞에서 속수무책 당하고 만다. 사회적 약자의 인권이 유린당하는 현장에 삼성경찰관이 굳이 출동할 필요는 없다. 안전도 인권도 돈이 되지 않으면 민간 경찰관에게는 쓰레기보다 못하다.

가로등, 전기, 수도, 의료, 치안, 국방은 만인에게 필요하다. 가격을 치를 수 있는 부자는 물론 가격을 지급할 경제적 능력이 없는 가난한 자들에게 말이다. 공공재는 비배제성과 비경합성의 속성이 아니라 인권, 기본권, 안전 등 '사회적이고 도덕적인 욕구'를 충족해 주는 속성 때문에 국가가 공급한다. 이때 공공재는 공공의 이익*Public Interest*과 공동선*Common Good*에 이바지한다. 결국, 정확한 의미의 공공재란 공익과 공동선을 달성하기 위해 정부가 제공하는 재화다. 이것은 '비시장적' 공공재론으로서 신고전주의경제학의 시장주의 공공재론과는 다르다.

비시장적 공공재론에 따라 케인스경제학과 제도경제학 등 비주류 경제학은 비시장적 국가론을 제안한다. 곧, 국가는 경제적 계산과 이윤 동기가 아니라 사회적 연대, 문화적 결속 등 인간집단의 기본 조건을 마련하는 동시에 인권, 정의 등 보편적 가치를 도모하기 위해 존재한다. 공공재는 이런 목적을 달성하기 위해 포기될 수 없는 필연적 수단이다. 그러므로 국가는 이윤과 관계없이 존재해야 할 '보편적 조직'이다. 국가는 에우다이모니아, 곧 좋은 삶에 도달하기 위해 필요하다. 인간이 존재하는 한 국가는 필연적이다. 이윤에 좌우되는 '조건부' 조직이 아니라는 말이다.

> 국가는 이윤과 관계없이 존재하는 보편적 조직이다.

역사적 국가

이 '비시장적 공공재이론'이 신고전주의경제학의 시장주의 공공재이론보다 국가의 존재 이유를 더 명확히 설명해 준다는 점은 이론의 여지가 없다. 하지만 이 역시 진보적 경제학의 국가이론으로선 여전히 미흡하다. 좀 더 보충되어야 한다. 뭐가 보충되어야 할까? 비시장적 공공재론의 국가론에는 국가를 설립한 주체, 곧 '행위자'가 없다. 그것은 여전히 논리적 귀결로만 머무른다.

마르크스는 국가론에서 행위자를 부각한 대표적 경제학자다. 그에게 자본주의국가는 자본가계급이 노동자계급을 지배하는 수단이며, 자본가계급의 '위원회'일 뿐이다. 곧 기업의, 기업에 의한, 기업을 위한 '기업국가'다! 이때 그가 주목한 주체와 인간은 엘리트와 자본가계급이다. 근대국가는 소수 엘리트와 자본가계급에 의해 건설됐다. 국가는 특정 계급의 특수이익을 위해 존재한다. 국가는 소수 엘리트 집단의 '사유재산'을 보호하기 위한 수단이라는 더글러스 노스*Douglas North* 등 주류적 제도경제학의 국가론도 같은 생각이다. 국가를 이해할 때, 객체보다 주체를 등장시키고 물질보다 인간을 부각한 점은 이 접근방법의 미덕이다.

존재하는 모든 것이 변하듯이 국가도 진화한다. 근대사회에 들어서자 특정 계급에 의해 지배되거나 특수이익으로 환원될 수 없는 현상이 등장한다. 국가도 다양한 원인의 영향을 받게 되는 열린 유기체인 동시에 근대사회에 이르러 행위자들의 권력 지형이 변하며 새로운 문화적 환경이 조성되었기 때문이다. 근대국가의 발생과정을 들여다보면 실제로 그리 간단하지 않다.

이제, 추상적인 사유를 벗어나 구체적 경험을 통해 국가를 확인해보자. 논리적 도출방식 대신 '역사적 실증방식'을 채택하는 것이다. 경제사학자 앤 데이비스*Ann E. Davis*는 11~13세기 이탈리아의 국가형성과정을 연구하였다. 그에 의하면 피렌체, 베네치아, 제노바 등 도시국가를 방어하기 위해 군주는 먼저 상인 가문과 타협하지 않으면 안되었다. 나아가 세금을 징수할 때 길드조직과 논의해야 했으며, 시민들로 구성되는 민병대의 지원을 받지 않으면 안 됐다. 여기서 토론과 정치 참여는 필수였다.

나아가 '시민 인문주의자*Civic-humanist*'들은 시민적 덕성을 설파하며 교육했다. 공화주의 이념과 공익과 공동선의 도덕적 개념은 도시국가의 구성원으로부터 공동체 헌신에 대한 내적 동기를 불러일으켰다. 이런 '시민적 문화'는 '보이지 않는 접착제'가 되어 공동체의 결속을 이루어 내었다. 이 접착제가 없었더라면 5백 년 후 애덤 스미스가 본 '보이지 않는 손'은 작동하지 않았을 것이다!

이처럼 엘리트는 물론 상인과 동업조합 등 경제적 주체, 일반 시민 더 나아가 지식인, 곧 각계각층의 사람들이 국가형성과정에 적극적으로 참여한 것이다. 이 과정에서 '공공의 이익'과 '공동선'이라는 개념이 등장했다. 입법, 행정, 사법 등 공적 체제는 이렇게 합의된 가치를 보장하기 위해 마련됐고, 이런 업무를 수행하기 위해 행정관료, 치안인력, 그리고 법률가 등 '전문공무원'이 등장했다.

물론 이 과정이 지역마다 똑같은 방식으로 전개된 것은 아니다. 다른 지역에서는 한 집단이 폭력으로 다른 집단들을 제압함으로써 독재국가로 진화했기 때문이다. 하지만 여기서도 피지배 집단의 동의 없이 지배체제는 유지될 수 없었다. 더 나아가 그것마저 장기간 허용되지 않았다. 근대사회에서 이런 일이 자주 일어났는데 영국 명예혁명, 프랑스 대혁명, 미국 시민혁명, 러시아혁명은 대표 사례다. 그리하여 마침내 '근대국가'가 등장하였다!

근대국가는 이처럼 다양한 계급과 세력들이 이해관계와 시민적 덕성을 두고 투쟁하고 토론하는 과정에서 형성됐다. 11~13세기 이탈리아가 군주와 엘리트만의 도시국가가 아니라 모든 시민의 국가였듯이, 18세기 이후 근대국가도 엘리트와 지배자의 국가가 아니라 모든 이들의 국가였다. 따라서 노동자만의 국가가 아닌 것처럼 기업가만의 국가도 아닌 것이다. 그것은 공공의 이익과 공동선을 향한 집단의지의 산물이다.

근대국가는 소수 엘리트나 기업의 국가가 아니라 모든 이들의 국가, 곧 '국민국가'다! 국가를 세운 자는 '국민'이요, 공익과 공동선을 이루어 내기 위해 설립된 것이 국민국가다. 근대사회의 국민국가는 국민의 안위를 위해 존재한다. 그것은 다양한 공공재는 물론 공익과 공동선도 지켜나가야 한다!

우리는 어떤가? 나는 강점된 나라의 독립을 위해 기업들이 싸웠다는 얘기를 많이 들어보지 못했다. 오히려 이완용, 박정희 등 한 줌의 엘리트와 적지 않은 수의 기업들은 독립된 나라를 열망하지 않았다. 3·1 운동의 민중 함성, 의병과 동학 농민군의 붉은 피, 그리고 만주 벌판의 풍찬노숙 독립군, 이들에 군자금을 조달한 민족자본가! 실로 대한민국은 국민이 세운 국민국가다!

하지만 이들이 열망한 것은 '독립국가'만이 아니었다. 사장님들만을 위한 국가, 이윤이 생기면 공공재를 기업에 넘겨줘도 되는 국가, 각자도생해야 하는 국가가 아니라 공공재를 충분히 공급하는 국가, 정의와 공동선이 강물처럼 흐르는 국가, 그리하여 도탄에 빠진 민중과 위기에 처한 국민을 지켜 주는 국가였다! '경세제민'의 국가, 이것이 이들이 바라던 나라요, 국가였다!

> 국가는 단지 논리적으로 도출된 것이 아니라 '좋은 삶'을 추구하는 깨어 있는 시민들의 정치적 참여와 문화적 성찰로 힘겹게 건설되었다.

국가는 논리적 사유의 결과라기보다 '인간, 더 나아가 제도적 개인들의 실천적 경험의 산물'이다. 국가, 나아가 제도가 논리적으로 도출되거나 발견되지 않고 제도적 개인들의 정치 참여와 문화적 성찰로 창조된다는 관점은 베블런, 커먼스, 신슘페터 제도경제학이 갖춘 미덕이다. 이들은 행위자를 경제학모델로 불러냈다.

진화하는 국가

국가는 열린 유기체이기 때문에 시대에 따라 변하기 마련이다. 나아가 문화적 가치, 정치적 권력 지형 등 내부 조건의 차이에 따라 국가는 공간적으로 다양해진다. 따라서 고대 및 중세국가처럼 근대국가가

한 계급의 이익만 대변하거나 한 계급에 의해 일방적으로 통치된다고 볼 수 없다. 이전보다 근대국가는 훨씬 더 '국민국가', 곧 민주공화국에 가까워진 것은 사실이다.

하지만 그마저도 변하지 않는 것은 아니다. 이미 지적했듯이 영국에서는 입헌군주제로 진화했지만 프랑스에서는 민주공화제로, 독일과 일본에서는 군국주의국가로 진화하였다. 그리고 2차 세계대전 후 복지국가가 도래해 국민국가의 면모를 되찾기는 했지만, 1970년대 들어 신자유주의문화가 도래하고 기업의 정치적 반격이 시작되자 복지국가의 틀은 점점 훼손되고 있는 지경이다. 또, 20세기 말 '피플파워'로 현실사회주의가 붕괴된 후 러시아를 비롯해 적지 않은 수의 동구권국가들이 권위주의국가로 회귀하고 말았다. 그것은 동유럽인민들이 꿈꾸었던 민주사회와 한참 다른 모습이다. 국가는 진화한다!

이런 영향을 받아 한국의 국민국가도 진화하고 있다. 2008년부터 2017년 사이 이명박 정부에 의해 '기업국가'로 타락하고 박근혜에 의해 '독재국가'로 개조될 위기에 처했던 적이 있다. 이후 문재인 정부 들어 국민국가의 본질을 되찾아 가고 있지만, 이 역시 장담할 수 없다. 지금도 보수진영은 국민국가를 기업국가와 독재국가로 만들기 위해 기획 중이다. 국민국가의 미래는 실로 불확실하다.

하지만 국가는 본래 논리적으로 도출되지 않았으며 이윤 여부에 따라 시장에 넘겨도 되는 '상품'도 '쓰레기'도 아니다. 그것은 양보할 수 없는 '좋은 삶'을 누리고자 국민 곧, 각계각층의 '제도적 개인'들이 투쟁과 토론, 곧 정치적 참여를 통해 힘겹게 창조해 낸 역사적 산물이다. 대한민국의 국가는 본래 기업국가가 아니라 국민국가였다. 국민국가를 복원하고 독재국가와 기업국가로의 개조를 막자면 깨어 있는 시민이 정치에 참여해야 한다. 나아가, 이 국민국가를 위해 뜨겁게 흘렸던 선열들의 피와 눈물, 나아가 촛불로 밝혔던 그 추웠던 겨울밤을 기억해야 한다.

근대국가는 '일반의지'를 지향하며 창조되었지만, '특수의지'의 틀에 쉽게 갇힐 정도로 연약하다. 근대역사에서 일반의지가 특수의지로 진화하는 일이 다반사로 일어났으며, 일반의지는 여전히 미완성된 채로 머무르고 있다. 완전경쟁시장과 일반균형이 예외이고 불완전경쟁시장과 불균형이 법칙인 것처럼, 일반의지는 예외이고 특수의지가 오히려 법칙에 가깝다. 깨어 있는 시민들이 불면의 밤을 지새워야 하는 이유다. 국가는 진화한다. 그것이 민주국가로 될지 독재국가로 될지 결정되어 있지 않다. 국민국가는 연약하다.

> 국민국가는 지속적으로 진화하며, 민주국가가 예정되어 있지 않기 때문에 깨어 있는 시민들의 지치지 않는 지성적 성찰과 정치적 투쟁이 요구된다.

균형재정의 함정

고대 중국 사회에서 국가의 목적은 경세제민이었다. 그런 전통은 고대 그리스 사회에서 에우다이모니아로 나타났다. 이런 가치는 근대 국민국가에서 공익과 공동선으로 해석되었다. 그것은 기업이 추구하는 이윤의 극대화와 비용의 극소화 목적과 완전히 다르다. 기업은 뭐든 남겨야 하지만 정부는 반드시 남길 필요가 없다. 도탄에 빠진 민중을 구제할 때 정부의 곳간이 빌 수도 있다. 정부의 목적은 이윤을 남기기보다 손실을 감수하면서도 공익과 공동선을 추구해야 하기 때문이다. 국민국가는 이윤을 극대화하기 위해 존재하지 않는다. 따라서 비용을 극소화하는 것도 국민국가의 목적이 아니다.

세금이 풍족해 재정이 남을 수 있지만 부족한 나머지 모자랄 수도 있다. 시장영역이 불평등과 실업을 양산하면 정부는 한동안 손실을 볼 수도 있다. 흑자재정과 적자재정이 교차하는 중에 적자재정이 만성적으로 될 가능성이 크다는 것이다. 그것은 국가재정의 숙명이자 일종의 의무다! 기업도, 정부도 모두 남기고자 한다면 공익과 공동선은 물론이고 경세제민은 점점 멀어지게 된다. 이로써 좋은 삶도 물 건너가는 것이다.

신재민이라는 5급 공무원의 기이한 행동으로 세상이 시끄러웠던 적이 있다. 정부의 국채발행으로 우려되는 적자재정을 언론에 폭로한(!) 사건이다. 일견 보아하니 그의 기행과 결단 뒤에는 '균형'재정에 대한 강한 애착이 숨어 있는 듯하다. 늘어난 세금수입으로 국가채무를 갚아 재정적자를 해소해 균형재정을 이루어 나가야 할 판에 국채를 추가로 발행해 그 아름다운 '균형재정'으로부터 더 멀어지려고 했으니 당시 김동연 부총리의 그 '비합리성'을 도저히 용납할 수 없었던 것 같다.

평균대 위에서 체조선수는 균형을 유지해야 점수를 많이 받고, 저울은 균형을 유지해야 정확한 측정값을 낼 수 있다. 균형이라 하니 안정되고 조화로운 느낌이 드는 모양인지, 모두가 균형을 열망한다. 특히 신고전주의경제학자들의 균형 사랑은 남다르다.

신고전주의경제학에 따르면 시장은 수요와 공급이라는 '자연법칙'을 따른다. 그들은 '자연주의자'들이므로 자연법칙을 가장 바람직하고 아름답다고 여긴다. 거기에는 조화와 안정이 깃들어 있다! 따라서 시장에서 '자연스럽게' 형성된 균형, 그리하여 인간의 어떤 의도로 오염되지 않은 '시장균형'은 실로 아름답고 바람직하다.

그렇다면 무엇이 균형인가? 균형의 정확한 의미를 살펴보자. 수학적으로 말해 균형이란 좌변과 우변의 값이 같은 상태를 말한다. 균형은 자본주의경제를 분석하기 위해 경제학자들이 도입한 개념이다. 이제 균형을 자본주의 현실로 가져와 보자. 경제학에서 시장균형은 수요량(D)과 공급량(S)이 같은 상태인데, 수학적으론 $D = S$로 표기된다. 시장에서 이런 상태는 통틀어 하나밖에 없다. 그래서 이런 균형을 '일반균형*General Equilibrium*'이라고 부른다. 신고전주의경제학은 수요와 공급이 같아지는 이 균형을 지고지순의 상태로 여기며, 이를 달성하기 위해 온 힘을 다한다. 이런 일반균형으로부터 조금이라도 멀어지면 이들은 참지 못한다.

이제 진짜 질문으로 들어가 보자. 즉, 신고전주의경제학이 그토록 열망해야 할 정도로 균형이 바람직하고 아름다운가? 결론부터 말하면 전혀 그렇지 않다. 왜 그런가? 시장균형이 장땡(!)이 아니라는 이유를 하나씩 들어 보자.

먼저, 균형이란 양변의 값이 같다는 것 그 이상도 그 이하도 아니라는 사실에 주목할 필요가 있다. 균형엔 본래 특별한 '미학적' 의미가 포함되어 있지 않다. 수학을 흠모하는 신고전주의경제학자들이 균형 앞에서 미학적 탄성을 지르는 것은 섣부르다. 균형 앞에서 좀 더 쿨해지자!

> 진보진영은 신고전주의경제학이 추구하는 수요 = 공급의 균형점에 대해 냉정해질 필요가 있다.

두 번째, 균형이 항상 바람직한 상태만은 아니다. 왜 그런가? 균형 상태를 유지하자면 어떤 변화도 일어나서는 안 된다. 평균대 위 체조선수에게는 작은 힘이 가해져도 균형이 파괴된다. 체조경기에서는 그런 균형이 바람직할지 모르나 현실경제는 그렇지 않다.

변화 없는 경제는 정체에 빠진다. 안정이 삶에 필요한 건 사실이다. 나도 불안하면 스트레스를 엄청나게 받기 때문이다. 하지만 그것이 '정체'로 진화하는 것도 바람직하지 못하다. 많은 사람이 변화와 새로움을 원하는 게 현실이기 때문이다. 특히, 소득수준이 낮은 국가에서 경제적 변화가 없으면 그 나라는 가난을 벗어날 수 없다. 균형보다 불균형이 필요한 형국이다. 역동성을 얻기 위해 특단의 조처가 필요할 것이다. 이럴 때는 균형이 악덕이다.

세 번째 이유는 '모든' 균형이 장땡이 아니기 때문이다. $D = S$처럼 양변이 같은 상태라 하더라도 균형마다 같음의 '정도'가 다르기 때문이다. 뭔 말인가? 균형에는 한 가지만 있는 게 아니다. 이런 균형도 있고 저런 균형도 있다. 수요(D) = 공급(S)! 이걸 이용해 두 가지 경우를 상상해 보자.

먼저 $D = 10$, $S = 10$인 (a)경우를 생각해 보자. 이 (a)경우는 10 = 10인 균형이다. 이제 $D = 50$, $S = 50$인 (b)경우도 상상해 볼 수 있다. 이 경우는 50 = 50인 균형이다. 두 가지 경우 모두 양변의 값이 같으니 틀림없이 균형이다. 하지만 둘 사이엔 큰 차이가 있다. (a)균형은 10에서 이루어졌지만, (b)균형은 50에서 형성되었다. 균형의 크기가 양적으로 다르다.

빵 10개 만들어 10개 먹는 균형과 빵 50개 만들어 50개 먹는 균형! 이 둘은 확실히 다르지 않나? 순전히 경제적으로 평가할 때 10개로 이루어진 (a)균형보다 50개로 이루어진 (b)균형이 더 좋고 바람직하다! 가난한 '저성장' 균형과 부유한 '고성장' 균형이 있다는 것이다. 균형이면 무조건 장땡이 아니라는 말이다. 비록 균형이라도 그게 저성장 균형이라면 죽기 살기로 집착할 필요 없이 오히려 고쳐서 고성장 균형으로 옮겨가는 것이 바람직할 것이다. 이 과정은 불균형을 꼭 필요로 한다.

균형이 장땡이 아닌 네 번째 이유를 들어 보자. 앞에서 우리는 가난한 균형과 부유한 균형을 비교했지만, 이번에는 '부유한' 균형만 고려해 보자. 시장은 어떤 곳인가? 신고전주의경제학자들은 시장을 수요공급의 자연법칙이 관철되는 '정결한' 공간이라고 믿는다. 이런 자연주의적 신념 때문에 그들이 일반균형을 그토록 흠모하게 된다는 점은 이미 지적하였다.

그러나 시장은 그리 정결한 공간이 아니다. 시장에는 수요공급은 물론 강자들의 사회적 결속, 정치적 협잡, 나아가 자본가의 동물적 욕망과 기회주의가 판을 친다. 이 속에서 달성된 일반균형이 바람직할 리가 없다. '시장적' 균형은 '사회적' 가치는 물론 그 어떤 '도덕적' 가치도 내포하지 않는다. 그런 균형은 순수 경제적 측면에서 계산된 '사회적 효율성'마저 도달하지 못한다. 시장을 통해 비록 부유한 고성장 균형에 도달했더라도 그런 균형은 기껏해야 '개인적' 효용에만 기여할 뿐이다. 이런 균형은 '나쁜' 균형에 속한다! 모든 균형이 바람직하지는 않다는 사실이 한 번 더 분명해진다.

요약해 보자. 균형 그 자체를 미덕이라고 볼 수 없다. 따라서 균형 지키려 너무 나서지 말고 쿨하게 볼 필요가 있다. 또, 모든 균형이 바람직한 것은 아니다. 균형에는 '가난한' 균형도 있고, '나쁜' 균형도 있다. 이것들은 전혀 아름답지도 바람직하지도 않다. 이런 지질한 균형마저 흠모한다면 정신적으로 문제 있는 사람이다. 시장에서 형성된 균형은 대부분 이렇다.

시장이 이런 균형에 처해 있을 때 그대로 두거나 그것을 공고화할 게 아니라 정부가 나서서 더욱 차원 높은 균형, 그래서 '시장의 입장에서 보면 역설적으로 전혀 균형이 아닌 상태'로 고쳐 나가는 것이 필요하다. 정부가 빚을 내서라도 말이다. 재정적자와 국채발행은 악덕이 아니라 미덕이다! 재정 건전성에 집착할 필요가 없다는 말이다. 더욱이 국가채무비율이 GDP 대비 32%로 OECD 국가 중에서 가장 낮은 축에 속하는 한국경제에서는 더욱더 그렇다.

> **자본주의경제에서는 균형재정은 악덕이고 적자재정이 미덕이다.**

많은 이들이 균형을 흠모하며 그것에 도달하고자 진력하고 있다. 참으로 어리석다. 모두 신고전주의경제학의 '균형귀신'에 미쳐 있기 때문이다. 우리나라 재경 계열 행정고시(5급)를 패스하자면 경제학 시험을 치러야 한다. 여기서 경제학은 신고전주의경제학이다. 출세하기 위해 신고전주의경제학 학습에 진력했을 터이니, 신재민이 균형재정에 집착하는 건 당연한 결과다.

문제는 고시를 패스한 대한민국 공무원 전부가 그렇다는 것이다. 경제학을 선택해 패스한 6, 7급도 그렇다! 민주정부의 경제정책 앞날이 절대 밝지 않다. 내부에서 이론적 적들로 에워싸여 있는데, 뭐가 제대로 되겠나? 공무원들에게 제도경제학과 포스트케인지언 경제학 등 비주류 경제학을 가르쳐 균형귀신을 쫓아내야 한다.

정부는 경영 활동으로 이윤을 극대화함으로써 흑자재정을 달성하거나, 비용을 줄여 균형재정을 달성하고자 하면 안 된다. 정부는 오히려 적자재정을 통해 '경세제민'을 달성하는 데 주력해야 한다.

제도적 납세의지

아무리 적자재정이 필요하더라도 무한정 확대되는 것은 바람직하지 않다. 적자재정은 적절한 규모로 조절될 필요가 있다. 적자재정을 줄이자면 세수를 증대시켜야 한다. 하지만 '조세저항'이 우려된다. 따라서 신고전주의경제학자들은 적자재정을 적절한 규모로 조절하기 위해 감세정책을 선호한다. 왜 감세정책을 추진하려고 하는가? 바로 그들이 믿고 있는 인문학 때문이다.

인간은 이기적 존재라는 것 외에 종종 잊고 있는 주류 경제학의 중요한 인문학이 하나 더 있다. 경제학에서 '선호選好관계'로 불리고 있는 것, 곧 '인간은 무엇을 더 좋아하는가?'에 대한 질문이다. 신고전주의경제학은 인간의 선호관계Preference가 이미 결정되어 있다고 본다. 예컨대, 인간은 본래 노동보다 여가를 더 좋아한다. 그뿐만 아니라 인간은 공익보다 사익을 좋아하며, 정의보다 이익을 선호한다. 이런 '순서'는 어떤 경우에도 안 바뀐다.

경제학에서는 이를 인간의 선호관계가 '외생적으로' 결정되어 있다고 표현한다. 곧, 인간이 무엇을 더 좋아할 것인지는 인간 스스로와 인간들의 관계에 의해 결정되기보다 외부주체나 외부조건에 의해 이미 결정돼 있어 인간이 바꿀 수 없다는 말이다. 물론 왜 이렇게 되었는지에 대해선 아무런 과학적 설명이 없다. 믿음일 뿐이다. 무한한 욕망을 인간의 본성으로 전제하는 것과 같다.

신고전주의경제학의 조세정책은 바로 이런 '외생적 선호관계론'으로부터 출발한다. 이를테면 '인간은 본래 이기적이다. 남보다 자신을 더 선호한다. 따라서 인간은 타인의 삶과 사회에 대해 관심이 없다. 그러니 공익과 공동선을 실현하기 위해 필요한 재원, 곧 세금을 회피하고자 할 것이다. 인간의 납세의지는 본질적으로 매우 낮다. 따라서 적은 세금이 인간 본성에 걸맞다. 감세정책이 가장 자연스럽다!'

> 불변의 외생적 선호관계론은 신고전주의경제학이 추진하는 감세정책의 인문학적 기반이다.

제도경제학자들은 반대로 생각한다. 인간의 본성은 실로 존재한다. 수십만 년의 진화과정에서 인간의 본성이 이미 선택되었다. 하지만 신고전주의경제학이 주장하듯이 한 가지 본성만 선택되지 않았다. 복잡한 진화과정에서 이타적, 도덕적 본성, 곧 '사회적 본성'도 함께 선택되었다. 이미 살펴본 것처럼 단일본성론이 아니라 '다중본능론'을 주장하는 것이다(〈표 5-1〉, 〈표 5-2〉 참조). 나아가 그런 본성들은 직접 발현되지 않는다. 다양한 본성 중 어떤 것이 드러날지는 그 시대와 지역의 정치, 문화 등 '제도적 조건'에 달려 있다(〈그림 7-1〉 참조). 선호관계는 외생적으로 결정되어 있어 불변하는 것이 아니라 제도에 의해 '내생적으로' 결정되며 '변화'한다는 것이다. 이러한 제도적 접근방법은 신고전주의경제학의 '자연주의'와 완전히 대비된다.

시민들의 납세의지도 그와 똑같다. 곧, 인간은 납세를 항상 기피하는 본성을 가지고 있지 않다. 인간은 다양한 본성을 지니고 있을 뿐이다. 세금을 회피할 것인가, 기꺼이 내려고 할 것인가는 그 나라의 제도적 조건에 따라 달라진다는 것이다. 다시 말해, 시민의 납세의지는 자연에 의해 외생적으로 결정되어 있지 않고 제도에 따라 내생적으로 변한다.

스페인 시민들의 납세의지에 관한 통계적 실증연구는 매우 흥미롭다. 1970년대 말까지 스페인은 프랑코 독재정권 아래 신음하고 있었다. 재정시스템은 부자들의 탈세 기회를 보장해 주었다. 부패를 척결할 어떤 정치적 의지도 없었다. 그 결과 40%가 탈세할 정도로 스페인 시민들의 납세의지는 약했다.

하지만 1982년 들어선 진보적 스페인사회노동당 정부는 세제를 정의롭게 개혁하고 민주적 정치체제를 도입하였다. 재정 스캔들과 공무원 부패가 척결되어 국민적 자부심과 의회에 대한 신뢰가 높아졌다. 납세 결과는 사회복지로 되돌아왔다. 그 결과 1981년과 1995년 사이 납세의지는 크게 개선되었다. 하지만 1990년대 중반 다시 정부 고위 관리의 부패가 심해졌다. 1996년 보수적인 인민당으로 정권이 교체되자 우파정책이 강화되었다. 실업자는 늘어나고 복지는 훼손되었다. 조세정책도 다시 부자에게 유리해졌다. 1995년과 2000년 사이 납세의지는 다시 소폭 감소하였다. 선호관계는 외생적으로 결정돼 있어 변하지 않는다는 주류 경제학의 생각과 달리 시민들의 납세의지는 제도적 조건에 따라 변한 것이다!

> 시민들의 납세의지는 외생적으로 결정되어 불변하는 것이 아니라 제도적 조건에 따라 내생적으로 변화할 뿐이다.

에우다이모니아와 지속가능한 발전을 이루어 나라가 제대로 되자면 세금이 필요하다. 그런데 우리 정부는 도무지 증세하지 않으려 한다. 신고전주의경제학의 외생적 선호관계론에 포박되어 제도를 바꿀 생각이 없기 때문이다. 민주정치를 도입하고 부패를 척결해 보라. 4대 강으로 세금이 낭비되고 방위산업 비리로 착복되며, 뇌물 받아 사기업 금고 채워 주고 입만 열만 거짓말하는데 누가 납세의지를 가질까?

납세의지를 높이자면 부패한 독재정권을 몰아내고 민주정권을 지켜내는 수밖에 없다. 깨어 있는 시민들이 정치에 참여해야 하는 이유가 또 생겼다. 시민들이 도무지 잠을 잘 수 없는 세상이다!

경제와 제도가 분리될 수 없듯이 경제와 국가도 분리될 수 없다. 나아가 국가 없이 경제는 관리되기도 힘들다. 국가는 계급의 특수이익과 사유재산을 보호할 목적으로 존재하거나 이윤 여부에 따라 조건적으로 요청되는 경제적이고 시장적인 제도가 아니다. 그것은 공익과 공동선을 이루기 위해 존재하는 제도이며, 모든 구성원의 투쟁과 토론으로 창조된 국민적 제도다. 따라서 그것은 본래부터 경제제민과 에우다이모니아를 지향한다. 그럼에도 불구하고 그 기반은 지극히 연약해 특수이익의 국가와 기업국가로 진화할 가능성이 항상 열려 있다.

13.

혁신성장은
가능한가?

—

신슘페터리언 경제학의
국가혁신체제

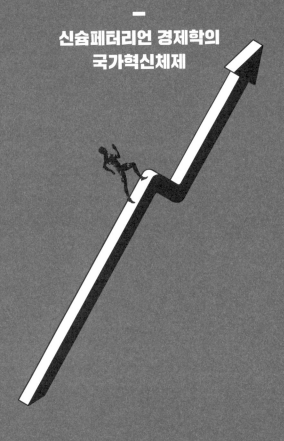

우리가 비록 탈성장, 비물질적 삶, 윤리적 소비, 사회적 연대, 공정한 분배 나아가 에우다이모니아를 외치더라도 경제성장에 대한 대중의 욕망이 강한 현실을 무시하고 대안을 제시할 수 없다. 신고전주의경제학이 퍼뜨린 무한한 욕망의 신화에 기인하든 독점적 소유가 유발한 희소성과 불평등에 기인하든 진보적 경제정책 입안자들에게 성장에 대한 대중의 욕망은 피할 수 없는 일종의 '상수'에 해당한다.

이 상수를 어떻게 다룰 것인가? 첫째, 신고전주의경제학의 신화를 폭로함으로써 가능한데, 바로 이 책이 의도하고 있는 바다. 이 책은 인간의 경제활동이 문화적 요인, 곧, 사유습성과 가치관에 의해 결정된다는 베블런의 생각에 따라 '문화운동'을 벌이고 있다. 인간은 생각하는 존재요, 문화적 존재이기 때문에 자신에 내재한 문화적 코드에 따라 생각하고 행동한다. 제도경제학의 문화로 성장을 상수에서 '변수'로 만들 수 있다. 둘째, 성장의 욕망을 수용하되 우리가 지향하는 진보적 가치를 투영시켜 그 욕망을 '진보적으로' 실현하는 방법이다. 포스트케인지언 경제학의 임금주도성장론은 이런 방식으로 성장문제를 처리한다. 민주주의와 시장경제, 포용적 성장, 소득주도성장은 이 고민의 산물이다. 셋째, 문화운동은 '반문화운동'에 의해 번번이 가로막히며, 포스트케인지언 성장은 보수진영의 강력한 저항에 부딪혀 좌초된다. 더욱이 승수효과와 가속도효과가 완료되기까지 인내가 필요하며, 다음 장에서 확인되겠지만 심지어는 그 효과가 분명하지 않은 경우도 왕왕 보고된다. 따라서 진보진영은 성장욕망과 더불어 포스트케인지언 성장론의 한계에 대응하기 위해 진보적 성장론과 정책을 개발하지 않으면 안 된다.

> 성장의 문제를 '진보적으로' 대응할 이론과 정책을 마련해
> 야 한다.

이 장에서 다룰 신슘페터리언 경제학의 '국가혁신체론'은 바로 이런 피할 수 없는 현실적 욕망에 대응하기 위해 개발된 진보적 성장이론이다. 그것은 자본축적과 저임금보다 슘페터와 베블런을 따라 기술과 제도를 성장요인으로 보며, 특히 기술과 제도가 상호작용하는 '혁신체제'를 성장의 동력으로 부각한다. 이런 혁신체제는 '국가'에 의해 가장 효과적으로 조직될 수 있다. 이때 국가는 앞 장에서 검토한 공공의 이익과 공동선을 지향하는 국민국가이자 민주국가다!

국가혁신체제에서 국가는 혁신을 주도하지 않는다. 혁신에 관한 국가의 기본임무는 지식, 기술, 혁신을 조정하고 그것들의 교류를 촉진한다. 궁극적으로 국민국가는 구성원 간 지식과 혁신의 공유를 도모한다. 종합해 볼 때, 신슘페터리언 국가혁신체제론은 제5차 기술경제패러다임과 지식기반경제에 부응하기 위한 진보경제학의 새로운 성장론이다. 현재로서는 포스트케인지언 임금주도성장론과 얼마나 화해할 수 있을지는 미지수다.

> 국가혁신체제론은 변화된 패러다임에 부응하기 위해 제
> 시된 진보진영의 새로운 성장론이다.

기술과 성장

1957년 신고전주의경제학자 로버트 솔로는 노동과 자본 등 '생산요소'가 성장에 기여하는 몫을 산출해 보았다. 그 결과 실제경제성장률 중 노동과 자본의 투입물이 기여하는 몫은 대략 10%에 불과하였다. 그렇다면 나머지 90%의 성장을 설명해 줄 요인은 무엇일까? 이 나머지 설명되지 않는 '잔차'를 제도경제학자 에이브라모비츠*Moses Abramobitz*는 경제학자들이 모르는 '무지의 척도'라고 불렀다(〈그림 13-1〉 참조). 총성장률에서 노동과 자본의 기여도를 빼고 남는 이 잔차를 경제학에서는 '총요소생산성*Total Factor Productivity: TFP*'이라고 부른다. 미지의 영역은 여전히 남아 있지만, 이 블랙박스 중 일부는 이후 제도경제학자들에 의해 규모의 경제, 기술진보, 제도의 결과임이 밝혀져 왔다.

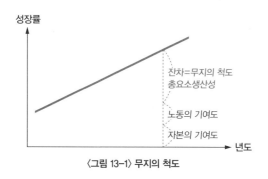

〈그림 13-1〉 무지의 척도

규모의 경제는 〈그림 10-5〉에서 체계적으로 설명된 내용을 참고하면 되기 때문에 이제 기술혁신에 대해 알아보자. 오래전부터 경제학자들은 과학과 기술이 장기 경제성장과 생산성에 큰 영향을 미친다는 사실을 인정해 왔다. 11장에서 이미 우리는 지식과 기술이 변화의 원동력이 된다는 사실을 슘페터를 위시해 그를 따르는 신슘페터리언 경제학자들로부터 알게 되었다. 슘페터만큼 전면에 내세우지 않았지만, 그보다 앞서 스미스와 마르크스도 발명과 혁신을 자본주의 경제 성장에서 가장 중요한 동태적 요인 가운데 하나로 간주하였다. 이러한 인식은 기계와 엔지니어계급의 중요성을 강조한 베블런에게도 예외는 아니었다. 최근에는 급기야 기술경제학*Economics of Technology*이라는 독자적인 학문분과가 탄생할 정도로 경제발전에서 차지하는 기술의 중요성은 확고하게 인식되었다. 성장의 원동력이 지식과 기술이라는 점은 이론의 여지가 없다.

국가경쟁력의 원천은 저임금인가 그렇지 않으면 기술력인가? 이 분야의 저명한 학자들의 실증연구결과(Dosi et. al, 1990)는 각국 산업의 수출업적 차이에서 기술변수가 차지하는 중요한 역할을 부각해 주었다. 즉, '천연자원집약적' 산업(식료품, 농업화학, 석재, 유리)과 특허의 역할이 크지 않은 산업(섬유, 의복, 조선, 2륜 운송수단)을 제외한 모든 산업에서 수출경쟁력은 기술력에 좌우되는 것으로 확인되었다.

신고전주의경제학에서 결정적으로 중요한 저임금변수는 모든 산업에서 중요한 것이 아니라 기껏해야 특수한 산업 분야에서만 유의성을 갖는다는 것이다. 나아가 한 나라의 임금비용은 그 나라의 무역수지의 결정요소로서 의미가 있지만, 그 효과는 기술변수가 주는 영향보다 훨씬 작다는 사실도 발견하였다. 저임금보다 고기술이 경쟁력과 성장의 기반이 된다는 것이다. 저임금과 경쟁력, 성장의 관계는 다음 장에서 더 자세하게 다룰 것이다.

과거에는 어땠을까? 18세기 영국에서 시작된 산업혁명의 실제 내용은 기술혁명이었다. 그리고 당시 기술혁명은 경험지식의 결과라기 보다 '과학지식'의 결과였다. 자연과학이 발전하지 않았더라면 산업혁명은 일어날 수 없었다. 자연과학에 기반을 두는 기술혁명이 일어남에 따라 경제는 급속도로 성장했다. 산업혁명의 시기를 정확하게 설정할 수 없지만 우리는 영국의 산출량 규모, 투자, 무역 부문에서 급격한 성장세를 통해 이를 확인할 수 있다. 이런 성장은 면직물산업이라는 새로운 혁신산업과 수많은 혁신활동에 의해 주도되었다. 〈표 13-1〉에서 확인되는 바와 같이 산업혁명의 본격적 초입단계(1780~1790)에 면직물산업은 연평균 12.76%의 높은 성장률을 기록했다.

〈표 13-1〉 **영국의 부문별 실질성장률** | 자료: Freeman and Soete(1997)

년도	면직물	철강	건설
1700~1760	1.37	0.60	0.74
1770~1780	6.20	4.47	4.24
1780~1790	12.76	3.79	3.22
1790~1801	6.73	6.48	2.01
1801~1811	4.49	7.45	2.05
1911~1921	5.59	−0.28	3.61

1740~1749년 기간 특허인증 건수는 약 80건이었지만 1750~1759년 사이 100건 이상으로 증가하고 1770~1779년 사이에는 거의 300건에 달하였다. 대부분의 혁신은 현장인력의 점진적 개량으로 이루어지지만, 또 다른 부분은 관찰할 능력을 갖춘 과학자에게서 나오는 것이다. 이 급진적 혁신은 앞의 점진적 혁신과 결합함으로써 등장하

였다. 하아그리브스, 아크라이트, 크롬프톤 등의 급진적 혁신과 점진적 혁신의 결합효과는 점진적이기보다 가히 혁명적이었다. 이처럼 인간의 제작본능과 한가한 호기심이 상호작용한 결과 제작시간은 크게 절약되었다(〈표 13-2〉 참조). 18세기 인도의 손 방적기를 이용해 면화 100파운드를 생산하려면 5만 시간이 필요했지만, 1825년 로버트의 자동 방적기로는 135시간만 필요하게 되었다.

〈표 13-2〉 면화 100파운드 공정에 필요한 기계별 작업시간 | 자료: Freeman and Soete(1997)

기계	작업시간
인도의 손 방적기(18세기)	50,000
크롬프톤의 방적기(1780)	2,000
100개 방추용 방적기(1790)	1,000
동력지원 방적기(1795)	300
로버트의 자동 방적기(1825)	135
최대 효율성을 갖는 현대방적기(1990)	40

기술발전의 결과 생산비가 크게 하락했다. No. 100 면사의 가격은 1786년 38d로부터 1807년에 6~9d로 하락하였다. 기술경제패러다임이 변화하는 과정에서 핵심생산요소의 가격이 급격히 하락한다(〈표 11-4〉 참조). 19세기 후반과 20세기의 철강, 전기, 석유 가격의 하락이 그랬다면, 마이크로일렉트로닉스 장치에 들어가는 마이크로칩 가격의 급격한 하락은 현대경제가 보여 주는 대표적 사례에 해당한다. '메타기술'로 불리는 이런 핵심생산요소의 가격은 주도산업의 확산을 도와 성장을 빠르게 촉진했다.

당시 면사 가격의 하락은 이런 역할을 톡톡히 해냈는데 면사의 수출가격이 하락하여 영국의 면직물산업은 인도와 기타 아시아국과 비교해 강력한 경쟁력을 얻게 되었다. 1820년 무렵 총생산물의 60%가 수출되었으며 19세기 무역에서 가장 큰 규모를 자랑하는 교역상품이 되었다. 그리하여 그것은 1899년 영국 제조업 수출의 30% 이상을 차지하게 된다. 면직물산업은 혁신이 교역성과에 영향을 미치게 되는 근대사 최초의 사례로 기록되었다. 이런 일련의 과정을 거쳐 한국에서도 반도체칩이 2018년 9월 현재 총수출에서 24.5%를 차지하게 된 것이다. 기술혁신이 성장과 경쟁력의 원동력이다. 저임금은 '축적(저축)'의 원동력은 될지언정 성장과 경쟁력을 구성할 수 없다.

하지만 경제성장이 과학기술의 '창조'와 '급진적 혁신'만으로 달성되지 않았다는 사실에도 주목할 필요가 있다. 19세기 역사학자 에드워드 베인즈*Edward Baines*는 1770년대와 1780년대 진행된 이러한 급격한 성장의 원인을 과학기술의 창조를 넘어서는 그것의 '확산*Diffusion*'에서 찾았다. "1771년에서 1781년 사이 제니 방적기와 수차의 발명에 힘입어 급격한 성장이 이루어졌다"라는 점은 부인할 수 없다. 하지만 "1781년과 1791년 사이 뮬 방적기의 발명과 아크라이트의 특허가 소멸된 후 기술진보가 가속화되었다"라는 것도 망각해선 안 될 중요한 사실이다. 특허가 소멸한 결과, 새로운 기술을 다양한 영역에 적용하면서 개선해 나가는 '점진적 혁신'이 일어난 것이다. 특허는 가능한 한 빨리 제거되어야 했던 것이다. 힐스*Hills*와 툰첼만*von Tunzelmann* 등 우리 시대 수많은 저명 경제사학자들은 당시 생산성의 거대한 증가는 바로 총체적으로 진행된 급진적 발명, 그 확산 그리고 점진적 개량 노력에 기인하였음을 확인해 주었다(Freeman and Soete, 1997). 당시 영국 정부가 '애로의 문제'에 집착했더라면 산업혁명은 과소공급되었을지도 모른다.

기술의 성장효과는 20세기 말에도 확인되었다. 1980년대 한국은 이미 대만, 홍콩 등과 더불어 아시아의 대표적인 신흥공업국으로 주목받았다. 1960년대 비슷한 조건으로 출발했던 한국과 브라질이 2019년 현재 1인당 GDP가 세 배 이상 벌어지게 된 원인은 기술력의 차이와 무관하지 않다(〈표 13-3〉 참조).

〈표 13-3〉 1980년대 브라질과 한국의 기술력 | 자료: Freeman and Soete(1997)

지표	브라질	한국
인구 대비 공대생 비율(1985)	0.13	0.54
GNP 대비 R&D	0.7(1987)	2.1(1989)
민간 R&D 비율	30(1988)	65(1987)
피용자 1백만 명당 로봇 수(1987)	52	1,060
피용자 1백만 명당 CAD(1986)	422	1,437
피용자 1백만 명당 NCMT	2,298(1987)	5,176(1985)
전자산업의 성장률	8%(1983~1987)	21%(1985~1990)
100명당 전화회선(1989)	6	25
1인당 통신설비 판매규모(1989)	10달러	77달러
US 특허(1989)	36	159

진보진영은 군부독재 기간 일어난 경제성장과 기술발전을 인정하는 데 인색한 경향이 있다. 하지만 박정희와 전두환 그리고 노태우 정권 아래서 저임금착취만 일어나지는 않았다. 기술발전 없이 저임금착

취만으로 급속한 경제성장은 일어날 수 없다. 자본주의의 성장과정에서 기술은 실로 결정적이다.

저임금보다 기술력이 경제성장의 원동력이다.

그러나 저임금 착취와 불공정거래 없이 기술발전만으로 급격한 경제성장이 일어날 수 없는 것도 사실이다. 특히 노동자의 체념과 굴종 문화가 '사유습성'으로 만연해 있고, 노동조합이 제도화되지 않았던 자본주의 초기단계에서 저임금·장시간노동과 불공정거래의 관행은 일반화되어 있었으며, 당시 경제성장은 바로 이런 '전근대적' 방식으로부터 결정적인 도움을 얻었다. 저임금이 한강을 흐르게 만들었다면 기술혁신은 '용의 승천'을 도왔던 것이다. 마르크스의 말을 빌리면, 저임금·장시간노동 중심의 '절대적 잉여가치생산방식'과 기술력에 기초하는 '상대적 잉여가치생산방식' 양자는 상호작용하면서 자본주의의 성장을 추동하는 것이다. 하나를 다른 하나로 환원시켜 버리는 '일원론적 환원주의'는 현실을 이해하는 데 걸림돌이 된다. 자본주의의 성장원인을 기업가의 혁신으로 환원시켜 버리는 '신성장론'은 자본주의의 발생을 '프로테스탄트 윤리'로 환원시키는 막스 베버만큼 황당하다. 모든 극단적 환원론은 과학적 정신과 거리가 멀다. 중용의 미덕은 사회과학연구에서도 요구된다.

경쟁압력 아래서 기업은 기술력을 향상시킨다. 그 과정에서 국가경제는 질적으로 성장한다. 진보진영은 이 점을 분명히 인정할 필요가 있다. 하지만 몇몇 혁신기업을 제외한 대다수 비혁신기업들은 이에 저항한다. 혁신이 어렵고 불확실하기 때문이다. 이로 인해 근대사회에서도 자본이 전근대적 축적방식을 결코 자발적으로 포기하지 않는 현상이 일어난다. 현재 소득주도성장론에 대한 보수진영의 거센 반발은 전근대적 축적방식에 대한 비혁신기업의 포기할 수 없는 집착을 반영한다.

다수의 비혁신적 기업들이 존재하기 때문에 근대사회에서 전근대적 축적방식은 포기되지 않는다.

저임금, 장시간노동에 집착하는 이런 비루한(!) 비혁신기업을 어떻게 처리할 것인가? 혁신이 성장은 물론 발전의 원동력이 되는 현실 속에서 에우다이모니아의 한 모습인 '포용적' 성장을 지향하고 있는 진보진영이 짊어진 무거운 숙제다.

제도와 성장

아무리 기술변수를 도입하더라도 솔로모델에서 '잔차'의 많은 부분이 여전히 블랙박스로 남는다. 비주류 경제학자들 일부는 제도적 요인에 주목했다. 제도의 유형, 제도의 결정요인과 진화과정 그리고 그 연구방법에 관해서는 〈표 3-1〉과 〈그림 3-1〉을 참고하면 된다. 거기서 우리는 본능, 기술, 권력, 문화 등 다양한 변수들이 상호작용한 결과 제도가 형성되고, 그 제도가 경제에 영향을 미치는 과정과 되먹임하는 과정을 정리했다. 결국, 경제 현상을 분석할 때 신고전주의경제학처럼 경제를 '제도적 진공상태'로 간주하지 않고, 제도의 힘으로 비로소 경제가 제대로 기능할 수 있다는 관점을 얻을 수 있었다. 경제에서 제도가 문제가 된다!

먼저, 앞서 다룬 내용으로부터 제도의 역할을 찾아보자. 첫째, '경세제민'과 경제활동 기준의 다양성으로 인해 경제에 대한 제도적 관리는 불가피하다. 경제와 제도는 불가분하다는 말이다. 둘째, 사회적 존재가 사회 속에서 개인주의자로 행동할 때 각종 역설과 오류가 발생한다. 여기에는 제도적 조정이 필요하다. 셋째, 베블런은 유한계급이 설정한 소비기준이 그 사회의 문화로 정착된 결과 사회적 소비가 일어난다고 보았다. 문화라는 비형식제도가 소비라는 경제활동을 결정한 것이다. 넷째, 죄수의 딜레마에서 벗어나기 위해 신뢰, 협력과 같은 사회적 자본이 필요하다. 다섯째, 스페인 국민들의 납세의지는 제도적 조건에 따라 달라졌다. 세금은 재정지출원이며, 이로써 경제의 양과 질을 바꿀 수 있다. 여섯째, 임금이 인상되면 국민소득이 증가하는데, 임금은 통상 노동조합의 투쟁에 따라 인상된다. 노동제도는 생산활동에 영향을 미친다. 일곱째, 지식의 속성과 그 다양성은 국가의 개입을 불가피하게 만든다. 제도의 개입은 지식기반경제에도 강력히 요구된다. 마지막으로, 열린 '사회물리적 생태계'인 우리 경제가 지속가능하자면 '문화적' 방안이 모색되지 않으면 안 된다. 결국, 생산, 분배, 소비는 물론 폐기를 포함하는 모든 경제활동에서 제도가 영향을 미치지 않는 곳은 없다!

이제 이런 주장의 타당성을 실증결과로부터 확인해 보자. 〈표 3-3〉에서 우리는 제도와 관련되는 다양한 주제를 정리한 적이 있다. 인과관계의 방향에 따라 질문은 대략 세 가지로 정리되었다. 1. 제도는 경제에 영향을 미치는가? 2. 정치체제는 경제성장에 영향을 미치는가?

3. 경제성장은 정치체제를 변화시키는가?

제도경제학자들의 실증연구결과를 참조하면서 각각의 질문에 대해 답을 정리해 보자. 첫 번째 질문, 곧 제도는 경제에 영향을 주는가? 자본주의 초기단계 '본원적 자본', 곧 산업자본가들의 종잣돈이 축적되는 과정을 기억해 보면 자본주의경제에서 제도가 얼마나 결정적인 역할을 하는지를 쉽게 알 수 있다.

산업혁명 이전 절대왕정은 원격지무역에 대한 독점권을 상인계급에 보장해 주었다. 산업자본가의 종잣돈은 중상주의시대에 축적된 이 '상업자본'에 그 기원을 두고 있다. '양이 사람을 잡아먹는' 인클로저운동Enclosure Movement 덕분에 농지에서 쫓겨난 수많은 농민은 산업자본가들에게 값싼 노동력을 제공했다. 국가의 폭력 없이 인클로저운동은 성공할 수 없었다. 정부의 폭력적 개입 때문에 자본은 빠르게 축적되었다.

새로운 기계가 도입되자 노동자들은 러다이트운동을 일으켜 기계를 파괴했고, 저임금과 장시간노동에 노동운동으로 격렬히 저항했다. 국가는 이 모든 운동을 무력으로 제압함으로써 자본의 축적을 도왔다. 경제에 대한 정부의 적극적 개입은 '고전적' 자본주의국가인 영국에서 법칙과 같았다. 그리고 이런 현상은 비단 영국에만 해당되지 않았다. 영국은 물론 독일, 프랑스, 일본 심지어 미국 자본주의도 강력한 국가제도 덕분에 성장했다! 독일은 국가의 강력한 유치산업육성정책과 보호무역제도로 영국을 추월할 수 있었다.

유치단계에서 성행하던 국가의 개입은 자본주의가 성숙한 단계에 이르렀을 때도 멈추지 않았다. 오히려 그 현상은 심화되었다. 제국주의시대는 국가와 대자본의 유착이 적극적으로 추진되던 시대다. 진보진영에서 한때 이를 '국가독점자본주의'라고 부른 적이 있다. 제국주의가 막을 내리자 케인지언경제학의 시대가 도래했다. 케인지언 복지국가는 위기에 빠진 자본주의경제를 구해 냈다. 제도 덕분에 자본주의는 구사일생 살아났다. 21세기 신자유주의는 네오콘의 강력한 '법치국가'와 신고전주의경제학의 '문화' 없이 스스로 설 수 없다. 자본의 원시적 축적과정, 자본주의의 성장과정, 제국주의적 팽창과정, 케인지언 복지사회, 신자유주의경제 그 어디에도 제도적 진공상태는 보이지 않는다. 자본주의경제는 '보이지 않는 손'보다 '보이는 제도'와 '보이지 않는 제도'의 촘촘한 네트워크로 보호받는다.

다론 애쓰모글루 *Daron Acemoglu*와 그의 동료들은 식민지 지배형태가 경제성장의 다양한 결과를 낳는다는 사실을 지적했다. 한편으로, 북미, 호주 및 몇몇 여타 지역에서 영국의 식민주의자들은 의도적으로 법률제도와 정부제도를 본국의 제도와 유사하게 만들려고 시도했다. 그 지역에서는 영국법과 정치제도가 모방되고 수정되었다. 다른 한편, 열대기후에서 발생하는 질병 때문에 아프리카와 남미에서 영국과 유럽의 식민주의자들은 발전에 유리한 유럽식 제도를 구축하는 데 큰 관심을 두지 않는 경향을 보였다. 대신 그들은 노예와 원료의 잔인한 수탈에 집중했다. 애쓰모글루 등에 따르면, 이러한 서로 다른 바탕의 제도는 이어지는 경제 성과의 차이를 대략 설명해 준다.

애쓰모글루와 로빈슨은 미국과 멕시코의 국경선으로 반으로 나뉜 노갈레스 시의 생생한 사례도 지적했다. 그들은 분단된 도시의 양쪽에서 현저하게 드러나는 평균소득, 교육 및 건강의 차이에 주목했다. 그들은 이 차이를 두 나라의 상이한 정치적, 법적, 제도적 측면으로 설명했다. 멕시코에서 법적 시스템은 더 부패하고 덜 효율적이어서 계약을 시행하고 재산을 보호하기에 부족함이 많다(Acemoglu and Roboinson, 2012).

제마 파르보Gema Farbo와 호세 아이슬라Jose Aixalá는 145개국의 성장수준(1인당 GDP)에 영향을 미칠 것으로 예상되는 요소들을 분석했다. 주지하다시피 신고전주의경제학자들은 자본축적을 경제성장의 핵심요인으로 지목한다(〈그림 10-2〉 참조). 그리고 인구증가 역시 중요한 생산요소 중 하나다. 우리는 이들이 저출산율로 인한 생산인력 부족을 한탄하는 소리를 매일 듣고 있다!

인구, 물적 자본(자본축적), 제도적 품질은 경제성장에 어떤 영향을 주는가? 파르보와 아이슬라의 실증연구(〈표 13-4〉 참조)에 따르면 자본축적(물적 자본)은 경제성장에 의미 있는 효과를 낳지 않는다. 전체 표본을 고소득국가, 중소득국가, 저소득국가로 나누어 추정했을 때도 결과는 같다. 〈그림 10-2〉로 묘사된 솔로의 성장모델은 타당성이 없는 것으로 드러난 것이다. 자본가의 저축이 반드시 경제성장으로 이어지는 것은 아니다. 이 연구결과에 따르면 '저축의 역설'이 더 타당하다. 저축 그 자체는 경제성장과 아무 관련이 없다!

〈표 13-4〉 소득수준별(1996~2000: 145개국) 성장요인 | 자료: Farbo and Aixalá(2009)

	전체국가	고소득국가	중소득국가	저소득국가
인구(1975~1990)	+0.1406	no	−0.1220	no
물적 자본(1975~1990)	no	no	no	no
인적 자본(1975~1990)	+0.4664	no	no	+0.2121
제도적 품질(1996~2000)	+0.4754	+0.1715	+0.2647	no

인구증가는 고소득국가와 저소득국가에서 아무런 영향을 주지 않지만 중소득국가의 1인당 GDP에 부정적인 영향을 미친다. 많이 낳는다고 성장하지 않는다. 오히려 교육받은 인적 자본이 경제성장에 유리하다. 반면 제도적 품질은 전체적으로 성장에 유리하게 작용한다. 곧, 전체국가에서 제도가 민주주의로 개선되면 1인당 소득은 0.4754달러 향상된다. 경제성장에서 제도는 중요하다!

> 제도는 경제성장에 중대한 영향을 미치며, 자본주의경제는 제도적 진공상태에서 생존할 수 없다.

식민지근대화론과 국민국가

경제발전에서 차지하는 제도의 중요성은 한국의 식민지역사에서 확인할 수 있다. 근대화과정에서 경제는 급속도로 성장했다. 근대화란 제도적으로는 불합리하고 경제적으로는 가난한 상태에서 보다 합리적 제도와 삶의 질이 향상한 상태, 곧 더욱 품위 있는 삶의 상태로 되는 것을 의미한다. '식민지근대화론'은 우리나라의 근대화가 일제강점기 덕분으로 이루어졌으며, 반대로 우리가 일제의 압제 아래 놓이지 않았더라면 우리는 영원히 불합리한 제도와 빈곤에 시달렸을 것이므로 일본을 적으로 미워하지 말고 은인으로 감사해야 한다는 이론이다. 최근 '뉴라이트'로 불리는 학자들의 주장이다.

하지만 이 생각은 그럴듯해 보이지만 대단히 일면적인 자료, 잘못된 연구방법론 그리고 잘못된 가정에 서 있다. 첫째, 이 이론의 자료는 믿을 만한가? 이 주장을 입증하기 위해 이들은 수출, 성장, 산업화, 토지제도, 교육제도, 인프라에 관한 일제 총독부 치하의 공문서들과 일본 치하의 언론 기사 등을 증거로 제시한다. 하지만 그런 자료들은 그들의 식민지통치를 정당화하기 위해 작성된 자료일 뿐이다. 일본은 남의 나라를 무단 침탈한 강도이자 범법자인데, 범법자 강도가 정리해 놓은 자료를 가지고 도둑질당한 나라의 근대화를 입증하는 것은 조사방법론의 측면에서 볼 때 이미 편향된 것이므로 정당성을 갖지 못한다. 이는 금은방에 침입한 절도범에게 원래 이 금은방에 금반지가 몇 개 있었는지를 묻는 것과 같다. 곧, 일본이 우리를 근대화시켰다는 이들의 주장에 대한 실증자료가 문제라는 것이다. '사실'은 '가치'로 미리 판단된 상태다!

둘째, 제시되는 자료의 해석도 문제다. 일례로 그들이 제시한 수출에 관한 자료가 그렇다. 경제학적으로 수출이란 단지 재화가 'Export' 곧 국내 항구*Port*로부터 분리되는 것*ex*만을 의미하지 않는다. 수출은 한 나라의 자유로운 생산자가 다른 나라의 자유로운 소비자에게 물품을 판매하는 자율적인 경제행위다.

여기서 중요한 것은 수출이 모든 이들의 자유롭고 자율적인 판단에 따른다는 것이다. 이 과정에서는 서로가 만족할 수 있다. 왜 그럴까? '등가교환', 그러니까 제공되는 상품이 그것의 가치대로 교환되기 때문이다. 이는 정치, 사회, 문화 등 다양한 비경제적 요인들 때문에 제값을 못 받는 '부등가교환'과 다르다. 등가교환이 이루어지면 수입자는 그걸 소비함으로써 행복해지지만, 수출업자는 노력한 만큼 돈을 벌게 된다. 번 돈으로 자기도 소비하니 즐겁고, 그 나머지로 저축해 투자를 하게 되니 더 많이 벌지 않겠는가? 이 결과 국가 경제가 성장하게 된다. 물론 저축이 투자로 자동으로 이어진다는 신고전주의경제학의 전제가 충족될 때만 가능한 일이긴 하지만 말이다.

그런데 일제강점기하에서 이루어진 수출은 이런 내용과 다르다. 비록 우리 항구로부터 분리되었지만, 그 과정에서 심각한 '부등가교환'이 일어난다. 왜 그럴까? 조선의 농민은 자유롭고 자율적인 수출업자가 아니었기 때문이다.

조선인과 일본인의 교환과정에는 비경제적 요인, 예컨대 '정치적 요인'이 개입되는데, 무엇보다 국권을 상실했기 때문에 권력이 불균등하게 분포되어 있다. 권력에 눌린 조선 농민들은 일본인이 매기는 가격에 따라 쌀을 건네줄 수밖에 없었다. 이것은 유출 더 나아가 '약탈'일 뿐이며 경제학적 의미의 수출과 아무런 관계가 없다. 그 과정에서 수출업자는 손해만 봐 즐겁지 않고, 투자는 고사하고 규모가 축소되기만 하니 조선의 성장은 기대할 수도 없었다. 이처럼 식민지근대화론자들은 경제학의 초보이론도 이해하지 못한 채 자료를 해석하고 있다.

식민지근대화론자들이 근대화제도로 칭송하는 일제의 토지조사사업과 산미증식계획의 결과 쌀 생산량과 '수출'이 증가하였다. 하지만 조선인들의 쌀 소비량은 줄어들었는데, 예컨대 1912년 1인당 0.77석에서 1936년 0.38석으로 격감했다. 그 결과, 조선 농민층은 몰락해 빈 땅을 파 거적때기로 지붕을 삼아 사는 '토막민'이 처음으로 등장했고, 1928년에 화전민이 인구의 6%를 차지할 정도로 늘어났으며, 수많은 수출업자(!)들이 해외로 유랑해야 했다. 1940년대에 이르면 만주에 150만 명이 이주하게 되었다. '경제학적 수출'이 아니라 유출과 약탈이 이루어졌기 때문이다.

식민지근대화론은 '편향된 자료'와 '잘못된 경제학적 개념'을
가지고 일제가 조선을 근대화시켰다고 주장한다.

셋째, 이들이 취하는 실증주의적 연구태도가 문제가 된다. 실증한
다는 것은 과학적인 연구방법이다. 하지만 그것이 지나치면 '실증주
의*Positivism*'로 타락한다. 사회과학에서 실증주의의 과잉, 곧 그 폐단
이 가장 큰 곳이 경제학이다. 경제학자들은 '자료로 확인될 수 있는
것'만 진실이라 간주하는 경향이 많다.

하지만 이런 '자료주의적 실증주의'는 '확증편향'의 문제를 안고 있
다. 실증주의자들은 자료 중에서도 자기가 관심을 두는 자료, 더 나아
가 자신의 이념 틀에 맞는 자료만 선별해 실증한다는 말이다. 이론이
자료의 범위와 성격을 미리 결정해 버리는 것이다. 이를 자료의 '이론
적재성*Theory-ladenness*'이라고 부르는데, 그 결과 실증연구결과는 객
관적인 것이 아니라 오히려 주관적이 돼 버린다. 프래그머티즘철학과
제도경제학자들이 굳게 믿는 바처럼 사실과 가치, 자료와 이론은 분
리될 수 없다.

식민지근대화론은 기본적으로 경제학자들의 영역이며, 그 때문에
경제사에서 주로 다룬다. 경제사학자들은 인간 역사와 한국 역사를
'경제'라는 하나의 요인으로 환원시켜 이해한다. 곧, 일원론으로 한국
사를 이해하는 것이다. 하지만 앞에서 본 것처럼 인간은 경제적 존재
일 뿐 아니라 정치적, 사회적, 그리고 문화적 존재로 지극히 '다중적'
존재다. 이런 복잡한 인간들의 역사와 한국 근대사를 경제적 자료만
으로 판단하는 것은 무리를 넘어 오만이다.

경제학은 다양한 학파로 구분된다. 우리에게 익숙한 경제사는 사실 신고전주의경제학과 마르크스경제학의 관점에 따라 연구된다. 이들의 공통점은 한국 역사를 경제라는 하나의 요인, 곧 '일원론'에 따라 바라본다. 식민지근대화론은 이 경제학파들의 산물이다. 서로 대립하는 학파들이 같은 인식을 공유한다는 것은 아이러니하지만 이런 일은 자주 일어난다. 중용을 벗어난 극단주의는 서로 통한다는 말이 여기에 해당한다.

이런 연구방식은 극단적일 뿐 아니라 과학적이지도 않다. 아무리 적합한 실증자료를 활용했더라도 이것들은 한국 역사를 대단히 일면적이고도 이념적으로 바라보는 오류를 낳게 된다. 이런 문제를 풀기 위해 앞에서 언급한 실증주의적 연구방법이 극복되어야 하고 경제주의적 일원론적 인과관계론이 수정되어야 한다. 실증주의를 극복하기 위해서는 '손에 잡히지 않지만 실제로 존재하는 사실과 자료'를 볼 줄 알아야 하는데, 정치와 문화, 곧 제도적 요인과 함께 행위자의 '의지' 등이 이에 해당한다.

예컨대, 일본 자료에 의해 조사되지 않고 숨겨진 자료 등을 부각하는 것은 물론 우리가 주목해 온 민족*Nation*과 국가*State* 더 나아가 독립에 대한 '의지'와 '사상' 등 비경제적이고 손에 잡히지 않는 요인을 연구목록에 추가해야 한다. 곧, 연구방법론으로 표현하면 일원론이 아니라 여러 가지 요인들이 상호작용함으로써 총체적 결과를 낳는다는 총체론으로 한국 역사를 이해해야 한다는 것이다(〈표 3-2〉, 〈그림 3-3〉 참조). 신고전주의경제학, 마르크스경제학과 달리 '제도경제학'은 이런 방법을 가지고 경제역사를 이해한다. 적어도 경제사에서 실증주의를 극복할 방안은 다원론, 총체론 나아가 제도경제학이라고 볼 수 있다.

> 한국 근대사를 '총체론'에 입각하는 제도경제학적 방법론으로
> 연구할 때, 식민지근대화론을 극복할 수 있다.

넷째, 식민지근대화론은 이처럼 잘못된 자료와 연구방법론에 입각하고 있을 뿐 아니라 잘못된 가정에도 서 있다. 이들이 설정하고 있는 가정들을 하나씩 검토해 보자.

a) 이들은 구한말 조선에는 자립할 수 있는 역량이 거의 없었다고 미리 단정하고 있다. 일본의 침략이 불가피했다는 것을 정당화하려는 가정인데 이는 잘못된 가정이다.

구한말 조선에는 자립적 근대화의 싹이 서서히 형성되고 있었다. 농업 분야에서 전근대적 소작제 대신 농업노동자를 고용해 농사를 짓는 '경영형 부농'과 소작농으로부터 성장한 '서민 지주'가 모습을 드러내고 있었다. 유럽 근대사에서 등장했던 '독립 자영농'과 유사한 주체들이다. 또, 경강상인 및 개성상인과 같은 거부가 형성되었고, 보따리를 짊어지고 전국을 순회하는 보부상들이 상업 분야에서 활약하고 있었다. 나아가 거래를 중개하고 금융을 조달하는 '객주'도 등장하였다. '자본주의의 맹아'가 상당 규모로 싹트고 있었다는 것이다.

b) 구한말 조선에 스스로 일어서려고 하는 몸부림도 여느 민족 못지않게 강했다. 정부는 갑오개혁을 단행하고, 개화파들은 갑신정변을 일으켰으며, 민중들은 동학혁명을 일으켰다. 이 모두는 근대화를 지향하는 제도적 개인들의 주체적 몸부림이었다. 인간은 맥락에 종속되기만 하지 않는다(〈그림 7-2〉 참조). 하지만 이 모든 자발적 운동은 일본 제국주의에 의해 억압되고 거세되어 버렸다.

물론 자본주의의 맹아와 이런 근대화운동이 충분하지 않았다는 것은 사실이다. 그러나 어느 민족도 그런 근대화의 싹이 자생적으로 충분히 익은 후에야 근대화되지 않았다. 미약한 싹을 국가의 정치력과 민중들의 민족적 문화가 의도적으로 키워 주었던 것이다. 독일, 프랑스, 미국은 물론 일본도 그런 과정을 통해 비로소 근대화를 이루었다.

우리가 식민지가 되지 않았더라도 우리는 자립적 근대화의 요소들을 이미 갖추고 있었다. 단지 국가를 잃었기 때문에 그 기회를 놓쳐버린 것이다. 식민지근대화론을 극복하기 위해 '국가'와 '문화'에 주목해야 하는 이유다. 식민지근대화론은 '제도', 나아가 국민국가의 역할에 주목하지 못한다.

c) 식민지근대화론의 또 다른 자의적 가정은 일제의 근대화가 해방 후 우리의 근대화에 기여했다는 것이다. 물론 일본이 오로지 수탈만 하고 근대화에 아무런 기여도 하지 않았다는 주장도 무리가 있으며, 일본이 공업화와 근대제도를 도입함으로써 어느 정도 근대화를 추진한 것은 사실이다.

하지만 그들의 근대화는 '수탈을 위한 근대화'이며 '전쟁을 위한 근대화'일 뿐이다. 그 때문에 식민지의 근대화는 매우 제약되었을 뿐 아니라 대단히 잘못된 방식으로 이루어졌다. 예컨대, 일제는 공장을 세우면서 일부러 기술자를 양성하지 않았다. 실제로 1942년 전체 기술자 중 조선인 기술자는 14%에 불과하며, 전체 노동자 중에선 0.0007%, 구체적으로 1,215명에 불과했다. 〈표 13-3〉, 〈표 13-4〉 등 여러 곳에서 확인한 바와 같이 경제발전은 공장설비, 곧 '물적 자본'이 아니라 '기술'과 '인적 자본'에 의해 이루어진다. 패전 후 독일이 빨리 일어선 이유는 공장은 다 파괴되어도 과학기술지식이 보존되어 있고, 과학자와 기술자가 살아 있었기 때문이다. 물적 자본과 자본축적만 바라보는 신고전주의경제학과 마르크스경제학이 도저히 이해할 수 없는 부분이다. '사회적 지식'과 '혁신'을 성장의 원동력으로 보는 베블런과 슘페터가 만일 남겨진 공장설비와 '적산'을 생산력으로 오해한 후 그로부터 근대화의 동력을 추론해 내는 이 19세기형 경제학자들을 보았더라면 실소를 금치 못했을 것이다.

나아가 한국전쟁 중에 일본이 버리고 간 공장시설도 대부분 파괴되어서 그들이 남기고 간 근대화의 '물적 자본'마저 소멸해 버렸다. 결국, 일본의 근대화는 해방 후 우리의 근대화에 의미 있는 역할을 하지 않았던 것이다. 현재 한국의 근대화는 식민지근대화와 아무 관계가 없다. 식민지 권력은 오히려 소중한 국민적 제도를 파괴하고 기술발전과 혁신의지를 억압함으로써 근대화의 기회를 박탈했을 뿐 아니라 친일과 매국의 문화적 잔재만 남겨 우리 사회를 지금까지 혼란에 빠뜨리고 있다.

결국, 일제강점기하 식민지 조선은 에우다이모니아를 향하는 근대화에 실패하게 되었는데, 이는 국민국가를 가지지 못했기 때문이다. 국가가 없으면 근대화는 고사하고 경제도, 복지도, 자본주의도, 노동운동도 없는 것이다.

> 구한말 조선이 근대화와 더불어 경제성장을 시도할 수 없었던 이유는 국민국가라는 핵심적인 제도가 존재하지 않았기 때문이다.

정치철학자 한나 아렌트는 자신의 저서 『전체주의의 기원』(2006)에서 "인간이 자신의 정부를 결여한 순간 그들의 권리는 최소한으로 축소되고 어떤 권위도 그들을 보호하기 위해 남지 않았으며, 어떤 기구도 그들의 권리를 보장하지 않는 것으로 드러났다. 국가 없는 이 소수자들에게, 국가적 권리의 상실은 인간적 권리의 상실과 동일시되었다"고 설파하였다.

동시에 그녀는 "인간이 진실로 인간다워질 수 있는 길은 특정한 정치공동체에 속하는 길 외에는 다른 길이 없으며 실제 역사에서도 한 집단에 속해 시민의 권리를 가지지 못하면 아무런 권리도 주어지지 않았음"을 역설했다. 국가, 나아가 제도가 중요하다! 무정부주의자들에게 죄송한 말이지만 나는 제도, 나아가 국가 없이 에우다이모니아가 구현되기 어렵다고 생각한다. 국가가 없으면 〈식 9-2〉로 형식화된 제도경제학의 목적함수는 산산이 부서져 버린다.

기술과 제도의 불일치

'제도가 중요하다'는 제도경제학의 명제는 가끔 오해를 불러일으킨다. '제도는 좋다'는 명제로 둔갑하기 때문이다. 하지만 사회적인 모든 것이 좋지 않듯이(〈표 6-3〉 참조) 모든 제도가 바람직하거나 좋은 것만은 아니다. 민주제도의 대척점에 독재제도가 있고, 합리적 문화를 억압하는 꼰대문화가 버티고 있다. 게다가 새로운 기술의 확산을 방해하는 낡은 제도도 완고하게 버틴다. 곧, 변화하는 기술에 대해 변화를 거부하는 제도가 존재하는 것이다. 신기술과 구기술의 갈등, 신기술과 구제도의 불일치Mismatch는 제도경제학의 중요한 연구주제 중 하나다.

세상은 변한다. 약 150억 년 전 빅뱅으로 우주가 탄생한 후 46억 년 전 지구가 생겨났다. 물리적, 화학적 변화가 일어나는 과정에서 생물학적 변화도 일어난다. 35억 년 전 지구상에 생명체가 발생한 후, 5백만 년 전 인류가 출현했다. 생물학적 변화가 진행되는 과정에서 인류도 진화한다. 4~5만 년 전 등장한 현생인류는 약 1만 년 전 석기시대를 맞이했다. '도구'의 시대가 열린 것이다.

돌로 된 도구는 청동기, 철기로 발전하면서 생산성을 크게 높였다. 물질적 기반이 마련되자 기원전 3000년경 인류사회에 '문명'이 등장했다. 곧, 인간사회에서 문화적 변화가 시작된 것이다. 문명의 시작과 더불어 인간사회를 조직하는 방법도 변했다. 씨족이나 부족이 국가의 형태를 갖추기 시작했다. 도구, 문화와 함께 '제도'도 변한다.

하지만 그 어떤 변화도 200년 전 영국에서 일어난 산업혁명과 비견될 수 없었다. 산업혁명으로 생산성은 비약적으로 증가했고, 경제구조와 정치제도는 물론 문화마저 획기적으로 바뀌었다. 이 모든 변화의 밑바닥에는 '기술'이 존재한다. 〈표 13-2〉로 다시 돌아가 보자. 면화 100파운드를 생산하기 위해 18세기 인도의 손 방적기는 무려 5만 시간이 들었지만, 로버트 자동 방적기는 단지 135시간만을 필요로 했다. 그 결과 1700~1760년 사이 고작 1.37%에 머물렀던 영국 면직물산업의 연평균성장률은 1780~1790년 12.67%로 껑충 뛰어올랐다. 산업혁명은 실로 기술혁명이다. 사회의 변화를 유발하는 요인에는 정말 여러 가지가 있겠지만, 굳이 하나를 꼽으라면 '기술'의 발전을 들 수 있다.

기술을 말할 때 일반적으로는 생산방법과 관련한 공정기술, 새로운 제품을 제작하는 제품기술에 주목하지만, 이런 기술들을 작동할 수 있게 하는 기술, 곧 '동력기술'을 빼는 경우가 흔하다. 세상의 변화를 유발한 기술 가운데, 동력기술만큼 중요한 기술도 흔치 않다. 산업혁명 이후 자본주의의 변화를 유발해 온 기술은 바로 동력기술이다. 〈표 11-4〉에서 확인한 것처럼 1780년대와 1840년대 산업혁명기에 수력이 섬유산업의 주요 동력기술로 이용됐다면, 그 후 1840년대와 1890년대 기간에는 증기력이 새로운 동력기술로 등장해 철도산업을 새로운 산업으로 발전시켰다.

석유라는 동력이 발견되자 철도와 선박은 물론 자동차, 비행기가 등장해 자본주의를 엄청나게 변화시켰다. 이러한 동력기술의 변화는 인간의 경제적 조건은 말할 것도 없고 문화적 양식과 제도마저도 크게 변화시켰다. '기술경제패러다임'의 변화는 동력기술의 변화로부터 시작됐다고 해도 지나친 말이 아닐 것이다.

그러나 각 시대의 새로운 기술들이 사회 전체를 변화시키는 과정은 이처럼 몇 줄의 문장으로 처리될 정도로 간단치 않았다. 새로운 기술들은 등장할 때마다 이미 사용되던 옛 기술의 강력하고도 완고한 저항에 부닥쳤는데, 옛 기술에 익숙한 숙련기술자들의 저항은 말할 것도 없고, 경영층의 '관성적' 투자행위와 집착, 심지어는 시대적으로 이미 수명이 다해 버린 기술을 '개량'하고자 하는 연구기관들의 시대착오적인 '연구활동'(!)으로 새로운 기술의 확산은 말할 수 없는 어려움을 겪었다.

이런 사실은 산업혁명이 시작되던 18세기 '돛단배'와 '증기선'의 관계에서 확인된다. 풍력이라는 한물간 동력기술로 움직이던 돛단배가 증기력이라는 새로운 동력기술로 움직이는 증기선과 경쟁하면서 이 새로운 기술의 사회적 확산을 끈질기게 방해했던 것이다.

풍력기술만 증기선의 확산을 방해하지 않았다. 개량되고 고급화한 선체, 그것과 관련된 노, 키, 돛 제작공은 물론 시대착오적 선착장과 같은 인프라, 정부관리 방식은 함께 하나의 '체제'를 형성해 새로운 기술의 확산을 저지했다. 이처럼 기술적, 경제적으로 이미 생명을 다한 옛 기술이 사멸을 거부하면서 새로운 기술의 확산과 사회 발전을 방해하는 이러한 일반적인 현상들을 가리켜 제도경제학자들은 '돛단배효과*Sailing Ship Effect*'라고 부른다.

그러나 끊임없이 개선되는 증기선의 기술과 더불어 새로운 기반시설과 정부제도가 체계적으로 마련된 결과 새로운 기술경제패러다임이 확립되자 그처럼 지독하고도 완고했던 돛단배의 저항도 결국 증기선에 무릎을 꿇고 말았다. 그 과정에서 신기술의 공급자가 열린 마음으로 수요자의 요구에 귀를 기울여 해당 기술의 성능을 지속해서 개선했음은 물론이다.

2004년을 돌이켜 보자. 총선을 불과 20여 일 남겨 놓고 한나라당이 '차떼기'와 탄핵안 가결 후폭풍의 벼랑 끝에서 박근혜를 대표로 선출했다. 박정희 향수를 자극해 보수층을 재결집하려 한 것이다. 그런데, 그 박정희는 누구인가? 수많은 민족지도자와 이름 없는 독립투사들이 풍찬노숙하며 모진 고문에 고통받고 숨져가던 시대에 일본군 장교였던 그는 무엇을 하고 있었던가? 끝없는 권력욕으로 무고한 민주시민들을 탄압하며 형장의 이슬로 사라지게 한 유신시대의 독재자가 바로 누구였던가? 그는 풍력으로 항해하는 돛단배의 사공이다.

그러나 국민의 정부와 참여정부 들어 민주주의라는 새로운 기술이 등장하자 배신과 독재의 통치기술은 역사의 무대에서 퇴출당했다. 한데 '박근혜 선장'은 지지율을 만회하고자 옛 풍력기술을 지속해서 '개량'했다. 분명 돛단배에 대해 시대착오적 향수를 유발함으로써 이미 새로운 기술로 인정받고 있는 증기선의 사회적 확산을 다시 저지하고자 한 것이리라.

2012년 대통령으로 당선되자 드디어 그는 박물관에 처박아 놓았던 돛단배를 띄웠다. 그리고 태곳적 시대의 모든 체제를 부활시키고자 했다. 변화에 저항하는 것을 넘어 아예 과거로 돌아가고자 했다. 신고전주의경제학자도 혀를 내두를 극단적 보수주의다. 아! '문민', '국민', '참여'라는 새로운 증기기술에 대한 '군사', '반민족', '독재'라는 풍력과 돛단배기술의 저항은 참으로 끈질기다.

그러나 역사는 우리에게 분명하게 가르쳐 준다. 수명 연장을 위한 무수한 개량작업에도 불구하고 새로운 동력기술을 장착한 증기선과의 경쟁에서 돛단배가 결국 패배하였음을! 그 완고했던 돛단배효과도 시대의 흐름에 따라 결국 그 힘을 잃고 만 것이다. 새로운 기술에 끈질기게 저항하던 낡은 제도는 2017년 탄핵당했다. 그러나 형식제도의 패배에도 불구하고 저임금과 장시간노동의 낡은 방식으로 성장을 기획하는 19세기 신고전주의경제학의 문화와 사유습성은 여전히 끈질기다! 기술과 제도의 이런 불일치는 경제발전과정에서 다반사다. 모든 제도가 바람직하거나 성장을 촉진하지는 않는다. 성장을 방해하는 제도도 많다.

정치체제와 경제성장

이제 제도→경제의 인과관계에 포함되는 주제 중 '정치체제'와 경제성장의 관계를 검토해 보자. 정치체제는 통상 독재체제와 민주주의체제로 구분된다. 정치체제의 이런 차이는 경제성장에 영향을 미치는가? 이 질문들은 박정희의 개발독재론을 찬양하며, 민주주의가 경제성장에 해롭다는 한국 보수진영의 주장을 검토하기 위해 반드시 짚고 가야 할 대상이다. 민주주의와 경제성장의 관계는 이른바 '소득주도성장정책'에 대한 보수진영의 비판에 적극적으로 대응하기 위해서도 충분히 검토해 볼 필요가 있다. 제도경제학의 관점에서 보면 그것은 민주주의라는 정치제도를 경제성장에 접목한 경제이론이다.

공리주의와 쾌락주의의 전통을 따르는 신고전주의경제학자들은 산업화와 경제성장을 위해 박정희의 독재체제는 필수불가결하다고 주장한다. 이들은 민중을 저축할 줄 모르고 낭비에 몰두하는 동물적 존재로 간주한다. 이들에게 민중은 '호모사케르'인 셈이다. 언젠가 나향욱이라는 교육부 공무원이 주장한 '개돼지 민중론'은 신고전주의경제학자와 그 '소시오패스' 추종자들의 뼛속에 깊숙이 스며들어 있다. 이 경우 독재자는 권력을 행사해 저임금을 지급하도록 강제할 수 있다. 민중의 낭비를 차단하는 동시에 자본가의 자본축적을 도와 경제성장에 기여한다는 것이다. 이것은 〈그림 10-1〉과 〈그림 10-2〉를 통해 익숙해진 '저임금과 불평등이 경제성장에 유리하다'라는 신고전주의적 성장론의 저변에 깔린 사상이다.

반대로 케인지언경제학은 저임금으로 인해 소득분배가 악화하면 소비수요가 줄고, 그로 인해 투자수요도 줄어 경제성장이 지체되므로 성장을 위해서는 오히려 분배를 개선해 주는 민주주의 정치체제가 필요하다고 주장한다. 민주체제가 성장을 촉진한다는 이 관점은 〈그림 6-4〉와 〈그림 10-5〉의 포스트케인지언 성장론으로 이어진다. 〈표

11-2〉에서 포스트케인지언 경제학을 제도경제학의 일원으로 포함한 이유 중 하나가 여기서 드러난다.

아담 쉐보르스키*Adam Przeworski*는 135개국에서 수집한 50년간 (1955~1999)의 자료를 통해 정치체제별 경제 성과의 차이를 비교해 보았다(〈표 13-5〉 참조). 신고전주의경제학자들은 독재체제에서 자본 가의 저축이 쉬워지기 때문에 자본축적률이 높아지며, 그 결과 투자 율이 높아져 성장률도 높아진다고 주장한다. 하지만 실제로는 독재체 제라고 해서 자본동원능력이 결코 높지 않았다. 인구증가율과 노동증 가율이 의미 있을 정도로 높았을 뿐이다.

반면 민주체제에서 투자율은 더 높았다. 더욱이 총경제성장률과 1인당 GDP성장률도 민주체제에서 더 높았다. 노동운동과 시민운동 이 자본가의 저축을 감소시키는 동시에 임금을 인상시켜 소비수요와 투자수요를 촉진했기 때문이다. 물론 이러한 차이가 획기적으로 크 지 않는 것은 분명하다. 그렇다고 민주체제의 성과가 더 높다는 사실 도 부인할 수 없다. 총체적으로 볼 때 '정치체제'의 차이로 인해 경제

〈표 13-5〉 정치체제별 경제 성과(%: 평균값) | 자료: Przeworski(2004)

정치체제	독재	민주
투자율(I/Y)	16.84	17.69
자본축적률	7.01	7.06
노동증가율	2.16	1.75
총경제성장률	4.22	4.37
인구증가율	2.18	1.59
1인당 GDP성장률	2.12	2.65

성과가 획기적으로 나아진다는 보장은 없지만, 적어도 독재체제가 더 우수한 성과를 낳는다는 주장은 입증되지 않는다. 실제로 역사는 우리에게 민주주의로 인해 경제가 성장하고 독재로 인해 경제가 쇠퇴한 사례를 적지 않게 보여 준다. 영국의 명예혁명, 프랑스 대혁명, 미국의 독립전쟁과 남북전쟁 등 18세기의 시민혁명은 경제를 성장시켰고, 아프리카대륙의 독재와 구소련과 북한의 독재체제는 경제를 침체시켰다.

이 실증결과와 〈표 13-4〉로 정리된 파르보와 아이슬라의 결과를 종합적으로 판단해 보자. 〈표 13-4〉에서 제도적 품질이 개선된다는 것은 정치체제가 민주주의에 가까워진다는 것을 의미한다. 거기서 민주체제는 경제성장과 유의한 인과관계(+0.4754)를 지닌 것으로 실증되었다. 이 결과는 〈표 13-5〉에서도 확인된다. 하지만 〈표 13-5〉가 보여 주는 민주체제의 성장효과는 〈표 13-4〉의 결과만큼 획기적이지 않다. 자료의 기간과 성질이 다르기 때문에 이런 불일치는 자주 일어난다. 종합적으로 판단하면, 독재제도보다 민주제도가 경제성장을 촉진하긴 하지만 그 효과가 항상 획기적으로 큰 것은 아니다. 가장 보수적으로 평가하면 성장률에 대한 정치체제의 효과는 미미하다!

전체국가가 조사대상일 때 민주체제가 독재체제보다 약간 더 나은 경제적 성과를 보여 주지만 그 차이가 획기적으로 크지는 않다.

그렇다면 정치체제는 경제활동 전반에 대해 아무 의미가 없는가? 쉐보르스키는 파르보, 아이슬라와 유사하게 표본자료를 저소득국가

(3,000달러 이하)와 고소득국가(3,000달러 이상)로 구분했다(〈표 13-6〉 참조). 이제 우리는 〈표 13-5〉와 달리 경제 성과에 대한 정치체제의 효과를 전체 집단이 아니라 빈국과 부국으로 구분해 살펴볼 수 있다.

정치체제가 경제 성과에 획기적인 영향을 주지 않는다는 주장은 두 집단에서 동시에 확인된다. 이를테면 경제성장률은 빈국집단(3,000달러 이하)에서 0.06%, 부국집단(3,000달러 이상)에서 0.09%의 차이만 보인다. 유감스럽게도 민주정치체제가 상대적으로 낮은 성과를 보여 주긴 하지만 그 차이도 획기적으로 크지는 않으며, 반대의 결과를 보여 주는 실증연구가 더 많다. 아무튼, 정치체제가 경제 성과에 획기적 영향을 미치지 않는다는 점은 집단을 구분해도 크게 달라지지 않는다.

〈표 13-6〉 소득집단별 정치체제 효과의 차이(1951~1999) | 자료: Przeworski(2004)

정치체제	3,000달러 이하 소득집단		3,000달러 이상 소득집단	
	독재	민주	독재	민주
자본증가율	0.4033	0.3984	0.4430	0.3199
노동증가율	0.5967	0.6016	0.5570	0.6801
경제성장률	4.34	4.28	4.24	4.15
자본기여도	2.81	2.78	3.05	2.20
노동기여도	1.39	1.40	0.85	1.04
총요소생산성	0.14	0.10	0.33	0.91

그러나 차이가 전혀 없지는 않다. 먼저 3,000달러 이상의 부유한 집단에 주목해 보자. 자본증가에 관한 한, 자본축적에 대한 독재체제의 효과(0.4430)는 민주체제의 효과(0.3199)보다 상대적으로 높다. 그

리고 성장률에 대한 자본의 기여도 역시 민주체제(2.20)보다 독재체제(3.05)에서 높다. 대신 민주체제에서는 노동의 증가율에 대한 체제의 효과(0.6801)가 독재체제의 그것(0.5570)보다 더 크다. 나아가 성장률에 대한 노동의 기여도(1.04)가 독재체제(0.85)보다 더 크다. 이런 값들의 차이는 성장률의 차이보다 두드러지게 크다. 실제로 독재체제의 성장률(4.24)과 민주체제의 성장률(4.15)의 차이는 다른 지표들의 차이에 비해 크지 않다. 곧, 부유한 국가집단 안에서 성장률의 차이는 크지 않지만 '성장패턴'의 차이는 뚜렷하다. 독재체제는 자본으로 주도되는 성장패턴을 보여 주는 반면, 민주체제는 노동에 의해 주도되는 성장패턴을 보여 준다.

이런 성장패턴의 차이는 총요소생산성(〈그림 13-1〉 참조)에서 뚜렷이 드러난다. 〈표 13-6〉에서 독재체제의 총요소생산성(0.33)은 민주체제의 그것(0.91)보다 현저히 낮다. 왜 이런 일이 일어날까? '총요소생산성'은 단순한 자본축적의 결과가 아니라 제도경제학이 중시하는 기술혁신과 제도혁신의 결과다. 독재국가에서는 기술혁신과 제도혁신 대신 자본으로 경제가 성장한다. 일반적으로 독재체제에서 인구증가율이 높은데도 자본집약적 성장패턴을 걷게 되면 자본에 비해 노동공급이 풍부해져 임금은 낮아지게 된다. 게다가 독재체제에서는 노동운동이 극단적으로 탄압되므로 임금은 더 낮아진다. 그 결과 부유한 나라가 독재체제를 선택하면 '자본 집약적인 동시에 저임금주도 성장패턴'을 걷게 된다.

반대로 민주체제에서는 자본을 줄이는 대신 기술을 발전시킴으로써 경제가 성장한다. 이로 인해 노동자의 숙련도가 높아져 임금도 인상된다. '인적 자본'이 강화된 것이다. 또, 민주체제에서 노동운동이 활발해지므로 임금이 높아진다. 부유한 나라가 민주체제를 도입하면 '기술집약적이면서 고임금에 의해 주도되는 성장패턴'을 걷게 된다. 이처럼 '부유한 국가집단'에서 정치체제는 양적 차이보다 질적 차이를 낳는다. 유사한 성장률, 다른 성장패턴!

> 부국집단에서 정치체제는 성장률 차이보다 성장패턴의 차이를 낳는다.

경제성장에 대해 민주제도가 독재제도보다 특별한 성장 역량을 보여 주지 않는다는 이런 결론에 접하고 나서 적지 않은 진보주의자들이 실망에 빠질 수도 있겠다. 하지만 진보진영은 〈식 9-2〉로 정리된 제도경제학의 목적함수를 다시금 되새겨 보아야 한다. 경제생활의 궁극적 목적은 좋은 삶이지 쾌락과 물질적 성장이 아니다. 민주주의의 궁극적 목적 역시 높은 성장률이 아니다. 민주주의가 지향하는 목적은 높은 성장률보다 다른 성장패턴, 곧 포용적 성장과 지속가능한 발전이다. 성장방식의 변화, 그것만으로도 민주주의는 '경제'에 대해 충분히 의미 있는 역할을 하고 있다.

가난하면 어떻게 될까? 앞에서 우리는 소득이 3,000달러 이하인 가난한 국가집단에서도 성장률 차이가 그리 크지 않다는 사실을 확인했다. 〈표 13-6〉을 들여다보면 이런 현상이 '성장패턴'에서도 다르지 않다는 사실을 발견하게 된다. 자본증가율, 노동증가율, 자본의 기여도, 노동의 기여도는 물론 총요소생산성마저 정치체제 간 의미 있는 차이를 낳지 않는다. 곧, 저개발상태에서 정치체제의 차이는 성장률은 물론 성장패턴의 차이도 낳지 않는다. 가난할 때는 민주주의가 도입되건, 독재체제가 도입되건 성장률과 성장패턴에 의미 있는 결과를 초래하지 않는다는 것이다. 이런 결론은 우리가 〈표 13-4〉에서 주목하지 못했던 사실로부터 확실해진다. 곧, 저소득국가집단에서 제도적 품질이 경제성장에 미치는 효과는 불확실했다. 경제수준이 낮은 국가의 경제성장에서 정치체제는 중요하지 않다는 것이다.

> 정치체제는 중진국 이상 국가들 사이에서 '성장패턴'의 의미 있는 차이를 낳지만 저개발국에서는 성장률은 물론 성장패턴에도 아무런 차이를 낳지 않는다.

1950~1988년 사이 다양한 기간을 선택해 이 주제를 연구한 18개 실증논문으로부터 쉐보르스키와 페르난도 리몽기(1993)는 21개의 사실을 요약했다. 8개의 결과는 독재체제가 경제성장을 낳았음을 입증하고 다른 8개의 결과는 민주체제가 경제를 성장시켰다고 주장하는 반면 나머지 5개의 결과는 두 체제가 경제성장에 의미 있는 차이를 낳지 않았다는 결론을 내린다.

대한민국이 한강의 기적(!)을 이룬 동시대 다른 나라의 성공 경험도 구체적으로 알아보자. 한국이 빈곤을 탈출한 시기는 대부분 독재체제인 것은 맞다. 그리고 대만과 싱가포르는 전체기간 독재체제로 성공했다. 하지만 같은 기간 태국, 그리스, 포르투갈은 두 체제를 다 경험했으며 일본과 몰타 공화국*Republic of Malta*은 전 기간 민주체제에 속했다. 결국, 특정 정치체제가 빈곤 탈출에 유리하다는 증거는 부족하다.

모든 연구결과로부터 최소한 독재체제가 경제성장에 기여한다는 주장을 끌어낼 수는 없다는 점은 분명하다. 저개발국가가 성장하기 위해 민주체제가 필연적이지 않듯이 반드시 독재정치체제가 필요하다고 볼 수도 없다. 박정희가 이룬 '한강의 기적'은 독재정치체제와 무관한 다른 여러 요인이 상호작용한 결과일 가능성이 높다. 경제성장을 연구할 때 정치체제에 관한 우리의 지식은 여전히 빈약하다.

> 수많은 실증연구결과들은 한강의 기적(!)이 박정희의 독재체제 덕분이라는 주장을 확인해 주지 않는다.

사회적 자본과 성장

앞에서 우리는 죄수의 딜레마가 최악의 균형으로 이끌기 때문에 진보진영이 사회적 자본을 축적해야 한다고 주장한 적이 있다. 성장의 관점에서 보면 죄수의 딜레마는 성장의 걸림돌이다. 사회적 자본은 성장에 기여하는가? 이를 좀 더 상세하게 들여다보자. 드디어 우리는 〈표 6-3〉의 세 번째 칸의 문제를 다루게 되었다. 사회적 존재가 사회적으로 행동함으로써 더 나은 결과를 낳을 수는 없는가?

1986년 에이브라모비츠는 제도가 경제성장에 기여한다는 점을 지적하였다. 그는 이를 '사회적 역량'이라고 불렀다. 제도의 '사회성'을 강조한 것이다. 1993년 로버트 퍼트남*Robert Putnam*의 저작이 발표된 이후 '사회적 자본론'이 전면에 부각되었다. 이탈리아에 관한 연구에서 그는 북부 이탈리아 지역의 성장요인을 강력한 자발적 결사체로부터 찾았는데 남부 이탈리아 지역에는 그러한 결사체들이 흔치 않았다. 1996년 실리콘밸리에 대한 애너리 색스니언*Anna Lee Saxenian*의 연구에 의하면 종종 "페어차일드 대학교*Fairchild University*"로 회자되는 '페어차일드 반도체 회사' 출신 경력, 동부 지역의 전통적 관행을 불신하는 중서부 지역 출신, 20대 초반 등 실리콘밸리 기업가들 사이에 존재하는 공통점들은 지식교류와 협력에 유리한 사회적 관계였다. 그들의 사회적 관계는 신뢰와 협력에 기초하고 있었다.

에이브라모비츠와 퍼트남 이후 지금까지의 연구사례들은 자연자원, 물적 자본, 인적 자본, 기술스톡이 경제성장의 전체결과를 설명할 수 없다는 인식에 이르게 했는데, 경제학자들은 60년 전 에이브라모비츠가 '무지의 척도'로 불렀던 블랙박스 곧 '잔차'를 설명하기 위해 또 하나의 성장동인을 발견해야 했다. 그런데 지금까지의 자본항목들은 경제행위자들이 상호작용을 통해 스스로를 조직함으로써 성장과 발전을 이루어 내는 '사회적' 과정을 간과하고 있다. 한 사회의 이러한 '비형식적 역량'이야말로 지금까지 고려하지 못했던 '분실된 고리'에 해당하는데, 많은 연구자들이 '사회적 자본'이라고 부르는 것은 바로 이러한 '보이지 않는 고리'를 지칭한다.

사회적 자본은 1990년대 초 로버트 퍼트남과 제임스 콜맨*James Coleman* 등에 의해 제안되었다. 그것은 '사회'와 '자본'을 연결한 용어이며 사회적인 것이 경제적 결과를 낳는다는 것이 핵심 내용이다. 사회적 자본은 물적 자본, 인적 자본과 달리 무형자본인 동시에 관계망 안에 축적돼 있어서 특정 개인에 의해 소유되지 않고 구성원에 의해 공유된다. 그것은 규범, 네트워크, 신뢰 등 '비형식제도'(〈표 2-1〉 참조)의 옷을 입고서 구성원 간 협력을 수월하게 한다. 협력은 규모의 경제와 시너지효과로 경제성장에 기여하고, 지식과 기술의 교류와 공유를 가능케 함으로써 혁신에 이바지한다. 베블런이 주목한 비형식적 제도는 90년이 지나 사회적 자본으로 그 모습을 드러냈다. 문화가 경제를 지배한다!

> 사회관계망 안에 존재하면서 협력을 용이하게 해 주며, 사회 구성원들에 의해 공유되는 비형식제도를 사회적 자본이라고 부른다.

이런 사회적 자본은 죄수들의 딜레마를 해결해 주는 적절한 수단이 될 수 있다. 더욱이 그것은 비용의 역설, 저축의 역설, 사회적 소비의 문제들을 해결하는 데 간접적으로 기여할 수 있다. 협력을 향한 문화는 '기업의 사회적 책임Corporate Social Responsibility: CSR'과 사회적 소비자의 '사회적 성찰'에 이바지할 것이기 때문이다.

사회적인 것이 모두 바람직하지 않은 것처럼(〈표 6-2〉, 〈표 6-3〉 참조), 사회적 자본이 모두 '좋은' 결과를 낳지는 않을 것이다. 수많은 연구결과들은 사회적 자본, 특히 네트워크와 신뢰에 대한 맹신을 경고한다.

강한 유대관계의 강점에 대해 마크 그래노베터Mark Granovetter는 "약한 유대관계의 강점"이라는 용어를 만들어 가족과 친구의 직접적 반경 외부에서 간접적으로 행사되는 영향력을 언급한다. 이 관계는 비공식적 고용구직시스템의 역할을 한다. 이 독창적 아이디어는 가족집단에 기초하는 강력한 네트워크가 구직과정에서 가장 중요할 것이라는 앞의 퍼트남과 콜맨 부류의 상식과 대립한다. 그의 관점에서 볼 때, 강력한 유대관계Strong Ties에 입각하는 긴밀한 네트워크가 과잉정보를 전달하는 경향이 있지만, 약한 유대관계Weak Ties는 '새로운 지식과 자원의 원천'이 될 수 있다. 결국, 강력한 네트워크와 집단 내 신뢰가 집단구성원들에게도 항상 이롭지만은 않다는 것이다. 사회적 자본은 비경제적이다.

최근의 연구들은 네트워크, 공통의 규범, 참여, 신뢰와 같은 사회적 자본이 초래하는 부정적인 몇 가지 결과들을 구체적으로 확인하였는데 국외자의 배척, 집단구성원에 대한 과잉요구, 개인적 자유의 제한, 전체사회의 파괴가 그에 해당한다.

사회적 자본이 국외자를 배제하는 경우를 보자. 원칙적으로 네트워크 구성원이 사회적 자본의 편익을 얻는다면, 이에 포함된 사람들은 효율성 증가의 혜택을 입지만 배제된 사람은 손해를 입는다. 이는 클럽과 네트워크의 구성원들 사이에 거래가 쉬워져 비회원과의 거래가 중단될 수도 있지만, 더 근본적으로는 동질적 집단들이 집단 내 강력한 신뢰와 협력규범을 강고히 하면서 나머지 사회에 대해서는 지극히 낮은 수준의 협력과 신뢰를 보여 주기 때문이다.

많은 사회학자들의 연구에 따르면 빈곤은 대체로 '무권력'과 '배제'의 함수인 반면, 부는 '권력'과 '통합'의 함수인 경우가 허다하다. 따라서 사회조직들 가운데 더 잘 조직된 분파일수록 경제정책은 이들에게 더 유리하게 영향을 미치겠지만, 그렇지 못한 집단과 사회 전체에 대해서는 더 큰 역기능을 유발할 수도 있다. 그러므로 경제발전과정에서 사회적 자본은 분배 중립적이지 않다. 그것은 오히려 분배를 심각하게 왜곡한다. 결국, 원칙적으로는 사회적 자본의 증가로 인해 사회가 더 평등하게 된다는 보장은 없다. 사회적 자본은 사회적 자본론의 주창자들이 기대하는 만큼 사회적이지 못할 수도 있는 것이다. 이 경우 사회적 자본은 매우 '반사회적'이다.

다음의 몇 가지 추가 사례들은 신뢰의 해악을 밝혀 줄 것이다. 긴밀한 네트워크에 소속되어 있는 사람들에게 익숙한 편익들을 생각해 보자. 우리는 기업가, 학자, 시민적, 정치적 지도자에 대해 직접적 연결고리를 가지고 있는 사람들이 안전한 이웃, 좋은 학교, 고소득 직업에 대한 접근성을 더 많이 확보할 수 있을 거라고 기대할 수 있다. 경쟁적 세계에서 그들은 사업자금을 더 쉽게 조달할 수 있으며 자신들의 목소리와 이해관계를 전달할 수 있다. 그러나 이와 동일한 네트워크와 후원자 및 고객관계가 역시 불법적인 '연인' 거래를 촉진하며 부패를 조장하고 친족 등용을 쉽게 함으로써 불편 부당성에 대한 공공의 확신과 공공제도의 효율성을 훼손할 수 있다.

그뿐만 아니라 그 속에서 내부자들은 함께 똥창(!)에 빠져 불법을 마음대로 저지른다. 똥창이 주는 달콤한 이익에 빠져 아무도 서로를 비판하지 않고, 불의를 고발하지 않는다. 사회적 자본은 정의롭지 못하다. 예컨대, 오랜 역사를 갖는 농촌이나 어촌의 작은 마을에는 주민들 사이에 강한 사회적 자본이 존재한다.

장철수 감독의 〈김복남 살인사건의 전말〉과 강우석 감독의 〈이끼〉는 전통적 사회에 존재하는 불의한 사회적 자본의 역할을 잘 보여 준다. 〈김복남 살인사건의 전말〉에서 김복남은 남편에게서 노예 상태를 강요받는다. 시동생은 그녀에게 성적 학대를 일삼는다. 남편은 어린 딸을 성적 노리개로 삼는다. 하지만 일할 노동력이 귀한 섬에서 주민들은 남자들이 저지르는 성추행과 성폭행을 눈감아 주고 정당화해 준다. 김복남의 복수는 그 섬에 뿌리내린 사회적 자본 앞에서 번번이 좌절된다.

〈이끼〉는 대표적 흥행작이라 긴 설명이 필요 없을 것이다. 해국은 아버지의 부고 소식에 아버지가 거처해 온 시골 마을을 찾는다. 그런데 해국을 본 마을 사람들은 하나같이 그를 경계하고 까닭 모를 불편한 눈빛을 던진다.

아버지 장례를 마치고 마련된 저녁 식사 자리에서 해국은 "서울로 떠나지 않고 이곳에 남아 살겠노라"라고 선언한다. 순간, 마을 사람들 사이에는 묘한 기류가 감돌고, 묵묵히 있던 이장은 그러라며 해국의 정착을 허락한다. 이장의 말 한마디에 마을 사람들은 태도가 돌변한다. 해국은 마을의 모든 것을 꿰뚫고 있는 듯한 이장과 그를 신처럼 따르는 마을 사람들 사이에 존재하는 강한 사회적 자본의 위압을 느낀다. 그리고 조사과정에서 그 마을에 얼마나 강력한 사회적 자본이 존재하며, 그 자본으로 마을의 '추잡한 안정'이 확보되고, 그 속에서 불의가 자행되는 현실이 차츰 드러난다.

마피아 가족, 매춘, 도박 패거리, 청소년 갱은 사회적 자본의 일종으로 간주되고 있는 신뢰가 사회 전체적으로 얼마나 바람직하지 않은 결과로 변할 수 있는지를 보여 주는 다른 사례에 속한다. 이러한 현상은 한국의 학벌사회와 지역주의의 폐해에서도 극명히 드러난다. 예컨대, 특정 대학 출신들 사이에 풍부하게 축적된 사회적 자본은 국외자의 창의성을 외면하게 만들거나 질식시켜 버림으로써 사회발전을 결정적으로 방해한다. 특히 학문사회에 누적된 강력한 마피아식 사회적 자본은 학문의 발전마저 가로막는다.

이처럼 '배타적 결속행위'는 사회적 통합과 개인발전에 대해 장벽을 형성할 수 있다. 묶어 주는 끈은 눈을 가리는 끈이 될 수도 있는 것이다. 2세기 전 이미 애덤 스미스도 상인들의 회합은 불가피하게 공공에 대한 '공모'로 종결되었으며, 이때 일반 국민은 그 네트워크와 공

343

모집단을 연결해 주는 상호지식으로부터 배제되었다고 한탄하였다.

집단구성원의 비형식적 관계 속에 존재하면서 조정과 협력을 용이하게 해 줌으로써 경제적 상호이익을 달성시켜 주는 공유재로 사회적 자본을 이해하는 이 개념의 주창자들 생각은 상당 부분 옳은 것 같다. 그 성과를 전면적으로 부정하면 안 된다. 그러나 사회적 자본에 관한 또 다른 연구결과들이 보여 주는 바와 같이 네트워크, 참여, 신뢰 등 사회적 자본이 몇몇 집단들로 제한될 경우, 그러한 긍정적 효과가 다른 집단들에 대해서는 정확히 반대의 결과를 초래할 수 있다는 점도 사실이다. 사회적 자본이 제임스 콜맨, 로버트 퍼트남 등에 의해 찬미된 것과 같이 공동선의 원천이 될 수 있지만, 다르게는 '공공의 적'이 될 수도 있는 것이다. 이 경우 사회적 자본은 '나쁘다.'

그러므로 사회적 자본론에 대한 수많은 열광자들이 그것의 중요한 '뒷면'을 무시하였다는 여러 학자들의 진술은 충분히 새겨들어야 할 대목이다. 사회적인 것에 열광한 나머지 사회적 자본이 갖는 이런 어두운 면에 무지하다면 진보주의자들도 『트러스트』(1995)의 저자 프랜시스 후쿠야마*Francis Fukuyama*처럼 보수주의자의 대열로 쉽사리 합류해 버릴 수 있다. 보수주의자들은 사회적 자본에서 기껏해야 성장만 고대할 뿐 정의와 평등에 기초하는 진정한 통합을 기획하지 않는다.

사회적인 것이 양면적인 것처럼(〈표 6-2〉 참조), 사회적 자본도 양면적이다. 그러나 우리는 사회적 자본이 갖는 이러한 한계 때문에 사회적 자본의 개념을 폐기해야 한다고 생각하지 않는다. 세계은행의 논문들은 사회적 자본이 연구할 가치가 충분히 있으며 경제적 원리를 적용함으로써 중요한 통찰력을 얻을 수 있다는 실증자료들을 설득력 있게 제시하고 있기 때문이다. 용어의 모호함과 이중성 때문에 유망한 연구영역을 유기해야 할 이유는 없는 것이다. 파르타 다스굽타 *Partha Dasgupta*가 결론 내린 바와 같이, "경제생활에 봉사하는 특별한 제도들에 대해 주의를 환기시키는 한, 사회적 자본은 유익하다." 실로 그것은 '양날의 칼'이며 그 결과는 칼잡이의 손에 달려 있다.

> 사회적 자본은 양날의 칼이다.

따라서 우리는 특정 집단 안에 갇힌 '집단 특수적' 사회적 자본을 혁파하는 동시에 전 사회에 적용될 수 있는 '보편적' 사회적 자본을 육성할 필요가 있다. 보편적인 사회적 자본은 신뢰는 물론 정의, 평등, 나아가 진정한 의미의 통합을 전망해야 한다.

시장은 이익이 생길 때만 사회적 자본을 만들어 낸다. 그런 사회적 자본은 일시적일 뿐 아니라 집단 특수적이며 나쁜 경우가 많다. 좋은 사회적 자본의 축적을 성찰적 시민들에게만 의존할 수 없다. 이 경우 좋은 사회적 자본은 나쁜 사회적 자본에 의해 압도될 가능성이 크다. 따라서 민주정부가 성찰적 시민들과 협력해 집단 특수적인 사회적 자본을 통제하고 보편적인 사회적 자본을 적극적으로 공급하지 않으면 안 된다.

> 정부는 나쁜 사회적 자본을 통제하는 한편 성찰적 시민과 함께 좋은 사회적 자본을 적극적으로 공급해야 한다.

사회적 자본의 양은 얼마나 필요한가? 앞의 논의에 따라 우리는 '시장이 공급하는' 사회적 자본(S_M)과 '정부가 공급하는' 사회적 자본

(S_G)으로 구분할 수 있다(〈그림 13-2〉 참조). 전자는 집단 특수적인 자본이며 후자는 보편적인 사회적 자본이다. 사회적 자본은 파편화된 사회를 어느 정도 결속시켜 주며 집단의 생산성에 어느 정도 기여하는데, 이를 공동선(C)이라고 부르자. 그러나 그것이 일정 규모(S_O)를 넘어 과잉축적되면 집단의 활력은 물론 사회 전체를 병들게 한다. 따라서 시장의 S_M곡선은 처음에는 공동선이 증가하다가 최고점에 이른후 그 규모가 감소하는 역 U자형 그래프를 그린다.

반면 정부의 사회적 자본(S_G)은 많을수록 정의, 평등, 통합을 이루어 내는 동시에 생산성에도 이바지한다. 그러므로 그것은 S_M의 경우보다 공동선(C)을 더 향상시킨다. 예컨대, 같은 규모의 사회적 자본(S_O)이 공급될 때 시장의 사회적 자본이 낳는 공동선(C_{0M})은 정부의 사회적 자본이 낳는 공동선(C_{0G})보다 작다($C_{0M} < C_{0G}$). 하지만 일정수준(S_O)을 넘어 많아질수록 그림의 점선(S_{G1})처럼 무한히 그 장점이 더 강화되는지에 대해서는 연구된 바가 없어 아직 불확실하다. 그러나 축적된 상태가 과소축적되었을 때($S < S_O$)보다 더 나을 것이라는 점은 분명하다. 이런 과정 때문에 일정수준의 사회적 자본(S_O)이 축적되고

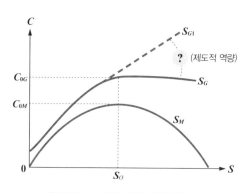

〈그림 13-2〉 사회적 자본의 적정규모

나서 S_G그래프는 수평으로 꺾인다. 사회적 자본이 축적되는 각 지점에서 시장의 사회적 자본보다 정부의 사회적 자본이 공공선에 더 크게 기여한다고 가정했기 때문에 S_G그래프는 S_M보다 항상 위쪽에 그려졌다는 점에 유의하자.

제도경제학의 관점에 따를 때, **?** 으로 표시된 불확실한 영역은 한 사회의 제도적 역량에 따라 결정될 것이다. 제도를 결정하는 것은 정치적 권력, 문화적 사유방식, 기술적 조건이다. 이 모든 것은 고정된 채로 변하지 않는 것이 아니라 그 사회구성원들과 그들 중 깨어 있는 시민들의 집단적 역량, 곧 행위자들의 투쟁, 참여, 성찰에 따라 달라진다. 사회적 존재들이 개인주의적으로 행동하지 않고 본성에 따라 사회적으로 행동하면 새로운 역설이 등장한다. 더 이상 딜레마에 빠지지 않고 더 나은 해법에 이른다는 것이다! 이것은 민주체제와 같이 좋은 제도가 성장에 기여하는 동시에 최소한 좋은 성장패턴을 낳는 사례에 해당한다.

경제성장과 민주주의

이제 〈표 3-3〉에 수록된 제도와 경제에 관한 마지막 질문으로 돌아가자. 경제가 성장하면 민주주의는 도래하는가? 마지막 세 번째 질문인데, 앞의 질문들과 달리 인과관계가 역전되었음에 유의하자. 곧, 제도가 경제에 영향을 주는지에 관한 질문이 아니라 경제가 제도에 영향을 미치는지에 관한 질문이다. 이 질문은 대체로 '경제가 성장하면 민주주의는 자동으로 도래하는가'의 형식으로 제기된다.

파르보와 아이슬라는 같은 자료를 이용해 이 문제를 살펴보았다. 145개국의 1인당 GDP에 불평등, 문화적 특성(1996~2000)에 관한 자료를 추가해 민주주의를 결정하는 요인들을 살펴보았다(〈표 13-7〉 참조).

경제성장과 민주주의는 상관성이 높다. 경제(1인당 GDP)가 성장하면 민주주의가 번성한다. 예컨대, 1인당 국민소득이 1달러 증가하면 민주주의는 1.4701 규모로 향상된다. 하지만 성장은 민주주의를 '조건적으로만' 발전시킨다.

첫째, 부유한 나라(+2.2089)와 중간소득 규모의 나라(+2.5119)에서 경제성장은 민주주의 발전에 이바지한다. 그러나 가난한 나라에서 경제성장은 반드시 민주주의를 유발하지 않는다. 가난한 나라에서는 경제가 발전하면 민주주의가 도래할 수 있지만, 독재도 올 수 있다. 가난이 민주주의와 독재 중 어떤 것과 관련되는지 명확히 알 수 없다.

둘째, 전체국가를 조사해 보면 불평등이 민주주의를 좌우한다. 모든 소득수준의 나라에서 불평등하면 민주주의는 후퇴한다(-0.0080).

〈표 13-7〉 민주주의를 결정하는 요인 | 자료: Farbo and Aixalá(2009)

	전체국가	고소득국가	중소득국가	저소득국가
1인당 GDP (1996~2000)	+1.4701	+2.2089	+2.5119	no
사회주의	−0.4774	−	no	−0.5457
이슬람	−0.0053	−0.0129	−0.0072	−0.0055
천주교	−0.0039	−0.0065	−0.0054	−0.0131
불평등	−0.0080	−	−	−

아무리 경제가 성장하더라도 불평등하면 민주주의가 발전하지 않는 다는 것이다. 따라서 민주주의를 달성하자면 평등할 필요가 있다.

셋째, 문화도 민주주의 발전에 영향을 준다. 곧, 형식제도는 비형식 적 제도의 발전에 힘입어 비로소 민주주의로 발전할 수 있다. 예컨대, 사회주의적 법치문화에 익숙한 저소득국가에서 민주주의는 −0.5457 만큼 퇴보한다. 이처럼 문화가 '올바르지 못하고', 불평등하면 경제가 성장하더라도 민주주의는 발전하지 않는다. 경제성장이 만병통치약 이 아니라는 말이다.

쉐보르스키는 보다 상세한 시계열 자료를 이용해 유사한 결론을 얻어 냈다. 그는 135개국이 50년간(1955~1999) 경험한 정치체제를 년 단위로 나눈 결과를 국민소득수준에 따라 정리했다(〈표 13-8〉 참조). 가난한 나라들의 정치체제를 먼저 살펴보자. 1999년 현재 1인당 국 민소득이 1,000달러 이하에 속하는 가난한 나라들은 지난 50년간 총 1,335년의 정치체제를 경험했다. 그중 독재정치의 경험 기간이 1,193 년(89%)인 반면 민주정치를 경험한 기간은 142년(11%)이다. 이 기간 이 집단에서 독재정치로부터 민주정치로 변화한 횟수는 19번이지만, 반대로 민주정치에서 독재로 변한 횟수는 12번이다. 각각의 변화확 률은 1.53%와 8.45%로 드러난다. 빈곤은 독재체제와 친하다는 사실 이 여기서 확인된다.

부유한 나라들은 어떻게 될까? 1인당 국민소득 8,000달러 이상 국 가집단의 독재 경험비율은 17%에 불과하며 민주주의가 독재로 회귀 하는 경우는 거의 없다. 7,000달러 이상의 소득을 누리는 나라에서 그 확률은 제로다. 부유하면 민주주의로 될 확률은 높아지는 동시에 민주주의가 더욱 공고하게 된다는 것이다. 가난한 나라의 민주주의는

〈표 13-8〉 135개국 소득수준과 정치체제 변화(1950~1999) | 자료: Przeworski(2004)

소득 (1천 달러)	자료 총수 (년)	독재 사례	독재 비율	독재→ 민주 (사례)	독재→ 민주 (확률)	민주 사례	민주 비율	민주→ 독재 (사례)	민주→ 독재 (확률)
0~1	1,335	1,193	0.89	19	0.0153	142	0.11	12	0.0845
1~2	1,271	868	0.68	23	0.0265	403	0.32	17	0.0422
2~3	723	408	0.56	14	0.0341	315	0.44	9	0.0286
3~4	470	246	0.52	5	0.0203	224	0.48	5	0.0223
4~5	316	149	0.47	6	0.0403	167	0.53	2	0.0120
5~6	244	94	0.39	5	0.0532	150	0.61	1	0.0067
6~7	224	62	0.28	2	0.0323	162	0.72	1	0.0062
7~8	201	43	0.21	1	0.0233	158	0.79	0	0.0000
8~	880	147	0.17	1	0.0068	733	0.83	0	0.0000
총	5,664	3,210	0.46	76	0.0237	2,454	0.54	47	0.0191

붕괴하기 쉬우나 부유한 나라의 민주주의는 확고하다. 부자나라 국민은 민주주의를 굳게 지키고자 한다.

그렇다면 민주주의는 언제 도래하는가? 곧, 부유하면 민주주의는 자동으로 도래하고 가난하면 민주주의가 불가능한가? 1,000달러 이하 최빈국집단에서도 민주주의는 19번 등장했고, 3,000달러 이하 빈곤국가에서도 총 56회에 걸쳐 민주주의가 등장했다. 나아가 3,000달러 이상 국가집단에서 독재로 회귀한 경우도 9회에 이른다. 더욱이 7,000~8,000달러 국가와 8,000달러 이상 국가에서도 독재비율은 각각 21%와 17%에 달한다. 부유해도 민주주의는 등장하지 않을 수도 있다. 따라서 민주주의가 '등장'하는 특정 경제발전수준은 존재하지 않는다.

독재에서 민주주의로 변화하는 과정에서 경제성장은 실로 중요하다. 그러나 그것만으로 민주주의로의 전환을 예측하기는 어렵다. 자각한 주체들이 필요한데, 이를 위해서는 교육수준이 향상되어야 한다. 교육수준과 민주주의는 의미 있는 관계를 맺는다는 사실이 입증되어 있다. 또, 민주주의로 향할 객관적 조건이 주어졌더라도 독재를 반대하는 정파들이 이를 통제할 조건에 합의하지 못하면 독재가 생존할 수 있다. 강경파, 급진파, 온건파 사이의 정치력 부재와 전략의 실패 때문에 '고소득'국가에서 독재가 생존하는 경우가 많다. 독재세력의 저항은 생각보다 강력하다. 후버, 뤄세마이어, 슈테핀스는 유럽, 남미, 중미, 서인도 등 다양한 역사적 사례를 들면서 민주화과정에서 차지하는 이런 비경제적 요인들의 결정성을 잘 보여 주고 있다. 예컨대, 이런 비경제적 조건의 차이로 인해 동일한 물질적 조건 아래 있는 중미 지역과 카리브해 지역에서 민주화 정도는 현저히 달라졌다(Hueber, Rueschemeyere, Stephens, 1993).

경제적 조건만으로 민주주의로 전환된다고 예측하기 힘들다. 민주주의로의 전환은 이 조건 아래 놓인 행위자들의 행동과 전략에 좌우된다. 부유한 국가집단에서 민주주의가 더 자주 발견된다고 해서, '부유하기 때문에 민주주의가 자동으로 혹은 법칙적으로 도래했다'라고 단정하면 안 된다는 말이다. 민주주의는 물질과 같은 '객관적' 조건보다 학습, 참여, 투쟁, 그리고 전략 등 행위자들의 '주체적' 산물이다. 바로 이런 이유로 6,000달러 이상 부자나라에서 민주제도가 최소 70% 이상을 차지할 수 있었다. 대한민국이 박정희, 전두환 독재를 물리치고 민주주의국가로 발전해 온 역사를 기억하는 한편, 박근혜 정부 독재로 회귀하는 과정, GDP 3만 2,000달러 수준에서도 미래통합당(전 자유한국당 등) 같은 보수세력에 의해 민주주의가 위기에 처했던 2019년을 되돌아보면 민주주의에서 경제성장보다 '비경제적 역량'이 얼마나 중요한지를 실감할 수 있다.

> 경제가 성장한다고 민주주의가 자동으로 달성되지 않는다. 민주주의는 소득, 정치, 문화 등 다양한 요인들이 상호작용한 결과로 나타나지만 그 결과는 불확실하다.

이제 우리가 특히 관심이 있는 식민지근대화론과 개발독재론 그리고 성장지상주의의 주제와 관련지어 결론을 요약해 보자. 첫째, 경제성장에서 제도는 중요하다. 구한말 조선이 근대화에 실패한 원인은 가장 강력한 제도인 국민국가가 부재했기 때문이다. 둘째, 가난한 나라에서 독재가 빈번하지만, 독재 덕분에 성장했다는 증거는 없다. 박정희의 개발독재론은 입증되지 않는다. 셋째, 경제가 성장하면 민주주의로 될 가능성은 커진다. 하지만 그것은 자동으로, 법칙적으로 이루어지지 않는다. 불평등하거나 문화가 지체되거나, 반독재 투쟁과정에서 전략에 실패하거나, 독재의 저항이 강하면 경제성장에도 불구하고 민주주의로 이행하지 않는다. 성장이 만병통치약이 아니다. 성장한 나라의 민주주의는 성장 그 자체보다 오히려 문화운동과 정치참여의 결과다! 성장의 결과를 민주주의로 연결하기 위해 정치 참여, 노동운동과 문화운동이 필요한데, 이 경우 나는 제도경제학의 문화가 이러한 다양한 운동에 가이드라인을 제시해 줄 것으로 기대한다.

마지막으로, 민주주의가 독재보다 획기적으로 나은 성장효과를 낳지 않더라도 민주주의 덕분에 우리는 고차원적 성장방식에 이를 수 있다. 보수진영은 1인당 GDP가 거의 3만 2,000달러에 이르는 2020년 현재 대한민국에서는 저임금·장시간노동, 불평등, 빈곤, 갑질이 만연한 저차원의 지질한(!) 성장패턴보다 정의롭고 포용적인 고차원의 품위 있는 성장패턴이 더 바람직함을 이해할 수 있어야 한다.

국가혁신체제

지금까지 우리는 경제성장에 영향을 미치는 요인들을 하나씩 검토했다. 첫째 성장요인으로 우리는 지식과 기술을 부각시켰다. 기술은 경제를 성장시켜 주는 핵심적인 동력이다. 그러나 기술은 간단하게 처리될 요소가 아니다. 앞에서 우리는 지식을 연구하는 데 상당히 많은 지면을 할애했다. 기술과 지식을 대략 같은 의미로 사용하면 앞에서 배운 것처럼 지식은 정보와 다르다. 지식은 암묵성, 착근성, 체제성, 전유성을 갖고 있으며, 사회지식의 경우 누적성을 지닌다(〈표 11-6〉, 〈표 11-9〉 참조). 지식의 이런 속성은 지식과 기술의 확산, 공유, 교류를 어렵게 만든다. 또, 지식은 하나의 유형이 아니라 다양한 종류로 구성되는데(〈표 11-7〉 참조), 이 때문에 지식과 기술을 활용하기 위해 별도의 관리와 조정이 필요해진다.

혁신은 이윤을 추구하는 기업가에게 고유한 활동이고, 창조는 한가한 호기심에 충만한 연구자와 발명과 개선 그 자체로부터 기쁨을 얻는 현장기술자와 노동자의 활동이다. 단순한 아이디어와 경험지식에 기반하는 혁신도 있지만, 큰 변화를 이끌어 내고 높은 부가가치를 낳는 '급진적 혁신'은 과학지식과 성찰지식으로부터 나온다. 그런데 시장은 이런 기초지식을 효과적으로 공급하지 못한다. 이런 지식의 공급은 '제도화'되지 않으면 안 된다.

창조가 과학자의 외로운 싸움으로부터 완성될지 모르나, 연구자가 아닌 기업가는 그런 방식으로 혁신을 이루어 낼 수 없다. 그의 혁신은 대부분 '연구된' 지식을 활용하거나 다른 지식을 결합함으로써 이루어진다. 그 때문에 슘페터는 기업가의 혁신을 '재조합Recombination'에 기반하는 것으로 이해했던 것이다. 혁신은 무에서 유를 창조하는 과정이 아니라 '유에서 유를 창조'하는 과정이다. 혁신기업가는 항상 '다름'에 열려 있어야 하고, 다름과 적극적으로 교류하지 않으면 안 된다. 그런데 현실에서는 그게 쉽지 않다.

> 연구자는 창조하고 기업가는 혁신한다. 기업가는 연구자가 창조한 지식들을 재결합함으로써 혁신한다.

먼저 지식의 유형을 중심으로 그 이유를 알아보자. 혁신을 기획하는 기업들이 혁신역량을 자체적으로 다 구비하고 있는 경우는 드물다. 이러한 내부지식스톡의 한계로 인해, 기업은 특정유형의 지식들을 외부로부터 얻어내지 않으면 안 되는데, 그 지식에 대한 정보를 얻기가 쉽지 않다.

나아가 외부와의 이러한 상호학습과정에서 이 기업의 내부지식은 그 지역의 지식기반과 지역하도급관계는 물론이고 지역금융제도, 지역교육훈련제도와 같은 '지역 특수적 제도' 등 그 지역의 외부환경과 '체계적인 연관관계'를 가지지 않으면 안 된다. 룬트발Bengt-Åke

*Lundvall*은 지식을 단순한 정보에 해당하는 'Know-what', 과학지식과 관련되는 'Know-why', 암묵지식 및 경험지식에 해당하는 'Know-how', 지역의 제도와 인력에 대한 정보를 포함하는 'Know-who'로 구분했는데, 외부지식을 찾을 경우 우선 마지막 유형의 지식이 필요하다. '똥개도 자기 동네에선 한 수 이기고 싸운다'는 말이 있지 않은가? Know-who가 없어 절절매던 우리의 경험을 기억해 보면 이 단순한 지식의 중요성을 쉽게 이해할 수 있을 것이다. 이처럼 정보의 부족은 혁신을 어렵게 만든다.

개인적 경험을 예로 들자. 다음 장에 나오는 얘기지만 필자가 쓴 칼럼 때문에 노무현 대통령으로부터 성장과 분배에 관한 연구를 부탁받은 적이 있다. 당시 필자는 대통령의 부탁에 응할 수 없었다. 첫째는 연구에 착수하기 위해 필요한 과학지식 곧 'Know-why'가 미흡했기 때문이지만 더 중요하게는 연구 프로젝트를 실행할 관련 국내 연구자들에 대한 인적 정보가 전무했기 때문이다. 개인의 연구와 단독혁신은 'Know-why'로 시작될 수 있을지 모르나 공동연구와 공동혁신은 'Know-who' 없이 실행될 수 없다.

이제 기술의 속성으로부터 혁신이 어려운 이유를 알아볼 차례다. 지식이 다양한 하위지식으로 구성되어 체제성을 갖는 것처럼 기술은 다른 기술과 '보완성'과 '상호의존성'을 지니고 있다. 보완성을 갖는 기술에서 한 부분을 분리하면 그 가치는 현저히 줄어들거나 제로가 된다. '다른 나머지' 지식을 통째로 결합하지 않으면 아무 소용이 없다는 것이다. 그러나 수많은 미지의 다름 중에서 나에게 적절한 다름을 찾아 결합해 내기가 쉽지 않다.

어떤 조직이 보유하고 있는 지식과 기술은 그 조직에 '특수적'이다.

곧, '조직맞춤형' 지식이라는 말이다. 일반적으로 기술의 특수성Specificity은 기업의 총 연구개발R&D지출에서 차지하는 '개발Development' 비중이나 마케팅 비중으로 측정할 수 있다. 반면 연구Research는 특수적이지 않고 보편적이다. 티스David J. Teece에 의하면 개별기업이 자체적으로 지출하는 혁신비용(일반적 설비 및 장비투자 제외) 가운데 연구Research는 10~20%에 불과한 반면 개발, 생산 엔지니어링, 시장출시 비중은 각각 30~40%, 30~40%, 10~20%에 달한다. 또, 대다수 선진국의 R&D비용 중 구체적 제품이나 생산공정과 관련되는 개발Development 비중은 최소 60%에 달한다. 즉, 공공성과 보편성을 상대적으로 더 많이 담고 있는 연구 비중은 매우 작다. 그런 지식은 '사회적 지식'에 거의 무료로 의존하면 되기 때문이다. 반면, 각 기업에 특수한 제품전략과 관계되는 나머지 항목의 비중은 압도적으로 높다. 혁신을 시도하는 기업가들은 이런 기술적 보완성과 기술의 조직 특수성 때문에 필요한 기술을 다른 기업으로부터 쉽게 얻어 활용하기 어렵다. 여기서도 혁신가는 난관에 봉착한다.

기업 간 규모의 차이 때문에 불공정거래가 발생한다는 사실에 대해서는 모두 잘 알고 있다. 중소기업에 대한 대기업의 '갑질'은 한국 경제가 안고 있는 고질적인 문제점이다. 하지만 그런 불공정거래는 지식이 갖는 암묵성 때문에도 발생한다. 지식과 기술이 거래될 때 거래당사자 사이에 중대한 '비대칭적 관계'가 형성된다. 지식의 공급자는 그 내용을 훤히 알지만, 수요자는 깜깜이인 경우가 일반적이다. '애로의 문제'보다 독과점 이익과 확산의 중단이 더 큰 문제다.

시장은 지식의 효과적 교류에 실패한다. 그리고 시장은 지식의 확산에 실패한다. 시장은 지식의 공정거래에 실패한다. 앞의 내용을 복습하면, 시장은 혁신의 불확실성을 관리하는 데도 실패한다. 그뿐만 아니라, 앞에서 이미 고찰한 것처럼 시장은 기초과학과 성찰지식을 과소공급한다. 지식에 관한 한 시장은 이처럼 많은 곳에서 실패하고 있다. 제도경제학자들은 이를 '시스템실패*System Failure*'라고 부른다. 사회에 지식이 많기 때문에 경제가 반드시 성장하지는 않는다.

> 지식의 창조, 교류, 확산, 공정거래, 불확실성의 관리에 시장이 무력한 것을 시스템실패라고 부른다.

두 번째 성장요인으로 우리는 제도를 발견해 냈다. 혁신에 관한 많은 연구들이 R&D지출 활동 외 다른 많은 요인이 성공적 혁신에 매우 중요하다는 점을 부각해 주었다. 이 과정에서 기술혁신율과 경제성장률이 초기의 급진적 혁신 그 자체보다 오히려 기술의 '확산'과 '사회적 혁신*Social Innovation*' 등 제도변화에 의해 더 큰 영향을 받는다는 증거자료들이 점차 축적되어 왔다. OECD 국가들의 기술정책은 주로 지식의 '생산'과 관련된 것처럼 보이지만, 발명과 신제품 혁신 등 새로운 지식의 생산은 혁신의 전 과정에서 매우 적은 부분만을 차지할 뿐이다.

사실 기술이 발명, 확산, 적용, 피드백, 개량 등 전 과정을 거칠 때 기업 간 조직, 노동조직, 교육, 금융, 정책 등 제도적 요인은 그것의 '개발' 못지않게 중요하다. 신기술은 확산, 적용되어 경제적 효과를 산출할 때 비로소 의미가 있지만 이러한 제도가 완비되지 못할 경우 개발된 기술은 그 효과를 현실화시키기 어렵다. 그러므로 이러한 제도적 요소들은 '기술경제 네트워크'로 통합되어야 한다. 신슘페터리언 제도경제학자들은 이를 국가 차원에 적용한 후 '국가혁신체제 *National System of Innovation*'라고 부른다. 국가혁신체제에서 이러한 연관관계는 동일한 기술적, 경제적 조건에서도 다양하게 조직될 수 있다. 혁신체제는 '국민적*National*'이다!

국가혁신체제는 기술, 제도, 문화의 국가 특수적 상호작용 방식을 통해 각국의 혁신활동의 결과를 좌우할 뿐 아니라 궁극적으로 국가경쟁력을 결정한다. 효율적으로 조직된 국가혁신체제는 정보교환과 상호학습을 가능하게 하고 집합적 행위를 활성화함으로써 시너지효과와 '구조적 외부성*Structural Externality*'을 창출하여 국가경쟁력에 기여하기 때문이다. 토지, 노동, 자본 등 신고전주의경제학의 '생산의 3요소'가 경쟁력이 아니라, 기술과 제도가 상호작용하면서 공진화하는 '시스템'이 경쟁력이다! 경제를 성장시켜 주는 것은 물적 자본과 값싼 노동이 아니라 제도와 기술, 그리고 국가혁신체제다.

> **생산의 3요소보다 국가혁신체제가 성장에 기여한다.**

국가혁신체제의 효율성을 결정하는 것은 제도요인이다. 각종 제도는 일반적으로 시스템의 조율과정에서 중요한 임무를 수행하지만, 새로운 기술경제패러다임이 출현할 때 제도의 관성력 때문에 기존 제도와 새로운 기술이 서로 불일치해서 제도가 오히려 국가경쟁력을 낮추는 경우도 많다. 기술경제패러다임이 변화하는 시기에 한 사회의 총요소생산성이 저하하는 것은 기술개발 노력이 부족했기 때문이 아니라 새로운 패러다임에 대해 제도적, 사회적 조건의 불일치*Mismatch*가 발생하여 혁신의 확산이 지연되었기 때문이다. 이런 '돛단배효과'

를 조절하는 것도 국가혁신체제의 임무 중 하나다.

　19세기 독일과 미국이 영국을 기술적으로 앞지른 것이나 1970년대에 일본이 신기술 부문에서 성공적일 수 있었던 것은 단순히 연구개발투자가 아니라 사회제도적 변화에 기인한 것이었다. 미국과 선진국 15개국 사이의 생산성 격차 변화(1870~1979)에 대한 에이브라모비츠의 연구에 따르면 기술추격은 자동으로 달성되는 것이 아니라 도입국의 '사회적 역량'에 크게 좌우되며 기술추격 속도도 지식확산제도, 산업입지제도, 거시경제적 투자촉진제도 등 제도적 요인에 따라 결정되었다. 이처럼 제도는 현대경제의 '성장엔진'이 되는 기술혁신을 촉진해 줄 뿐 아니라, 그 자체로 국가경쟁력을 구성한다. 국가혁신체제는 이처럼 한편으로 기술과 혁신이, 다른 한편으로 국가의 형식제도와 문화와 같은 비형식제도와 상호작용하면서 공진화*Co-evolution*한 결과로 〈그림 13-3〉처럼 그려질 수 있다. 앞에서 〈그림 3-1〉에서 설정한 우리의 제도론을 기억하면 이해하기가 쉬워진다.

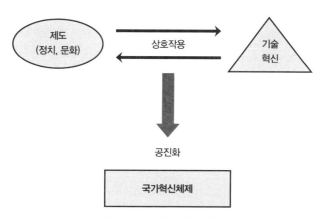

〈그림 13-3〉 국가혁신체제의 기본구도

다양한 국가혁신체제

수많은 실증연구는 다양하면서도 실로 대조적인 국가혁신체제가 공존하고 있음을 입증해 주고 있다. 독일과 미국의 기술혁신체제에 관한 연구(Abramson eds, 1997)는 기술투자 규모, R&D 기금의 구성, 지출목적, 수행기관, 기술이전제도 등에서 매우 다른 모습들을 확인해 주었다. 독일의 기술이전체제는 상대적으로 안정적이고 구조화되어 있을 뿐 아니라 산업 내에서 동질적인 모습을 보여 주지만, 미국은 유연하고 매우 급속한 변화를 경험하고 있으며 연계성이 빠져 있을 뿐 아니라 이질적인 것으로 보고되었다. 혁신체제가 이렇게 다양한 모습을 띠고 등장하는 이유는 기술과 혁신이 그 나라의 정치적 역학관계와 문화적 습성 및 가치관과 공진화하는 방식이 다르기 때문이다.

> 기술과 제도의 공진화 방식의 차이로 인해 다양한 국가혁신체제들이 존재한다.

이 진술은 〈그림 13-4〉로 정리될 수 있다. 혁신체제는 결코 '유일한 최선의 방식'으로 수렴하지 않고 각 나라가 처한 기술적, 정치적, 문화적 맥락 그리고 이것들의 상호작용방식에 따라 다르게 발산한다. 혁신체제는 실로 국민적이다. 그리고 이 모든 국민적 체제들은 완벽한 기계체계*Mechanism*가 아니라 기술경제패러다임별 내부요인과 외부요인들의 상호작용방식에 따라 진화하는 불완전한 유기체*Organism*일 뿐이다.

국가혁신체제의 차이와 그것의 생산성효과는 1970년대의 일본과

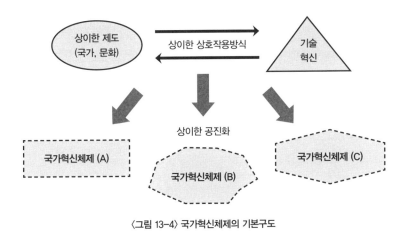

〈그림 13-4〉 국가혁신체제의 기본구도

구소련의 R&D지출 전략으로부터 명확히 확인된다(〈표 13-9〉 참조). 소련이 군수 및 우주산업 부문에 총 R&D의 70% 이상을 지출한 반면, 일본은 2% 이하만을 지출하였다. GNP 대비 R&D지출 비율은 일

〈표 13-9〉 **일본과 소련의 국가혁신체제** | 자료: Freeman and Soete(1997)

일본	소련
높은 R&D/GNP(2.5%)	매우 높은 R&D/GNP(약 4%)
총 R&D에서 차지하는 높은 기업지출 비중(약 2/3)	총 R&D에서 차지하는 낮은 기업지출 비중(10% 이하)
기업의 R&D, 생산, 기술도입활동의 강력한 통합	R&D, 생산, 기술도입활동의 분열, 약한 제도적 연계성
강한 사용자–생산자관계와 강한 하도급 네트워크연계성	마케팅, 생산, 정부조달 간의 약한 연계성
강력한 혁신유인체계	약한 유인체계
국제시장의 강력한 경쟁경험	군수산업을 제외하고는 약한 국제경쟁경험

본(2.5%)이 소련(4%)에 비해 낮았지만, 국가혁신체제에서 사회적, 기술적 그리고 경제적 연계성은 일본이 훨씬 효율적이고 강한 것으로 분석되었다. 국가혁신체제의 차이가 일본과 소련의 경제성장 격차에 결정적인 영향을 미쳤다는 점은 이론의 여지가 없다. 지금까지의 사례만을 검토해 볼 때도 국가혁신체제의 차이는 국가경쟁력과 무관하지 않은 것처럼 보인다.

유사한 차이가 1980년대 라틴아메리카와 동아시아 신흥공업국(한국, 대만, 싱가포르, 홍콩) 사이에서도 발견되었다. 동아시아 국가들은 중등교육 참여율을 높이면서 보통교육시스템을 확대하였을 뿐 아니라 공과대학생 비중을 높여 왔다. 나아가 이들은 강력한 기술하부시스템을 발전시킴으로써, 도입한 외국기술을 국내기술발전과 강력히 연계시켰다. 반면 라틴아메리카에서는 악화한 교육제도와 함께 미비한 기술하부체계, 기술정책으로 인해 대량으로 도입된 미국 기술을 국내기술발전과 접목할 수 없었다(〈표 13-10〉 참조).

이처럼 국가혁신체제의 다양성이 경제성장과 더불어 국제교역 성과의 차이를 가져올 것으로 충분히 기대되지만, 특히 산업혁명 이후 독일 및 미국과 영국에 관한 비교연구는 국가혁신체제의 차이가 경제 성과의 차이를 유발한다는 주장에 더욱 힘을 실어 주고 있다. 역사적으로 검토해 볼 때 영국의 수출에서 주종을 이루었던 기계, 운송장비 및 화학제품은 1929년 미국과 독일의 주요 수출상품으로 이동하였다. 그 결과, 이러한 제품이 미국과 독일의 수출에서 차지하는 비중은 각각 70% 이상과 거의 70%에 가까운 수치였던 반면, 영국에서는 40%에 지나지 않을 정도로 관계는 역전되었다. 나아가, 이 나라들의 전자와 전기기계 및 기타 전기제품의 경쟁력은 영국을 훨씬 추월하

<표 13-10> 동아시아와 라틴아메리카의 국가혁신체제 | 자료: Freeman and Soete(1997)

동아시아	라틴아메리카
높은 중등교육과 높은 공학도 비율	상대적으로 낮은 공학도 비율과 악화된 교육체계
도입기술을 국내기술변화 및 기업 R&D의 높은 증가율과 연계	도입기술과 국내기술 간 낮은 통합성 (기업의 낮은 R&D지출)
50% 이상을 차지하는 산업R&D 비중	25% 이하에 불과한 산업R&D 비중
강력한 과학-기술인프라의 발전과 더불어 산업 R&D와의 강한 연계성	빈약한 과학-기술인프라와 더불어 산업 R&D와의 빈약한 연계성
높은 투자수준, 일본투자와 기술의 강력한 유입, 일본식 경영조직과 네트워크의 강한 영향	낮은 투자수준과 외국인투자(특히 미국)의 감소, 국제기술과 낮은 연계성
발전된 통신시설에 관한 강력한 투자	현대화된 통신시설의 완만한 발전
높은 수출과 국제시장의 사용자 피드백과정에 편승한 강력하고 급속한 전자산업의 발전	낮은 수출 성과와 함께 국제시장에 대한 낮은 학습기회로 제약된 전자산업의 저발전

게 되었다. 많은 역사적 연구는 미국과 독일의 이러한 추격 가능성을 제도혁신에서 찾고 있다. 그 가운데에서도 직업교육과 공학교육을 위한 제도는 특히 중요한 원인으로 지적되고 있다. 이에 비해 영국의 공학교육과 직업훈련 부문이 갖는 강력한 관성력은 영국의 지속적 발전을 불가능하게 하였다(Freeman, 1997).

지금까지 논의한 결과를 이용해 국가혁신체제를 도식화해 보자. 국가혁신체제는 시장이 지식과 혁신에 관해 실패하는 부분을 제도적으로 해결하려는 장치에 해당한다. 시스템이 실패하는 지점에 주목하면서 그려보면 대략 〈그림 13-5〉와 같이 된다.

1) 지식과 산업기술은 이윤과 같은 공리주의적 목적보다 각각 연구자의 '한가한 호기심'과 현장인력의 '제작본능'에 의해 본능적으로 창조된다. 이런 본능들을 발휘할 수 있도록 교육제도가 개혁되고, 이런 활동을 장려하고 존중하는 문화가 정착되어야 한다. 한국의 교육제도는 인간을 살인적 입시경쟁 속에서 문제풀이 기계로 만들어 이런 소중한 본능을 도태시키고, 기초과학과 인문학을 홀대하는 문화와 보상체계는 혁신역량과 좋은 삶의 가능성을 약화시키고 있다.

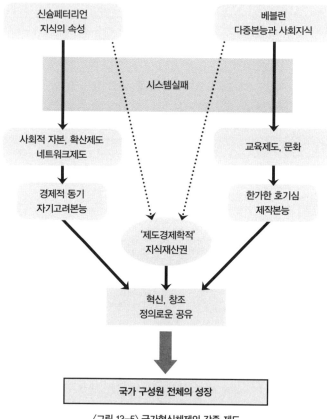

〈그림 13-5〉 국가혁신체제의 각종 제도

2) 그 고유한 속성으로 인해 지식, 기술, 혁신은 본질적으로 교류되거나 확산되기 어렵다. 유휴자원이 많으면 경제가 성장하지 않듯이 창조된 기술과 지식이 활용되지 않으면 성장은 지체된다. 이 문제를 해결하기 위해 정부는 혁신과 기술의 정보를 제공하고 교류를 증진하기 위해 네트워크를 지원하는 동시에 기술확산제도를 마련할 필요가 있다. 이 제도들은 지식과 혁신의 공유와 분배를 지원한다. 지식재산권제도는 이런 확산을 오히려 방해한다.

3) 창조와 혁신활동은 경제적으로 보상될 필요가 있다. 하지만 이 활동들은 '사회적 지식'에 접속됨으로써 비로소 가능하기 때문에 보상 규모는 제도경제학이 인내하는 일정 범위 안으로 제한되어야 한다. 그 규모는 신고전주의적 지식재산권은 물론 슘페터적 독점이윤보다 작아야 한다.

4) 국가혁신체제는 자본축적과 저임금, 장시간노동의 솔로형 성장방식을 거부하고 지식과 기술의 '비공리주의적' 창조, 혁신의 교류와 확산, 그리고 창조와 혁신 결과의 '정의로운 공유'를 지향하는 국가체제라고 정의할 수 있다. 여기에 신뢰와 협력에 기초하는 사회적 자본이 공급되어야 할 것은 물론이다. 이런 체제는 민주정치로 관리되지 않으면 안 된다. 따라서 신슘페터리언 제도경제학의 국가혁신체제론은 포스트케인지언 경제학 소득주도성장론의 '혁신적 버전'으로 이해해도 된다. 우리의 혁신정책은 이런 국가혁신체제의 구축을 지향해야 하는데, 유감스럽게도 최근의 혁신정책은 이와 완전히 반대되는 방향으로 추진되고 있다.

> 기술과 제도가 체계적으로 상호작용함으로써 국가혁신체제
> 는 성장에 기여하는 것은 물론 그 결과의 정의로운 공유에도
> 기여한다.

현재 한국의 진보진영에 지식과 혁신은 여전히 블랙박스로 남아
있다. '무지의 척도'는 조금도 줄지 않고, 오히려 종래의 저임금성장
론과 새롭게 부상한 '애로의 문제'로 채워지고 있다! 특히 민주당과
미래통합당(전 자유한국당 등)의 경계가 희미해지고 있다. 지식, 기술,
혁신에 대한 연구가 매우 필요하다.

> 한국의 진보진영에게 혁신은 여전히 블랙박스로 남아 있으며,
> 블랙박스의 공간을 저임금성장론과 신고전주의적 지식재산
> 권으로 채워나갈 뿐이다.

14.

제도경제학으로
'지속가능한 발전'은
가능한가?

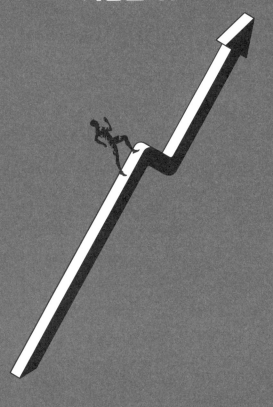

포스트케인지언 경제학은 분배를 통해 경제가 성장한다고 주장한다. 반면 신슘페터리언 경제학은 기술과 제도의 공진화 결과인 국가혁신 체제를 통해 성장한다고 주장한다. 둘이 주목한 성장동인은 서로 다르지만 지향하는 목표는 다르지 않다. 양자 모두 에우다이모니아에 가까워지려고 노력하고 있다. 단지 전자는 사회적 연대와 물질의 분배를 통해, 후자는 지적 협력과 지식의 분배를 통해 그 목적을 달성하고자 할 뿐이다. 좀 더 익숙한 경제학적 용어를 사용하면, 둘은 함께 성장과 분배의 선순환을 통해 지속가능한 발전을 기획하고 있다고 볼 수 있다. 하지만 서로 다른 성장동인들을 결합함으로써 같은 목적을 이룰 수는 없는가? 즉, 둘은 양립할 수 있는가?

에우다이모니아는 단순한 성장보다 '지속가능한 발전'을 추구한다. 앞에서 우리는 지속가능한 발전을 이루기 위해 많은 조건이 필요하다는 사실을 알게 되었다. 이스털린의 역설을 통해 비물질적 삶이 충족

진보진영 쪽에서 경제정책을 수립할 때 성장과 분배의 관계는 해결 되어야 할 가장 까다로운 과제인 동시에 모든 진보적 정책에 관여하 는 약방의 감초격이다. 성장과 분배에 관한 보수와 진보의 대표적 관 점은 〈그림 10-1〉과 〈그림 10-4〉, 〈그림 10-5〉로 요약된다.

〈그림 10-1〉은 사실 성장과 분배의 관계에 관한 신고전주의경제학 의 생각을 도식화한 것이다. 분배효과가 가장 큰 항목인 노동자의 임 금이 인상되면 국민소득은 줄어든다. 〈그림 10-4〉는 포스트케인지언 경제학의 시각을 보여 주는데, 이 경우 임금 인상은 승수효과와 가속 도효과를 거쳐 국민소득을 증가시킨다. 결국, 신고전주의경제학은 분 배가 성장을 지체시킨다고 보지만, 포스트케인지언 경제학은 분배로 인해 오히려 경제가 성장한다고 이해하는 것이다.

먼저, 신고전주의경제학의 저임금성장론을 반박한 대표적 실증연 구결과를 살펴보자. 첫째, 자본축적량이 증가하면 경제가 성장할까? 단도직입적으로 말해 반드시 그렇지는 않다. 이미 강조된 적이 있지 만, 자본은 '투자'되어야 성장에 기여한다. 은행 금고에 아무리 돈이 쌓인들 공장설비에 투자되지 않으면 그냥 '저축'일 뿐이다. 설비에 투 자하면 설비를 생산하는 공장이 돌아가고, 거기서 일하는 노동자도 쓸 돈이 생겨 소비하게 된다. 돈은 돌아야 한다. 돌지 않는 돈은 돌덩 이일 뿐이다!

OECD 회원국(1968~1980)을 실증연구한 결과에 의하면 1인당 자 본(K/L)과 경제성장 사이에 통계적으로 어떤 의미 있는 상관관계도 확인되지 않았다. 그것이 금융이나 부동산에 투기하지 않고 실물자본으로 투자되어 '기계화'되었을 때, 곧 '기계장비/노동 비율'이 높아질 경우에만 성장률이 높아졌다. 투자되지 않는 저축(자본)은 아무 소용없다. 저임금으로 자본만 모아 준다고 문제가 풀리지 않는다는 말이다. 많은 것 중 대표적인 실증연구 하나만을 골랐다. 저명한 신슘페터리언 제도경제학자 도시, 패비트, 셔트(Dosi, G., K. Pavitt and L. Soete, 1990)의 연구결과다.

> **저임금으로 자본이 축적되더라도 성장률은 높아지지 않았다.**

둘째, 1978년 케인스경제학의 거장인 니콜라스 칼도어*Nicholas Kaldor*는 12개 선진국(미국, 영국, 서독, 프랑스, 스웨덴, 일본, 벨기에-룩셈부르크, 이탈리아, 캐나다, 네덜란드, 스위스)의 1963~1975년 사이 임금과 수출시장점유율 사이의 관계를 검토해 보았다. 미국, 영국, 이탈리아, 일본의 경우 임금상승률과 수출시장증가율 사이에 강한 (+)의 상관관계가 확인되었다. 임금이 대폭 상승하자 수출도 많이 증가한 것과 같이, 임금이 크게 하락하자 수출도 많이 감소한 것이다. 그 정도 큰 관계에 미치지 못하지만, 서독과 벨기에-룩셈부르크에서도 동일한 방향이 확인되었다.

저임금성장론자들이 입버릇처럼 되뇌는 말이 있다. 임금이 높아지면 수출경쟁력이 하락해 성장하지 못한다는 것이다. 하지만 12개 나라 중 적어도 절반은 반대의 결과가 나타났다. 저임금이 수출시장을 확대해 성장률을 높인다고 주장해 왔지만, 오히려 반대의 얘기가 확인되고 있는 거다. 이를 칼도어의 역설*Kaldor's Paradox*이라고 부른다. 저임금이 능사가 아니다.

> '칼도어의 역설'에 따르면 오히려 임금이 높은 나라의 수출경
> 쟁력이 더 높았다.

다시 강조하지만, 저임금은 수요를 줄여 궁극적으로 경제순환을 멈추게 한다. 논의의 단순화를 위해 '닫힌계'를 가정할 때, 경제는 생산뿐 아니라 분배, 나아가 '소비'를 통해 완결되기 때문이다. 물론 일제강점기 식민지자본주의와 해방 후 경제발전 초기단계에서 확인되는 바와 같이 소비수요가 부족한 채로 경제가 한동안 성장할 수는 있다. 신고전주의경제학자들은 이런 현상을 보고 저임금성장이 가능하며, 그것이 성장의 법칙이라고 착각한다. 하지만 굴종의 문화와 국가의 폭력제도 없이 이런 성장은 불가능하다. 그것은 베블런이 '비열한 제도Imbecile Institution'라고 비난한 몽매하고 폭력적인 제도에 의해 간신히 유지되는 특수적이고 예외적인 사건일 뿐이다. 저임금성장은 불가능하며, 궁극적으로 모두의 삶을 나쁘게 만들 뿐이다.

10장 '케인지언 임금주도성장론'에서 정리한 것처럼 수요는 내수시장의 소비수요뿐 아니라 해외시장의 수출수요도 포함한다. 임금이 인상되면 소비수요는 증가하지만, 수출수요가 줄어 총효과가 상쇄되며, 심지어 수출수요가 더 많이 감소해 경제가 어려움에 빠질 수도 있다. 신고전주의경제학자들이 즐겨 부르는 레퍼토리 중 하나다. 수출수요가 고려되는 '열린계'를 살펴보자.

세계 모든 나라가 신고전주의경제학으로 경제정책을 수립하지 않듯이 모든 나라가 포스트케인지언 경제학으로 경제정책을 수립하는 것은 아니다. 그 결과 어떤 나라는 기업의 이윤을 도와 경제를 성장

하려 하고, 어떤 나라들은 임금을 높여 경제발전을 도모한다. 전자를 '이윤주도수요체제*Profit-led Demand Regime*'라고 부르고 후자를 '임금주도수요체제*Wage-led Demand Regime*'라고 부른다.

온나라와 갈라니스는 유로*Euro* 12개국, 독일, 프랑스, 이탈리아, 영국, 미국, 일본, 캐나다, 호주, 터키, 멕시코, 한국, 아르헨티나, 중국, 인도를 표본으로 삼아 두 체제로 구분하였다(Onara and Galanis, 2012). 신고전주의경제학자들에겐 금시초문이겠지만 진보진영이 충분히 예상했던 대로 유로 12개국, 독일, 프랑스, 이탈리아는 임금주도수요체제에 속했다. 하지만 놀랍게도 일본과 영국은 물론 미국, 터키 심지어 한국까지도 같은 체제 안에서 경제생활이 이루어지고 있었다. 임금과 소비수요가 이 나라들의 경제를 돌아가게 만드는데, 한국경제도 이 경제체제에 속한다는 것이다! 미국에만 갇혀 있던 신고전주의경제학자들이 '멘붕'에 빠졌을지도 모르나, 인구가 많은 큰 나라일수록 내수와 고임금 없이 경제가 돌아가기 힘들다는 것은 두말할 필요도 없다.

선진국 중 호주와 캐나다가 유일하게 이윤주도수요체제에 속했으며, 사회주의국가(!) 중국은 가장 강력한 이윤주도성을 보여 주었다. 아르헨티나, 인도도 여기에 속했다. 이 분류결과는 다른 연구논문과 대체로 일치한다.

표본으로 고른 이 모든 나라에서 임금이 동시에 1% 포인트 내리면 어떤 변화가 일어날까? 유로 지역, 영국, 일본에서 GDP가 0.18~0.25% 감소하고, 미국의 성장은 무려 0.92%만큼 손해를 본다. 터키의 GDP는 0.72% 감소하며 한국에서는 0.86%로 손실이 급증한다. 동시적인 임금하락 후 이윤주도체제인 호주, 남아공, 중국만 성장감소로부터 면제된다. 하지만 이 나라들 역시 이전과 비교해 성장률은 감소한다. 총체적으로 보면 모든 나라에서 임금을 동시에 1% 포인트 줄이면 전 세계의 GDP는 0.36% 감소한다. 세계경제는 이윤주도체제가 아니라 임금주도수요경제다!

세계가 임금에 의해 좌우되는 경제라면 임금이 인상될 때 전체경제가 성장해야 할 것이다. 같은 자료를 이용해 추정해 본 결과는 다음과 같다. "모든 임금주도경제체제가 이전에 지급했던 최고임금 수준으로 되돌아가는 동시에 모든 이윤주도경제체제들이 임금을 대략 1~3% 올리면 모든 나라의 경제가 성장하는 동시에 글로벌 GDP도 3.05% 증가할 것이다." 고임금은 성장을 견인하지만, 저임금은 개별 국가는 물론 세계경제를 정체로 빠트린다! 모든 나라가 '세계사회'로 하나 되어 사회적으로 행동하면 비용의 역설은 사라지고 죄수들의 딜레마도 존재하지 않게 된다.

최저임금제도와 고용

적지 않은 경제학자들이 자신들이 만든 이론모델에 강한 확신과 자신감을 갖는다. 특히 수학방정식으로 모델이 구축되거나, 더 나아가 일원론적 인과관계방법론이 적용될 경우 모델에 대한 확신은 더욱 커진다. 수학적 모델은 '논리적 미학'을 갖추고 있어 스스로 매혹되기 때문이고, 일원론적 인과관계방법론은 명쾌한 답을 제시함으로써 연구자들에게 성취감과 청량감을 주기 때문이다. 하지만 논리와 사실은 다를 수 있으며, 아름다운 것이 과학이나 현실은 아니다. 현실은 아름답기보다 오히려 남루하고 누추한 경우가 더 많다. 그리고 '막장 드라마'만큼 명쾌한 결론을 내려 주는 것도 없다. 경제학자들이 믿고 있는 수학적이고 일원론적 모델이 현실을 벗어날 가능성이 크다는 말이다.

최저임금제도에 관한 최근의 사례를 들어 보자. 〈그림 10-1〉에서처럼 신고전주의경제학은 고임금이 고용과 성장을 감소시킨다고 생각하기 때문에 최저임금제도를 반대한다. 반대로 포스트케인지언 경제학은 〈그림 10-4〉에서와 같이 고임금이 고용과 성장을 촉진한다고 여기기 때문에 최저임금인상을 찬성한다. 현실은 어떨까? 성장은 멀고 고용이 가까우니 대다수 연구자들은 최저임금과 고용의 문제에 집중한다. 앞에서 우리는 임금과 성장을 검토했지만 여기서는 임금과 '고용'의 관계에 집중해 보자.

최저임금이 인상되면 고용은 증가할까, 감소할까? 격론이 벌어질 수밖에 없다. 신고전주의경제학은 기업의 이익을 대변한다. 그러니 고용이 줄어든다고 주장한다. 반대로 케인지언경제학은 고용이 오히려 늘어난다고 주장한다.

그런데 그게 그리 간단하지 않다. 오랜 최저임금의 역사를 지닌 미국의 사례를 보자. 먼저, 역사적 사실 한 컷! 1950년 1월 연방정부는 최저임금을 시간당 0.40달러에서 0.75달러로 인상했다. 88%의 인상률이다. 그러나 이런 폭등에도 불구하고 고용에 대한 어떤 의미 있는 영향은 없었다! 최저임금이 폭등(!)하기 전, 미국경제는 경기순환의 최저점에서 허덕이고 있었다. 실업자는 넘쳐났다. 1948년 10월 실업률은 7.9%로 정점에 이르고 있었다. 하지만 이후 실업률은 지속해서 하락했다.

2009년 호주 디킨대학의 듀크릴아고스*H. Doucouliagos*와 스탠리*T.D. Stanley*는 1972~2007년 사이 최저임금이 고용에 미치는 영향을 주제로 한 69개의 영향력 있는 논문을 수집했다. 그리곤 논문 저자들이 자료에 기반해 통계적 방법을 통해 산출해 놓은 1,474개 추정량을 연구대상으로 삼아 메타연구*Meta-study*를 실시했다. 메타연구란 '연구의 연구'라고 이해하면 된다. 곧, 기존의 연구결과들을 모아 그것들을 총체적으로 평가하는 방법인데, 간단히 말해 여러 논문들의 결과치를 각각의 표본크기에 따라 가중치를 부여해 다시 결과를 도출하는 방법이다. 이 경우 1,474개의 모든 값에 각각의 표본크기를 곱해 평균을 산출함으로써 69개 논문의 결과들을 종합적으로 평가한 것으로 이해하면 된다.

메타연구를 사용해 확인된 결과는 다음과 같다. "첫째, 최저임금은 고용에 아무런 영향을 미치지 않는 것 같다. …… 둘째, 최저임금의 효과는 존재할 수도 있다. 하지만 그 효과를 밝혀내기는 어려울 뿐 아니라 있더라도 매우 작다." 더 나아가 "출판 편향 효과를 제거하면 고용에 미치는 부정적 영향은 미미하거나 없다." 69개 연구를 종합해 볼 때 최저임금인상으로 고용이 줄어들었다는 주장을 경험적으로 확인할 수 없다는 것이다.

이런 결과는 다른 연구에서도 확인되었다. 2014년 벨먼*D. Bellman*과 울프슨*P. J. Wolfson*은 2000년부터 발행된 논문에 국한하면서 메타연구를 실시했다. 그들은 특히 최저임금이 '청소년' 고용에 미치는 영향에 주목하였다. 23개 실증연구에 담긴 439개 추정량에 대해 검토한 결과 최근 미국에서 시행된 최저임금인상은 "청소년 고용감소와 어떤 관계도 없으며" "먹고 마시는 장소"와 관련되는 외식산업의 "고용에 어떤 영향도 미치지 않았다." 최저임금이 인상된다고 고용이 늘어난다는 주장을 확인할 수 없지만, 고용이 줄어든다는 주장도 역시 확인되지 않았다. 고용, 나아가 성장에 어떤 영향도 미치지 않고도 최저임금은 인상될 수 있다! 최저임금인상은 동일한 경제 성과 아래서 다르게 진행되는 성장패턴일 뿐이다. 이 성장패턴은 최저임금제도가 없는 성장패턴보다 포용적이면서도 도덕적으로 바람직하다! 혼자만 잘살면 뭐해?

> 최저임금이 인상되면 고용이 늘어난다는 주장은 확인되지 않았지만, 고용이 감소한다는 주장도 확인되지 않았다.

분배의 사회적 효과

참여정부 시절 필자는 행정수도 이전에 관한 칼럼을 「한겨레」 신문(2004-08-03)에 게재한 적이 있다. '두 눈으로 보는 행정수도 이전정책'이라는 글에서 필자는 행정수도 이전문제를 이해하기 위해 성장과 분배에 관한 제도경제학적 관점을 제시했다. 당시 노무현 대통령이 이 글을 읽고 공감했던지 필자에게 성장과 분배의 관계를 현대적 시각에서 이해하는 방법을 연구할 것을 부탁한 적이 있다. 참고해 보자.

"같은 자본주의국가들이라도 자세히 들여다보면 나라마다 제도가 매우 다르다. 그중에서도 노동시장제도와 사회정책 등 소득분배와 관련된 제도들은 정말 특이하다. 예컨대, 미국에서는 노동시장의 이동성과 유연성이 높지만, 일본에서는 종신고용제와 연공서열방식 때문에 그렇지 않다. 또, 북유럽의 코포라티즘Corporatism, 조합주의, 독일의 도제제도, 프랑스식 최저임금제는 미국식은 물론 일본식과도 다르다. 나아가 유럽 전역에서는 노사협상이 사회동반자적 관점에 따라 이루어지지만, 북미에서는 그러한 용어가 우스꽝스럽고도 무의미하다. 모두가 시장경제를 채택하는 자본주의 국가들이지만 그 제도적 장치들은 이처럼 다양한 것이다. 그렇다면 이처럼 서로 다른 분배제도들은 경제성장에 어떤 영향을 끼칠 것인가? 혹자는 미국식 노동시장제도와 빈약한 사회정책이 일본이나 유럽의 노동시장제도와 높은 수준의 사회정책에 비해 높은 성장률을 보여 줄 것으로 기대하지만, 어떤 이는 유럽식 제도가 더 높은 경제적 성과를 보여 줄 것이라고 예상한다. 수많은 경제학자들이 이 질문에 매달려왔는데, 연구결과는 결코 이처럼 단순하지 않았다. 리처드 프리맨 *Richard Freman* 하버드대 교수가 이 주제에 관한 1990년대 저명 논문들을 조사한 결과를 보자. 노동조합이라는 제도의 존재 여부가 기업의 생산성에 미치는 영향에 관한 논문 중 3분의 1 정도가 노조기업의 생산성이 비노조기업에 비해 더 낮으며, 나머지 3분의 2 정도가 노조기업의 생산성이 더 높다는 결론을 내리고 있다. 또 노조기업의 생산성이 분명히 높기는 하지만 그 규모는 예상보다 크지 않았다. 그러나 중요한 사실은 이러한 제도를 통해 노동자 간 임금격차는 크게 완화되었다는 점이다.

최저임금제도와 고용보호법, 산별교섭방식 등 노동시장에 대한 국가의 제도개입 역시 일자리 창출과 경제성장에 대해 분명한 방향을 보여 주지 않았거나, 효율성 제고효과가 있더라도 그 정도는 미미하였다. 물론, 이러한 개입을 철폐했을 경우에 경제성장이 촉진된다는 주장은 더더욱 입증되지 않았다. 그러나 역시 중요한 사실은 정부 차원의 이러한 개입 여부가 국민의 소득격차에는 큰 영향을 끼쳤는데, 특히 산별교섭 방식이 종료됨으로써 소득격차는 크게 벌어지게 되었다는 점이다.

이처럼 분배 관련 제도가 경제성장을 저해하거나 촉진할 가능성에 대해서는 한마디로 정리하기가 어렵다. 기껏해야 경제성장을 저해할 확률과 성장을 촉진할 확률이 각각 3분의 1과 3분의 2 정도인데, 후자의 규모도 눈에 띄게 크지는 않다고 말할 수 있을 뿐이다. 그러나 그러한 제도의 도입은 노동자들의 임금격차와 소득불균등문제를 해소하는 데 이바지함으로써, 소외된 다수 국민의 눈물을 닦아 주는 '사회적' 효과를 가져왔던 점은 분명하다.

최근 새 행정수도의 건설을 두고 수도권 주민들의 반대가 거세다. 그중에서도 지난 50여 년 동안 불균형 발전의 이익을 톡톡히 보아 온 서울공화국 파워엘리트들의 반대는 격렬하다. 이에 이전비용 등 기왕의 반대논리와 함께, 최근 들어서는 이로 인해 국가 전체의 경쟁력이 훼손될 것이라는 주장이 서울 소재 대학교수들을 중심으로 제기되었다.

수도 이전이 유발하는 경제적 효과에 관한 실증연구들은 많지 않아 그 방향을 섣불리 단언할 수 없다. 그래서 분배 관련 제도에 관한 기존 연구결과들에 의존하여 억측(!)을 부려 볼 수밖에 없는데, 그래도 국가경쟁력을 높일 확률이 그렇지 않을 확률보다 3분의 2 정도로 더 높다. 물론 그 효과가 그리 크지 않으리라는 사실을 나도 인정한다. 그렇지만, 이러한 제도변화가 부유한 서울과 빈곤한 지방의 소득격차를 줄임으로써 지방의 반세기 눈물을 닦아 주는 '사회적 효과'는 작지 않을 것이라는 점도 충분히 예측할 수 있다.

어떤 제도변화의 결과를 제대로 평가하기 위해서는 계산 가능한 '경제적 효과'는 물론 계산 불가능한 '사회적 효과'를 함께 볼 줄 아는 지혜로운 눈이 필요하다. 우리 사회도 이제 편협하고도 이기적인 외눈박이 상태를 벗어나 두 개의 눈을 가질 때도 되지 않았는가?"

이 분야에 관한 후속 논문들도 이 조사결과와 크게 다르지 않았다. 물론 임금 인상으로 인해 경제상황이 호전되었다는 실증연구가 적지 않게 보고되었지만, 〈그림 6-4〉, 〈그림 10-4〉의 포스트케인지언 모델이 예측한 것처럼 '획기적' 성장에 도달했다는 실증연구는 자주 등장하지 않는다. 물론 개선된 분배로 인해 경제가 침체했다는 결정적 증거는 없으며, 불평등이 심화됨으로써 성장이 호전된다는 신고전주의경제학(〈그림 10-1〉, 〈그림 10-2〉)의 주장에 대한 증거는 더더욱 보고되지 않았다.

분배의 성장효과가 미미하더라도 우리는 분배를 개선해야 할 필요가 있다. 분배가 낳는 사회적 효과 때문이다. 분배는 도탄에 빠진 민중의 눈물을 닦아 준다. 이를 우리는 경제, 곧 '경세제민'이라고 부른다. 따라서 사회적 효과는 '실망스러운 효과'이기 때문에 외면해야 할 효과가 아니라 소망스러운 효과이기 때문에 직시해야 할 효과다. 왜 그런가? 이 효과는 제도경제학의 목적함수(〈식 9-2〉 참조)가 지향하던 목표 중 하나이기 때문이다.

앞에서 검토한 최저임금인상효과도 같은 맥락에 서 있다. 최저임금이 인상됨으로써 고용이 증가하지 않고 경제 역시 크게 변하지 않을 수도 있다. 하지만 아르바이트 학생들은 마음의 여유를 얻어 청춘을 노래할 수 있고, 가난한 가장은 조촐한 외식으로 자식들의 마음을 위로해 줄 수 있으리라! 진보진영은 분배가 유발하는 이런 사회적이고 심리적인 효과, 곧 '비물질적' 효과를 망각하면 안 된다. 목적함수에 이런 비물질적 효과가 포함돼 있는 한, 포스트케인지언 임금주도성장론은 그 자체로 제도경제학이다.

> 분배의 경제적 효과는 미미하더라도 사회적 효과가 대단히 크므로 분배정책은 정당성을 갖는다.

미국은 임금주도수요체제임에도 불구하고 불평등과 저급한 사회복지로 성장한 대표적 국가다. 과격하게 표현하면 〈표 13-1〉에서 드러난 '자본집약적인 동시에 저임금주도 성장패턴'의 부자나라에 가깝다. 그 결과, 중산층과 저소득층 자녀들은 높은 대학등록금에 시달리며, 열악한 의료 환경에서 치료받지 못한 채 육체적 고통을 참아 내고 있다. 국내대학의 경제학과에 재직 중인 교수 중 절대다수가 이 미국에서 유학한 사람들이다. 그런 '나쁜' 성장경로를 경험한 포로가 된 결과, 이들은 분배의 사회적 효과는 물론이고 경제적 효과마저 알지 못하거나 알고자 하는 용기가 없다. 비록 획기적이지는 않더라도 분배가 일정 부분 성장에 기여하였으며, 유럽국가의 '꾸준한 성장Steady State'이 고임금과 복지국가의 분배정책이 낳은 결과라는 사실을 외면할 필요도 없다.

성장과 분배에 관한 실증연구들의 종합적 결과는 대략 〈그림 14-1〉로 그려낼 수 있다. 분배가 a지점에서 시행될 때, 총효과는 '경제적 효과'와 '사회적 효과'로 구분된다. 포스트케인지언 경제학자들은 일정한 규모(a)의 분배가 이루어질 때 자신들의 모형에서 예측한 성장효과가 그림의 '총효과'와 같다고 믿고 있다. 하지만 실증연구결과에 따르면 분배정책의 성장효과는 그림의 '경제적 효과'일 뿐이며, 오히려 '사회적 효과'에 더 만족할 필요가 있다. 앞에서 실증연구들을 통해 정리된 최저임금인상의 고용효과를 기억해 보면 이런 판단과 도식화가 현실을 더 정확히 반영한다는 것을 확신할 수 있다.

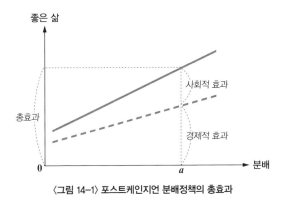

〈그림 14-1〉 포스트케인지언 분배정책의 총효과

　이 그림은 앞으로 이 책이 논의를 전개해 나갈 때 중요한 가이드라인 역할을 한다. 포스트케인지언 경제학의 경제성장모델은 신고전주의경제학의 모델보다 설득력이 있고 좋은 삶을 위해 바람직하기도 하다. 하지만 그 성장효과는 만족할 정도로 크지 않다. 반면, 사회적 효과를 고려하면 그 의의가 절대 작아지지도 않는다.

포스트케인지언 경제학의 성장론 변호

저임금성장은 소비수요가 뒷받침되지 않기 때문에 원천적으로 불가능하다. 첫째, 경제성장은 수요, 특히 소비수요가 뒷받침될 때 시작될 수 있다. 따라서 포스트케인지언 경제학이 지적한 것처럼 높은 임금과 개선된 분배상황이 경제성장의 출발점이 되어야 한다. 하지만 프리맨의 연구를 비롯해 많은 실증연구결과들을 종합해 보면 분배의 성장효과가 존재하긴 하지만 획기적으로 크지 않았다. 대신 사회적 효과는 컸다(〈그림 14-1〉 참조). 우리는 이런 '냉엄한' 사실에 수긍하면서도 분배정책의 효과를 정확히 측정하기 위해 몇 가지 사실을 추가할 필요가 있다.

노동자의 소득은 '시장소득'과 '비시장소득'으로 구성된다. 전자는 임금소득인데, 노동시장에서 고용됨으로써 획득된다. 후자는 각종 사회복지제도에 의거해 정부로부터 수령하는 '이전소득Transfer Income'이다. 성장효과를 확인하고자 할 때 시장소득, 곧 임금에만 의존하면 안 된다. 시장소득은 비시장소득, 곧 정부가 지급한 이전소득과 결합될 때에만 성장효과를 전망할 수 있을 것이다.

전후 높았던 선진국의 경제성장률은 1980년대 들어 계속 낮아지고 있다. 성인이 되면 키가 자라지 않듯이 선진국에 도달할수록 성장률이 낮아진다고도 볼 수 있지만, 성장률을 이런 '자연법칙'으로 환원하기도 무리다. 성장률이 낮아진 이유는 신자유주의 정부 등장 후 임금이 하락했을 뿐 아니라 복지혜택이 축소된 결과 노동자의 구매능력이 급속히 낮아졌기 때문이다. 시장소득은 물론 비시장소득마저 감소했다는 말이다.

이 논의를 최저임금인상과 관련된 한국경제의 현안에 적용해 보자. 보수진영은 최저임금인상으로 인해 고용이 줄고 경제가 침체에 빠졌다고 주장한다. 그리고 민주당 정부는 이 주장을 수용해 정책의 기조를 수정하고 있다. 하지만 최저임금인상만으로 고용증대와 경제성장을 쉽게 전망하면 안 된다. 정부의 이전지출이 없는 최저임금인상정책은 사회적 효과는 물론 경제적 효과도 낳지 못한다. 소득주도성장은 임금소득과 이전소득이 결합할 때 그 효과가 발휘될 수 있다.

서구사회에서는 고임금과 더불어 강력한 사회안전망이 동시에 제공되고 있다. 임금 인상의 결과가 승수효과를 거쳐 가속도효과에 이르기까지 많은 시간이 걸린다는 이론적 가설을 모른 채 소득주도성장정책에 대한 판단을 섣불리 내리는 것처럼 완전한 소득정책을 시도해 보지도 않고 소득주도성장정책의 한계를 지적하는 것도 어불성설이다. 〈그림 14-1〉의 점선까지 도달하기에 우리나라의 소득분배정책은 턱없이 미흡하다. 2018년 우리나라의 GDP 대비 사회복지지출 비중은 11.1%로 여전히 OECD 평균(20.1%)의 절반수준에 그친다. 우리나라의 사회복지지출 비중은 OECD 국가 가운데서 칠레(10.9%, 2016년 기준)와 멕시코(7.5%, 2017년 기준)에 이어 세 번째로 낮다. 최저임금인상과 함께 사회복지비를 OECD 평균수준까지라도 올린 후 소득주도성장의 성장효과를 평가해도 늦지 않다.

신고전주의경제학자들은 에이브라모비츠에 의해 지칭된 '무지의 척도'에서 한 치도 벗어나지 못하고 있고, 총요소생산성의 블랙박스도 열려고 하지 않는다. 솔로의 저임금성장론에 깊이 빠져 있기 때문이다. 한마디 덧붙이자. 선진국에 이르면 소득주도성장론으로 별칭되는 포스트케인지언 경제정책은 피할 수 없는 정언적 명령이다. 임금 및 소비수요주도정책이 실행되지 않았더라면 유럽의 선진경제들은 일찌감치 쇠퇴하고 말았을 것이다.

소득주도성장정책은 시장소득(최저임금)과 비시장소득(이전소득)을 함께 올려야 성장효과를 발휘한다.

리처드 프리맨을 포함해 다수의 경제학자가 밝힌 것처럼 소득분배의 성장효과가 존재하더라도 그 규모는 대단히 크지 않으며, 적지 않은 사례에서는 그 효과마저도 명확히 입증되지 않았다. 이는 수요만으로 성장을 촉진하려는 케인지언경제학의 전략이 어느 정도 한계를 드러 낸다는 것을 의미한다. 이는 성장을 추동하기 위해 신슘페터리언 성장론을 고려하지 않으면 안 된다는 것을 의미한다.

신슘페터리언 경제학에서 성장을 추동하는 요인은 '국가혁신체제' 다. 그것은 기술과 제도의 양자택일 결과가 아니라 양자가 상호작용 한 결과다. 상호작용이 이루어지는 과정에서 이들은 지식과 혁신의 '공유'를 지향한다. 따라서 신슘페터리언 국가혁신체제론은 포스트케 인지언 소득주도성장론과 같은 목표를 지향한다. 둘은 결합의 여지를 남겨 놓고 있다.

앞에서 우리는 포스트케인지언 경제학의 성장모형에 대한 다양한 실증연구결과로부터 〈그림 14-1〉을 얻어 냈다. 이 그림은 높아진 임 금소득과 정부로부터 받은 이전소득이 낳는 성장효과가 모델이 예측 한 만큼 크지 않으며, 오히려 그 사회적 효과에 주목해야 한다는 사실 을 보여 준다.

이제 이런 의문이 든다. 국가혁신체제가 구축되면 이 효과들은 어 떻게 변할까? 국가혁신체제로 인해 경제성장은 분명히 일어날 것이 다. 성장효과는 포스트케인지언 경제학이 이룩한 성과보다 높아진다. 그 결과로부터 발생할 두 가지 가능성을 상상할 수 있다. 첫째는 총효 과가 이전처럼 일정한 경우다(〈그림 14-2〉 참조). 경제적 효과가 증가하지만 총효과가 일정하기 때문에 사회적 효과는 감소할 수밖에 없다. 혁신성장의 결과 포스트케인지언 경제학의 정의로운 성장이 훼손된 상태다.

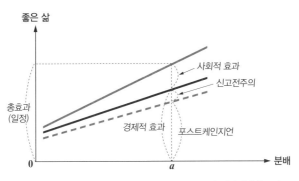

〈그림 14-2〉 포스트케인지언 분배정책+신고전주의 혁신정책의 총효과

이런 일은 혁신이 실업과 불평등을 유발하는 수가 많아서 자주 발생한다. 제품혁신과 공정혁신 가운데 특히 공정혁신이 주도하면(〈표 11-3〉 참조) 많은 노동자가 일자리를 잃게 된다. 또, 확산과 공유를 지향하는 신슘페터리언 국가혁신체제가 도입되지 않고 '애로의 문제'를 수용해 지식재산권을 철저히 보장하려는 '신고전주의적 혁신성장정책'이 도입되면 불평등분배가 심화된다. 후자의 결과는 지식을 정보로 오해한 결과 발생하게 되었다는 점을 상기하자! 인문학이 경제정책을 바꾼 것처럼 '개념'의 차이가 좋은 삶의 차이를 만들어 버린다.

신고전주의경제학의 지식이론을 따르는 문재인 정부의 혁신성장정책은 사회적 효과를 감소시킬 가능성이 크다.

현재 문재인 정부가 범할 수 있는 오류다.

이제 신고전주의경제학의 지식재산권 대신 국가혁신체제가 도입될 경우를 생각해 보자(〈그림 14-3〉 참조). 국가혁신체제의 결과 첫 번째 경우와 달리 총효과가 커진다. 이 효과는 다양한 방식으로 배분될 수 있다. 먼저, 경제적 효과와 사회적 효과가 같은 정도로 동시에 증가하는 때가 있다. 이런 것을 두고 금상첨화라고 부르는데, 현실경제에서 이런 일은 아주 드물게 일어난다. 따라서 우리는 '바람직하지만 현실적으로 일어날 수 있는' 사건들을 중심으로 생각해 보는 수밖에 없다.

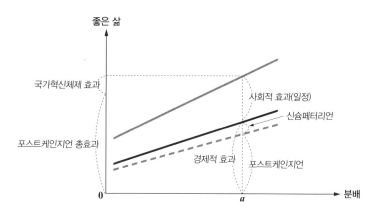

〈그림 14-3〉 포스트케인지언 분배정책+신슘페터리언 국가혁신체제의 총효과

사회적 효과는 변함없이 일정한데 국가혁신체제로 인해 경제적 효과만 증가하는 경우가 바로 그런 사례에 속할 것이다. 이 경우 〈그림 14-3〉에서 확인할 수 있는 것처럼 총효과는 커진다. 경제적 효과(성장효과)는 이제 기존의 포스트케인지언 경제적 효과에 신슘페터리언 경제적 효과가 추가된 결과로 그려진다. 후자는 총효과에 국가혁신체

제의 효과라는 이름으로 추가된다. 그 결과 총효과를 보여 주는 파란 실선은 신슘페터리언 혁신정책의 효과, 곧 국가혁신체제효과만큼 위 방향으로 평행이동한다.

이런 일이 어떻게 일어날 수 있는가? 혁신이론에 대해 알고 있으면 서 궁금증을 참지 못하는 많은 제도경제학자가 그 과정을 연구해 보 았다. 저임금 말고는 혁신에 관해 관심을 가져본 적이 없는 신고전주 의경제학자들은 엄두도 못 낼 연구주제다. 실증연구를 종합해 보면 공정혁신보다 '제품혁신'이 지배적일 때 이런 결과가 나타났다. 독일 이 대표적인 사례에 속한다. 공정혁신은 실업을 유발하지만, 제품혁 신은 새로운 시장을 열어 고용을 추가한다. 공정혁신은 레드오션으로 돌진하나 제품혁신은 블루오션에서 항해를 즐긴다!

또 비록 공정혁신이 주도하더라도 정부의 '제도혁신'이 함께 일어 나도 이런 일이 가능하다. 북유럽국가처럼 사회복지제도가 튼튼해야 한다는 것이다. 사회안전망이 확충되면 불확실성과 위험 때문에 주저 하던 청년 기업가들의 실험정신이 고양될 수 있다. 신슘페터리언 '국 가혁신체제'는 포스트케인지언 '유효수요관리정책'과 상호작용할 필 요가 있다. 이 경우 사회구성원은 국가혁신체제가 이룬 성장결과의 일정 부분을 공유했다. 이 상태는 우리가 지향하고 있던 에우다이모 니아와 지속가능한 발전을 구체적으로 보여 준다!

신슘페터리언 경제학의 국가혁신체제가 도입되면 사회적 효 과를 훼손시키지 않고도 포스트케인지언 경제학의 경제적 효 과를 높일 수 있다.

증가된 총효과 중 경제적 효과와 사회적 효과가 차지하는 구체적 비중은 어떻게 결정될까? 첫째, 사회구성원들의 문화가 어느 정도 생태주의와 윤리적 소비를 지향하는지에 따라 결정될 것이다. 생태주의는 지속가능한 발전을 위해 성장의 희생을 감수하려고 한다. 윤리적 소비자는 공정성을 복원하고 사회적 소비를 줄이고자 한다. 이 과정에서 줄어든 소비수요는 성장을 억제한다. 생태문화와 윤리문화가 강하면 '경제적 효과'를 보여 주는 검은 실선의 성장선 자체가 아래쪽으로 평행이동할 수 있다. '생태주의', 커먼스의 '공정경제' 그리고 베블런의 '사회적 소비'에 직면하는 포스트케인지언과 신슘페터리언은 성장선 자체의 위치는 물론 경제적 효과의 내부구성 비율을 두고 깨어 있는 시민들과 격론을 벌여야 할 것이다.

둘째, 그 비중은 노조와 기업 간 정치적 권력관계에 따라서도 결정될 것이다. 두 당사자가 시민사회의 요구를 얼마나 수용할지도 풀어야 할 과제다. 이 모든 것은 기술 못지않게 문화와 정치가 중요하다는 사실을 알려 준다. 전자와 후자에서 각각 깨어 있는 시민과 노동자가 핵심적인 임무를 수행하지만, 이 양자를 조정하는 일은 민주정부의 과제다. 어버이본능과 도덕적 본성에 충실한 깨어 있는 시민들이 사회적 본성을 가지면서도 이기적으로 행동할 수밖에 없는 케인지언 호모에코노미쿠스들(〈표 7-4〉 참조)과 소통함으로써 공통목표 설정에 어느 정도 합의할 수 있을지도 두고 볼 일이다. 쉬운 게 하나도 없고, 결정된 것도 없다. 가능성만 있을 뿐이다. 이 경우, 우리가 지금까지 놓치지 않았던 도구적 가치와 이성적 가치, 프래그머티즘철학 더 나아가 에우다이모니아가 도덕적 판단의 기준으로 활용될 수 있겠다(〈표 8-2〉, 〈그림 8-1〉 참조).

> 포스트케인지언 소득주도성장론과 신슘페터리언 혁신성장론
> 에 따라 이루어 놓은 사회적 효과와 경제적 효과의 배분을 두
> 고 기업, 노동자, 시민사회가 좋은 삶을 위해 벌이는 투쟁과 격
> 론을 조정하는 것이 민주정부의 과제다.

물론, 사회적 효과가 포스트케인지언 성장규모를 잠식해 버릴 정
도로 지나치게 클 경우도 상상할 수 있다. 하지만 이런 구성방식은 이
미 몰락한 사회주의에서나 가능한 경우이기 때문에 제외하자. 이런
방식은 결코 지속가능하지 않다. 이런 방식에 집착하면 '수구좌파'로
비난받는다.

제도경제학은 통일된 패러다임이 아니다. 베블런의 기술적 실용주
의, 커먼스의 공정경제, 케인스의 수요주도경제학, 슘페터의 혁신경
제학이 제도경제학의 우산 아래서 갈등을 겪으며 '좋은 삶'을 향해 협
력해 나가고 있다. 따라서 〈그림 14-3〉에서 성장선이 평행이동함으
로써 어떤 위치에 놓일 것인지에 대한 정답은 없다. 그러나 의사소통
적 합리성*Communicative Rationality*을 믿고, 누추하고 불안정하지만 그
때그때 각 나라의 맥락에 맞게 각자의 해답을 찾아 나가지 않으면 안
된다. 이 과제는 민주정부와 깨어 있는 시민들의 몫이다.

> 베블런, 커먼스, 케인스, 슘페터는 제도경제학의 우산 아래서
> 갈등을 겪으며 좋은 삶을 향해 가고 있는 중이다.

국가혁신체제가 다양한 모습을 띠듯이 혁신기업, 깨어 있는 시민,

노동자, 정부의 참여 정도와 참여방식에 따라 소득주도성장론과 국가 혁신체제론이 결합하는 방식도 국가마다 다양할 것이다. 다음 장에서 구체적으로 검토하겠지만 '조절이론'으로 통하는 프랑스의 제도경제 학자들은 이를 '사회적 생산 및 혁신체제'라고 부르며 그 다양한 양식 들을 찾아냈다.

제도경제학의 사회적 가치론

노동만이 경제적 가치를 생산한다! 진보진영은 마르크스의 이 노동 가치설을 깊이 신뢰하고 있다. 따라서 모든 경제적 가치는 이 이론에 따라 노동자에게 분배되어야 한다고 생각한다. 반면, 신고전주의경제 학은 노동만이 아니라 토지, 노동, 자본 모두가 본유적인 생산능력을 지니고 있다고 본다. 그러므로 각 생산요소가 창조한 '한계생산력'에 따라 분배되어야 한다고 믿는다. 좀 어렵지만 이런 생각은 '오일러의 정리*Euler's theorem*'라는 수식으로 형식화된다. 제도경제학은 이를 어 떻게 평가할까? 아마 이 절의 내용만큼 한국의 진보진영으로부터 관 심을 유발하는 주제도 없을 것이다.

신고전주의경제학은 분배를 성장에 대한 적으로 본다. 반면 포스 트케인지언 경제학은 분배야말로 성장의 원천이며, 성장의 둘도 없는 우군이다. 하지만 제도경제학은 그 효과를 인정하지만 포스트케인지 언 경제학만큼 그렇지는 않다. 기술혁신과 제도혁신이야말로 성장의 원동력이다. 나아가 토지, 노동, 자본 등 신고전주의경제학의 개별 '생 산요소' 자체는 성장에 기여할 수 없다. 모든 생산요소는 시스템, 그것도 국가혁신체제에 접속될 때 비로소 경제적 가치를 생산할 수 있다.

따라서 자본, 더 나아가 기계가 스스로 경제적 가치를 생산하지 못하는 것처럼 노동도 홀로 경제적 가치를 생산할 수 없다. 맨주먹과 맨손으로 인간이 할 수 있는 일이란 없다. 동물이 할 수 있는 것 이상을 할 수 없는 것이다. 원시사회에서도 인간은 가장 간단한 도구를 소지한 경우에만 경제적으로 필요한 것들을 얻어 낼 수 있었다. 고립된 채로 머무르는 생산요소는 아무런 기능을 수행하지 못하며, 어떤 경제적 가치도 생산하지 못한다. 모든 생산요소에 경제적 가치를 생산할 '본유적 속성'이 존재하지 않는다! 각각의 생산요소는 서로 '관계' 안에 들어와 상호작용할 때 비로소 경제적 가치를 생산하는 데 기여할 수 있다.

> 모든 '생산요소'는 국가혁신체제 안에서 비로소 가치를 생산할 수 있을 뿐 고립되어 있을 경우 어떤 가치도 낳지 못한다.

관계는 두 가지 요인을 통해 형성된다. 첫째가 기술과 지식이다. 기술과 지식이 적용되지 않는 '자본'은 가치생산에 기여할 수 없다. 화폐자본이 가치창조에 기여할 수 없는 것은 말할 필요도 없지만, 기술지식이 투입되지 않으면 물적 자본조차도 가치생산에 기여할 가능성이 현저히 줄어든다. 저축된 화폐자본이 물적 자본으로 투자되는 동시에 기술지식의 옷을 입은 후 자본은 비로소 가치생산의 잠재력을 얻게 된다.

노동도 같은 과정을 겪어야 가치생산의 잠재력을 획득한다. 교육받지 않는 노동은 생산에 기여하지 못한다. 그것은 기술과 지식으로 무장할 경우에만 가치를 생산할 기회를 기다릴 수 있다. 노동과 자본은 기술과 지식으로 연결된다. 기술지식 없는 노동은 기술적 물적 자본과 결합할 수 없고, 기술이 결여된 물적 자본은 기술인력에게 무용지물이다. 모든 생산력의 원천은 기술과 지식이다! 신고전주의경제학과 마르크스경제학이 주장하듯이 자본과 노동이 가치생산의 주체가 아니라는 말이다.

> 노동을 포함하는 모든 생산요소는 기술과 지식의 옷을 입을 경우에만 경제적 가치를 생산할 수 있을 뿐, 노동은 스스로 경제적 가치를 생산하지 못한다.

〈표 11-9〉에서 우리는 개인지식과 사회지식을 구분했다. 사회지식은 선조들의 경험과 지적 활동의 결과 오랜 세월 누적되어 방대한 규모로 사회관계망 안에 뿌리를 내리고 있는 집단지식이다. 개인이 이런 지식을 모두 학습해 체화할 수 없는 것은 명약관화하다. 개인은 이 지식 중 극히 일부만 자신의 역량으로 체화할 수 있다. 지극히 적은 양만 체화할 경우에도 학교와 같은 제도의 도움을 받는다. 나아가 이를 통해 학습한 개인의 지식은 매우 일면적이다. 그의 특수지식은 다양한 하위지식으로 구성된 기술의 사회, 곧 기술지식의 '체제'에 접속함으로써 비로소 그 잠재력을 발휘할 수 있다.

여기서도 제도는 중요한 역할을 수행한다. 조직되지 않은 오합지졸 군대가 전과를 올리지 못하는 것처럼 제도에 의해 조직되지 않는 '지식노동'은 경제적 가치를 생산하지 못한다. 기술적 물적 자본 역시 그렇다. 조직혁신과 제도혁신이 수반되지 않은 채 도입된 기술장비는 무용지물이 된다. 해외로부터 기술을 이전받은 모든 나라가 경제발전에 성공한 것은 아니다. 다양한 제도의 뒷받침이 있을 때 이전된 기술이 경제적 가치를 생산했다.

앞에서 사례로 확인한 것처럼 애플사의 스티브 잡스는 방글라데시에서 아무런 경제적 가치를 생산하지 못한다. 그 나라에는 사회지식이 현저히 부족하기 때문이다. 여기서 스티브 잡스의 '노동'은 존재하지 않는 것과 마찬가지다. 레오나르도 다빈치는 오르니톱터를 설계해 비행기에 대한 아이디어를 이미 발전시켰다. 하지만 적절한 소재, 생산숙련, 무엇보다도 동력원이 존재하지 않았기 때문에 그의 천재성은 실행될 수 없었다. 천재의 지식노동이 경제적 가치를 낳기 위해 방대한 사회지식이 축적되어야 했으며, 이를 위해 우리는 5백 년을 더 기다려야 했다.

컴퓨터를 비롯한 정보통신설비에 대한 투자가 생산성을 향상하고 지속적 경제 활성화를 달성할 것이라는 기대가 충만했으나, 각국의 1970년대 이후 1990년대 중반까지의 IT 투자의 생산성향상효과에 대한 실증조사 결과는 이러한 기대를 뒷받침하지 못했다. 솔로는 1987년 한 기고문에서 "컴퓨터시대는 도처에서 확인되는데, 생산성 통계에서만은 예외이다"라고 주장하였다. 이런 '생산성 역설'은 IT기술에 적합한 제도혁신이 일어나지 않았기 때문이다.

사회적 지식과 제도적 기반이 마련되지 않으면 노동은 어떤 가치도 생산하지 못한다. 생산성과 성장의 원천은 노동과 자본이 아니라 지식과 제도, 나아가 다양한 생산요소들과 기술지식이 적절하게 상호작용할 수 있는 '체제'다! 다시 말해 한 사회의 경제적 가치는 사회 전체 구성원들이 복잡한 방식으로 협력한 산물이며, 그것을 뒷받침한 것은 오랜 세월 축적되어 온 사회지식과 형식적 및 비형식적 제도다. 그것은 사회적으로 창조되었다. 따라서 이 '사회적 가치'를 특정 개인이 독점하거나 '경제적 이론'이나 '경제법칙'에 따라 특정 생산요소에 귀속시키면 안 된다. 죽어 있는 토지와 자본이 가치창조의 근원이 될 수 없음은 두말할 필요도 없지만 고립될 경우 '살아 있는' 노동마저도 잉여가치를 생산할 수 없다!

〈표 14-1〉 제도경제학의 사회적 가치론

	신고전주의경제학	마르크스경제학	제도경제학
분배원칙	생산요소의 한계생산력설	노동가치설	사회적 가치론
가치생산	각 생산요소의 가치생산능력	인간의 노동능력	사회(기술 및 제도)에 통합된 노동
분배방식	완전경쟁시장	생산수단의 사회화	제도(정치, 문화)

사회적 가치를 분배할 경제적 기준은 존재하지 않는다. 현실적으로는 정치적 힘이 분배를 결정하고 있지만, 권력의 야만성을 통제할 윤리적 기준이 필요하다. 여기서도 가치판단은 불가피하다. 중용, 정의, 평등, 도구적 가치, 이성적 가치, 프래그머티즘, 이 모든 것을 아우르는 에우다이모니아가 가치판단의 기준으로 활용될 수 있다(〈표 14-1〉 참조).

> 제도경제학은 노동가치론을 배격하고 사회적 가치론에 따라 분배를 기획한다.

'상식적인' 일반인들이 생각하는 공정하고 바람직한 분배상태는 어떨까? 미국, 영국, 독일, 호주, 헝가리, 폴란드 국민을 대상으로 벌인 호주 커틴공대 셔본 오스틴*Siobhan Austen* 교수의 연구결과를 참고하자. 그의 1999년 연구에 의하면 모두가 똑같은 임금을 받아야 한다고 생각하는 평등주의자는 모든 나라에서 2% 이하다. 완전 평등주의자들에겐 실망스러운 조사결과지만, 대부분의 사람은 임금격차를 자연스럽게 받아들인다. 역량과 노력이 사람마다 다르다는 상식을 공유하고 있기 때문이다.

그렇다면 모든 불평등한 분배는 이들에게 용인되는가? 그렇지 않다. 무조건적 불평등은 용납되지 않는다는 것이다. 모든 나라에서 발견되는 공통적인 견해. 물론 용인되는 범위는 나라마다 다르다. 예컨대, 36% 미국인에게 하위직종과 고위직종 간 임금격차는 5배 이상이 되어야 한다. 다른 나라들에서 그 비중은 미국보다 훨씬 작다. 독일은 그보다 적은 수의 국민 곧 27%가 그렇게 되어야 한다고 생각한다. 호주인들의 불평등에 대한 거부감은 더 크다. 이들 중 2%만 5배 이상이 되어야 한다고 생각한다. 문화적 차이 때문이다. 독일이 미국보다 사회적 연대를 중시하고 있다는 사실은 '자본주의의 다양성'을 연구하는 많은 제도경제학자에게 이미 상식이다. 영미권 국가들은 불평등에 대해 대체로 관대하다. 하지만 거기에 속하는 나라임에도 불구하고 극단적인 불평등을 매우 혐오하는 호주인들의 조사결과는 매우 흥미롭다.

이런 문화적 차이에도 불구하고 공통점은 또 있다. 미국을 제외한 모든 나라에서 68~86%의 국민이 2~4배 정도의 임금 차이를 정당하다고 생각한다. 문화적으로 가장 보수적인 미국인마저 거의 60%가 2~4배 격차에 동의한다. 불평등의 상한선을 둔다는 말이다.

이제 모든 응답자의 평균값을 나라별로 환산해 보자. '평균적' 미국인은 직종 간 임금격차가 약 4.21배 정도면 정의롭다고 생각한다. 반면 평균적 호주인과 독일인들은 각각 3.66배와 3.00배 정도의 격차가 수긍할만하다고 응답한다. 나머지 나라들의 평균적 국민들도 두 나라와 비슷하다. 다수를 차지하는 보통 사람들의 생각이니 임금격차에 대한 일반인의 상식적 견해로 봐도 무방하다. 격차를 인정하지만 4배 정도면 상식적이라는 것이다. 세계시민의 대부분, 나아가 평균적 시민들은 신고전주의경제학자들의 생각과 다르다. 불평등은 불가피하다. 하지만 그 범위는 크게 제한되어야 한다!

일반인의 이런 '적절한' 불평등론은 대다수의 세계시민들이 다다익선과 쾌락보다 과유불급과 에우다이모니아를 추구하고 있으며, 신고전주의경제학의 한계생산력설과 마르크스경제학의 노동가치론보다 제도경제학의 '사회적 가치론'을 지지한다는 사실을 반증한다. 이런 상식이 지식재산권의 평가에도 반영되도록 제도경제학이 힘써야 한다.

분배에 대한 이런 윤리적 기준은 절대적이지 않다. 그 기준이 공간적으로 약간씩 차이가 있다는 점이 확인된다. 문화적 맥락이 나라마다 다르기 때문이다. 하지만 이 시대가 요구하는 기준은 나라에 따라 크게 다르지 않다. 물론 패러다임이 바뀌면 이 역시 변할지도 모른다. 새로운 패러다임 아래서 행위자들은 새로운 윤리적 기준을 모색할 것이기 때문이다.

세계시민들은 사회적 가치론에 따라 분배되기를 희망하며 에우다이모니아를 추구한다.

15.

자본주의경제는
모두 같은가?

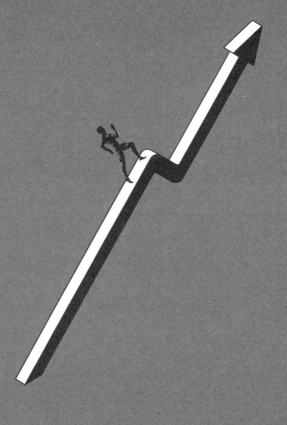

앞에서 우리는 기술과 제도의 상호작용하는 방식이 다르므로 나라에 따라 서로 다른 국가혁신체제가 등장한다는 사실을 알았다. 이런 차이는 국가경쟁력의 차이로 이어졌다는 점도 알게 되었다. 곧, 국가혁신체제가 달라지면 경제성장률도 달라진다는 것이다.

그러나 국가혁신체제의 상이성이 언제나 경제적 효과의 차이를 낳는 것은 아니다. 국가혁신체제가 달라도 성장률은 다르지 않을 수 있다. 거꾸로 말하면 같은 경제성장수준에 이르기 위해 같은 국가혁신체제를 구축할 필요가 없다. 같은 경제적 성과를 올리는 방법은 하나만 있는 것이 아니라, 같은 목적을 달성하기 위해 다양한 방법이 마련될 수 있다는 것이다. 모로 가도 서울만 가면 된다! 앞에서 우리는 이미 같은 성장효과를 낳는 다른 성장패턴을 확인한 적이 있다(〈표 13-5〉 참조).

다양한 혁신체제의 연구모형

우리는 앞에서 제도와 기술이 상호작용하는 결과 국가혁신체제는 다양한 모습으로 공진화한다는 점에 주목했다(〈그림 13-4〉 참조). 이 과정을 경제학이론으로 풀이하면 제도적 진공상태를 선호하는 신고전주의경제학, 사회적 연대를 중시하는 포스트케인지언 경제학, 혁신에 주목하는 신슘페터리언 경제학, 국가와 문화 등 제도를 중시하는 제도경제학이 상호작용하는 방식에 따라 국가혁신체제가 달라지며, 그 결과 성장률의 차이가 달라지기도 하지만, 다른 체제에도 불구하고 같은 성장률을 보일 수도 있다. 이런 사실은 〈표 13-5〉와 〈표 13-6〉에서도 실증된 바 있다. 거기서 우리는 같은 경제성장률에 도달하기 위해 서로 다른 성장패턴이 활용될 수 있음을 발견했다.

일원론적 접근방법으로 상이한 혁신체제들의 존재를 연구할 수 없다. 다양한 분류기준이 적용될 때 비로소 다양한 혁신체제에 다가갈수 있다. 따라서 총체론적 접근방식을 적용해 혁신체제를 분류해 보자. 여기서는 제도경제학이 강조하는 기술, 정치, 문화, 경제 등 네 가지 기준을 활용한다. 모든 국가는 그것의 기술적, 정치적, 문화적, 경제적 맥락에 어느 정도 부합되는 경제정책을 수립하는데, 이때 서로 다른 경제학 전통을 따르게 된다. 이 결과로 대략 다섯 가지 유형의 국가혁신체제가 존재할 것으로 기대된다(〈표 15-1〉 참조).

이를테면 개인주의문화가 강하고, 노동조합운동과 시민운동이 약한 나라는 신고전주의경제학의 전통에 따라 경제정책을 설계할 것이다. 이 나라에서는 제도를 철폐하는 것이 과제다. 이 경우 강한 기술력으로 인해 혁신이 활발하게 일어나며, 그 결과에 대한 전면적 독점을 권장하면 국가혁신체제는 '신자유주의형'에 가깝고, 기술기반이 취약해 혁신보다 전통적 생산방식을 선호하면 '고전주의형'에 가깝다.

이와 반대로 사회적 연대와 평등의 문화가 강하게 지배하며 노동조합운동이 활발한 나라의 혁신체제는 포스트케인지언 경제학으로부터 경제정책의 아이디어를 얻는다. 이런 국가혁신체제는 '사회민주주의형'에 가깝다. 이에 혁신문화가 부가되면 포스트케인지언 경제학에 더해 신슘페터리언 경제학을 가이드라인으로 삼는데, 이런 혁신체제는 '혁신적 복지형'으로 불릴 수 있다. 사회민주주의형에서보다 노동조합운동이 더 요구되나 그 지위가 약화될 수도 있다. 노조가 약화되는 동시에 정부가 조정역할을 포기하면 신자유주의형으로 진화할 가능성도 있다. 형식제도의 역할이 크게 요구된다.

〈표 15-1〉 경제학파로 구분한 국가혁신체제

	신자유주의형	사회민주주의형	혁신적 복지형	지속가능형	고전주의형
경제 학파	• 신고전주의 지식재산권 • 제도적 진공	• 포스트케인지언 임금주도성장	• 신슘페터리언 국가혁신체제 • 포스트케인지언 임금주도성장	• 베블런/커먼스 제도경제학 • 포스트케인지언 임금주도성장 • 신슘페터리언 국가혁신체제	• 신고전주의 저임금성장론 • 제도적 진공
목표 가치	성장, 혁신	사회적 연대, 평등	사회적 연대, 평등, 혁신	사회적 연대, 평등, 공정, 실용, 생태	성장
결과	고성장 불평등	꾸준한 성장 평등	고성장 불안한 평등	지속가능성장 평등	저성장 불평등

시민들이 생태주의, 윤리적 소비와 공정문화 등 비형식제도를 추

구하는 국가혁신체제는 포스트케인지언 경제학과 신슘페터리언 경제학에 비해 베블런과 커먼스의 제도경제학에 경제정책의 젖줄을 대고 있다. 이런 국가혁신체제는 '지속가능형'에 가깝다.

고전주의형을 제외하면 모두가 혁신을 활용하기 때문에 경제적 성과는 서로 크게 다르지 않게 된다. 곧, 동일한 경제성장수준에 도달하기 위해 각국은 서로 다른 혁신체제를 활용하는 것이다. 각각의 혁신체제는 서로 다른 문화와 가치관, 서로 다른 금융, 교육, 노동제도, 그리고 서로 다른 혁신방식을 취한다.

> 기술력, 문화, 정치가 상호작용하는 방식이 다른 결과 선택되는 경제학파와 경제정책이 달라지고, 이런 차이로 인해 다섯 가지의 국가혁신체제가 등장한다.

이런 연구모델을 염두에 두고 실제상황을 둘러보자. 이런 연구모델을 가지고 바라보면 현실을 훨씬 더 정확하고 편리하게 이해할 수 있다. 우리가 학교에서 배우는 내용은 바로 현실을 바라보는 연구모델, 곧 프레임이다. 프레임은 우리의 시각을 그 안으로 제한해 버리는 한계를 노정하지만, 대신 보이지 않던 현실을 그나마 볼 수 있게 해주는 힘도 준다. 시력이 낮은 사람들이 안경 없이 물체를 알아볼 수 없듯이 제한적 합리성만 갖는 인간은 프레임이 없으면 아무것도 볼 수 없다. 한계를 드러내고 있음에도 불구하고 그 '초라한' 프레임을 학습해 활용할 수밖에 없는 이유다.

독일과 미국의 혁신체제에 관한 연구(Abramson eds, 1997)는 기술투자 규모, R&D 기금의 구성, 지출목적, 수행기관, 기술이전제도 등에서 매우 다른 모습을 확인시켜 주었다(〈표 15-2〉 참조). 독일의 기술확산 제도는 상대적으로 안정적이고 구조화되어 있을 뿐 아니라 산업 내 에서 동질적인 모습을 보여 준다. 그러나 미국은 유연하고 매우 급속 한 변화를 경험하고 있으며 기업 간 연계성이 결여되어 있을 뿐 아니 라 산업 내 이질성도 큰 것으로 보고되었다.

나아가 미국은 단기주의를 지향하는 반면 독일은 장기적 관계의 문화를 선호한다. 또, 미국에서는 시장원리가 사회를 조직하지만, 독 일에서는 다양한 협회*Association*에 의해 사회가 조정되고 있다.

두 나라에서 형식제도의 성격은 매우 대조적이다. 예컨대, 미국에 서 산업과 금융 부문은 매우 단기적이고 독립적인 관계를 갖지만, 독 일에서 둘 사이는 매우 긴밀하다. 독일의 국가혁신체제가 사회적으로 조직되며 다양한 제도로 뒷받침되는 반면 미국은 시장의 자동적 메 커니즘(!)에 따른다.

이러한 비형식적 및 형식적 제도의 상호작용과정은 국가혁신체제 의 성격을 다르게 만드는 동시에 혁신방식도 다르게 만든다.

혁신과 관련되는 여러 가지 실증연구결과들을 종합하면, 평등주의 적 문화, 보편적 교육제도, 그리고 내부노동시장제도를 갖는 일본 및 유럽형 체제 아래서는 주로 '암묵지식'이 창출되며, 그 결과 제품차별 화와 같은 '점진적 혁신'이 일어난다. 반면, 엘리트주의문화와 전문가 적 교육체제, 외부노동시장제도를 갖춘 앵글로색슨형 체제 아래서는

			미국	독일
제도			단기주의를 유도하는 규범, 규칙, 가치	장기주의를 유도하는 규범, 규칙, 가치
제도적 장치 (중요도 순서에 따른 조정기제의 구성형태)			시장, 기업위계, 조절적 국가	협회(업종별 협회, 노동조합), 코포라티스트 네트워크, 시장, 코포라티스트 국가
사회적 생산체제 (제도부문)	기업체제	기업구조	복합기업, 단기전략강조, 고도로 차별화된 기업분업	특정제품들과 대응하는 기업, 장기전략강조, 통합도가 높다.
		기업의 협회 통합정도	낮음	높음
		산업관계	• 낮은 직업안정성 • 경직된 내부노동시장 • 유연한 외부노동시장	• 높은 직업안정성 • 유연한 내부노동시장 • 경직된 외부노동시장
		소유형태	소유권 분산, 빈번한 변화	안정적 소유형태
	노사훈련		• 교육투자시간과 노력에 대해 개인의 높은 자발적 의사결정 • business school 강조 (마케팅, 영업, 회계)	• 교육규모에 대한 집단적이며 강제적 결정 • 기술교육강조(공학교육)
	금융체제		• 고도로 발전된 주식시장과 벤처자본 • 단기적이고 독립적인 산업과 금융 관계 • 국가안보와 관련된 신기술개발시 중앙정부가 민간기업에 금융지원	• 주식시장과 자본시장 저발전 • 기업대출 강조 • 밀접한 산업과 금융 관계
	대학연구체제		• 높은 대학자율성 • 높은 창의성과 잠재력 • 기업가적 대학교수	• 거의 40세까지 개인의 자율성 낮음 • 개인의 창의성과 잠재력 억제 • 탈기업가적 교수
국가혁신양식			• 기초과학과 응용과학의 핵심 돌파구를 성공적으로 제시 • 급진적 신제품과 신기술 개발에 유리함 • 연구자들의 높은 기업가정신	• 기존제품의 공정과 점진적 혁신에서 높은 성과 • 기초과학의 주요발전이나 점진적 신제품개발에 성공적이지 못함 • 연구자들의 낮은 기업가정신

주로 '형식지식'이 큰 비중을 차지하며, 그와 함께 제품혁신과 공정혁신 등 '급진적 혁신'이 우세하다. 이런 결과는 〈표 15-2〉에서도 확인된다. 미국에서는 '급진적 혁신'이 우세하지만, 독일에서는 '점진적 혁신'이 성장의 원동력이다.

미국은 우리가 〈표 15-1〉에서 개발한 신자유주의형 국가혁신체제에 가깝고, 독일은 '혁신적 복지형'에 가깝다. 이제 독자들은 각국의 경제정책이 갖는 경제학적 족보를 대략 추측해 낼 수 있다. 여력이 있으면 이 나라 국민의 인문학적 기반과 자연과학적 기반도 진단해 볼 수 있겠다. 경제학의 힘!

자유시장경제와 조정시장경제

이런 개별 국가혁신체제의 연구는 더 많은 사례에 의해 일반화될 필요가 있다. 홀과 소스키스(Hall and Soskice, 2001)는 자본주의경제의 분석대상을 확대했다. 일단 '선진국'을 표본으로 선정하였다. 이것은 경제성장수준과 속도가 거의 비슷한 나라들을 실증연구대상으로 선택했다는 말이다. 같은 성장수준에 도달하는 방법은 한 가지밖에 없는가?

이들은 선진국들 사이에 서로 다른 체제가 존재함을 보여 주었다. 이들은 선진국들을 '제도적 차이'에 따라 자유시장경제*Liberal Market Economy: LME*와 조정시장경제*Coordinated Market Economy: CME*로 구분하였다. 그 특징은 〈표 15-3〉과 같다.

	자유시장경제	조정시장경제
분배원칙	단기주의를 유도하는 규범, 규칙, 가치	장기주의를 유도하는 규범, 규칙, 가치
기업 소유형태	소유권 분산, 빈번한 변화	안정적 소유형태
교육훈련	일반 숙련에 대한 투자	특정 산업과 기업에 특수한 숙련
노동시장제도	규제완화시장, 불평등임금과 시장원리에 따라 임금지급 직업안정성이 낮음	종업원들의 협력과 임금억제 직업안정성이 높음
분배제도	낮은 복지 비율	높은 복지 비율
경쟁정책	강력한 경쟁정책	기업간 관계에서 협력 허용
해당국가	오스트레일리아, 캐나다, 아일랜드, 뉴질랜드, 영국, 미국	오스트리아, 벨기에, 덴마크 핀란드, 독일, 아이슬란드, 일본, 네덜란드, 노르웨이, 스웨덴, 스위스

오스트레일리아, 캐나다, 아일랜드, 뉴질랜드, 영국, 미국 등 영어를 사용하는 나라들은 모두 자유시장경제에 속하는 것으로 드러났다. 영어라는 문화적 수단은 '문화적 동질성'을 부여해 급기야 체제적 동질성으로 이어진 것으로 보인다. 자유시장경제에서는 단기주의와 개인주의문화가 팽배하다. 그 결과 사회복지는 열악하며 모든 책임을 개인이 진다. '각자도생'의 경제제도로 볼 수 있다. 신고전주의경제학의 세계와 일치한다.

같은 경제성장수준에 도달하기 위해 선진국들은 각자의 맥락에 맞게 '자유시장경제'와 '조정시장경제'의 두 가지 제도적 방법을 택한다.

반대로 조정시장경제에서는 장기주의와 협력주의문화가 우세하다. 갈등은 시장보다 제도에 의해 조정된다. 대부분의 나라에서 포스트케인지언 경제정책의 흔적이 뚜렷하다. 세상은 이처럼 다른 제도적 방식으로 같은 성장수준에 도달한다. 이들의 연구는 미국의 자유시장제도를 유일한 대안으로 벤치마킹하자는 한국의 신고전주의경제학자들이 얼마나 우물 안 개구리인지를 분명히 보여 준다. 소득주도성장론은 '듣보잡'이론이 아닐뿐더러 '한 번도 적용된 적이 없는 위험한 실험용 가설'도 아니다! 그것은 1872년 독일 비스마르크 정부의 사회입법으로부터 시작해 1930년대 세계 대공황을 거쳐 지금까지 대다수 선진국의 현실에 확고하게 뿌리를 내려 지금도 경제를 지도하는 학설이다. 거기서 보수정당이 집권하더라도 이 현실을 돌이킬 수 없다. 역사는 비가역적이다!

다양한 사회적 혁신체제

대표적인 실증연구결과들을 참고한 후 제도경제학자 아머블(Amable, 2003)은 자본주의를 시장기반형 경제, 사회민주주의형 경제, 유럽대륙형 경제, 아시아형 경제, 남유럽 및 지중해형 경제 등 다섯 가지 유형으로 구분하였다. 각 자본주의의 특성은 〈표 15-4〉에 제시되어 있다. 아머블은 '사회적 생산 및 혁신체제*Social System of Innovation and Production*'로 불렀지만 우리는 이러한 모형들을 간단히 사회적 혁신체제*Social System of Innovation*로 부르고자 한다.

우리가 잘 알고 있듯이 국가혁신체제는 문화와 같은 비형식적 제도와 다양한 형식적 제도들의 상호작용에 따라 형성된다. 형식적 제도에는 기업지배관계, 복지제도, 노사관계, 금융제도, 교육제도가 포함된다. 성장이나 혁신과 관련되는 제도는 물론 노동, 복지 등 사회적 과제를 다루는 제도도 함께 고려한 혁신체제이므로 '사회적' 혁신체제로 부른다.

혁신이 주제가 되면, 성장에 방점을 찍는 나머지 분배가 뒷전으로 밀려나는 경우가 많다. 그 결과 '제도혁신'이 기업에 자유방임을 허용하는 규제개혁, 더 나아가 '규제완화'로 변질된다. 민주정부로 불리는 현재 문재인 정부에서 이런 일이 자주 발생한다. 하지만 이미 살펴본 것처럼 혁신을 키워드로 선택한 신슘페터리언 경제학은 지식과 혁신의 확산과 공유를 통해 성장을 도모하는 점에서 대단히 '사회적'이다. 이 경제학은 신고전주의경제학보다 포스트케인지언 경제학에 더 가깝다. 따라서 단순히 진보진영의 '삶의 목적'에 부합하기 위한 차원을 넘어 학술적 족보를 뚜렷이 조명하기 위해서라도 혁신체제의 '사회적' 성격을 적시하는 것이 합리적이다.

문화적 의미를 부여하는 '국민적' 단어 대신 정치적 관계가 부각되는 '사회적'이라는 말이 수식으로 바뀐 사실에 독자들은 적지 않게 궁금해할지도 모르겠다. 그건 아머블이 문화보다 정치에 더 관심을 두는 프랑스조절이론에 뿌리는 두는 제도경제학자이기 때문이다. 국민과 사회를 대체하지 않고 함께 사용하는 방식도 있지 않을까 반문할 수도 있다. 그렇게 하면 수식어가 '국민사회적*National-social*'이라는 용어로 진화해 버린다. 이런 용어는 히틀러 나치 독일의 '민족사회주의*Nazional-sozialismus*'를 연상케 하므로 바람직하지 않다.

지금까지 우리가 학술적으로 검토한 바에 따르면 국가혁신체제는 '국민적' 신슘페터리언 경제학에 '사회적' 포스트케인지언 경제학이 반영된 결과이기 때문에 오히려 사회적 국가혁신체제*Social-national Innovation System*로 표기하는 것이 논리성을 갖는다. 하지만 경제학자 역시 'Nation'에 대한 역사적 경험과 문화가 다른 '문화적 존재'일 뿐이다. 서구 경제학자들은 'Nation'에 대한 트라우마로 고통받지만, 한반도의 경제학자들은 'Nation'으로 자주와 정의를 경험했다. 앞에서 우리는 '국민국가'를 높이 평가한 적이 있다. 우리에게 '민족사회적 혁신체제*National-social Innovation System*'는 에우다이모니아를 구현시켜 줄 수 있지만, 서구경제학자들에게 그것은 홀로코스트로 돌아가는 길이 될 수도 있다. 이런 학술적, 역사적 고민을 고려하면서 아머블의 사회적 혁신체제를 바라보면 〈표 14-4〉에 '보이지 않는' 것 중 많은 것들을 이해할 수 있다.

> 사회혁신체제는 신슘페터리언 국가혁신체제의 '국민적인 것'과 포스트케인지언 소득주도성장론의 '사회적인 것'의 변증법적 종합물이다.

'시장기반형 사회적 혁신체제'는 이기적 문화의 습성으로 채색되어 있다. 여기서 시장의 경쟁은 격렬하다. 경쟁시장의 압력에 직면한 기업들은 시장조건 변화에 신속히 반응해 기업전략을 수정해야 한다. 이것은 신속하게 반응하는 금융시장과 유연한 노동시장에 의해 가능하다. 이 때문에 주식시장이 발달해 있고 고용과 해고가 자유롭다. 이 경제모형은 신속한 조정과 구조변화에 유리하다(〈표 15-4〉 참조).

개인은 특수한 전문 분야의 교육에 투자할 수도 있고 보편적 분야에도 투자할 수 있다. 이 체제에서 전문능력에 대한 개인의 투자는 복지국가나 직업보장에 의해 보호되지 않는다. 나아가 구조변화가 급속히 일어나기 때문에 그 유용성은 지속해서 '감가'된다. 따라서 이 체제에서 개인이든 기업이든 모두는 특수한 전문능력에 대한 투자를 꺼린다. 대신 사람들은 위험성이 낮은 숙련, 곧 '보편적' 숙련에 투자한다.

성장은 반드시 균등한 분배를 유발하지 않는다. 격렬한 시장경쟁, 유연한 노동관계, 보편지식의 교육제도는 서로 보완성을 갖는다. 이를 '제도적 보완관계'라고 부른다. 이런 경제체제는 미국이나 영국, 호주 등 영미권 문화에서 발견된다. 〈표 15-1〉의 신자유주의형 혁신체제에 가깝다. 이 체제에서는 신고전주의경제학이 강력한 비형식적 제도로 이 체제를 주도한다. 대한민국 경제학과 교수 중 대다수가 이 지역에서 학위를 받는 경제학자들이다. 이들은 시장기반 혁신체제의 눈으로만 세상을 이해한다.

> 신고전주의경제학의 문화가 지배적인 영미권에서는 시장기반형 혁신체제가 경제를 주도한다.

스웨덴과 핀란드 등 북유럽에서 관찰되는 '사회민주형 사회적 혁신체제'는 시장기반체제와 매우 다른 제도적 보완관계를 따라 조직된다. 강력한 외부경쟁압력은 노동시장에서 어느 정도의 유연성을 요구한다. 그러나 유연성은 단순히 해고와 시장조정을 통해 달성되지 않는다. 고도로 숙련된 노동력의 재훈련제도는 외부경쟁압력의 해독제 역할을 수행한다. 적당한 고용보호, 고수준의 사회보장, 그리고 적극적 노동시장정책 덕분에 쉬워진 재훈련시스템이 상호결합된 결과 여기서는 노동자의 전문기능에 대한 투자노력이 보호받는다. 투쟁적이거나 억압적이지 않은 '조정적' 임금협상체제는 혁신과 생산성에 유리한 '연대적 임금결정'을 가능하게 한다. 이때 연대문화가 비형식적 제도의 기능을 수행한다. 집중화된 금융체제는 기업이 장기적 전략을 발전시킬 수 있게 해 준다. 성장과 분배는 비교적 조화로운 관계를 유지한다.

그리고 기술혁신이 주로 '제품혁신'의 내용을 갖고 있을 뿐 아니라 '조직혁신'과 상호작용하며, 이는 수출수요의 증가로 이어진다. 나아가 이 과정이 노동시장, 복지제도, 교육제도에 의해 조정되기 때문에 반드시 기술적 실업이나 불평등으로 이어지지는 않는다. 〈표 15-1〉의 사회민주주의형과 일치하면서도 혁신형 복지국가체제를 시도하고 있는 중이다. 이 체제에는 포스트케인지언 경제학의 흔적이 뚜렷하다.

> 사회민주주의형 혁신체제에서 제품혁신과 조직혁신은 사회적 제도들에 의해 조정된다.

독일과 프랑스로 대표되는 '대륙유럽형 사회적 혁신체제'는 사회민주적 모형과 몇 가지 공통적인 면이 있다. 사회민주주의형의 경우 고도의 사회보장이 보편적 고용보호와 결합하는 반면, 대륙유럽형에서는 고도의 고용보장이 상대적으로 낮은 수준의 복지국가와 결합해 있다. 금융체제는 매우 집중화되어 있기 때문에 기업은 여기서도 단기적 이윤제약에 쫓길 필요가 없어 장기적 전략을 수립할 수 있다. 임금협상은 조정되며 연대적 임금정책이 발전돼 있지만, 사회민주주의

	시장기반형	사회민주형	아시아형	대륙유럽형	남유럽형
제품시장 경쟁	•가격경쟁이 매우 중요 •제품시장에 대한 국가의 불개입 •시장(가격)신호를 통한 조정 •외국경쟁과 투자에 대해 개방	•품질경쟁이 매우 중요 •제품시장에 대한 고도의 국가개입 •대체로 시장신호와 다른 경로를 통해 조정 •외국경쟁과 투자에 대해 개방	•가격 및 품질경쟁 모두 중요 •고도의 국가개입 •고도의 비가격 '조정' •외국기업과 투자에 대해 강한 보호주의 •대기업이 중요	•보통 정도의 가격경쟁 •상대적으로 높은 품질경쟁 •공공기관의 개입 •비교적 높은 비시장 '조정' •외국기업과 투자에 대해 낮은 보호장치	•품질기반경쟁보다 가격기반경쟁 •국가의 개입 •비가격 조정이 거의 전무 •외국무역이나 투자에 대해 적당한 보호 •소기업이 중요
임노동 관계	•낮은 고용보장 •외부적 유연성 •임시노동을 쉽게 조달 •쉬운 해고채용 •적극적 고용정책 부재 •방어적 노조전략 •분산적 임금협상 체제	•적당한 고용보호 •조정 혹은 집중적 임금협상 •적극적 고용정책 •강력한 노동조합 •협력적 산업관계	•기업 내 높은 고용보호 •외부유연성의 제한 •이중 노동시장 •연공서열 임금 •협력적 산업관계 •적극적 고용정책 부재 •강한 기업노조 •분산적 임금협상	•높은 고용보호 •제한된 외부유연성 •안정적 직업 •갈등적 산업관계 •적극적 고용정책 •보통정도의 강한 노조 •임금협상의 조정	•높은 고용보호(대기업) 그러나 이중구조 •임시직과 시간제 노동고용의 '유연한' 주변 •산업관계의 갈등 가능성 •적극적 고용정책 부재 •임금협상의 집중화
금융부문	•소액주주보호강화 •낮은 소유 집중도 •기관투자자가 매우 중요 •시장의 적극적 기업통제(인수합병) •고도로 발전된 금융시장 •발전된 벤처자본	•높은 소유 집중도 •높은 기관투자가 비율 •시장의 기업통제 부재(인수합병) •금융시장의 단순함 •고도의 은행집중	•외부주주에 대한 낮은 보호 •높은 소유 집중도 •기업지배구조에 대한 은행개입 •시장의 기업통제 부재 •단순한 금융시장 •제한된 벤처자본 •고도의 은행집중	•낮은 외부주주보호 •높은 소유 집중도 •시장의 적극적 기업통제의 부재 •단순한 금융시장 •보통 정도의 벤처자본발전 •높은 은행집중도 •기업투자에서 은행자금이 중요	•외부주주에 대한 낮은 보호 •고도의 소유 집중도 •은행 기반적 기업지배구조 •기업통제에 시장 역할부재 •단순한 금융시장 •벤처자본의 제한적 발전 •높은 은행집중도
사회보장	•낮은 사회보장 •낮은 국가개입 •빈곤완화를 강조(사회안전망) •수단 검정 편익 •민간연금체제	•고도의 사회보장 •고도의 국가개입 •공공정책과 사회에서 복지국가가 매우 중요	•저수준의 사회보장 •빈곤완화지출 •낮은 공공복지비율	•고도의 사회보장 •고용기반 사회보장 •국가의 개입 •사회에서 사회보장이 중요 •분담금 중심의 보험 •현금지불연금체제	•보통의 사회 보장 •빈곤완화와 연금 중심적 지출구조 •고도의 국가개입
교육	•낮은 공공지출 •고도의 경쟁적 고등교육체제 •비동질적 중등교육 •낮은 직업훈련 •보통교육과 평생교육강조	•높은 수준의 공적 지출 •높은 취학률 •초등 및 중등교육의 질을 강조 •직업훈련의 강조 •특수숙련의 강조 •재훈련 중요 •평생교육	•낮은 공공지출 •높은 취학률 •중등교육의 질 강조 •기업기반 훈련 •과학기술교육중시 •기업 외부에서 낮은 평생교육	•고수준의 공공지출 •높은 중등교육취학률 •동질적 중등교육 강조 •발전된 직업훈련 •특수적 숙련 강조	•낮은 공공지출 •낮은 고등교육취학률 •취약한 고등교육체제 •평생교육부재 •일반 숙련 강조
대표적 국가	미국, 영국, 캐나다, 호주	스웨덴, 핀란드, 덴마크, 노르웨이	일본, 한국	프랑스, 독일, 네덜란드, 아일랜드, 벨기에	스페인, 포르투갈, 이탈리아, 그리스, 터키

모형만큼 발전되지는 않았다.

노동력의 재훈련은 사회민주주의모델만큼 가능하지 않다. 이로 인해 노동자는 다기능적 노동력을 보유함으로써 변화에 '공격적' 유연성으로 대응할 리스크를 부담하지 않으려 한다. 그 때문에 산업의 신속한 구조조정도 제한된다. 생산성 이익은 조기퇴직정책처럼 사회보장과 보완적으로 계획된 노동분배전략에 의해 얻어진다. 성장과 분배가 비교적 조화로운 관계를 유지하지만, 사회민주주의적 체제와 다른 방식으로 조화를 꾀한다.

이 연구결과로만 보면 〈표 15-1〉의 사회민주주의형과 흡사하지만 최근 들어 대륙유럽형 혁신체제는 적극적인 혁신전략을 도모하고 있다. 깨어 있는 시민들의 환경운동이 활발한 독일의 경우, 생태주의를 접목해 혁신체제를 발전시켜 나가는 중이다. 유럽 전역에서 윤리적 소비가 호응을 얻고 있다. 이런 결과가 신자유주의형과 혁신적 복지형 중 어디로 진화할지, 나아가 지속가능형으로 진보할지는 두고 볼 일이다. 미래는 결정되어 있지 않다. 에우다이모니아에 가까워질지는 이 체제의 민주정부와 깨어 있는 시민들의 성찰과 참여에 달려 있을 뿐이다. 포스트케인지언 경제학에 신슘페터리언 경제학과 베블런, 커먼스 제도경제학이 적극적으로 결합되고 있는 현장이다.

> 대륙유럽형 혁신체제가 시도하고 있는 전략의 미래가 신자유주의형과 혁신적 복지형, 그리고 지속가능형 중 어디로 진화할지 알 수 없다.

'남유럽 혹은 지중해 모형'은 대륙유럽형보다 고용이 더 보장되지만, 사회보장제도는 더 취약하다. 고용이 보장되는 이유는 제품시장의 경쟁이 상대적으로 낮은 동시에 금융체제가 집중되어 있어 단기이윤전략에 매달릴 필요가 없기 때문이다. 그러나 숙련도와 교육수준이 낮아 고임금과 고숙련 산업전략을 추구할 수 없다. 비혁신적 방식으로 정치·경제적 균형이 달성되고 있는 것이다.

하지만 제품시장의 경쟁이 강해지면 노동시장의 유연성 압력도 커질 것이다. 이로 인해 노동시장은 '이중구조'를 띠게 된다. 대기업에서 일자리를 확보한 종업원들은 직업안전의 이익을 얻겠지만, 청년노동자나 중소기업 노동자들은 더 유연해진 노동계약에 직면할 것이다. 이 체제는 만성적인 불평등과 양극화에 시달린다. 이런 특징은 한국의 혁신체제와 유사하다. 〈표 15-1〉의 '고전주의형'에 부합할 수 있다. 신고전주의 저임금 성장론이 이 체제를 지배하고 있다.

> 남유럽 및 지중해 사회혁신체제에서는 노동시장의 이중구조를 띠기 때문에 불평등과 양극화가 구조화될 수 있다.

'아시아형 사회적 혁신체제'는 국가 및 집중형 금융체제와 협력하는 대기업의 사업전략에 의존한다. 한때 진보진영은 이를 '국가독점자본주의'라고 부르기도 했다. 이것은 역설적으로 장기적 전략의 발전을 가능하게 한다. 노동자들의 특수적 숙련에 대한 투자는 법적으로 보장되지 않지만 '사실상의' 고용보장과 기업 내 재훈련으로 보호받는다. 사회보장제도가 없기 때문에 대기업에 의해 제공되는 직업안정성이 이 모형에서 결정적으로 중요하다. 반대로 중소기업 분야의 고용관계는 직업안정성이 전무하다. 남유럽 및 지중해 체제와 같이 불평등과 양극화가 만성화된다. 전후 급격한 성장과정에서 형성된 대기업의 정치권력 때문에 대기업과 중소기업의 불공정한 관계가 제도적으로 조정되기 어렵다. 이 때문에 불평등과 양극화에 더해 불공정도 만성화된다.

> 대기업 중심으로 작동되는 아시아형 혁신체제에서는 불평등, 양극화와 함께 불공정도 우려된다.

사회적 관계와 사회적 자본이 정부나 시민사회가 아니라 주로 시장에 의해 공급되기 때문에 사회통합은 매우 불안하게 유지될 뿐이다. 사회보장과 정교한 금융시장이 존재하지 않기 때문에 혁신가들이 위험을 다각화하기 어렵다. 몇몇 재벌기업에 의해 주도되는 한국이나 일본이 이러한 체제의 모습을 보인다. 이 체제가 〈표 15-1〉의 사회민주주의형과 혁신적 복지형에 전혀 부합하지 않는다는 것은 명백하다. 고전주의형 체제에 완벽히 포함되지도 않지만, 사회적 제도를 고려해 보면 이 체제와 닮은 점이 많다. 두 나라는 최근 들어 혁신성장을 적극적으로 추진 중이다. 이 체제가 고전주의형에 머무를지 신자유주의형으로 진화할지 알 수 없다.

반사회적이고 극우적인 문화가 강고하고 신고전주의경제학의 문화가 깊이 뿌리내린 까닭에 한국에서는 신자유주의형으로 퇴보할 가능성이 크다. 하지만 향상된 혁신역량과 더불어 세계가 극찬한 깨어 있는 시민들의 민주주의를 향한 열정과 운동은 혁신적 복지형으로 진보할 가능성 역시 열어 주고 있다.

어떤 단일 경제도 다섯 가지 모형 중 어느 하나로 정확히 설명되지 않는다. 이들은 이념형일 뿐이다. 그런데도 다양한 자본주의경제의 제도적 기제들을 이해하기 위해 이러한 이념형을 참조하는 것은 유용하다. 나아가 이 연구 이후 자본주의는 빠르게 진화하고 있다. 그 과정에서 많은 국가가 자신들의 제도적 모델을 수정해 나가고 있기 때문에 최종 판단을 내리기는 쉽지 않다.

이런 한계에도 불구하고 같은 성장수준에 도달하기 위한 제도적 방식이 유일하지 않다는 사실만은 분명하다. 1인당 국민소득이 같거나 비슷하더라도 어떤 나라는 에우다이모니아에 근접하는 반면, 다른 나라들은 그로부터 오히려 멀어지고 있다. 그것을 결정하는 요인은 바로 제도적 구조다.

> 같은 성장상태에서도 에우다이모니아에 가까워지는 제도가 있지만 그로부터 멀어지는 제도도 있다.

사회적 혁신체제의 진화

신고전주의경제학의 영향을 받은 우리는 종종 일정한 성장상태에 도달하기 위한 방법은 유일하다고 착각할 때가 많다. 신고전주의경제학자들은 달랐던 모든 것들이 일원론적 인과관계, 완전한 합리성, 단일 본능론, 행위자의 동질성, 방법론적 개인주의의 가정과 함께 무한한 욕망, 희소한 자원 그리고 닫힌계의 전제 아래서 유일한 불변의 균형점 곧, '일반균형'으로 '수렴'한다고 가르쳐 왔기 때문이다(〈그림 5-1〉, 〈표 8-3〉, 〈표 9-2〉 참조). 이 경우 이들은 성장률은 물론 제도적 구조마저 수렴한다고 믿는다. 곧, 양적으로는 물론 질적으로도 모든 자본주의경제는 같아진다는 말이다. 그들이 보기에 모든 제도는 최선의 정답을 얻기 위해 자신의 경로를 쉽게 바꿀 수 있을 정도로 '경로독립적'이다!

하지만 선진국과 후진국 더 나아가 최빈국 사이에 성장격차는 절대 줄어들지 않았다. 지난 2백 년 사이 선진국을 따라잡는 '추격*Catch up*'은 예외일 뿐 법칙이 아니었다. 성장은 수렴하지 않고 실로 발산하였다. 지금까지 우리가 검토한 수많은 실증연구에 따르면 제도적 구조도 대단히 다양했다. 양적 발산과 더불어 질적 발산도 일반적인 현상이라는 말이다. 자본주의경제는 수렴하지 않는다!

이런 결론은 제도경제학의 연구방법론에 의해 이론적으로 뒷받침된다. 제도경제학은 총체론적 인과관계, 제한적 합리성, 다중본능론, 이질적 행위자, 사회적 존재의 가정과 함께 제도적 욕망, 풍요의 시대 그리고 열린계의 전제 아래서 자본주의경제를 바라보기 때문이다. 이런 가정과 전제를 따르면 자본주의경제는 이미 이론적으로 수렴하지 않고 발산하게 된다. 모든 제도는 가상의 최선책이 제시됨에도 자신이 걸어왔던 경로로부터 이탈하지 않고 역사적으로 누적되어 온 자신의 경로를 걸어갈 정도로 '경로의존적'이다!

> **각국의 성장상태와 제도적 구조는 수렴하지 않고 발산한다.**

우리는 현재 제5차 기술경제패러다임과 세계화에 직면해 있다. 각 기술경제패러다임은 하나의 특정 기술과 산업에 의해 주도된다. 현대 경제는 정보통신기술과 그 산업으로 통일될 가능성이 없지 않다. 또,

세계화는 모든 나라에 단일 경제체제를 강요 중이다. 이처럼 현대자본주의에 강력한 수렴요인들이 등장하고 있다. 이제 그처럼 다채로웠던 사회적 혁신체제들은 하나의 혁신체제로 수렴할 것인가? 예컨대, 신고전주의경제학자들은 모든 혁신체제가 미국식 자유시장기반체제로 수렴할 것으로 전망하는 것은 물론 이를 벤치마킹하자고 목소리를 높인다.

하지만 우리는 이미 방법론적으로 이런 수렴이 불가능하다고 단정했다. 이 주장을 보강하기 위해 우리는 여기서 몇 가지를 추가할 필요가 있다. 먼저, 앞에서 지식의 속성을 검토하는 과정에서 우리는 지식의 체제성, 암묵성, 누적성, 그로부터 촉발되는 전유성에 주목했다. 이런 속성들은 지식의 국가 간 이동을 방해한다. 그뿐만 아니라 지식은 그 지역의 제도에 깊이 뿌리내리고 있다. 이런 착근성도 지식의 국가 간 수렴을 방해한다. 지식은 체제성을 지니고 있다. 곧, 총체적 지식은 하위지식들과 복잡하게 얽혀 시스템을 이룬다. 이런 경우 하나의 하위지식을 소유했다고 전체지식을 소유할 수 있는 것은 아니다. 지식의 속성 때문에 경제는 지식기반경제에서 수렴하지 못한다.

제도도 마찬가지다. 앞에서 잠시 언급한 것처럼 제도도 서로 얽혀 있다. 예컨대, 자유시장체제와 복지제도는 서로 조응할 수 없다. 유연한 노동제도는 자유시장기반경제와 잘 어울린다. 제도는 상호보완적이다. 이처럼 제도는 하나의 강력한 체제를 유지하기 때문에 한 나라의 제도를 다른 나라의 제도로 전환하기 어렵다. 전환할 경우 막대한 '전환비용*Transforming cost*'이 발생한다. 제도변화가 어렵고, 다른 제도를 벤치마킹하는 것이 무익할 수 있다는 말이다.

예컨대, 성장률(G_2)이 동일한 대륙유럽형 체제에서 사회민주주의형

체제로 전환하는 비용(T_1)은 상대적으로 가장 작다. 두 체제의 제도적 유사성이 크기 때문이다. 반면 사회민주주의형으로부터 시장기반형 체제로 전환하는 비용(T_2)은 매우 크다. 두 체제의 제도적 이질성이 가장 크기 때문이다(〈그림 15-1〉 참조). 이런 체제전환비용은 제도적 발산을 유지해 준다.

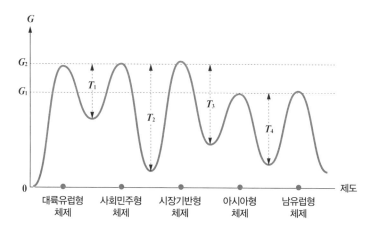

〈그림 15-1〉 체제전환비용과 제도적 발산

저성장상태(G_1)에서 고성장(G_2)으로 이행하기 위해 아시아형으로부터 시장기반형 체제로 전환하는 비용(T_3)은 사회민주주의형으로 전환하는 비용(T_2)보다 작다. 한국 등 아시아형의 제도는 유럽보다 미국에 더 가깝기 때문이다. 비용(T_4)이 저렴하다고 한국이 남유럽형 체제로 옮겨갈 이유는 없다. 하지만 시장기반경제체제가 에우다이모니아를 심각하게 훼손하고 있고, 지속가능한 발전의 길을 가로막고 있다면 이와 다른 체제를 모색하지 않으면 안 된다. 대륙유럽형 사회혁신체제와 사회민주주의형 혁신체제에서 민주정부와 깨어 있는 시민들이 지치지 않고 '지속가능형 혁신체제'를 위해 분투하듯이, 우리도 그렇게 해야 한다. 그 결과에 대해서는 아무도 속단할 수 없다. 각자가 처한 맥락에 따라 아무도 경험해 보지 못했던 새로운 경로를 개척해 나갈 가능성도 없지 않다.

> 지식의 속성과 제도적 보완성으로 인해 체제전환비용은 매우 크다. 제도적 다양성이 유지되면서 각자의 맥락에 맞는 새로운 제도적 장치가 마련될 것으로 전망된다.

세계화와 기술경제패러다임의 변화에도 불구하고 국민경제들 사이에 실제로 경제적, 제도적 수렴이 일어나지 않고 다양한 경로로 진화할 것인가? 한성안(2011)은 30개 OECD 회원국의 자료(1995~2008)를 바탕으로 군집분석*Luster Analysis*이라는 통계분석방법을 활용해 개별국가들의 제도변화를 알아보았다. 30개 나라를 5개 집단*Cluster*으로 구분한 후 첫 번째 시기(1993~1995)와 두 번째 시기(2005~2008), 두 기간 사이에 집단구성국가의 변동상황을 비교하였다.

1기와 2기 사이에 일어난 변동상황은 원래 속해 있던 집단으로부터 개별국가가 다른 집단으로 이동한 결과로 평가한다. 그것은 '원집단 잔류율'과 '근방집단 잔류율'로 측정할 수 있을 것이다. 1990년대에 속했던 집단에 특정 국가가 다음 시기에도 그대로 잔류하고 있다면 그 국가는 원집단 잔류율에 기여한다. 그것은 강한 '경로의존성'을 표현하고 있다. 나아가, 원집단으로부터 이탈하였지만 바로 옆 군집으로 이동했다면 그 국가는 '근방집단 잔류율'을 높여 줄 것이다. 이것은 '강력하지는 않지만 결코 약하지 않은 경로의존성'을 보여 주고 있다. 반면, 근방집단을 벗어나 2단계의 변화를 보이면 '경로독립적인 혁신적 변화'를 경험한 것으로 간주한다.

국가의 역할(재정수지/GDP), 교육제도(공공교육지출/총교육비), 의료제도(공공의료지출/총의료비), 사회보장제도(공공사회지출/GDP), 고용보호지수를 고려하면서 5개의 군집분석을 실시한 결과는 〈표 15-5〉와 같다. 각 변수에서 관측되지 않은 국가들은 총 8개(결측)에 달한다. E집단은 이른바 영미식 자유시장기반체제에 해당하는 반면 그로부터 가장 먼 값을 드러내는 A집단은 사회민주주의체제에 해당한다.

〈표 15-5〉 제도체제 군집분석

집단		A 사회민주주의체제	B	C	D	E 자유시장기반체제	결측
1기간	소속 국가	오스트리아, 벨기에, 덴마크, 핀란드, 프랑스, 독일, 이탈리아, 노르웨이, 슬로바키아, 스웨덴	그리스, 포르투갈	체코, 헝가리, 네덜란드, 영국	호주, 캐나다, 아일랜드, 일본, 폴란드, 스페인	한국, 미국	아이슬란드, 룩셈부르크, 멕시코, 뉴질랜드, 스위스, 터키
2기간	소속 국가	덴마크, 핀란드, 아이슬란드, 노르웨이, 스웨덴	오스트리아, 독일, 그리스	캐나다, 체코, 프랑스, 헝가리, 아일랜드, 이탈리아, 뉴질랜드, 폴란드, 포르투갈, 슬로바키아, 스페인, 영국	호주, 일본	한국, 미국	벨기에, 룩셈부르크, 멕시코, 네덜란드, 스위스, 터키

이제 10년 사이에 일어난 변화를 알아보자. 총 22개 관측대상 중 12개국, 곧 약 54%에 이르는 나라들이 자신이 속했던 집단에 그대로 남아 있다(〈표 15-6〉 참조). 나아가 22개 나라 가운데 7개국, 약 32%가 자신들의 제도적 경로를 대체로 유지하면서도 패러다임 변화에 따라 자신들을 어느 정도 변화시키고 있다. 반면 14%만 자신의 경로를 급격히 바꾸고 있다.

E집단(자유시장기반체제)의 잔류율은 100%에 달하지만, A집단(사회민주주의체제)에서 가장 큰 변화가 발견된다. A집단의 분화가 가장 심한데, 이들 중 약 3분의 1이 자유시장기반체제에 더 가까워진 것으로 드러났다. 하지만 자유시장기반체제에 가까웠던 D집단 국가들 중 약 66%도 사회민주주의체제 쪽으로 이동하였다. 자유시장기반체제에 대한 수렴을 강제할 것으로 가정되고 있는 세계화에 직면하여 그쪽으로 향하는 제도적 수렴 경향을 총체적으로 확인하기 어렵다. 〈표 15-3〉의 구분방법에 따라 단순화시켜 설명할 경우, 유럽식 조정시장경제가 영미식 자유시장경제에 대해 자신의 고유성을 급격하게 바꾸지 않는다.

〈표 15-6〉 제도체제의 진화

A집단			B집단			C집단			D집단			E집단		
원집단잔류율	근방집단잔류율	경로독립율	원집단잔류율	근방집단잔류율	경로독립율	원집단잔류율	근방집단잔류율	경로독립율	원집단잔류율	근방집단잔류율	경로독립율	원집단잔류율	근방집단잔류율	경로독립율
4/9	2/9	3/9	1/2	1/2	–	3/3	–	–	2/6	4/6	–	2/2	–	–

왜 이런 일이 일어날까? 첫째, 제도적 보완성과 제도의 누적성 그리고 제도와 얽힌 지식의 다양한 속성 때문에 제도는 쉽게 변하지 않는다. 보완성과 누적성은 제도의 전환비용을 유발한다. 둘째, 경제는 죽어 있는 메커니즘이 작동한 결과가 아니다. 그것은 살아 있는 사람들의 성찰과 참여의 결과일 뿐이다. 제도 역시 그렇게 변한다. 민주정부와 깨어 있는 시민들이라면 지속가능한 발전을 위해 바람직하지 않은 제도의 압력에 저항할 것이다. 곧, 이처럼 경로의존성이 비교적 강하게 확인되는 이유는 개별 국민국가의 행위자들이 자신의 기술적, 제도적 조건에 따라 차별적 전략으로 대응하기 때문이다.

> 세계화와 기술경제패러다임의 변화 앞에서도 대다수 국민적 제도는 크게 변하지 않았다.

이런 현상은 단지 기술적이거나 경제적인 요인으로 설명하기 어렵다. 정치적 요인과 문화적 요인이 강력한 힘을 발휘했기 때문이라고 단정할 수 있다. 조정시장경제나 사회민주형 혁신체제와 대륙유럽형 혁신체제에는 포스트케인지언 경제학과 제도경제학의 문화적 전통이 강력하게 착근되어 있다. 거기서는 보수정당마저 한국의 진보정당보다 훨씬 진보적이다. 대한민국의 신고전주의경제학자들은 이런 '팩트' 앞에서도 여전히 소득주도성장론이나 지속가능한 발전론 그리고 에우다이모니아의 경제학을 실험적 가설과 몽상이라 매도하고 있다. 너 자신을 알라!

16.

한국자본주의는
어떻게 진화했는가?

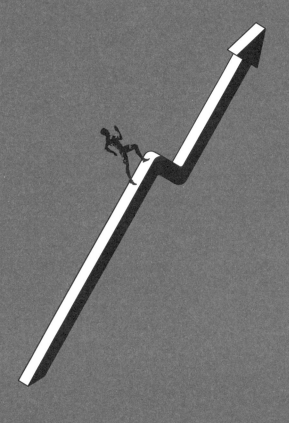

지금까지 우리는 실로 긴 여정을 거쳤다. 베블런, 커먼스, 케인스, 슘페터와 같은 자이언트의 어깨 위에 선 제도경제학의 인문학과 자연과학적 기반으로부터 시작해, 자본주의경제와 그 변화를 이해할 여러 가지 이론적 모델과 정책대안을 둘러보았다. 이제 이런 결과를 토대로 한국경제를 이해할 지점에 도달했다.

지식인의 '먹물'을 조롱하는 반지성주의자들에겐 유감스럽게 들리겠지만 학술적 모델이 없으면 도무지 현실을 볼 수 없다. 부인하고 싶겠지만, 알고 보면 반지성주의자들마저도 특정 모델로 세상을 이해하고 있을 뿐이다. 그들 대다수는 신고전주의경제학의 인문학과 자연과학으로부터 출발해 자본주의를 이해한다. 신고전주의경제학의 입장에서 보면 반지성주의자들은 대단히 지성적이다!

긴 여정을 통해 우리는 신고전주의경제학의 지성이 인간에게 미치는 해악은 작지 않다는 사실을 알게 되었다. 그들의 경제학에 따라 한국경제를 보게 되면 실업과 불평등, 낭비, 불공정, 차별이 효율적이고 정의롭게 생각된다. 이런 해악을 정확히 인식하게 되었으니 새로운 지성, 곧 제도경제학으로 한국경제를 이해해 보자.

처방전은 환자의 상태를 진찰한 후 나온다. 우리가 설정한 에우다이모니아로 향하는 정책대안을 제시하기 위해 한국경제의 상태를 진단할 필요가 있다. 한국자본주의는 어떤 경로를 걸어왔으며 그것의 성격은 무엇인가? 지금까지 걸어온 제도경제학적 길을 따라 자연스럽게 이 질문에 도달하게 되었지만 사실 한국의 진보진영은 이와 무관하게 30년 전에 이미 같은 질문에 관해 치열하게 논의한 적이 있다. 이 책을 읽는 대다수 독자가 기억하고 있겠지만 1980년대 한국의 정치경제학계는 이른바 '사회구성체논쟁사구체논쟁'을 통해 이 질문에 대답하고자 했던 것이다.

사구체논쟁은 1980년대 정치경제학계의 아이콘이다. 사구체논쟁은 본질적 전제와 핵심 질문으로 구성된다. 곧 한국자본주의는 "서구의 고전적 자본주의와 달리 제국주의적 지배하에서 전개되는 식민지 종속형 자본주의"라는 전제 아래서 "한국자본주의의 발전에 따른 구조변화와 그러한 제국주의적 지배(종속)를 어떻게 통일적으로 파악할 것인가"란 문제가 제시된 것이다(박현채, 조희연(편), 1990, p. 26).

따라서 2단계 이후의 논쟁구조도 '식민지반봉건사회론' 대 '신식민지국가독점자본론'을 기본 축으로 삼고 있다(박현채, 조희연(편), 1990, p. 15). 사구체 논의는 한국자본주의가 독점자본주의단계에서 법칙적으로 등장한 제국주의라는 불변의 외부조건 아래서 변화하고 있다고 보고 있다. 따라서 한국자본주의의 사회구성체는 신식민지성과 주변부성을 벗어나지 못할 뿐 아니라, 그러한 특수성의 심화를 경험할 것이라고 본다.

주지하다시피 사구체논쟁은 한국경제를 식민지반봉건사회와 식민지반자본주의로 바라보는 시각(식반자론)과 다른 한편으로 신식민지국가독점자본주의로 바라보는 시각(신식국독자론)으로 나뉜다. 두 견해 사이에 차이점은 존재한다. 예컨대, 식반자론이 내부요인에 대한 외부요인(제국주의)의 법칙적 주도성을 분명히 제시하는 반면, 신식국독자론은 외부요인과 내부요인의 갈등관계를 묘사한다.

또, 전자가 식민지성과 반봉건적 경제관계가 유지되는 반자본주의를 그려 내는 반면, 후자는 성숙한 자본주의의 모습을 드러내고자 한다. 따라서 식반론이 한국자본주의의 '저성장'을 부각하는 동안 신식국독자론은 '성장'의 모습을 강조하고자 한다. 이 과정에서 전자가 국민국가의 자율성과 제도적 요인들을 경시하는 반면, 후자는 성장에 대한 이것들의 역할을 비교적 적극적으로 평가한다.

하지만 이러한 차이에도 불구하고 양자는 한국자본주의가 주변부성과 종속성을 지니고 있으며 그것이 법칙적으로 강화되고 있다는 점에 동의하고 있다. 곧, 비록 신식국독자론이 한국자본주의의 전일화全一化와 독점적 발전을 강조하더라도 그 과정에서 제국주의적 성장은 봉쇄될 뿐 아니라 '종속적' 성장의 함정에 더 깊이 빠져들어 가는 특수성을 지니고 있다고 본다. 다시 말해 경제성장과 자본주의적 발전에 관한 단계적 차이에도 불구하고 제국주의적 외부조건은 최고의 법칙으로서 관철되기 때문에 한국사회구성체는 종속의 굴레를 영원히 벗어날 수 없다는 것이다.

이러한 레닌주의적 제국주의론은 방법론적으로 많은 문제를 내포하고 있다. 그것은 물질주의, 경제주의적 일원론, 외부조건의 주도성, 행위자의 부재, 제도분석의 결여와 같은 문제점을 안고 있다. 그 때문에 법칙적 결정론에 빠져 있다. 1980년대 사구체논쟁은 레닌주의 제국주의론의 이런 오류를 그대로 답습하고 있다. 식민지반자본주의론의 '종속심화'나 신식민지국가독점자본주의론의 '종속심화/독점심화'는 이런 방법론적 오류에 기인하는 선험적 주장일 뿐이다. 이런 방법론적 오류는 현실에 대한 오해를 초래할 뿐 아니라 현실의 다양한 모습도 볼 수 없게 만든다.

1980년대 사회구성체논쟁은 한국사회의 문제점을 이해하고 실천방안을 마련하는 데 있어 실로 큰 의미를 지녔다. 사구체논쟁이 부각했던 경제사회문제들 가운데 많은 것들이 여전히 풀리지 않고 있으며, 당시의 진단에 대한 평가도 이루어지지 않고 있다. 이는 실천적으로 바람직하지 않을 뿐 아니라 진보적 경제학의 발전을 더디게 만들고 있다.

지금까지 우리는 제도경제학의 분석방법을 정리해 보았다. 이 방법론은 자이언트들의 통찰력에 기반하고 있을 뿐 아니라 지난 백여 년간 저명한 연구자들의 연구를 통해 확립되어 왔다. 근거 있는 연구방법론이라는 말이다. 따라서 이제 제도경제학의 연구방법으로 한국경제의 성격을 새롭게 조명해 볼 수 있게 되었다.

> 21세기 한국경제의 성격을 규명하고 그 정책대안을 마련하기 위해 1980년대 사회구성체논쟁을 제도경제학의 방법론으로 새롭게 조명할 필요가 있다.

이 실증연구(한성안, 2012, 2013)는 앞에서 우리가 본 제도적 다양성과 그 진화에 관한 한성안의 연구로부터 이어진다. 따라서 OECD 회원국으로 이루어진 모집단을 사용한다. 제도적 다양성에 관한 논의결과를 명확히 알아보기 위해 선행연구결과들과 앞 절의 연구에서 비교적 '체계적 특성'을 보여 주는 국가들을 표본집단으로 선정하였다.

미국, 영국, 캐나다는 자유시장기반경제의 특성을 보여 주었으며, 스웨덴, 노르웨이, 핀란드는 사회민주주의의 특성을 보여 주었다. 독일과 프랑스는 후자와 유사하지만 대륙유럽형의 특성을 보여 준다. 한국사회구성체의 '경제적 지위'를 검토하기 위해, OECD 국가 중 비교적 '저개발' 단계부터 출발했던 국가들(멕시코, 터키, 포르투갈, 그리스)을 비교대상국가로 선택하였다.

한국경제의 사회구성체의 진화과정을 추적하기 위해 연도별 비교방식을 이용했다. 곧, 1990년대 초반(1990~1991)과 2000년대 초(2005~2008)를 비교함으로써 한국자본주의의 진화과정을 검토한다. 이 때문에 선택된 자료는 무작위적이지 않다. 표본의 수가 줄어들었기 때문에 자료를 수집할 수 있는 연도는 늘어났다. 그 결과 변화를 좀 더 분명하게 측정할 수 있게 된 것도 앞의 연구와 다른 점이다.

한국경제는 여전히 신식민지 종속국가이거나 주변부국가인가? 1인당 GDP를 보면 한국은 저소득집단에서 탈출하였다(〈표 16-1〉 참조). 두 번째 저소득집단 안에서도 2008년 그리스를 성공적으로 추격하고 있을 뿐 아니라 포르투갈을 추월하였다. 여전히 OECD 안에서 '주변부'에 머무르고 있지만, 그동안 종속이 심화하였다고 결론 내리기 어렵다. 최근의 경제력을 고려하면 한국경제가 주변부에 머무르고 있다고 아무도 말할 수 없으리라!

〈표 16-1〉 1인당 GDP 변화

1990년	**집단중심값**	6980	11785	18043	23003
	소속국가	한국, 멕시코, 터키	그리스, 포르투갈	캐나다, 핀란드, 프랑스, 독일, 노르웨이, 스웨덴, 영국	미국
2008년	**집단중심값**	15126	27303	38754	60622
	소속국가	멕시코, 터키	그리스, 한국, 포르투갈	캐나다, 핀란드, 프랑스, 독일, 스웨덴, 영국, 미국	노르웨이

정부는 시장에 어느 정도 개입하는가? 대략 GDP에서 차지하는 정부지출의 규모로 알아볼 수 있는데, 〈표 16-2〉에서 확인할 수 있는 것처럼 1990년대 초까지도 시장에 대한 정부의 개입은 크지 않으며 그리스, 포르투갈 등 후진 지역에 비해서도 대단히 낮다. 2000년대 들어 국가개입은 약간 심화하고 있지만, 전통적인 자유시장기반체제(캐나다, 미국)보다도 여전히 낮다. 국가독점자본주의론자들이 생각한 것만큼 시장에 대한 국가의 개입은 그다지 크지 않다. 한국의 기업은 '제도적 진공상태'에서 '새로운 자유Neo-liberty'를 만끽하는 중이다. 나아가 신고전주의경제학자들이 우려할 정도로 과도한 정부지출로 인해 사적 영역이 '구축Crowding Out'되지 않았다. 이는 지속가능한 발전을 위해 정부가 지출할 수 있는 재정 여력이 충분하다는 것을 보여주기도 한다. 포스트케인지언 소득주도성장정책은 아직 시도조차 못

하고 있다.

<표 16-2> 정부지출/GDP 변화

1991년	집단중심값	19.90	42.50	53.53	61.40	결측
	소속국가	한국	독일, 그리스, 포르투갈, 영국, 미국	캐나다, 핀란드, 프랑스, 노르웨이	미국	미국
2008년	집단중심값	30.00	39.50	46.92	52.25	결측
	소속국가	한국	캐나다, 노르웨이, 미국	핀란드, 독일, 그리스, 포르투갈, 영국	프랑스, 스웨덴	멕시코, 터키

총체적으로 주변부자본주의는 물론 국가독점자본주의를 21세기 한국자본주의사회구성체의 성격이라고 정의하기 어렵다. 한국경제에서 기업은 '자주적' 시장에서 무한한 '자유'를 누리고 있다.

> 21세기 독립적 한국경제에서 기업은 정부에 의해 자신의 사적 영역을 침해당하지 않고 충분한 자유를 누리고 있다.

21세기 한국경제는 '지식기반경제'로 진화하였다. 그것은 인구 백만 명당 특허출원수로 확인되고 있다(<표 16-3> 참조). 2005년 한국의 특허출원 건수는 압도적으로 높다. 나아가 이런 변화는 이전보다 혁명적으로 이루어졌다. 1990년과 2007년 사이 무려 33배 정도 '폭증'하였는데 어떤 나라에서도 사례를 찾아볼 수 없다.

2005년	집단중심값	22.10	261.23	644.49	2538.29
	소속국가	그리스, 멕시코, 포르투갈, 터키	캐나다, 핀란드, 프랑스, 노르웨이, 영국	독일, 미국	한국

특허건수의 폭발적 증가와 함께 연구개발활동*R&D*도 비약적으로 증가하였다(〈표 16-4〉 참조). 21세기 들어 이른바 '상대적 잉여가치착취방식'이 적극적으로 도입된 것이다. 곧, 한국경제는 21세기 초에 이미 지식기반경제로 혁신적 진화를 겪었다.

〈표 16-4〉 R&D/GDP 변화

1991년	집단중심값	0.36	1.65	2.12	2.62
	소속국가	그리스, 멕시코, 포르투갈, 터키	캐나다, 한국, 노르웨이	핀란드, 프랑스, 영국	독일, 스웨덴, 미국
2007년	집단중심값	0.56	1.72	2.60	3.43
	소속국가	그리스, 멕시코, 터키	캐나다, 프랑스, 노르웨이, 포르투갈, 영국	독일, 미국	한국, 핀란드, 스웨덴

개별경제주체는 물론 정부의 이러한 혁신활동의 결과 한국자본주의는 정보통신산업에 의해 주도되는 제5차 기술경제패러다임에 성공적으로 진입할 수 있었다. 곧, 혁신적 행위자들에 의해 '기회의 창'이 열린 것이다. 한국의 정보통신산업*ICT* 부가가치규모는 다른 나라와 비교해 압도적으로 높다(〈표 16-5〉 참조). 같은 집단에 속한 핀란드와

비교해도 약간 높다.

<표 16-5> ICT 부가가치/GDP

2005년	집단중심값	2.90	5.20	8.50	20.60	결측
	소속국가	그리스, 포르투갈	캐나다, 프랑스, 독일, 노르웨이, 영국	스웨덴, 미국	핀란드, 한국	터키, 멕시코

이런 추세는 최근 확고해지고 있다. 2019년 현재 대한민국은 블룸버그 혁신지수 6년 연속 1위, IMD 세계경쟁력분석 과학인프라 7위, 기술인프라 11위, 특허협력조약*PCT* 특허 세계 5위, WEF 세계경쟁력보고서 혁신역량 8위에 올랐다(〈표 16-6〉 참조). 나아가 EU 및 주요경쟁국 중 혁신 성과도 7년째 연속 1위를 차지하고 있다. 여기서도 주변부성이 심화하였거나 종속이 강화되었다는 주장을 확인하기 어렵다.

<표 16-6> 한국경제의 혁신역량

블룸버그	IMD 세계경쟁력분석	WEF 세계경쟁력보고서
혁신지수 1위	과학인프라 7위 기술인프라 14위 PCT 특허 5위	혁신역량 8위 과학기술역량지수 7위 혁신성과 경쟁력 1위

한국경제가 주변부나 종속자본주의가 아님은 명백하다. 그것은 오히려 자립을 넘어 지식기반경제와 혁신적 경제로 진화하였다. 이런 현실을 이해하는 것은 단지 사구체논쟁을 비판적으로 검토하기 위함이 아니다. 한국경제를 주변부와 신식민지로 이해하던 '사회구성체논쟁의 잔재'를 완전히 극복하지 않으면 신고전주의경제학의 성장주의

를 비판적으로 바라볼 수 없게 된다. 예컨대, 신고전주의경제학자들은 소득주도성장정책이 '경제성장'을 약화시킨다고 비난하고 있다.

한국경제가 도대체 얼마나 더 성장해야 하는가? 대한민국은 2019년 현재 이미 1인당 국민소득이 3만 달러를 넘는 선진국에 들어섰다. 대다수 국가에서 기저효과가 큰 2010년을 제외하고, 2011~2018년 실질 GDP성장률에 집중해 보자.

한국경제의 성장률은 최고치 3.68%(2011)와 최저치 3.04%(2018) 사이를 오간다. 같은 시기 OECD 전체 나라(36개국)들의 평균성장률은 2.01%(2011)부터 2.55%(2018) 사이에서 등락한다. 진실로 대한민국경제가 저성장 늪에 빠져 있는가? 그들의 주장을 이해할 수 없다.

36개국에는 우리보다 소득수준이 낮은 나라들도 다수 있다. 그들의 성장률이 우리보다 높은 건 당연하지만 그 나라들 가운데서도 우리보다 성장률이 낮은 나라도 많다. 우리보다 잘사는 선진국과 우리와 비슷한 나라들의 성장률은 더 낮다. 예컨대, 최근 8년간 대한민국 우파들의 성지인 미국의 8년간 연평균성장률은 2.21%이고, 가장 높게 나타나는 스웨덴도 2.43%에 불과하다. 한국경제의 평균성장률은 무려 3.00%다. 지난 8년간 우리는 저성장 늪에 빠진 적이 없다.

무한한 욕망과 희소성의 원칙이라는 입증된 적이 없는 그들의 경제학적 전제에 포로로 매여 있는 한 그들은 성장강박증에서 벗어날 수 없다. 제도경제학으로 사회구성체논쟁을 극복하지 않으면 진보도 신고전주의경제학자들과 별반 다르지 않게 된다. 우리 주위를 배회하고 있는 그런 수구좌파를 자주 볼 수 있다.

한국경제가 이미 혁신형 지식기반경제로 진화하였다는 사실
을 인식함으로써 사회구성체논쟁의 잔재를 극복하지 못하면
보수진영의 성장주의에 투항하게 된다.

반복지적 자유시장기반경제

한국사회구성체의 문제는 종속성, 주변부성, 더 나아가 저성장이 아
니다. 문제는 다른 곳에 있다. 1990년도 한국은 최악의 복지국가집단
에 속했다(〈표 16-7〉 참조). 같은 집단에 속한 멕시코(3.9%)와 터키(7.6%)
보다도 한국의 값(2.9%)은 매우 낮다. 한국은 2008년도에도 최악의
사회복지집단에 속해 있어 그러한 특수성은 대체로 유지되는 것으로
보인다.

〈표 16-7〉 사회복지/GDP 변화

1990년	**집단중심값**	4.80	13.15	19.24	26.50
	소속국가	한국, 멕시코, 터키	포르투갈, 미국	캐나다, 독일, 그리스, 노르웨이, 영국	핀란드, 프랑스, 스웨덴
2008년	**집단중심값**	8.42	16.53	22.53	27.85
	소속국가	한국, 멕시코, 터키	캐나다, 미국	핀란드, 독일, 그리스, 노르웨이, 포르투갈, 영국	프랑스, 스웨덴

높은 성장률 덕분에 1990년대 초반까지 고용은 비교적 안정되어 있었다. 동시에 노동시간은 나머지 나라들이 따라가지 못할 정도로 가장 길었다(〈표 16-8〉 참조). 높은 성장률 덕분에 고용이 유지될 뿐 아니라 장시간노동이 가능하게 되어 노동시장에 대한 정부의 개입이 불필요했던 것이다. 그 결과 복지는 시장에 맡기는 게 가능했다.

〈표 16-8〉 노동시간 변화

1991년	집단중심값	2672	2117	1796	1532
	소속국가	한국	그리스	캐나다, 핀란드, 프랑스, 멕시코, 포르투갈, 터키, 영국, 미국	독일, 노르웨이, 스웨덴
2008년	집단중심값	2316	2120	1756	1465
	소속국가	한국	그리스	핀란드, 독일, 그리스, 노르웨이, 포르투갈, 영국	프랑스, 독일, 노르웨이

하지만 타의 추종을 불허하는 장시간노동과 낮은 사회보장제도를 높은 고용안정성으로 완전히 상쇄하기는 어렵다. '시장적 복지해결방식'은 근본적인 해결방식이 못 된다. 이로부터 발생하는 모순과 갈등을 억압하기 위해 다양한 '비시장적' 방식이 동원되지 않으면 안 된다. 정치권력 곧, 비시장적 요인이 노동조합의 활동을 억압함으로써 이런 문제를 해결할 수 있었다. 실제로 1992년도 한국은 노조조직률이 가장 낮은 집단에 속하였다(〈표 16-9〉 참조).

이러한 정치적 요인에 의해 시장은 더 확장되었을 뿐 아니라 더 '완전'해졌다. 이런 폭력은 신고전주의경제학의 반노조문화와 성장지상주의로 세뇌된 대중의 문화적 지원이 없다면 불가능하다. 적어도 1990년대 초반부터 한국자본주의에서는 독점자본과 국가의 경제적 유착, 곧 국가독점자본주의의 경향보다 자유시장경제모형의 경향이 더 강하게 표현된다. 물론 그것은 비경제적 영역의 자유(노조와 기본권)에 대한 비시장적 요인(정치)의 억압에 의해 유지되었다. '작지만 강력한 계급 편향적 국가'가 이러한 사회구성체의 형성과정에서 적극적인 역할을 수행했다. 한국자본주의의 '순수' 시장도 정치에 의해 지탱된다.

〈표 16-9〉 노조조직률 변화

1992년	**집단중심값**	14.95	32.65	58.10	80.65
	소속국가	프랑스, 한국, 터키, 미국	캐나다, 독일, 그리스, 멕시코, 포르투갈, 영국	노르웨이	핀란드, 스웨덴
2008년	**집단중심값**	12.45	25.38	54.90	73.85
	소속국가	프랑스, 한국, 멕시코, 포르투갈, 터키, 미국	캐나다, 독일, 그리스, 영국	노르웨이	핀란드, 스웨덴

낮은 노조조직률로 인해 고용은 크게 보호받지 못하고 있다. 고용이 보호되는 정도는 대표적인 자유시장기반경제보다 높지만, 대다수 나머지 국가보다 낮다(〈표 16-10〉 참조).

복지문제의 시장적 해결방식은 21세기에도 대체로 유지되고 있다. 최악의 복지수준과 낮은 노조조직률 등 자유시장경제의 특성은 한국자본주의사회구성체의 국민적 특성을 형성한다. 동시에 취약한 고

1990년	집단중심값	0.52	2.74	3.32	3.93
	소속국가	캐나다, 영국, 미국	핀란드, 프랑스, 한국, 노르웨이	독일, 그리스, 멕시코, 스웨덴	포르투갈, 터키

2008년	집단중심값	0.60	1.95	2.40	3.50
	소속국가	캐나다, 영국, 미국	핀란드, 한국	프랑스, 그리스, 노르웨이, 포르투갈, 독일, 스웨덴	멕시코, 터키

용안정성도 한국자본주의의 국민적 특성에 부합한다. 고용제도의 불안정성은 터키, 멕시코, 포르투갈 등 경제적 후진지역에서 확인되는 고용제도의 안정성과도 다르다. 이러한 특성은 자유시장체제에 부합한다.

또, 최장시간노동은 한국자본주의만이 갖는 특성이다. 이 특성은 복지문제의 시장적 해결을 가능하게 한다. 총체적으로 한국자본주의는 실로 '극단적' 자유시장모형, 곧 신자유주의경제체제에 가깝다. 한국자본주의사회구성체가 갖는 이 모든 국민적 특성은 지난 20년간 대체로 경로의존적으로 진화하고 있다.

한국자본주의는 반복지적, 반노동자적 신자유주의경제체제에 가깝다.

'3분의 2 사회'

반복지적, 반노동자적이며 자유방임주의적인 특성에도 불구하고 한국자본주의의 불평등도는 그다지 높지 않다. 손에 넣을 수 있는 자료로 비교해 보면 한국의 총지니계수는 중위집단(집단중심 0.33)에 위치한다(〈표 16-11〉 참조). 극단적인 자유시장체제에서 경제적 평등이 대체로 유지되는 것도 매우 특수한 경우다. 이러한 특수성은 다른 차원의 제도적 장치와 보완관계 속에서 유지될 수 있을 것이다. 자유시장기반체제의 제도적 구조 아래서 상대적으로 낮은 경제적 불평등이 유지되기 위해 장시간노동은 불가피하다. 장시간노동, 곧 '고역'으로 인해 높아진 소득은 경제적 불평등을 완화하는 데 기여했을 것으로 사료된다.

〈표 16-11〉 총지니계수

2000년대 말	집단중심값	0.48	0.39	0.33	0.27
	소속국가	멕시코	미국, 터키	캐나다, 그리스, 한국, 포르투갈, 영국	핀란드, 프랑스, 독일, 노르웨이, 스웨덴

그러나 극단적 노역에 의해 달성된 경제적 평등은 더 깊은 불평등을 내포한다. 먼저, 총체적 지니계수와 달리 65세 은퇴자의 지니계수에 주목할 때, 극단적으로 높은 멕시코(0.52)를 제외하면 13개 표본 중 지니계수는 미국과 함께 가장 높다(0.40). 대다수 은퇴자들은 최악의 복지제도 아래서 빈곤한 삶을 살아가고 있는 것이다(〈표 16-12〉 참조). 2019년 경제규모 12위, 1인당 국민소득이 3만 2,000달러인 나라에서

150만 명의 노인들이 폐지를 주워 생계를 유지하고 있는 현실은 수치다. 열심히 살아 온 이들에게 이제 '호모루덴스'의 본성을 허하라! 경제야, 이제 우리도 좀 놀자.

〈표 16-12〉 65세 은퇴자 지니계수

2000년대 말	집단중심값	0.52	0.40	0.30	0.24
	소속국가	멕시코	한국, 터키, 미국	캐나다, 프랑스, 독일, 그리스, 포르투갈, 영국	핀란드, 노르웨이, 스웨덴

나아가, 상대적으로 양호하게 보이는 총체적 지니계수는 '제도적' 불평등도 은폐하고 있다. 비정규직노동자의 고용안정성 역시 총체적 노동자의 고용안정성처럼 두 번째로 열악한 집단에 속한다. 하지만 후자보다 전자의 고용은 더 불안하다. 2008년 정규직고용보호제도가 1.90의 점수를 보여 주는 데 비해 비정규직의 그것은 1.44에 그치고 있다(〈표 16-13〉 참조). 전체적으로 볼 때 낮은 지니계수는 과반을 차지하는 강자들이 그에 미치지 못하는 수의 사회적 약자들을 희생시킨 결과로 해석된다. 곧, 3분의 1에 해당하는 구성원의 처지를 심각하게 악화시키면서 3분의 2를 차지하는 강자들이 이익을 얻음으로써 총체적 지니계수가 비교적 양호하게 된 것이다. 이러한 사회는 '3분의 2 사회'로 부를 수 있다.

'3분의 2 사회'는 다른 곳에서도 입증된다. 대학 강의의 57%를 전임교수가 담당하고 나머지 43%를 시간강사가 담당한다. 전임교수 중에는 시간강사보다 처지가 좀 낫지만, 보수와 안정성에서 굉장히 열악한 사람들도 적지 않다. 이렇게 보면 불안정한 교수의 비율은 더 커진

1 9 9 1 년	집단중심값	0.25	2.07	3.73	4.81
	소속국가	캐나다, 미국, 영국	핀란드, 한국	프랑스, 독일, 멕시코, 노르웨이, 포르투갈, 스웨덴	그리스, 터키
2 0 0 8 년	집단중심값	0.29	1.33	3.40	4.88
	소속국가	캐나다, 미국, 영국	핀란드, 독일, 한국, 스웨덴	프랑스, 그리스, 멕시코, 노르웨이, 포르투갈	터키

다. 교수사회는 대체로 안정된 3분의 2의 정규직과 3분의 1에 달하는 다양한 유형의 불안정한 비정규직교수로 구성된다(〈표 16-14〉 참조).

2014년 통계에 의하면 청년취업자 중 정규직취업자는 대략 60%에 해당한다. 나머지는 비정규직으로 이리저리 떠돌고 있다. 청장년 모두를 포함하면 어떻게 될까? 67.7% 정도가 정규직이다.

〈표 16-14〉 '2/3 사회'의 현실

대학강의 담당	전임교수 57%	비전임교수 43%
청년 일자리 유형	정규직 약 60%	비정규직 약 40%
총체적 일자리 유형	정규직 67.7%	비정규직 34.3%
총체적 모습	2/3의 안정적 계층	1/3의 불안정 계층

57%의 전임교수와 60%의 정규직청년취업자, 그리고 67.7%의 정규직노동자들이 모두 '슈퍼리치'만큼 소득이 높지 않다. 하지만 그들은 이 살벌한 정글사회에서 적어도 안정성 정도는 누리고 있다. 별

걱정 없이 대형할인마트와 백화점을 들락거리며 호프집과 커피숍에서 잔을 부딪치고 기울일 수 있는 것이다. 그러니 그들은 분노하지 않는다. 오히려 감사하며 1%에게 기꺼이 협력한다. 우리 사회는 1%와 99%의 전선보다 3분의 2의 안정계층과 3분의 1의 불안정계층으로 구분되어 있다.

하지만 안정적인 3분의 2 중에서 상위 10%를 제외한 구성원들이 그 정도 물질적 양보만으로 1%와 상위 10%에 기꺼이 협력할까? 나는 대한민국의 상위 10%가 양보한 쥐꼬리만 한 물질만으로 3분의 2의 자발적 협력이 확보될 수 없다고 본다. 부족한 물질은 '문화'로 보충되어야 한다. 신고전주의경제학의 문화, 바로 그것의 정치적 메시지가 이런 역할을 한다. '개인적 쾌락에 전념하고 정치에 관여하지 말라!' 호모사케르의 삶이다(〈그림 8-2〉 참조).

이탈리아의 마르크스주의 철학자 안토니오 그람시*A. Gramsci*는 지배계급의 통치수단으로 '헤게모니블록*Hegemony Block*'이란 개념을 제안하였다. 헤게모니란 특정 역사적 시기에 지배계급이 국가의 정치, 경제, 문화에 대한 자신들의 지배를 유지하기 위해 피지배계급에 대한 직접적인 강압보다는 문화적 수단을 통해 지배하는 능력을 의미한다. 그리고 그러한 능력에 동조 및 포섭된 피지배계급 일부가 지배계급과 함께 형성한 연합체가 헤게모니블록이다. 이 블록을 통해 거대한 규모의 피지배계급은 분할 통치된다. 곧 기존의 지배계급이 헤게모니블록에 포섭된 피지배계급과 제휴한 후 그 블록으로부터 배제된 나머지 피지배계급을 통치하는 것이다. 헤게모니블록은 지배세력에게 안정적 지배를 허용한다.

"3분의 1의 저항은 거세다. 이들의 분노와 소란이 3분의 2를 불편하게 만든다는 것은 충분히 상상된다. 그러나 그들은 3분의 1을 결코 두려워할 필요가 없다. '결코 적지 않지만 절대 절반을 넘지 못하는' 3분의 1의 요구를 자신들의 쪽수(!)만으로 충분히 통제할 수 있기 때문이다. 3분의 2로 에워 쌓인 군건한 성채 속에서 3분의 1의 눈물과 탄식은 공허한 메아리로 끝나고 만다. 한국사회는 안정된 3분의 2가 헤게모니블록을 형성하는 사회다. 이러한 3분의 2 사회에서 억울한 3분의 1은 철저히 왕따당하고 있다."(한성안, 2015)

쾌락주의, 개인주의, 정치혐오주의를 설교하는 신고전주의경제학은 3분의 2를 지배파트너로 묶어 두면서 나머지 3분의 1을 왕따시켜 지배할 수 있는 훌륭한 문화적 수단이다. 그 때문에 대한민국은 '헬조선'임에도 불구하고 정치적으로 잠잠한 것이다. 억울한 3분의 1을 향한 깨어 있는 시민들의 사회적 연대가 얼마나 크게 요구되는지를 알 수 있다.

> 한국경제는 3분의 1의 불안정 계층을 3분의 2의 안정적 계층의 헤게모니블럭이 지배하는 '3분의 2 사회'의 특징을 보여 준다.

반복지적 혁신경제

1980년대 사회구성체논쟁의 참여자들이 주장했던 것과 달리 한국자본주의는 새로운 기술경제패러다임에 성공적으로 진입하였다. 곧, 주변부성과 종속성보다 자립 경향을 보임은 물론 '혁신적인 지식기반경제'로 접근해 가고 있다.

제도적 다양성의 관점에서 볼 때, 한국자본주의는 자신만의 고유성을 보여 준다. 복지제도와 노조조직률은 특별히 낮다. 총노동자의 고용도 꽤 불안한 편에 속한다. 따라서 한국자본주의는 전형적인 자유시장기반경제에 가깝다. 특히 어떤 국가에서도 발견되지 않을 정도로 독특한 최장시간노동을 고려하면 한국자본주의는 '극단적' 자유시장경제의 특성을 보인다. 이러한 장시간노동이 최고수준의 혁신성과 공존한다는 점에서 매우 특수하다. 그러한 지표들은 시간이 지남에 따라 안정적인 것으로 확인된다.

상대적으로 덜 심각한 불평등은 3분의 1을 차지하는 구성원들의 희생을 통해 얻어졌다는 점에서 한국사회구성체는 '3분의 2 사회'의 특징도 보여 준다. 전체적으로 볼 때, 한국자본주의사회구성체는 법칙적으로 진보하거나 퇴보하지 않았다. 그것은 기술경제패러다임의 환경변화와 다양한 국민적 행위자들의 적극적 자유의지, 그리고 역사적으로 전승된 제도적 맥락의 상호작용을 통해 독특한 방식으로 진화하였다. 그 과정에서 비민주적이고 반복지적 경로를 따르는 동시에 혁신을 통해 지식기반경제로 진화했다. 그 결과 21세기 초 현재 한국자본주의사회구성체는 '반복지적 혁신경제'와 '3분의 2 사회'의 특성을 보인다.

> 21세기를 맞고 있는 한국사회구성체는 '반복지적 혁신경제'와 '3분의 2 사회'의 성격을 보여 주고 있다.

이런 특성은 〈표 15-1〉의 신자유주의형에 크게 부합된다. 이는 깨어 있는 시민과 노동자가 염원하는 유형과 매우 멀다. 지속가능형은

커녕 사회민주주의형에도 크게 못 미친다. 민주정부가 들어서고 나서 악화된 상황이 조금씩 개선되고 있지만, 보수세력의 강한 정치적 저항 때문에 방향을 예측하기 어렵다. 최근 진보적 경제학이 거의 소멸하고 있는 자리에 신고전주의경제학이 들어서고 있다. 그 속에서 교육받은 학생들이 호모에코노미쿠스, 소시오패스, 호모사케르로 진화할 것은 불을 보듯 뻔하다. 앞으로 신고전주의경제학은 비교적 진보적일 것으로 기대됐던 청년층에게도 합리적(!) 문화로 수용될 것이다. 신고전주의경제학이 온 누리에 퍼지게 되면 한국사회구성체는 미국보다 훨씬 강력한 신자유주의경제로 진화할 수 있다. 신고전주의경제학이 기획하는 경제는 불평등과 불의, 낭비를 심화시키는 성장지상주의 헬조선이다. 아비규환의 '지옥경제'는 지속가능하지 않다. 제도경제학이 이 질주를 멈출 수 있어야만 한다.

깨어 있는 시민들과 제도경제학

베블런, 커먼스, 케인스, 슘페터! 이들은 경제학사에서 모두 각자의 지분을 갖고 있다. 그것은 넷이 근본적으로 하나의 경제학체계로 통합될 수 없다는 사실을 의미한다. 하나의 이론체계로 통합될 수 있었더라면 넷 중 셋은 이름도 없이 사라지고 말았을 것이다. 따라서 우리는 네 명의 자이언트가 취한 접근방법이 서로 다르며, 그 때문에 갈등을 겪을 수 있다는 점을 인정해야 한다.

이미 밝힌 바 있지만 가장 근접하는 베블런과 커먼스마저 작지 않은 차이를 보여 준다. 베블런은 도구적 가치를 지향하지만 커먼스는 이성적 가치를 지향한다. 또, 베블런은 풍요의 시대를 전제로 두지만 커먼스는 희소성을 전제로 둔다. 그뿐만 아니라 베블런은 문화를 중시하는 반면, 커먼스는 정치적 요인에 주목한다. 그 때문에 전자는 비형식적 제도에 관심을 가지지만 후자는 형식제도를 중시한다.

베블런과 케인스의 차이는 더 두드러진다. 베블런은 과잉소비가 현대경제의 문제점이라고 보지만 케인스는 과소소비가 현대경제의 선결과제라고 본다. 이 경우 양자가 제안하는 경제정책은 충돌할 수 있다.

넷 중 슘페터만큼 이질적인 자이언트도 없을 것이다. 그는 본래 보수적인 경제학자다. 그가 찬양한 혁신은 불평등을 낳는다. 하지만 혁신을 변화의 동력으로 본 슘페터는 기술을 사회진화의 원동력으로 본 베블런과 겹친다. 나아가 둘은 함께 경제를 진화적 관점에서 이해한다. 진화적 동태성은 제도경제학의 본질에 해당하는데 커먼스도 이점을 공유한다.

뿐만 아니라 슘페터경제학은 최근 신슘페터리언 경제학으로 발전했다. 신슘페터리언 경제학은 기술과 제도의 상호작용을 중시하는 제도경제학이다. 이들은 형식제도에 방점을 찍음으로써 케인스와 커먼스에 친화적이지만, 사유습성과 같은 문화를 연구의 핵심주제로 삼음으로써 베블런에 크게 가깝다. 더욱이 이들은 지식과 혁신의 고유성으로부터 출발해 지식의 분배와 공유를 정책대안으로 제시하는 점에서 다른 모든 제도경제학의 자이언트와 같은 도덕적 기준을 갖추고 있다.

이들 사이에 차이는 실로 적지 않다. 하지만 넷은 분배와 공정의 가치를 중시하고 인류의 지속가능한 발전을 염원한다는 공통점이 있다. 전체적으로 모두 에우다이모니아를 지향하고 있다. 이런 도덕적 가치판단이 각자의 이론모델에 뿌리를 내리고 있음은 두말할 나위 없다. 이런 공통점은 연구방법론에도 용해되어 있다. 우리는 앞에서 이미 이들이 갖는 인문학과 자연과학적 기반의 공통점을 확인한 바 있다(〈표 9-2〉 참조). 특히, 자본주의경제가 초래하는 각종 문제점을 해결하기 위해 '제도'를 중시하는 점에 넷은 일제히 동의한다.

신고전주의경제학의 강력한 공격에 맞서기 위해 차이를 인정하면서 공통점을 놓치지 않는 태도가 필요하다. 복잡한 세상에 문제는 산적해 있다. 변하는 세상에서 새로운 문제들이 등장한다. 이처럼 복잡다단한 세상을 구원할 '유일한 메시아'는 존재하지 않는다. 마르크스가 신이 아니듯이 베블런도 신이 아니다. 베블런의 생각은 케인스, 커먼스, 슘페터와 결합할 때 비로소 더 나은 결과로 이어질 수 있다. 이제부터 깨어 있는 시민들은 한 사람의 자이언트로부터 영생을 구하는 종교적 태도를 버려야 한다. 한 사람에 매달림으로써 얻을 수 있는 결과는 논리적 일관성과 미학적 모델 말고 아무것도 없다. 이런 것들은 감탄과 위안을 줄지언정 좋은 삶으로 인도하지 못한다. 그것들은 나쁜 삶을 외면하고 잘못된 길로 오도할 뿐이다.

서로 다른 것들로부터 공통점을 찾아 좋은 삶으로 나아가는 길은 순탄치 않으며 절충주의라는 비난에 시달리기도 한다. 〈그림 14-2〉는 바로 이런 상황을 말해 주고 있다. 하지만 다름의 만남이 창조와 혁신으로 이어진 사례도 많다. 〈표 15-1〉이 보여 주듯이 사회민주주의형을 넘어 혁신형, 심지어 미지의 지속가능형으로 발전할 수도 있는 것이다. 이 모든 것은 실천하고 성찰하며, 참여하고 학습하는 '행동하는 양심'과 '깨어 있는 시민'의 몫이다. 진화하던 역사는 그렇게

'진보'해 왔다. 유럽의 몇몇 국가들은 이 미지의 세계를 자신의 정치, 문화, 기술적 맥락에 맞게 실제로 그 내용을 채워 가고 있다.

우리가 차이를 인정하는 이유는 다른 곳에 있지 않다. 차이를 정확히 알면 빈 공간을 적절히 관리하고 채워나감으로써, 공유하고 있는 좋은 가치를 더 효과적으로 실현할 수 있기 때문이다. 빈 곳을 먼저 알아야 그것을 채울 방법도 기획할 수 있다. 공통점과 차이점을 드러내는 것은 학자의 역할이지만 그것을 조정하고 구체적으로 채워나가는 것은 정치인의 몫이다. 그리고 정치인이 이를 조정하고 채우는 힘은 깨어 있는 시민들의 정치적 참여와 집단지성으로부터 나온다. 민주정부라도 시민들이 부여한 권력이 뒷받침되지 않으면 아무것도 실행할 수 없다.

반복지적 혁신경제와 3분의 2 사회로 요약되는 '헬조선'을 중용의 미덕, 평등과 정의가 강물처럼 흐르는 '좋은' 경제로 변화시키자면 깨어 있는 시민들의 정치적 참여와 문화적 성찰이 절대적으로 필요하다. 성찰과 참여 없이 바뀌는 것은 아무것도 없다. 이들의 성찰과 참여에 제도경제학이 텍스트 역할을 할 수 있기를 기대한다.

> 제도경제학은 민주정부와 깨어 있는 시민들의 텍스트가 될 필요가 있다.

경제학모델은 그것이 단지 과학적이기 때문에 구현되는 것은 아니다. 정치력과 문화적 능력 때문에 구현된다. 세상은 경제투쟁만으로 바뀌지 않는다. 정치운동이 추가되어야 하고, 무엇보다 '문화운동'이 선행되어야 한다. 세상은 참여와 '운동'을 통해 바뀐다. 깨어 있는 시민들은 '운동권'이라는 비난에도 불구하고 한층 더 '운동권'으로 변모해야 한다. 〈그림 16-1〉은 헬조선을 에우다이모니아, 곧 좋은 삶의 경제로 바꾸기 위한 제도경제학의 운동전략이다. 제도경제학의 증기력은 신고전주의경제학의 '똥단배'를 퇴출시킬 수 있는 새로운 동력기술이다.

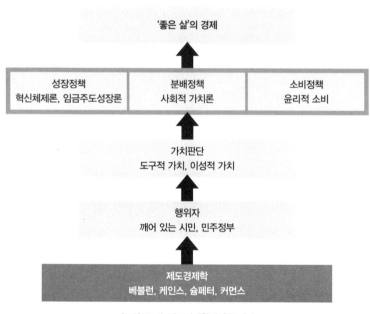

〈그림 16-1〉 제도경제학의 운동전략

모든 경제학파는 과학Science으로 인정받기 위해 혈안이 되어 있다. 그 때문에 그들은 경제학모델에서 인문학을 제거하는 대신 그 공간을 자연과학으로 채우고자 한다. 이 과정에서 인간적 모습을 지우고 그 흔적을 제거하려 온 힘을 다한다. 그 결과 행위자가 없어진다. 행위자라고 해봤자 기껏해야 계산 잘하는 신고전주의 슈퍼컴퓨터, 역사법칙만 추구하고 일만 잘하는 마르크스 프롤레타리아, 모든 일을 국가에 일임하고 자신은 '구성의 오류'만 유발하는 케인지언 호모에코노미쿠스가 전부다. 인문학의 빈곤은 '사람 없는' 경제학, 사람을 혐오하는 경제학을 만든다.

제도경제학에서 베블런만큼 중요한 경제학자는 없을 것이다. 다른 셋과 달리 그의 제도경제학은 '본능'으로부터 출발한다. 본능을 강조함으로써 그는 경제학에서 '행위자'를 복원시켰고, 깨어 있는 시민들을 발견할 수 있었다. 이들은 역사 속에서 다양한 제도를 창조하고 기술과 지식을 창조하며 그것들의 방향을 관리하는 주체다. 이로써 우리는 역사의 변화를 신고전주의경제학의 '시장'과 마르크스경제학의 '법칙', 나아가 포스트케인지언 경제학의 '국가'보다 '인간'으로부터 기대할 수 있게 되었다. 제도경제학은 성찰과 실천의 경제학이며 자유의지와 변화의 경제학이다. 이 모든 것은 제도경제학이 연구모델에 통합한 행위자 때문에 가능하다. 그리고 이 행위자는 본능론에 의해 뒷받침된다. 본능론은 제도경제학의 백미이자 에브토피아의 진정한 원동력이다. 이런 점에서 다윈의 진화생물학은 제도경제학과 그 인문학의 자연과학적 기반(〈그림 3-4〉 참조)인 동시에 제도경제학의 메타이론(〈그림 8-5〉 참조)인 셈이다.

이제 깨어 있는 시민들은 인간을 모욕하고 조롱하는 모든 미신과 경제학의 사유습성에서 벗어나 인간을 노래하고 인간에게 희망을 걸 필요가 있다. 비록 진화된 존재에 불과해 제한적 합리성만 가진 누추하고 남루한 존재일지라도 말이다. 이들이 품고 있는 목적함수를 상기하자.

$$E: \text{좋은 삶}$$

$$E = E(Y, N, U)$$

Y: 기본소득, N: 도덕, 문화, 사회, 정치, U: 불평등

깨어 있는 시민들이 품고 있는 목적함수의 내용은 '지식과 기술의 도구적 활용에 힘입어 기본소득이 확보된 상태에서 부당하게 차별받지 않고 도덕적, 문화적, 사회적, 정치적 실천을 통해 좋은 삶을 누리는 것이며, 이로써 인류공동체의 지속가능한 재창조에 기여하는 것'이다. 이런 결론은 제도경제학을 포함하는 비주류 경제학의 고유한 인문학과 자연과학에 기인한다는 사실을 기억하자.

참 고 문 헌

• 강재언 외(1982), 『봉건사회 해체기의 사회경제구조』, 청아출판사.

• 김정주(2004), "시장, 국가, 한국자본주의, 그리고 한국자본주의 모델: 1980년대 축적체제의 전환과 국가후퇴의 현재적 의미", 유철규 편, 『박정희 모델과 신자유주의 사이에서』, 함께 읽는 책.

• 김준보(1982), 『한국자본주의발달사연구 II, III』, 일조각.

• 대니얼 카너먼(2018), 『생각에 관한 생각』, 이창신 역, 김영사.

• 데이비드 M. 버스(2019), 『진화심리학 핸드북 1·2』, 김한영 역, 아카넷.

• 모티머 J. 애들러(2016), 『모두를 위한 아리스토텔레스: 쉽게 풀어낸 어려운 생각』, 김인수 역, 마인드큐브.

• 박현채·조희연(1990), 『한국사회 구성체논쟁 1·2』, 죽산.

• 버나드 맨더빌(2010), 『꿀벌의 우화: 개인의 악덕, 사회의 이익』, 최윤재 역, 문예출판사.

• 소스타인 베블런([1899], 2011), 『유한계급론』, 한성안 역, 지만지.

• 엥겔베르트 스톡하머 외(2019), 『리싱킹 이코노믹스』, 한성안 역, 개마고원.

• 요한 하위징아(2018), 『호모 루덴스: 놀이하는 인간』, 이종인 역, 연암서가.

• 원용찬(2007), 『유한계급론: 문화·소비·진화의 경제학』, 살림.

• 윌리엄 데이비드 로스(2016), 『아리스토텔레스: 그의 저술과 사상에 관한 총설』, 김진성 역, 세창출판사.

• 유원기(2009), 『아리스토텔레스의 정치학, 행복의 조건을 묻다』, 사계절.

• 이영희(2005), 『정의론』, 법문사.

• 정연태(2011), 『한국근대와 식민지 근대화 논쟁: 장기근대사론을 제기하며』, 푸른역사.

• 정태헌(2010), 『문답으로 읽는 20세기 한국경제사』, 역사비평사.

- 조르조 아감벤([1995], 2008),『호모 사케르: 주권 권력과 벌거벗은 생명』, 박진우 역, 새물결.

- 켄 맥코믹(2019),『경제학자 베블런, 냉소와 미소 사이』, 한성안 편역, 청람.

- 크리스토퍼 윌스([1998], 1999),『진화의 미래』, 이충호 역, 푸른숲.

- 피터 버그(2006),『지식, 그 탄생과 유통에 대한 모든 지식』, 박광식 역, 현실문화연구.

- 한나 아렌트(2006),『전체주의의 기원』, 이진우·박미애 역, 한길사.

- 한성안(1993), "독점이론에 대한 자본논리학적, 신기술론적 재고", 「사회경제평론」 6, 한국사회경제학회.

- 한성안(2000), "진화경제학의 국가특수성 논의와 정책적 시사점", 「경제학연구」 48집 4호, 한국경제학회.

- 한성안(2002), "EU 과학기술정책의 문제점과 정책적 시사점", 「EU학 연구」 7권 2호, 한국EU학회.

- 한성안(2004), "지역혁신체제와 '사회적자본'", 「기술혁신연구」 제12권 1호, 기술경영경제학회.

- 한성안(2005), "'사회적 자본', 경제성장, 혁신", 「경제학연구」 53집 1호, 한국경제학회.

- 한성안(2006), "진화경제학적 기술확산모형 연구", 「경제학연구」 54집 1호, 한국경제학회.

- 한성안(2010), "진화경제학적 동반성장모형", 「경제학연구」 58집 3호, 한국경제학회.

- 한성안(2010), "진화경제학의 유토피아로서 '에브토피아'", 「사회경제평론」 34호, 한국사회경제학회.

- 한성안(2011), "세계화와 기술경제패러다임 변화에 따른 OECD 경제체의 진화", 「EU학 연구」 16권 2호, 한국EU학회.

- 한성안(2012), "세계화와 자유시장경제체제의 도전에 대한 진화경제학적 장벽", 「경상논총」 30권 2호, 한독경상학회.

- 한성안(2013), "기술경제패러다임 변화에 따른 한국자본주의 진화", 「질서경제저널」 16권 4호, 한국질서경제학회.

- 한성안(2015), 『인문학으로 이해하는 경제학 광장』, 서우미디어.

- 한성안(2017), 『경제학 위의 오늘』, 왕의 서재.

- Abramobitz, M.(1986), "Catching Up, Foreign Ahead, and Falling Behind", *Journal of Economic History* Vol. 46, No. 2, pp. 385-407.

- Abramobitz, M.(1994), "The Origins of Postwar Catch-Up and Convergence Boom", in Fagerberg. J., Verspagen, B. and Tunzelmann, von N.(edits.)(1994), *The Dynamics of Technology, Trade and Growth*, Aldershot, Edward Elgar.

- Abramson, H. N.(eds.)(1997), *Technology Transfer System in the United States and Germany*, Washington, D.C., National Academy Press.

- Acemoglu, D. and J. A. Robinson(2012), *Why Nations Fall: The Origins of Power, Prosperity and Poverty*, New York: Random House and London: Profile.

- Adkisson R. V.(2004), "Ceremonialism, Intellectual Property Rights, and Innovative Activity", *Journal of Economic Issues* Vol. XXXVIII, No. 2, pp. 459-466.

- Aguilera, R. V. and G. Jackson, "The Cross-national Diversity of Corporate Governance: Dimensions and Determinants", *Academy of Management Review* Vol. 28, No. 3, 2003, pp. 447-465.

- Akkermans, D., Castaldi, C. and B. Los(2007), "Do Liberal Market Economies Innovate More Radically Than Coordinated Markets Economies? Hall & Soskice Reconsidered", Groningen Growth and Development Centre, University of Groningen and Utrecht University.

- Altman M.(2009), "A Behavioral-Institutional Model of Endogenous Growth and Induced Technical Change", *Journal of Economic Issues* Vol. XLIII, No. 3, pp. 685-713.

- Altman M.(2013), "Economic Freedom, Material Wellbeing, and The Good Capitalist Governance Index", *Journal of Economic Issues* Vol. XLVII, No. 1, pp. 247-265.

• Amable, B.(2000), "Institutional Complementarity and Diversity of Social Systems of Innovation and Production", *Review of International Political Economy* Vol. 7. No. 4, pp. 645-687.

• Amable, B.(2003), *The Diversity of Modern Capitalism*, Oxford, Oxford University Press.

• Amable, B., Ernst, E. and S. Palombarini(2005), "How Do Financial Markets Affect Industrial Relations: An Institutional Complementarity approach", *Socio-Economic Review* 3, pp. 311-330.

• Ancori, B. Bureth, A. and P. Cohendet(2000), "The Economics of Knowledge: The Debate about Codification and Tacit Knowledge", *Industrial & Corporate Change* Vol. 9, No. 2, pp. 255-287.

• Andersen, P. H.(1998), "Organizing International Technological Collaboration in Subcontractor Relationships. An Investigation of The Knowledge-Stickyness Problem", *DRUID Working Paper* No. 98-11.

• Anne, M.(2001), "Human Agency, Cumulative Causation, and the State", *Journal of Economic Issues* Vol. 35, No. 2, pp. 239-249.

• Aoki, M.(1994), "The Contingent Governance of Teams: Analysis of Institutional Complementarity", *International Economic Review* Vol. 35, pp. 657-676.

• Arrow, K. J.(1973), "Social Responsibility and Economic Efficiency", *Public Policy* 21, pp. 303-317.

• Arthur, W. B.(1990), "'Silicon Valley', Locational Clusters: When Do Increasing Returns Imply Monopoly?", *Mathematical Social Science* Vol. 19, No. 3, pp. 235-251.

• Arthur, B.(1994), *Increasing Returns and Path Dependence in the Economy*, Ann Arbor, MI: University of Michigan Press.

• Atkinson G. W.(1987), "Instrumentalism and Economic Policy: The Quest for Reasonable Value", *Journal of Economic Issues* Vol. XXI, No. 1, pp. 189-201.

• Atkinson G. W.(2013), "Abundance Is Not Profitable", *Journal of Economic Issues* Vol. XLVII, No. 2, pp. 359-366.

● Austen S.(1999), "Norms of Inequality", *Journal of Economic Issues* Vol. XXXIII, No. 2, pp. 435-442.

● Axelrod, R.(1984), *The Evolution of Cooperation*, New York, Basic Books.

● Bassanini, A. and E. Ernst(2001), "Labour Market Regulation, Industrial Relations, and Technological Regimes: A Tale of Comparative Advantage", *CEPREMAP Working papers* 2001-17.

● Baumol, W. J.(1986), "Productivity Growth, Convergence, and Welfare: What the Long Run Dada Show", *American Economic Review* 76, pp. 1072-1085.

● Becker. M. C., Knudsen, Th. and James G. March(2006), "Schumpeter, Winter and The Sources of Novelty", *Industrial and Corporate Change* Vol. 15, No. 2, pp. 353-371.

● Benton R. Jr.(1982), "Economics Cultural System", *Journal of Economic Issues* Vol. XVI, No. 2, pp. 461-469.

● Berger S.(2009), "Myrdal's Institutional Theory of The State: From Welfare to Prédation-and Back?", *Journal of Economic Issues* Vol. XLIII, No. 2, pp. 353-360.

● Bertocco G.(2009), "The Relationship Between Saving and Credit from a Schumpeterian Perspective", *Journal of Economic Issues* Vol. XLIII, No. 3, pp. 607-640.

● Bezemer D. and M. Hudson(2016), "Finance Is Not the Economy: Reviving the Conceptual Distinction", *Journal of Economic Issues* Vol. L, No. 3, pp. 745-767.

● Bhaduri, A. and Marglin, S.(1990), "Unemployment and the Real Wage: The Economic Basis for Contesting Political Ideologies", *Cambridge Journal of Economics* 14(4), pp. 375-393.

● Billig M. S.(2000), "Institutions and Culture: Neo-Weberian Economic Anthropology", *Journal of Economic Issues* Vol. XXXIV, No. 4, pp. 771-788.

● Blanchflower D. G. and A. J. Oswald(2004), "Happiness and the Human Development Index: The Paradox of Australia", *The Australian Economic Review* Vol. 38, No. 3, pp. 307-18.

● Blanchflower D. G. and A. J. Oswald(2011), "International Happiness: A New View on the Measure of Performance", *Academy of Management Perspectives* 25(1), pp. 6-22.

- Blanchflower D. G., Bell, D. N.F., Momtagnoli A. and M. Moro(2014), "The Happiness Trade-Off between Unemployment and Inflation", *Journal of Money, Credit and Banking*, Supplement to Vol. 46, No. 2, pp. 117-140.

- Boyer, R.(1996), "The Convergence Hypothesis Revisited: Globalization but Still the Century of Nations?", In S. Berger and R. Dore(eds.), *National Diversity and Global Competition*, Ithaca, NY, Cornell University Press.

- Boyer, R.(1997), "French Statism and the Crossroad", in C. Crouch and W. Streeck. (eds.), *Political Economy of Modern Capitalism*, London, Sage.

- Boyer, R.(2000), "The Embedded Innovative Systems of Germany and Japan: Distinctive Features and Future", *CEPREMAP Working Paper* No. 2000-09, Paris.

- Boyer, R.(2005), "How and Why Capitalisms Differ", *Economy and Society* Vol. 34, No. 4, pp. 509-557.

- Boyer, R and T. Yamada(2000), "An Epochal Change. but Uncertain Future: the Japanese Capitalism in Crisis a 'régulation' Interpretation", *CEPREMAP Working papers* No. 2000-05.

- Brandis, R.(1985), "Distribution Theory; Scientific Analysis or Moral Philosophy", *Journal of Economic Issues* Vol. XIX, No. 4, pp. 867-878.

- Brazelton W. R.(1981), "Post-keynesian Economics: An Institutional compatability?", *Journal of Economic Issues* Vol. XV, No. 2, pp. 531-542.

- Brette, O.(2003), "Thorstein Veblen's Theory of Institutional Change: Beyond Technological Determinism", *European Journal of the History of Economic Thought* Vol. 10, No. 3, pp. 455-477.

- Brette, O.(2006), "Expanding the Dialogue between Institutional Economics and Contemporary Evolutionary Economics: Veblen's Methodology as Framework", *Journal of Economic Issues* Vol. 40, No. 2, pp. 493-500.

- Brette, O.(2017), "The Vested Interests and the Evolving Moral Economy of the Common People", *Journal of Economic Issues* Vol. LI, No. 2, pp. 503-510.

- Brinkman, R, L., and J. E, Brinkman(2006), "Cultural Lag: In the Tradition of Veblenian Economics", *Journal of Economic Issues* 40, pp. 1009-1028.

• Brinkman, R, L., and J. E, Brinkman(2006), "Toward a Grand Union: The Banyan Tree of Knowledge", *Journal of Economic Issues* Vol. XL, No. 2, pp. 439-448.

• Brinkman R. L. and J. E. Brinkman(2008), "Globalization and the Nation-State: Dead or Alive", *Journal of Economic Issues* Vol. XLII, No. 2. pp. 425-433.

• Brown Ch.(2005), "Is There an Institutional Theory of Distribution?", *Journal of Economic Issues* Vol. XXXIX, No. 4, pp. 915-931.

• Brown, D.(1991), "An Institutional Look at Postmodernism", *Journal of Economic Issues* Vol. 25, No. 4, pp. 1089-1104.

• Bush, P. D.(1994), "The Pragmatic Institutionalist Perspective on the Theory of Institutional Change", *Journal of Economic Issues* Vol. 28, No. 2, pp. 647-657.

• Bush, P. D.(2009), "The Neoinstitutionalist Theory of Value, Remarks upon Receipt of the Veblen-Commons Award, *Journal of Economic Issues* Vol. XLIII, No. 2, pp. 293-306.

• Caldwell B.(1980), "Positivist Philosophy of Science and the Methodology of Economics", *Journal of Economic Issues* Vol. XIV, No. 1, pp. 53-76.

• Carlsson, B., Jacobsson, S., Holmen, M. and A. Rickne(2002), "Innovations Systems: Analytical and Methodological Issues", *Research Policy* 31, pp. 233-245.

• Champlin D. P. and J. T. Knoedler(2005), "Whither, or Wither, the Good Society?", *Journal of Economic Issues* Vol. XXXIX, No. 2, pp. 455-463.

• Chernomas, R.(184), "Keynes on Post-Scarcity Society", *Journal of Economic Issues* Vol. XVIII, No. 4, pp. 1007-1026.

• Chi-ang Lin, B.(2008), "More Government or Less Government? Further Thoughts for Promoting the Government", *Journal of Economic Issues* Vol. XLII, No. 3, pp. 803-821.

• Cimoli, M(1994), "Technological Gaps, Specialization and Growth: A Structuralist/ Evolutionary View", *Working Paper* 94-82, IIASA, Laxenburg, Austria.

• Clark A. E. and C. Senik(2010), "Who Compares to Whom? The Anatomy of Income Comparisons in Europe", *The Economic Journal* 120, pp. 573-594.

• Clark A. E., Frijters P. and M. A. Shields(2008), "Relative Income, Happiness, and Utility: An Explanation for the Easterlin Paradox and Other Puzzles", *Journal of Economic Literature* Vol. 46, No. 1, pp. 95-144.

• Cole, A.(2003), "On Tacit Knowledge, Industrial Districts and Social Embeddedness of Creativity, or Why Scholars Have Known More Than They Could Tell About Tacit Knowledge and Regional Competitive Advantage", Copenhagen Business School Department of Industrial Economics and Strategy.

• Coleman, J. S.(1990). *Foundations of Social Theory*. Cambridge: Harvard University Press.

• Commons, J. R.([1924], 1995), *Legal Foundation of Capitalism*, New York: Macmillan.

• Commons, J. R.(1931), "Institutional Economics." *American Economic Review* 21, No. 4, pp. 648-657.

• Commons, J. R.([1934], 1989), *Institutional Economies*, New York: Macmillan.

• Commons, J. R.([1936], 1970), *The Economies of Collective Action*, Madison, Wisconsin, The University of Wisconsin Press.

• Cooper, D., W. D. McCausland and I. Theodossiou(2013), "Income Inequality and Wellbeing: The Plight of the Poor and the Curse of Permanent Inequality", *Journal of Economic Issues* Vol. XLVII, No. 4, pp. 939-957.

• Cordes, Ch.(2005), "Veblen's 'Instinct of Workmanship', Its Cognitive Foundations, and Some Implications for Economic Theory", *Journal of Economic Issues* 39, No. 1, pp. 1-20.

• Cosmides. L. and J. Tooby(1992), "Psychological Foundations of Culture", in Barkow. J, Cosmides. L. and J. Tooby(eds), *The Adapted Mind; Evolutionary Psychology and Generation of Culture*, New York, Oxford University Press.

• Cowan, R., David P. and D. Foray(2000). "The Explicit Economics of Knowledge Codification and Tacitness." *Industrial Change and Corporate Change* 9, No. 2, pp. 211-53.

• Crolleau G. and S. Sdid(2008), "Do You Prefer Having More or More than Others? Survey Evidence on Positional Concerns in France", *Journal of Economic Issues* Vol. XLII, No. 4, pp. 1145-1158.

• Cypher J.(2009), "On the Income Gap Between Nations: Was Veblen the First Development Economist?", *Journal of Economic Issues* Vol. XLIII, No. 2, pp. 361-369.

• Dalum, B and G. Villumsen(1996), "Are OECD Export Specialization Patterns 'Sticky'? Relations to the Convergence-Divergence Debate", *DRUID Working Paper* 96-3, DRUID, Denmark.

• Daniels, P. L.(1997), "National Technology Gaps and Trade - An Empirical Study of the Influence of Globalisation", *Research Policy* 25, pp. 1189-1207.

• Dasgupta, P.(1999), "Economic Progress and the Idea of Social Capita", P. Dasgupta and I. Serageldin(eds.), *Social Capital: Multifaceted Perspective*, Washington DC, The World Bank.

• Davis A. E.(2013), "Bringing Politics Back In: Violence, Finance, and the State", *Journal of Economic Issues* Vol. XLVII, No. 1, pp. 219-246.

• DeGregori Th. R.(2001), "Does Culture/Technology Still Matter to Institutionalists?", *Journal of Economic Issues* Vol. XXXV, No. 4, pp. 1009-1017.

• Delorme, R.(1984), "The New View on Economic Theory of the State: The Case of French", *Journal of Economic Issues* XVIII, No. 3, pp. 715-744.

• Dequech, D.(2001), "Bounded Rationality, Institutions, and Uncertainty", *Journal of Economic Issues* 35, No. 4, pp. 911-929.

• Dequech, D.(2003), "Cognitive and Cultural Embeddedness: Combining Institutional Economics and Economic Sociology", *Journal of Economic Issues* Vol. 37, pp. 461-470.

• Dequech, D.(2004), "Uncertainty: Individuals, Institutions and Technology", *Cambridge Journal of Economics* Vol. 28, No.3, pp. 365-378.

• Dillard D.(1980), "A Theory of Monetary Production: Keynes and Institutionalists", *Journal of Economic Issues* Vol. XIV, No. 2, pp. 255-273.

• Dixon, R. and A. Thirlwall(1975), "A model of regional growth-rate differences on Kaldorian lines", *Oxford Economic Papers* 11, pp. 201-214.

• Dobusch L. and J. Kapeller(2009), "Why is Economics not an Evolutionary Science? New Answers to Veblen's Old Question", *Journal of Economic Issues* Vol. XLIII, No. 4, pp. 867-898.

• Dolfsma, W.(2005), "Towards a Dynamic (Schumpeterian) Welfare Theory." *Research Policy* 34, No. 1, pp. 69-82.

• Dolfsma, W.(2006), "IPRs, Technological Development and Economic Development", *Journal of Economic Issues* Vol. XL, No. 2, pp. 333-342.

• Dolfsma, W., Finch, J. and R. McMaster(2005), "Market and Society: How Do They Relate, and How Do They Contribute to Welfare?", *Journal of Economic Issues* Vol. XXXIX, No. 2, pp. 347-356.

• Dolfsma, W. and R. Verburg(2008), "Structure, Agency and the Role of Values in Processes of Institutional Change", *Journal of Economic Issues* Vol. XLII, No. 4, pp. 1031-1054.

• Dopfer, K(1991), "Toward a Theory of Economic Institution: Synergy and Path Dependency", *Journal of Economic Issues* Vol. XXV, No. 2, pp. 535-550.

• Dörrenbächer, Ch.(2002), "National Business Systems and the International Transfer of Industrial Models in Multinational Corporations: Some Remarks on Heterogeneity", *WZB Discussion Paper* FS I 02-102. WZB.

• Dosi, G.(1997), "Opportunities, Incentives and the Collective Patterns of Technological Change", *Economic Journal* 107, pp. 1530-1547.

• Dosi, G., K. Pavitt and L. Soete(1990), *The Economics of Technical Change and International Trade*, New York, New York University Press.

• Dosi, G. et al.(eds.),(1988), *Technical Change and Economic Theory*, Pinter Publishers, London.

• Dosi, G., Malerba, F., Ramello, G. B. and F. Silva(2006), "Information, Appropriability and the Generation of Innovative Knowledge Four Decades After Arrow and Nelson: An Introduction", *Industrial and Corporate Change* Vol. 15, No. 6, pp. 891-901.

• Dosi, G., Marengo, L. and C. Pasquali(2006), "How Much Should Society Fuel the Greed of Innovators? On the Relations between Appropriability, Opportunities and Rates of Innovation", *Research Policy* 35, pp. 1110-1121.

• Dosi, G. and R. R. Nelson(1994), "An introduction to Evolutionary Theories in Economics", *Journal of Evolutionary Economics* Vol. 4, pp. 153-172.

• Doucouliagos, H. and Stanley, T. D.(2009), "Publication Selection Bias in Minimum-Wage Research? A meta-regression analysis", *British Journal of Industrial Relations* 47(2), pp. 406-428.

• Dugger, W. M.(1979), "Methodological Differences between Institutional and Neoclassical Economics", *Journal of Economic Issues* 13, No. 4, pp. 899-909.

• Dugger, W. M.(1984), "The Nature of Capital Accumulation and Technological Progress in the Modern Economy", *Journal of Economic Issues* XVIII, No. 3, pp. 799-823.

• Dugger, W. M.(1984), "Veblen and Kroptkin on Human Evolution", *Journal of Economic Issues* Vol. XVIII, No. 4. pp. 971-985.

• Dugger, W. M.(1998), "Against Inequality", *Journal of Economic Issues* Vol. XXXII, No. 2, pp. 287-303.

• Dugger, W. M.(2006), "Veblen's Radical Theory of Social Evolution", *Journal of Economic Issues* Vol. XL, No. 3, pp. 651-672.

• Dugger, W. M. and H. J. Sherman(1994), "Comparison of Marxism and Institutionalism", *Journal of Economic Issues* Vol. 28, No. 1, pp. 101-127.

• Dugger, W. M. and W. Waller(1996), "Radical Institutionalism: From Technological to Democratic Institutionalism", *Review of Social Economy* Vol. 54, No. 2, pp. 169-189.

• Dyer, A. W.(1986), "Veblen on Scientific Creativity: The Influence of Charles S. Peirce", *Journal of Economic Issues* Vol. 20, No. 1, pp. 21-41.

• Dyer, A. W.(1997), "Prelude to A Theory of Homo Absurdus: Variations on Themes From Thorstein Veblen and Jean Baudrillard", *Cambridge Journal of Economics* Vol. 21, No.1, pp. 45-53.

• Easterlin, R.(1974), "Does Economic Growth Improve the Human Lot? Some Empirical Evidence." in David P. and M. Reder(eds.), *Nations and Households in Economic Growth: Essays in Honor of Moses Abramowitz*, New York: Academic Press, pp. 89-125.

• Easterlin, R.(1995), "Will Raising the Incomes of All Increase the Happiness of All?", *Journal of Economic Behaviour and Organization* 27, 1, pp. 35-48.

• Edquist, Ch.(2000), "Systems of Innovation Approaches - Their Emergence and Characteristics", in Edquist Ch. and M. McKelvey, *Systems of Innovation: Growth Competitiveness and Employment*, Cheltenham, Edward Elgar.

• Edquist, Ch.(2005), "Systems of Innovation: Perspectives and Challenges", J. Fagerberg, D. Mowery and R. R. Nelson, *The Oxford Handbook of Innovation*, Oxford University Press, New York.

• Ehrlich, Th.(2000), *Civic Responsibility and Higher Education*, Rowman & Littlefield Publishers.

• Fagerberg, J.(1987), "A Technology Gap Approach to Why Growth Rates Differ", *Research Policy*, Aug. 1987, 16(2-4), pp. 87-99.

• Fagerberg, J.(1988), "Why Growth Rates Differ?" in G. Dosi(eds.), *Technical Change and Economic Theory*, London and New York, Pinter Publishers.

• Fagerberg, J.(1994), "Technology and International Differences in Growth Rates", *Journal of Economic Literature* Vol. 32, No. 3, pp. 1147-1175.

• Fagerberg, J.(2003), "Schumpeter and the Revival of Evolutionary Economics: An Appraisal of the Literature", *Journal of Evolutionary Economics* Vol. 13, No. 2, pp. 125-159.

• Fagerberg, J., D. C. Mowery and R. R. Nelson(eds.)(2005), *The Oxford Handbook of Innovation*, Oxford, Oxford University Press.

• Fagerberg, J. and B. Verspagen(2002), "Technology-Gaps, Innovation-Diffusion and Transformation: An Evolutionary Interpretation", *Research Policy* 3, pp. 1291~1304.

• Fabro. G and J. Aixalá(2009), "Economic Growth and Institutional Quality: Global and Income-Level Analyses", *Journal of Economic Issues* Vol. XLIII, No. 4, pp. 997-1023.

• Fabro. G and J. Aixalá(2012), Direct and Indirect Effects of Economic and Poiiticai Freedom on Economic Growth, *Journal of Economic Issues* Vol. XLVI, No. 4, pp. 1059-1080.

• Feldman, M. P.(1994), *Geography of Innovation*, Dordrecht, Netherlands, Kluwer Academic Publishers.

• Fernández-Huerga E.(2008), "The Economic Behavior of Human Beings: The Institutional/Post-Keynesian Model", *Journal of Economic Issues* Vol. XLII, No. 3, pp. 700~726.

• Ferrari-Filho F. and O. A. Camargo Conceição(2005), "The Concept of Uncertainty in Post Keynesian Theory and in Institutional Economics", *Journal of Economic Issues* Vol. XXXIX, No. 3, pp. 579~594.

• Fershtman, C. and Murphy, K. M. and Y. Weiss(1996), "Social Status, Education, and Growth", *Journal of Political Economy* Vol. 104, No. 1, pp. 108~132.

• Figart D. M.(2003), "Labor Market Policy: One Institutionalist's Agenda", *Journal of Economic Issues* Vol. XXXVII, No. 2, pp. 315~323.

• Firth, L. and Mellor, D.(2000), "Learning and the New Growth Theories: Policy Dilemma", *Research Policy* 29, pp. 1157-63.

• Foray, D. and Ch. Freeman(eds.)(1993), *Technology and the Wealth of Nation*, London and New York, Pinter Publishers.

• Ford K. and W. McColloch(2012), "Thorstein Veblen: A Marxist Starting Point", *Journal of Economic Issues* Vol. XLVI, No. 3, pp. 765~777.

• Foshee A. W. and W. C. Heath(2010), "Between Absolutism and Relativism: The Economist's Search for a Middle Ground", *Journal of Economic Issues* Vol. XLIV, No. 3, pp. 819~829.

• Foster G. P.(1991), "The Compatability of Keynes's Idea with Institutional Philosophy", *Journal of Economic Issues* Vol. XXV, No. 2, pp. 561-568.

• Freeman, Ch.(2008), *Systems of Innovation, Selected Essays in Evolutionionary Economics*, Chletenham, Edward Elgar.

• Freeman. Ch. and L. Soete(1997), *The Economics of industrial Innovation*, Cambridge: MIT Press.

• Freeman, R. B.(2000), "Single Peaked vs. Diversified Capitalism: The Relation Between Economic Institutions and Outcomes", *Working paper* 7556, NBER.

• Frey B. S. and A. Stutzer(2002), "What Can Economists Learn from Happiness Research?", *Journal of Economic Literature* Vol. XL, pp. 402-435.

• Fritsch, M. and C. Werker(1999), "Innovation Systems in Transition", *CRIC Discussion Paper* No. 28.

• Fusfeld, D. R.(1990), "Economics and the Determinate World View", *Journal of Economic Issues* Vol. XXIV, No. 2, pp. 355-359.

• Gagnon, M-A.(2007), "Capital, Power and Knowledge According to Thorstein Veblen: Reinterpreting the Knowledge-Based Economy", *Journal of Economic Issues* Vol. 41, No. 2, pp. 593-600.

• Gani A.(2011), "Governance and Growth in Developing Countries", *Journal of Economic Issues* Vol. XLV, No. 1, pp. 19-39.

• Garnett, R. F. Jr.(1999), Postmodernism and Theories of Value: New Grounds for Institutionalist/Marxist Dialogue? *Journal of Economic Issues* Vol. XXXIII, No. 4. pp. 817-834.

• Gilbert, R. J., and D. M. G. Newbery(1982), "Preemptive Patenting and the Persistence of Monopoly", *American Economic Review* 72, No. 3, pp. 514-526.

• Glaeser, E. L., Laibson, D., Scheinkman, J. A., and Ch. L. Soutter(1999), "What is Social Capital? The Determinants of Trust and Trustworthiness", *NBER Working Paper* 7216, NBER.

• Gowdy, J. M.(1984), "Marx and Resource Scarcity: An Institutionalist Approach", *Journal of Economic Issues* Vol. XVIII, No. 2, pp. 363-400.

• Gramm S. W.(1987), "Labor, Work and Leisure: Human Well-being and the Optimal Allocation of Time", *Journal of Economic Issues* Vol. XXI, No. 1, pp. 167-188.

• Granovetter, M. S.(1974), *Getting a Job: A Study of Contacts and Careers*. Cambridge, MA, Harvard University Press.

• Granovetter, M.(1985), "Economic Action Social Structure: The Problem of Embeddedness", *American Journal of Sociology* 91, pp. 481-510.

• Grandstrand, O.(eds.)(1994), *Economics of Technology*, North-Holland, Elsvier Science.

• Greenwood D. T.(2016), "Institutionalist Theories of the Wage Bargain: Beyond Demand and Supply", *Journal of Economic Issues* Vol. L, No. 2, pp. 406-414.

• Greenwood D. T. and R. P. F. Holt(2010), "Growth, Inequality and Negative Trickle Down", *Journal of Economic Issues* Vol. XLIV, No. 2, pp. 403-410.

• Griffiths, A. and R. Zammuto(2005), "Institutional Governance Systems and Variation in National Competitive Advantage: An Integrative Framework", *Academy of Management Review* Vol. 30, No. 4, 2005, pp. 823-842.

• Groenwegen, J. and M. v. d. Steen(2006), "The Evolution of National Innovation Systems", *Journal of Economic Issues* 40, No. 2, pp. 277-285.

• Groenewegen, J. and M. v. d. Steen(2007), "The Evolutionary Policy Maker", *Journal of Economic Issues* 41, No. 2, pp. 351-358.

• Grootaert, Ch.(1998), "Social Capital: The Missing Link?", *Social Capital Initiative Working Paper* No. 3, The World Bank.

• Gustaffson, R. and E. Autio(2005), "Towards A New Innovation Policy Agenda: Enhancing Social Capital and Communities of Practice in Novel Technological Domains", *DRUID Working Paper*.

• Hall J., I. Dominguez-Lacasa and J. Günther(2012), "Veblen's Predator and the Great Crisis", *Journal of Economic Issues* Vol. XLV I, No. 2, pp. 411-418.

• Hall, P. and D. Soskice(eds)(2001), *Varieties of Capitalism: the Institutional Foundations of Comparative Advantage*, New York, Oxford University Press.

• Hamilton D.(1984), "The Myth is Not Reality: Income Maintenance and Welfare", *Journal of Economic Issues* Vol. XVIII, No. 1, pp. 143-158.

• Hancké, B.(1999), "Revisiting the French Model. Coordination and Restructuring in French Industry in the 1980s", *Discussion Paper* FS I 99-301, WZB.

• Hanusch, H. and A. Pyka(2007), "Principles of Neo-Schumpeterian Economics", *Cambridge Journal of Economics* Vol. 31, pp. 275-289.

• Hay, C.(2004), "Common Trajectories, Variable Paces, Divergent Outcomes? Models of European Capitalism under Conditions of Complex Economic Interdependence", *Review of International Political Economy* Vol. 11, No. 2, pp. 231-262.

• Hedoin C.(2009), "Weber and Veblen on the Rationalization Process", *Journal of Economic Issues* Vol. XLIII, No. 1, pp. 167-187.

• Hein, E. and Mundt, M.(2012), "Financialisation and the Requirements and Potentials for Wage-led Recovery - A review focussing on the G20", *ILO Working Papers, Conditions of Work and Employment Series* No. 37, Geneva.

• Hein, E. and A. Tarassow(2010), "Distribution, Aggregate Demand and Productivity Growth: Theory and Empirical Results for Six OECD Countries Based on a Post-Kaleckian Model", *Cambridge Journal of Economics* 2010, 34, No. 4, pp. 727-754.

• Hein, E. and Vogel, L.(2008), "Distribution and Growth Reconsidered-Empirical results for Austria, France, Germany, the Netherlands, the UK and the USA," *Cambridge Journal of Economics* Vol. 32, No. 3, pp. 479-511.

• Heller, M. A., and R. S. Eisenberg(1998), "Can Patents Deter Innovation? The Anticommons in Biomedical Research", *Science* 280, pp. 698-701.

• Henry, J. F.(2010), "The Historic Roots of the Neoliberal Program", *Journal of Economic Issues* Vol. XLIV, No. 2, pp. 543-550.

• Henry J. F.(2013), "The Hobbesian Individual in Prehistory: Joseph Pluta vs. Thorstein Veblen, A Comment", *Journal of Economic Issues* Vol. XLVII, No. 1, pp. 269-271.

● Herrmann-Pillath C.(2009), "Elements of a Neo-Veblenian Theory of the Individual", *Journal of Economic Issues* Vol. XLIII, No. 1, pp. 189-214.

● Hodgson, G. M.(1987), "Economics and Systems Theory", *Journal of Economic Study* Vol. 14, No. 4, pp. 65-86.

● Hodgson, G. M.(1995), "The Political Economy of Utopia", *Review of Social Economy* Vol. 53, No. 2, pp. 195-213.

● Hodgson, G. M.(1995), "Variety of Capitalism from the Perspectives of Veblen and Marx", *Journal of Economic Issues* Vol. 29, No. 2, pp. 575-584.

● Hodgson, G. M.(1997), "Economics and the Return to Mecca: the Recognition of Novelty and Emergence", *Structural Change and Economic Dynamics* 8, 1997, pp. 399-412.

● Hodgson, G. M.(1997), "The Evolutionary and Non-Darwinism Economics of Joseph Schumpeter", *Journal of Evolutionary Economics* Vol. 7, pp. 131-145.

● Hodgson, G. M.(1999), *Economics and Utopia: Why the Learning Economy is not the End of History*, London and New York, Routledge.

● Hodgson, G. M.(2000), "What is the Essence of Institutional Economics?", *Journal of Economic Issues* Vol. 34, No. 2, pp. 317-329.

● Hodgson, G. M.(2003), "John R. Commons and the Foundations of Institutional Economics", *Journal of Economic Issues* Vol. XXXVII, No. 3, pp. 547-576.

● Hodgson, G. M.(2004), *The Evolution of Institutional Economics: Agency, Structure and Darwinism in American Institutionalism*, London and New York, Routledge.

● Hodgson, G. M.(2005), "Knowledge at Work: Some Neoliberal Anachronisms", *Review of Social Economy* Vol. 63, No. 4, pp. 547-565.

● Hodgson, G. M.(2008), "How Veblen Generalized Darwinism", *Journal of Economic Issues* Vol. XLII, No. 2, pp. 399-405.

● Hodgson, G. M.(2009), "On the Institutional Foundations of Law: The Insufficiency of Custom and Private Ordering", *Journal of Economic Issues* Vol. XLIII, No. 1, pp. 143-166.

● Hodgson G. M.(2012), "Toward an Evolutionary and Moral Science, Remarks upon Receipt of the Veblen-Commons Award", *Journal of Economic Issues* Vol. XLV I, No. 2, pp. 265-275.

● Hodgson, G. M.(2014), "The Evolution of Morality and the End of Economic Man", *Journal of Evolutionary Economics* Vol. 24, No. 1, pp. 83-106.

● Hollingsworth, R.(2000), "Doing Institutional Analysis: Implications for the Study of Innovations", *Review of International Political Economy* 7, No. 4, pp. 595-644.

● Hollingworth, R.. and R. Boyer(eds.)(1997), *Contemporary Capitalism, The Embeddedness of Institutions*, Cambridge, Cambridge University Press.

● Huber E., Rueschemeyer, D. and J. D. Stephens(1993), The Impact of Economic Development on Democracy, *Journal of Economic Perspectives* Vol. 7, No. 3, pp. 71-86.

● Ibata-Arens, K.(2003), "The Comparative Political Economy of Innovation", *Review of International Political Economy* Vol. No. 1, February, pp. 147-165.

● Jaffe, A. and M. Trajtenberg(1998), "International Knowledge Flows: Evidence from Patent Citations", *NBER Working Paper* 6507.

● Jaffe, A., M, Trajtenberg and R. Henderson(1993), "Geographic Localization of Knowledge Spillover. As Evidenced by Patent Citations", *Quarterly Journal of Economics* 108, pp. 577-598.

● Jennings, A. and W. Waller(1998), "Cultural Emergence Reaffirmed: A Rejoinder to Hodgson", *Journal of Economic Issues* Vol. 30, No. 4, pp. 1168-1176.

● Jennings, A. and W. Waller(1998), "The Place of Biological Science in Veblen's Economics", *History of Political Economy* Vol. 30, No. 2, pp. 189-217.

● Jürgen, U. and J. Rupp(2002), "The German System of Corporate Governance. Characteristic and Changes", *WZB Discussion Paper* FS II 02-203, WZB.

● Kahneman, D. and A. Deaton(2010), "High Income Improves Evaluation of Life But Not Emotional Well-being", *PNAS* September 21, Vol. 107, No. 38, pp. 16489-16493.

● Kapeller J. and B. Schutz(2013), "Exploring Pluralist Economics: The Case of the Minsky-Veblen Cycles", *Journal of Economic Issues* Vol. XLVII, No. 2, pp. 515-523.

● Kaplan, S. and M. Tripsas(2008), "Thinking about technology: Applying a cognitive lens to technical change", *Research Policy* 37, pp. 790-805.

● Kaufman, B. E.(2007), "The Institutional Economics of John R. Commons: Complement and Substitute for Neoclassical Economic Theory", *Socio-Economic Review* 5, pp. 3-45.

● Kaufman, B. E.(2010), "Institutional Economics and The Minimum Wage: Broadening The Theoretical and Policy Debate", *Industrial and Labor Relations Review* Vol. 63, No. 3, pp. 427-453.

● Kaufman, B. E.(2012), "An Institutional Economic Analysis of Labor Unions", *Industrial Relations* Vol. 51, No. S1, pp. 438-471.

● Keizer P. and A. Spithoven(2009), "Cultural Foundation of Distribution of Income: The Dutch Case", *Journal of Economic Issues* Vol. XLIII, No. 2, pp. 513-522.

● Keller R. E.(1987), "The Role of the State on the U.S. Economy During the 1920s, *Journal of Economic Issues* XXI, No. 2, pp. 877-884.

● Kerber W.(2006), "Competition, Knowledge, and Institutions", *Journal of Economic Issues* Vol. XL, No. 2, pp. 457-463.

● Khalil, E.(2002), "Information, Knowledge and the Close of Friedrich Hayek's System", *Eastern Economic Journal* Vol. 28, No. Summer, pp. 319-341.

● Kilpinen E.(2003), "'Clarence Ayres Memorial Lecture, Does Pragmatism Imply Institutionalism?", *Journal of Economic Issues* Vol. XXXVII, No. 2, pp. 291-304.

● Klein, Ph. A.(1980), "Confronting Power in Economics: The Pragmatic Evaluation", *Journal of Economic Issues* Vol. XIV, No. 4, pp. 871-895.

● Klein, Ph. A.(1987), "Power and Economic Performance: The Institutionalist View", *Journal of Economic Issues* Vol. 21, No. 3, pp. 1341-1377.

● Kleinknecht, A.(1998). "Is Labour Market Flexibility Harmful to Innovation?", *Cambridge Journal of Economics* Vol. 22, No. 3, pp. 387-396.

- Klimina A.(2009), "Toward an Evolutionary-Iinstitutionalist Concept of State Capture: The Relevance of Kaieckian Analysis of Non-Equilibrium Dynamics", *Journal of Economic Issues* Vol. XLIII, No. 2, pp. 371~379.

- Klimina A.(2012), "The Significance of the Evolutionary-Institutionalist (Social Power) Approach to the Construction of the Market: The Case of Historically Backward Transition", *Journal of Economic Issues* Vol. XLV I, No. 2, pp. 383~392.

- Knack, S.(2003), "Groups, Growth and Trust: Cross-country Evidence on the Olson and Hypotheses", *Public Choice* 117, pp. 341~355.

- Knack, S. and Ph. Keeper(1997), "Does Social Capital Have An Economic Payoff? A Cross-country Investigation", *Quarterly Journal of Economics* 112, pp. 1251~1288.

- Knoedler J. T. and D. A. Underwood(2003), "Teaching the Principles of Economics: A Proposal for a Multi-paradigmatic Approach", *Journal of Economic Issues* Vol. XXXVII, No. 3, pp. 697~725.

- Krassoi Peach, E. and Stanley, T. D.(2009), "Efficiency Wages, Productivity and Simultaneity: A Meta-regression Analysis," *Journal of Labor Research* Vol. 30, No. 3, pp. 262~268.

- Kregel J.(2011), "Evolution Versus Equilibrium, Remarks upon Receipt of the Veblen-Commons Award", *Journal of Economic Issues* Vol. XLV, No. 2, pp. 269~275.

- LaJeunesse R. M.(2013), "Simon Patten's Contributions to the Institutionalist View of Abundance", *Journal of Economic Issues* Vol. XLIV, No. 4, pp. 1029~1044.

- Lam, A.(1998), "Tacit Knowledge, Organizational Learning and Innovation: A Societal Perspective", *DRUID Working Paper* No. 98-22.

- Lam, A.(1998), "The Social Embeddedness of Knowledge; Problems of Knowledge Sharing and Organizational Learning in International high-Technology Ventures", *DRUID Working Paper* No. 98-7

- LaPorta, R., F. Lopez-de-Silanes, A. Shleifer and R. Vishny(1997), "Trust in Large Organization", *American Economic Review* 87, pp. 333~338.

- Lavoie M. and E. Stockhammer(2012), "Wage-led Growth: Concept, Theories and Policies", *Conditions of Work and Employment Series* No. XX, ILO.

- Lawson C.(2009), "Ayres, Technology and Technical Objects", *Journal of Economic Issues* Vol. XLIII, No. 3, pp. 641~659.

- Lawson, T.(2002), "Should Economics be Evolutionary Science. Veblen's Concern and Philosophical Legacy", *Journal of Economic Issues* Vol. XXXVI, No. 2, pp. 279~292.

- Leightner. J. E.(2005), "Utility Maximization, Morality, and Religion", *Journal of Economic Issues* Vol. XXXIX, No. 2, pp. 375~381.

- Levin, R. C., A. K. Klevorick, R. Nelson, and S. Winter(1987), "Appropriating the Returns from Industrial Research and Development", *Brookings Papers on Economic Activity* 3.

- Livingston J.(2009), "Crisis: Their Great Depression and Ours", *Challenge* Vol. 52, No. 3, pp. 34~51.

- Lopes. H.(2011), "Why Do People Work? Individual Wants Versus Common Goods", *Journal of Economic Issues* Vol. XLV, No. 1.

- Lopes H., A. C. Santos and N. Teles(2009), "The Motives for Cooperation in Work Organizations", *Journal of Institutional Economics* Vol. 5, No. 3, pp. 315~338.

- López Castellano F. and F. García-Quero(2012), "Institutional Approaches to Economic Development: The Current Status of the Debate", *Journal of Economic Issues* Vol. XLV I, No. 4, pp. 921~940.

- Lorenzen, M.(1998), "Information Cost, Learning, and Trust: Lesson from Co-operation and Higher-order Capabilities Amongst Geographical Proximate Firms", *DRUID Working Paper* No. 98-21.

- Lorenz, E. and A. Valeyre(2004), "Organizational Change in Europe: National Models or the Diffusion of a New 'One Best Way'?", *DRUID Working Paper* No. 04-04.

- Lower, M. D.(1987), "The Concept of Technology: Within the Institutional Perspective", *Journal of Economic Issues* 21, No. 3, pp. 1147~1176.

- Lundvall, B.(ed.)(1992), *National System of Innovation, Towards a Theory of Innovation and Interactive Learning*, London and New York.

● Lundvall, B.(1996), "The Social Dimension of Learning Economy", *DRUID Working Paper* No. 96-1.

● Lundvall, B-Å.(2004), "Why the New Economy is a Learning Economy", *DRUID Working Paper* No. 04-01.

● Lundvall, B. and B. Johnson(1994), "The Learning Economy", *Journal of Industry Studies* 1, pp. 23-41.

● Luttmer, E. F. P(2005), "Neighbors as Negatives: Relative Earnings and Well-Being", *The Quarterly Journal of Economics* Vol. 120, No. 3, pp. 963-1002.

● Mansfield, E.(1986), "Patents and Innovation: An Empirical Study", *Management Science* 32, No. 2, pp. 173-181.

● Marangos J. and N. Astroulakis(2009), "The Institutional Foundation of Development Ethics", *Journal of Economic Issues* Vol. XLIII, No. 2, pp. 381-388.

● Marangos J. and N. Astroulakis(2010), "The Aristotelian Contribution to Development Ethics", *Journal of Economic Issues* Vol. XLIV, No. 2, pp. 551-558.

● Martinez-Vazquez J. and B. Torgler(2009), "The Evolution of Tax Morale in Modern Spain", *Journal of Economic Issues* Vol. XLIII, No. 1, pp. 1-28.

● Marx, K.(1972), *Das Kapital, Dritter Band*, Frankfurt am Main, Marxistischer Blätter GmbH.

● Marx, K.(1974), *Grundrisse der Kritik der Politischen Ökonomie*, Dietz Verlag, Berlin.

● Marx, K.(1980), *Manifest der Kommunistischen Partei*, MEW Bd. 4. Dietz Verlag, Berlin.

● Maskel, P.(2000), "Social Capital, Innovation and Competitiveness", in S. Baron, J. Field and T. Schuller(eds.), *Social Capital: A Critical Perspective*, Oxford, Oxford University Press.

● Mason, R.(2000), "The Social Significance of Consumption: James Duesenberry's Contribution to Consumer Theory", *Journal of Economic Issues* Vol. XXXIV, No. 3, pp. 553-570.

• Mayhew, A.(1987), "Culture: Core Concept Under Attack", *Journal of Economic Issues* Vol. 21, No. 2, pp. 587-603.

• Mayhew, A.(2001), "Human Agency, Cumulative Causation and the State", *Journal of Economic Issues* Vol. XXXV, No. 2, pp. 239-250.

• Mayhew, A.(2010), "Clarence Ayres, Technology, Pragmatism and Progress", *Cambridge Journal of Economics* 34, pp. 213-222.

• McCormick, K.(2002), "Veblen and the New Growth Theory: Community as the Source of Capital's Productivity", *Review of Social Economy* Vol. 60. No. 2, pp. 263-277.

• McDaniel, B. A.(1981), "The Integration of Economics and Society", *Journal of Economic Issues* Vol. XV, No. 2, pp. 543-555.

• Mendell M.(1984), "Social Determinants of Economic Activity: The Economy of Transfer", *Journal of Economic Issues* Vol. XVIII, No. 2, pp. 401-410.

• Metcalfe, J. S.(2002), "Knowledge of Growth and the Growth of Knowledge", *Journal of Evolutionary Economics* 12, No. 1-2, pp. 3-15.

• Metcalfe, J. S.(2009), "Technology and Economic Theory", *Cambridge Journal of Economics* Vol. 34, pp. 153-171.

• Miarka. T.(1999), "The Recent Economic Role of Bank-Firm Relationships in Japan", *WZB Discussion Papers*, FS IV 99-36, WZB, Berlin.

• Mirowski, Ph.(1987), "The Philosophical Bases of Institutionalist Economics", *Journal of Economic Issues* Vol. XXI, No. 3, pp. 1001-1038.

• Mushinski D. W. and K. Pickering(2000), "Inequality in Income Distribution: Does Culture Matter? An Analysis of Western Native American Tribes", *Journal of Economic Issues* Vol. XXXIV, No. 2, pp. 403-412.

• Naastepad, C. W. M. and S. Storm(2007), "OECD Demand Regimes(1960–2000)", *Journal of Post-Keynesian Economics* Vol. 30, No. 2, pp. 403-434.

• Narayan, D. and D. Nyamwaya(1996), "Learning from the Poor: A Participatory Poverty Assessment in Kenya", *The World Bank*, Washington D.C.

• Narayan, D. and L. Pritchett(1996), "Cents and Sociability: Household Income and Social Capital in Rural Tanzania", *The World Bank*, Environment Department, Washington D.C.

• North, D.(1990), *Institutions, Institutional Changes, and Economic Performance*. Cambridge and New York, Cambridge University Press.

• Nelson, R. R. and S. G. Winter(1982), *An Evolutionary Theory of Economic Change*, Cambridge, Mass, Harvard University Press.

• Nelson R. R. and K. Nelson(2002), "Technology, Institutions, and Innovation Systems", *Research Policy* 31, pp. 265-272.

• Nelson, R. R. and S. G. Winter.(eds.)(1993), *National Innovation Systems: A Comparative Analysis*, New York, Oxford University Press.

• Niggle, Ch.(2006), "Evolutionary Keynesianism: A Synthesis of Institutionalist and Post Keynesian Macroeconomics", *Journal of Economic Issues* Vol. 40, No. 2, pp. 405-412.

• Oleinik A.(2013), "The 2008 Financial Crisis through the Lens of Power Relationships", *Journal of Economic Issues* Vol. XLVII, No. 2, pp. 465-473.

• Onaran. Ö. and G. Galanis(2012), "Is Aggregate Demand Wage-led or Profit-led? National and Global Effects", *Conditions of Work and Employment Series* No. 40, ILO, Jenova.

• Ovaska T. and R. Takashima(2010), "Does a Rising Tide Lift All the Boats? Explaining the National Inequality of Happiness", *Journal of Economic Issues* Vol. XLIV, No. 1, pp. 205-223.

• Papadopoulos G.(2009), "Between Rules and Power: Money as an Institution Sanctioned by Political Authority", *Journal of Economic Issues* Vol. XLIII, No. 4, pp. 951-969.

• Peach J. T.(1987), "Distribution and Progress", *Journal of Economic Issues* Vol. XXI, No. 4, pp. 1495-1529.

• Peach J. T. and W. M. Dugger(2006), "An Intellectual History of Abundance", *Journal of Economic Issues* Vol. XL, No. 3, pp. 693-706.

● Peukert. H.(2001), "On the Origin of Modern Evolutionary Economics: The Veblen Legend after 100 Years", *Journal of Economic Issues* Vol. XXXV, No. 3, pp. 543-555.

● Peukert, H.(2005), "The Clarence Ayres Memorial Lecture: The Paradoxes of Happiness in and Old Institutional Perspectives", *Journal of Economic Issues* Vol. 39, No.2, pp. 335-345.

● Piore, M. and Ch. Sabel.(1984), *The Second Industrial Divide*, New York, Basic Books.

● Pluta J. E.(2012), "Technology vs. Institutions in Prehistory", *Journal of Economic Issues* Vol. XLV I, No. 1, pp. 209-226.

● Pluta J. E.(2013), "Veblen and the Study of Prehistoric Humans: A Reply to Henry", *Journal of Economic Issues* Vol. XLVII, No. 1, pp. 272-275.

● Pollin R. and J. Wicks-Lim(2016), "A $15 U.S. Minimum Wage: How the Fast-Food Industry Could Adjust Without Shedding Jobs", *Journal of Economic Issues* Vol. L, No. 3, pp. 716-744.

● Portes, A.(1998), "Social Capital: Its Origin and Application in Modern Sociology", *Annual Review of Sociology* 24, pp. 1-24.

● Portes, A. and P. Landolt(1996), "The downside of social capital", *The American Prospect* Vol. No. 26, pp. 18-21.

● Potts, J.(2007), "Evolutionary Institutional Economics", *Journal of Economic Issues* Vol. 41, No. 2, pp. 341-350.

● Prasch R. E.(2003), "Technical Change, Competition, and the Poor", *Journal of Economic Issues* Vol. XXXVII, No. 2, pp. 479-485.

● Prasch R.(2004), "The Social Cost of Labor", *Middlebury College Economics Discussion Paper* No. 04-27, pp. 1-16.

● Przeworski. A.(2004), *Democracy and Economic Development*, Department of Politics, New York University.

● Przeworski. A and F. Limongi(1993), "Political Regimes and Economic Growth", *Journal of Economic Perspectives* Vol. 7, No. 3, pp. 51-69.

• Putnam, R.(1993), *Making Democracy Work, Civic Traditions in Modern Italy*, Princeton, Princeton University Press.

• Putnam, R.(2000), *Bowling Alone: The Collapse and Revival of American Community*, New York, Simon Schuster.

• Ramstad Y.(1987), "Institutional Existentialism: More on Why John R. Commons has so few Followers", *Journal of Economic Issues* Vol. XXI, No. 2, pp. 661-671.

• Ramstad Y.(1989), "Reasonable Value versus Instrumental Value: Competing Paradigm in Institutional Economics", *Journal of Economic Issues* Vol. XXIII, No. 3, pp. 761-777.

• Redmond W. H.(2003), "Innovation, Diffusion, and Institutional Change", *Journal of Economic Issues* Vol. 37, No. 3, pp. 665-679.

• Redmond W. H.(2004), "On Institutional Rationality", *Journal of Economic Issues* Vol. XXXVIII, No. 1, pp. 173-188.

• Redmomd, W. H.(2005), "A Framework for the Analysis of Stability and Change in Formal Institution", *Journal of Economic Issues* Vol. 39, No. 3, pp. 665-681.

• Redmond, W.(2006), "Instinct, Culture, and Cognitive Science", *Journal of Economic Issues* Vol. 40, No. 2, pp. 431-438.

• Reinert, E. S.(1994), "Catching Up from Way Behind. A Third World Perspective on First World History", *Dynamics of Technology, Trade and Growth*, Fagerberg, J.(eds.), Brighton, UK, Edgar Elgar.

• Reinert, E. S.(1995), "Competitiveness and Its Predecessors-A 500-Year Cross-National Perspective", *Structural Change and Economic Dynamics* 6, pp. 23-42.

• Rodrigues J.(2012), "Where to Draw the Line between the State and Markets Institutionalist Elements in Hayek's Neoliberal Political Economy", *Journal of Economic Issues* Vol. XLVI, No. 4, pp. 1007-1033.

• Rogers, E. M.(1995), *Diffusion of innovations*, New York, Free Press.

• Romer, P. M(1990), "Endogenous technological change", *Journal of Political Economy* Vol. 98, No. 2. pp. 71-102.

• Rosenberg, N.(1982), *Inside the black box*, Cambridge MA, Cambridge University Press.

• Routledge, B. R. and J. von Amsberg(2003), "Social Capital and Growth", *Journal of Monetary Economics* 50, pp. 167-193.

• Rubio, M.(1997), "Perverse Social Capital - Some Evidence from Columbia", *Journal of Economic Issues* Vol. 31, No. 3, pp. 805-816.

• Salhi S., Grolleau G., Mzoughi N. and A. Sutan(2013), "How Can Positional Concerns Prevent the Adoption of Socially Desirable Innovations?", *Journal of Economic Issues* Vol. XLV I, No. 3, pp. 77-808.

• Samuels W. J.(2000), "Institutional Economics after One Century", *Journal of Economic Issues* Vol. XXXIV, No. 2, pp. 305-315.

• Saxenian, A.(1996), *Regional Advantage: Culture and Competition in Silicon Valley and Route 128*, Cambridge, Harvard University Press.

• Scherer, F. M.(2000), "The Pharmaceutical Industry and World Intellectual Property Standards", *Vanderbilt Law Review* 53, pp. 2245-2254.

• Schettkat, R.(2002), "Institutions in Economic Fitness Landscape, What Impacts do Welfare State Institutions have on Economic Performance?", *Discussion Paper* FS I 02-210, WBS.

• Schubert Ch.(2015), "What Do We Mean When We Say That Innovation and Entrepreneurship (Policy) Increase 'Welfare'?", *Journal of Economic Issues* Vol. XLIX, No. 1, pp. 1-22.

• Schuller, T.(2001), "The Complementarity Roles of Human and Social Capital", *Canadian Journal of Policy Research* Vol. 2, No. 1, pp. 18-24.

• Schumpeter, J.(1934), *The Theory of Economic Development*, Cambridge, MA, Harvard University Press.

• Scott, III, R. H.(2007), "Credit Card Use and Abuse: A Veblenian Analysis", *Journal of Economic Issues* Vol. XLI, No. 2, pp. 567-574.

- Scott, III, R. H. and S. Pressman(2011), "A Double Squeeze on the Middle Class", *Journal of Economic Issues* Vol. XLV, No. 2, pp. 333-341.

- Silverberg. G. and L. Soete(1994), *The Economics of Growth and Technical Changes, Technologies, Nations, Agents*, Aldershot, Edward Elgar.

- Simich J. L. and R. Tilman(1980), "Critical Theory and Institutional Economics: Frankfurt's Encounter with Veblen", *Journal of Economic Issues* Vol. XIV, No. 3, pp. 631-648.

- Sobel, J.(2002), "Can we trust social capital?", *Journal of Economic Literature* Vol. 40, No. 1, pp. 139-154.

- Sober. E. and D. Wilson(1998), *Unto Others: The Evolution and Psychology of Unselfish Behavior*, Cambridge, MA, Harvard University Press.

- Spithoven A.(2013), "The Great Financial Crisis and Functional Distribution of Income", *Journal of Economic Issues* Vol. XLVII, No. 2, pp. 505-513.

- Stanfield J. R.(1984), "Social Reform and Economic Policy", *Journal of Economic Issues* Vol. XVIII, No. 1, pp. 19-44.

- Starr M. A.(2010), "Debt-Financed Consumption Sprees: Regulation, Freedom and Habits of Thought", *Journal of Economic Issues* Vol. XLIV, No. 2, pp. 459-469.

- Sterman J. D. and J. Wittenberg(1999), "Path Dependence, Competition, and Succession in the Dynamics of Scientific Revolution", *Organization Science* Vol, 10, No. 3, pp. 322-341.

- Stevenson, R.(2002), "An Ethical Basis for Institutional Economics", *Journal of Economic Issues* Vol. XXXVI, No. 2, pp. 263-277.

- Stockhammer E.(1999), "Robinsonian And Kaleckian Growth. An Update On Post-keynesian Growth Theories", *Working Paper* No. 67, University of Economics and Business Administration, Wien.

- Stockhammer E.(2011), "Wage Norms, Capital Accumulation and Unemployment: A Post Keynesian View", *Workingpaper Series* Number 253, Political Economy Research Institute, University of Massachusetts Amherst.

• Stockhammer E.(2012), "Rising Inequality as a Root Cause of the Present Crisis", *Workingpaper Series* Number 282, Political Economy Research Institute, University of Massachusetts Amherst.

• Stockhammer, E.(2013)", Why Have Wage Shares Fallen? A Panel Analysis of the Determinants of Functional Income Distribution", *Conditions of Work and employment Series* No. 35, ILO.

• Stockhammer, E., O. Onaran and S. Ederer(2009), "Functional Income Distribution and Aggregate Demand in the Euro Area", *Cambridge Journal of Economics* Vol. 33, No. 1, pp. 139-159.

• Stoelhorst J. W.(2008), "Darwinian Foundations for Evolutionary Economics", *Journal of Economic Issues* Vol. XLII, No. 2, pp. 415-423.

• Storm, S. and C. W. M. Nastepaad(2012), "Wage-led or Profit-led Supply: Wages, Productivity and Investment," *ILO Working Papers Conditions of Work and Employment Series* No. 36.

• Sztompka, P.(1997), "Trust, distrust and the paradox of democracy", FS 97-003, WZB.

• Tang S.(2010), "The Positional Market and Economic Growth", *Journal of Economic Issues* Vol. XLIV, No. 4, pp. 915-942.

• Tang S.(2017), "Toward Generalized Evolutionism: Beyond 'Generalized Darwinism' and Its Critics", *Journal of Economic Issues* Vol. 51, No. 3, pp. 588-612.

• Tauheed L. F.(2011), "A Proposed Methodological Synthesis of Post-Keynesian and Institutional Economics", *Journal of Economic Issues* Vol. XLV, No. 4, pp. 819-837.

• Taylor, C.(2000), "The Old-Boy Network and the Young-Gun Effect", *International Economic Review* Vol. No. 4, pp. 871-891.

• Teece, D. J.(1986), "Profiting from Technological Innovation: Implications for Integration, Collaboration and Public Policy", *Research Policy* 15, pp. 285-305.

• Teece, D. J.(1988), "Technological change and the nature of the firm", Dosi, G.(eds), *Technical change and economic theory*, London and New York, Pinter Publishers.

• Temple, J.(2001), "Growth Effects of Education and Social Capital in the OECD Countries", *OECD Economic Studies* No. 33, 2001/11.

• Thirlwall, A.(1979), "The Balance of Payments Constraint As An Explanation of International Growth Rate Differences", *Banca Naionale del Lavoro Quarterly Review* Vol. 32, No. 128, pp. 45-53.

• Tilman, R.(1984), "Dewey's Liberalism Versus Veblen's Radicalism: A Reappraisal of the Unity of Progressive Social Thoughts", *Journal of Economic Issues* Vol. XVIII, No. 3, pp. 745-769.

• Tilman, R.(1987), "The Neoinstumental Theory of Democracy", *Journal of Economic Issues* Vol. XXI, No. 3, pp. 1379-1401.

• Toboso, F.(2001), "Institutional Individualism and Institutional Change: The Search for a Middle Way Mode of Explanation", *Cambridge Journal of Economics* Vol. 25, No. 6, pp. 765-783.

• Tomer H. F.(1981), "Worker Motivation: A Neglected Element in Micro-Micro Theory", *Journal of Economic Issues* Vol. XV, No. 2, pp. 351-362.

• Tool, M. R.(1977), "A Social Value Theory in Neoinstitutional Economics", *Journal of Economic Issues* Vol. 11, No. 4, pp. 823-845.

• Tool, M. R.(1983), "Social Value Theory of Marxists: An Instrumental Review and Critique", *Journal of Economic Issues* 17, No. 1, pp. 155-173.

• Trigg, A. B.(2001), "Veblen, Bourdieu, and Conspicuous Consumption", *Journal of Economic Issues* Vol. XXXV, No. 1, pp. 99-115.

• Ulijn, J., Nagel, A. and T.A. Liang(2001), "The Impact of National, Corporate and Professional Cultures on Innovation: German and Dutch firms compared", *Journal of Enterprising Culture* Vol. 9, No. 1, pp. 2-52.

• Valentinov, V.(2013), "Veblen and Instrumental Value: A Systems Theory Perspective", *Journal of Economic Issues* Vol. XLVII, No. 3, pp. 673-688.

• Van den Berg H. F.(2012), "Technology, Complexity, and Culture as Contributors to Financial Instability: A Generalization of Keynes's Chapter 12 and Minsky's Financial Instability Hypothesis", *Journal of Economic Issues* Vol. XLV I, No. 2, pp. 343-352.

● Veblen, Th.([1898], 2007), "Why Is Economic Not An Evolutionary Science?", in Veblen, Th. *The Place of Science in Modern Civilization*, New York, Cosimo.

● Veblen, Th.([1899], 1975), *The Theory of Leisure Class*, New York, Augustus M. Kelley.

● Veblen, Th.([1899], 2007), "The Preconceptions of Economic Science Ⅱ", in Veblen, Th. *The Place of Science in Modern Civilization*, New York, Cosimo.

● Veblen, Th.([1900], 2007), "The Preconceptions of Economic Science Ⅲ", in Veblen, Th. *The Place of Science in Modern Civilization*, New York, Cosimo.

● Veblen, Th.([1906], 2007), "The Place of Science in Modern Civilization", in Veblen, Th. *The Place of Science in Modern Civilization*, New York, Cosimo.

● Veblen, Th.([1907], 2007), "The Socialist Economics of Karl Marx and His Followers: Ⅱ. The Later Marxism", in Veblen, Th. *The Place of Science in Modern Civilization*, New York, Cosimo.

● Veblen, Th.([1908a], 2007), "The Evolution of the Scientific Point of View", in Veblen, Th. *The Place of Science in Modern Civilization*, New York, Cosimo.

● Veblen, Th.([1908], 2007), "Professor Clark's Economics", in Veblen, Th. *The Place of Science in Modern Civilization*, New York, Cosimo.

● Veblen, Th.([1909], 2007), "The Limitations of marginal Utility", in Veblen, Th. *The Place of Science in Modern Civilization*, New York, Cosimo.

● Veblen, Th.([1914], 1990), *The Instinct of Workmanship and the State of Industrial Arts*, New York, Routledge.

● Verspagen, B.(1991), "A New Empirical Approach to Catching Up or Falling Behind", *Structural change and economic dynamics* Vol. 2, pp. 359-380.

● Verspagen, B.(1993), *Uneven Growth Between Interdependent Economies: The Evolutionary Dynamics of Growth and Technology*, Aldershot, Avebury.

● Vitols, S.(2001), "The Origins of Bank-based and Market-based Financial Systems: Germany, Japan, and the United States", *Discussion Paper* FS Ⅰ 01-302, WZB.

- Walker, D. A.(1977), "Thorstein Veblen's Economic System", *Economic Inquiry* Vol. 15, No. 2, pp. 213-237.

- Waller, W.(2008), "John Kenneth Galbraith: Cultural Theorist of Consumption and Power", *Journal of Economic Issues* 42, No. 1, pp. 13-24.

- Webb J. L.(2002), "Dewey: Back to the Future", *Journal of Economic Issues* Vol. XXXVI, No. 4, pp. 981-1003.

- Webb J. L.(2007), "Pragmatisms (Plural) Part I: Classical Pragmatism and Some Implications for Empirical Inquiry", *Journal of Economic Issues* Vol. XLI, No. 4, pp. 1063-1086.

- Webb J. L.(2012), "Pragmatism(s) Plural, Part II: From Classical Pragmatism to Neo-Pragmatism", *Journal of Economic Issues* Vol. XLV I, No. 1, pp. 45-74.

- Weller Ch. E.(2007), "Need or Want: What Explains the Run-up in Consumer Debt?", *Journal of Economic Issues* Vol. XLI, No. 2, pp. 583-591.

- Whalen, Ch.(1987), "The Reason to Look Beyond Neoclassical Economics", *Journal of Economic Issues* Vol. XXI, No. 1, pp. 259-280.

- Whalen, Ch.(2001), "Integrating Schumpeter and Keynes: Hyman Minsky's Theory of Capitalist Development", *Journal of Economic Issues* Vol. XXXV, No. 4, pp. 805-823.

- Wible J. R.(1984), "The Instrumentalism of Dewey and Friedman", *Journal of Economic Issues* Vol. XVIII, No. 4, pp. 1049-1070.

- Wilson, M. C.(2005), "The Veblenian Critique and Critical Realism: A Comparison of Critical Theories of Mainstream Economics", *Journal of Economic Issues* Vol. 39, No. 2, pp. 519-525.

- Wisman. J. D.(1979), "Toward Humanist Reconstruction of Economic Science", *Journal of Economic Issues* Vol. XIII, No. 1, pp. 19-48.

- Wisman. J. D.(2009), "Household Saving, Class Identity, and Conspicuous Consumption", *Journal of Economic Issues* Vol. XLIII, No. 1, pp. 89-114.

- Wolozin, H.(2005), "Thorstein Veblen and Human Emotions: An Unfulfilled Prescience", *Journal of Economic Issues* Vol. 39, No. 3, pp. 727-739.

• Woolcock, M.(2001), "The place of social capital in understanding social and economic outcomes", *Canadian Journal of Policy Research* Vol. 2, No. 1, Spring pp. 65~88.

• Woolcock, M. and D. Narayan(1999), "Social Capital: Implication for Development Theory, Research and Policy", *The World Bank Research Observer* Vol. 15, pp. 225~249.

• Wray L. R.(2007), "Veblen's Theory of Business Enterprise and Keynes's Monetary Theory of Production", *Journal of Economic Issues* Vol. XLI, No. 2, pp. 617~624.

• Wunder T. A.(2012), "Income Distribution and Consumption Driven Growth: How Consumption Behaviors of the Top Two Income Quintiles Help to Explain the Economy", *Journal of Economic Issues* Vol. XLV I, No. 1, pp. 173~191.

• Yilmaz, F.(2007), "Veblen and the Problem of Rationality", *Journal of Economic Issues* 41, No. 1, pp. 841~862.

• Zafirovski, M.(1999), "Profit-Making as Social Action: an Alternative Social-economic Perspective", *Review of Social Economics* Vol. 37, No. 1, pp. 47~83.

• Zak, P. and S. Knack(2001), "Trust and Growth", *The Economic Journal* 111, pp. 295~321.

• Zalewski D. A.(2005), "Economic Security and the Myth of the Efficiency/Equity Tradeoff", *Journal of Economic Issues* Vol. XXXIX, No. 2, pp. 383~390.

• Zucker, L. G.(1986), "Production of Trust; Institutional Sources of Economic Structure, 1840-1920", *Research in Organizational Behavior* Vol. 8, pp. 53~111.